权威·前沿·原创

皮书系列为
"十二五"国家重点图书出版规划项目

中国社会科学院创新工程学术出版资助项目

产业蓝皮书

BLUE BOOK OF INDUSTRY

中国产业竞争力报告
（2014）No.4

ANNUAL REPORT ON INDUSTRIAL COMPETITIVENESS OF CHINA (2014) No.4

主　编／张其仔
副主编／郭朝先　白　玫　李晓华　李　钢
　　　　原　磊　江飞涛　邓　洲

社会科学文献出版社
SOCIAL SCIENCES ACADEMIC PRESS (CHINA)

图书在版编目(CIP)数据

中国产业竞争力报告.4,2014/张其仔主编.—北京：社会科学文献出版社，2014.12
（产业蓝皮书）
ISBN 978-7-5097-6837-2

Ⅰ.①中… Ⅱ.①张… Ⅲ.①产业-市场竞争-研究报告-中国-2014　Ⅳ.①F121.3

中国版本图书馆 CIP 数据核字（2014）第 279897 号

产业蓝皮书
中国产业竞争力报告（2014）No.4

主　　编 / 张其仔
副 主 编 / 郭朝先　白　玫　李晓华　李　钢　原　磊　江飞涛　邓　洲

出 版 人 / 谢寿光
项目统筹 / 邓泳红　吴　敏
责任编辑 / 吴　敏

出　　版 / 社会科学文献出版社·皮书出版分社（010）59367127
　　　　　　地址：北京市北三环中路甲29号院华龙大厦　邮编：100029
　　　　　　网址：www.ssap.com.cn
发　　行 / 市场营销中心（010）59367081　59367090
　　　　　　读者服务中心（010）59367028
印　　装 / 北京季蜂印刷有限公司

规　　格 / 开　本：787mm×1092mm　1/16
　　　　　　印　张：22.5　字　数：364千字
版　　次 / 2014年12月第1版　2014年12月第1次印刷
书　　号 / ISBN 978-7-5097-6837-2
定　　价 / 98.00元

皮书序列号 / B-2010-151

本书如有破损、缺页、装订错误，请与本社读者服务中心联系更换

版权所有 翻印必究

《中国产业竞争力报告（2014）No.4》
编　委　会

学术顾问　金　碚

主　　编　张其仔

副 主 编　郭朝先　白　玫　李晓华　李　钢　原　磊
　　　　　　江飞涛　邓　洲

撰稿成员　（以姓氏笔画为序）
　　　　　　王　磊　王燕梅　白　玫　刘　芳　邓泳红
　　　　　　邓　洲　江飞涛　伍业君　严　欢　李　钢
　　　　　　李晓华　张其仔　杨晓琰　张航燕　郭朝先
　　　　　　胡文龙　原　磊　徐　娟　梁泳梅　常少观
　　　　　　温　明　魏亚萍

主要编撰者简介

张其仔 中国社会科学院工业经济研究所研究员,博士生导师,国家可持续发展实验区专家委员会委员。主要研究领域包括产业竞争力、比较优势演化、低碳经济与绿色增长、经济社会学。在《中国社会科学》《经济研究》《中国工业经济》等刊物上发表中英文学术论文数十篇,主要著作包括《社会资本论》、《模块化、产业内分工与经济增长方式转变》(合著)、《产业竞争优势转型》(主著)、"发展方式转变丛书"(主编)等。

郭朝先 中国社会科学院工业经济研究所副研究员,产业组织研究室副主任;中国可持续发展研究会理事。研究领域包括产业经济学、工业化与经济增长、安全生产、可持续发展。自1997年从事研究工作以来,共主持和参与课题研究30余项,发表论文和研究报告100余篇,出版专著(独著、合著)10余部。

白　玫 经济学博士,中国社会科学院工业经济研究所能源经济研究室副研究员、硕士生导师。近年来主持、参与以"中国能源中长期发展战略研究""'十二五'新兴能源优先发展领域及其战略任务""能源利用效率问题研究"为代表的30多项国家重大(点)、中国社会科学院重大(点)以及有关部委、地方委托和国际合作研究项目,在《中国工业经济》《经济学动态》等刊物上发表中英文学术论文数十篇。

李晓华 经济学博士,研究员,中国社会科学院工业经济研究所工业发展研究室副主任,主要从事中国工业发展、产业组织等领域的研究工作,在《中国工业经济》《财贸经济》《经济管理》《南开管理评论》等刊物上发表学术论文数十篇,主持和参与各类课题数十项。

李　钢　经济学博士，副研究员，《中国经济学人》（英文版）编辑部副主任，主要从事产业竞争力、环境经济学等研究，在《经济学季刊》《中国工业经济》《财贸经济》等刊物上发表论文数十篇，主持和参与国家和省部级项目十余项。

原　磊　经济学博士，主要从事工业运行和产业政策等领域的科研工作，现为中国社会科学院工业经济研究所工业运行室副主任。在《中国工业经济》、《经济学动态》、China Economist、《人民日报》等刊物上发表学术论文 50 多篇，出版译著 3 本。2008 年获蒋一苇企业改革与发展学术基金奖优秀论文奖。

江飞涛　经济学博士，现为中国社会科学院工业经济研究所工业投资与市场研究室副主任。在《中国工业经济》、China Economist 等刊物上发表论文 20 余篇，曾获 2007 年平安励志优秀经济学论文研究生组一等奖、2010 年第二届中金优秀经济学博士论文奖二等奖。

邓　洲　经济学博士，中国社会科学院工业经济研究所工业发展研究室助理研究员，主要从事工业发展、技术创新、产业结构等领域的研究。在《中国工业经济》《科研管理》《中国能源》《国际贸易》等期刊上发表论文数十篇，撰写的要报多次获得国家领导人批示。曾获中国社会科学院对策信息二等奖。

摘　要

《中国产业竞争力报告（2014）No.4》的主题是中国和全球制造业的发展，包括四部分：总报告、行业篇、专题篇和国际经验篇。

总报告分析了制造业在国际贸易中的地位，对中国制造业的优势进行了评估，并提出了提升中国制造业竞争力的发展战略。行业篇对中国十大产业的竞争力状况进行了评估，包括新能源工业、纺织服装工业、化学工业、汽车工业、电子信息工业、机械工业、船舶工业、创意产业、金融产业和知识生产产业等。专题篇分析了影响中国产业竞争力的部分重要因素，如劳动力成本、物流成本、环境管制、汇率制度、贸易政策等对中国产业竞争力的影响。国际经验篇对美国、英国、德国、日本、法国5国制造业的发展变化进行了探讨，对未来制造业进行了简要展望。

本报告的主要发现如下。

1. 在国际贸易中，虽然制成品贸易所占比重有所下降，但其在国际贸易中的主体地位并没有发生根本性动摇。无论对发达国家还是发展中国家，制造业在国际竞争中都具有举足轻重的地位。中国是制造业大国，制成品在国际市场上所占份额不断提升，国际竞争力不断提高。但在中国出口的产品中，劳动与资源密集型产品、低技能与技术密集型产品仍占很大比重。从趋势上看，中国的制造业已经进入一个新阶段，处于劳动与资源密集型产品、低技能与技术密集型产品的优势正在逐步弱化，中高端技能与技术密集型产品的优势正在爬坡积累的结构调整阵痛期。

2. 金融服务、物流成本、知识生产部门的竞争力和软实力是制约中国制造业发展和竞争力提升的四大因素。中国金融业的国际竞争力不仅与主要发达国家存在差距，即使与其他金砖国家相比也存在较大差距。中国知识生产领域的竞争力，过去30多年虽然不断提升，但迄今仅与世界平均水平相当。中国的物流成本虽呈现下降趋势,但是仍远高于发达国家。与硬实力相比,中国的软实力相对较弱,这在中国创意产品的出口中得到了深刻反映。中国是创意产品出口大国,但在更能体现一国软实力的电影、图书报刊等领域的竞争力都很弱。中国在六大类创意服务出口中,除广告、市场研究和民意调查服务外,其他创意服务与美、英、德等国相比存在极大差距,甚至比不过印度。

3. 发达国家推进未来制造业发展的重点在于关注如何应对全球化的竞争、满足可持续发展的要求、适应人口结构的改变和应对不断变化的市场需求。未来的产业和企业的竞争优势来源也将发生变化,快速响应能力、复杂制造能力、定制化生产能力、可持续能力和适应创新变化的能力将成为新的制造业核心竞争力。光子学技术、生物技术、纳米技术、增材式制造技术将在未来与传统工业基础技术共同构成制造业新的技术体系,生态产业、新能源产业、生命科学产业和电动汽车产业将成为增长最快的新兴产业。

前　言

《中国产业竞争力报告（2014）No.4》是产业蓝皮书系列的第四本。本书重点研究了制造业问题和发达国家发展制造业的经验。

今年的产业蓝皮书之所以重点关注制造业，原因之一，是制造业正处于深刻的技术变革之中。国际金融危机之后，西方发达国家纷纷出台政策，推进制造业的振兴。对于这一波制造业振兴的浪潮，2012年之前，我们认为，这只不过是一朵朵应对金融危机的小小浪花，不料，2012年之后，这一朵朵小小浪花却开始有汇聚成令所有人心潮澎湃的惊涛骇浪之势。正是在这一年，英国《经济学家》发表了一篇题为《第三次工业革命》的短文；德国成立专门的工业4.0工作小组，这个小组于2013年发布工业4.0的报告，把曾是一出大戏中的小小一幕的工业4.0，变成了一场新工业革命的代名词；奥巴马通过大数据分析赢得连任；GE发表物联网报告，把美国信息技术的应用拉回到制造领域。这一系列事件同时发生在2012年，也许有着偶然性，但这一系列偶然事件的组合，足以让2012年担得起作为一场正在发生的"新工业革命元年"的称号。

对于中国人来说，还可能会提到，这一年，里夫金的《第三次工业革命》中文版发行，但因为此书讨论的是新能源革命，是一个老话题，对我们认识正在来临的新工业革命而言，原创性贡献并不大。

当发达国家在推动制造业进入深刻的技术变革期时，中国的制造业正步入一个新的向中高端迈进的阶段。一场新的工业革命，正让中国制造业感受到了巨大的挑战和机遇。中国的制造业能否利用这次新工业革命带来的机遇，平稳地实现转型，冲上时代的浪尖？实现这样宏大的目标，既需要深刻把握中国制造业的优势，也需要认真分析发达国家制造业的发展现状和走势，真实地分享它们的经验和教训。所以，本年度报告的国际经验篇，专门对部分发达国家制造业的发展经验进行了探讨，对制造业的未来发展做了概括性的展望。衷心地希望，我们的努力，能为中国制造业发展规划的制订和中国制造业竞争力的提升有所借鉴。

本研究得到中国社会科学院创新工程项目的支持，在此，我谨代表课题组对中国社会科学院科研局、人事教育局和中国社会科学院创新工程综合管理办公室，以及中国社会科学院工业经济研究所学术委员会表示衷心感谢！

产业蓝皮书的撰写与出版，多年来一直得到社会科学文献出版社谢寿光社长的大力支持和悉心指导，在此，我谨代表课题组深致谢忱！在本报告的编辑过程中，皮书分社的任文武副社长、吴敏编辑付出了大量辛勤劳动，在此，我谨代表课题组对他们表示最诚挚的谢意！

产业蓝皮书是一项集体研究成果，课题组成员在研究和撰写过程中，都付出了大量宝贵时间，在此，我作为报告编写的组织者，对所有课题组成员的付出表示衷心的感谢！

"三人行，必有我师"，知识的探索永无穷尽，尽管课题组为研究付出了艰辛的努力，但书中仍可能有诸多不足之处，真诚地欢迎读者批评指正！欢迎有志于研究产业竞争力的读者加入我们的研究队伍，使我们的研究更上层楼！

张其仔

2014 年 11 月 11 日

目 录

BⅠ 总报告

B.1 中国制造业的竞争力 ………………………………… 张其仔 / 001
    一 引言 ………………………………………………………… / 002
    二 制造业在全球竞争格局中的地位 ………………………… / 003
    三 中国制造业的优势 ………………………………………… / 011
    四 政策建议 …………………………………………………… / 018

BⅡ 行业篇

B.2 新能源工业竞争力 ………………………………………… 白 玫 / 023
B.3 纺织服装工业竞争力 ……………………………………… 梁泳梅 / 045
B.4 化学工业竞争力 …………………………………… 魏亚萍 温 明 / 066
B.5 汽车工业竞争力 …………………………………… 江飞涛 张航燕 / 080
B.6 电子信息工业竞争力 ……………………………… 刘 芳 郭朝先 / 093
B.7 机械工业竞争力 …………………………………………… 王燕梅 / 106
B.8 船舶工业竞争力 …………………………………………… 胡文龙 / 123
B.9 创意产业竞争力 …………………………………………… 邓泳红 / 142
B.10 金融服务竞争力 …………………………………………… 王秀丽 / 155
B.11 知识生产产业竞争力 ……………………………………… 徐 娟 / 166

产业蓝皮书

BⅢ 专题篇

B.12 劳动力成本的国际比较 …………………… 李晓华 严 欢 / 182
B.13 物流成本的国际比较 …………………………………… 伍业君 / 195
B.14 环境管制的影响：以中韩钢铁业为例 ………… 常少观 李 钢 / 208
B.15 汇率制度与产业竞争力 ………………………………… 王秀丽 / 220
B.16 贸易政策与产业竞争力 ………………………… 杨晓琰 郭朝先 / 231

BⅣ 国际经验篇

B.17 未来的制造业 …………………………………………… 邓 洲 / 241
B.18 美国的制造业 …………………………………………… 伍业君 / 251
B.19 英国的制造业 …………………………………………… 王 磊 / 271
B.20 德国的制造业 …………………………………… 张航燕 江飞涛 / 289
B.21 日本的制造业 …………………………………………… 王燕梅 / 300
B.22 法国的制造业 …………………………………… 刘 昶 原 磊 / 313

Abstract ……………………………………………………………… / 330
Contents ……………………………………………………………… / 332

皮书数据库阅读 **使用指南**

总报告

General Report

B.1 中国制造业的竞争力

张其仔*

摘　要： 尽管国际金融危机后，国际社会对制造业地位的重视空前增加，但这并不表明制造业在国际竞争中曾经处于次要地位。制造业在国际竞争中的地位，无论对发达国家还是发展中国家，都举足轻重。在国际贸易中，虽然制成品贸易有所下降，但其在国际贸易中的主体地位并没有发生根本性动摇。2013年，发展中经济体制成品出口占整个出口的比重为52.5%，发达国家为52.7%。中国是制造业大国，其国际市场份额和产品的国际竞争力不断提升。但在中国的产品出口中，劳动与资源密集型产品、低技能与技术密集型产品仍占有很大比重，所以，结构优化的任务很艰巨。中国的制造业已经进入一个新阶段，劳动与资源密集型产品、低技能与技术密集型产品的优势在弱化，而

---

* 张其仔，中国社会科学院工业经济研究所研究员。

新的优势的培育，正在艰难的爬坡，中国的制造业正在经历结构调整的阵痛。在迈向新阶段的过程中，中国虽然将面临诸多挑战，但只要合理地运用"双轨"战略，中国的制造业就必能平稳地实现转型。

关键词：

中国制造业　劳动与资源密集型制造　低技能与技术密集型制造　中等技能与技术密集型制造　高技能与技术密集型制造

一　引言

国际金融危机后，国际社会对制造业的重视程度空前增加，美国采取了促进先进制造业发展的举措，推出了物联网、智慧地球等概念，英国《经济学家》推出了第三次工业革命的概念，德国提出了工业4.0等计划。在这新一波的制造业发展大潮中，中国的制造业面临着塑造新的竞争优势的挑战，正处于老的优势转弱、新的优势积累的转型期。要平稳地度过这一时期，无疑需要对中国的优劣势有着明晰的认识，对于如何利用优势、克服劣势，需要科学的战略规划。对制造业开展研究无疑是实现这一目标的重要支撑。

衡量一个国家的产业竞争力，传统上常用的指标包括市场占有率、贸易竞争力指数、显示比较优势指数等。尽管在全球产业分工出现一系列新特点时，对这些指标有着一些怀疑，并在怀疑的基础上产生了一些新的评估产业竞争力的方法，但迄今为止，在综合考虑指标的科学性、简洁性及数据的可获性等情况下，用这些传统的指标分析产业竞争力状况，仍不失为较好的选择。在分析中国制造业的竞争力时，我们选择市场占有率和显示比较优势指数两大指标。在计算显示比较优势指数时，我们采用了显示对称比较优势指数（RSCA）替代传统的显示比较优势指数。在全球产业分工存在产业链分工的情形下，这两大指标无疑有其弱点。本报告后面的分析，不仅能使我们感受到这一点，而且也能使我们感受到，只要对其弱点进行更为细致的讨论，就不会使我们得出完全错误的结论。

二 制造业在全球竞争格局中的地位

（一）在国际贸易中，制成品出口贸易的地位虽然有所下降，但其作为国际贸易主要部门的地位迄今并没有出现根本性动摇

21世纪以来，制成品贸易在国际贸易中的份额呈现逐渐下降的趋势。国际金融危机之后，美、欧等西方国家开始重新重视制造业的作用，制定了一系列促进制造业发展的战略和政策措施，但也没有改变制成品出口占比下降的趋势。虽然制成品贸易在国际贸易中的地位有所下降，但其作为国际贸易主体部门的地位，迄今仍未被服务贸易和初级品贸易所撼动。1995年制成品出口占全球总出口的比重约为58%，2000年后这个比重受初级产品贸易规模扩大的影响一直走低，即便如此，到2013年，制成品占货物出口的比重仍维持在60%以上，占全球出口的比重仍然超过50%（见图1），远高于服务出口所占比重，2013年全球服务出口所占比重仅为20%。

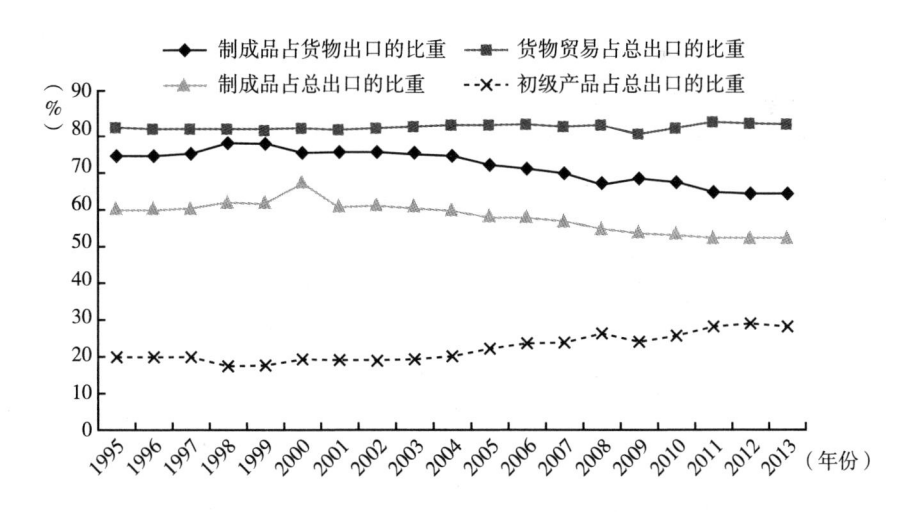

图1 全球制成品出口所占比重的变化

注：制成品为SITC 5~8，不包括667和68，初级产品为SITC0＋1＋2＋3＋4＋68＋667＋971，下同。

资料来源：根据UNCTADstat数据计算，以下数据，如无特别说明，同此图。

表1 全球与各经济类型服务出口占比

单位：%

年　份	1995	2000	2005	2008	2009	2010	2011	2012	2013
全球	19.28	19.17	19.91	19.73	22.33	20.54	19.49	19.74	20.24
发展中经济体	15.96	14.42	14.09	14.06	15.63	14.72	13.71	14.16	14.40
发达经济体	20.76	21.58	23.55	23.88	26.99	25.15	24.33	24.71	25.37
发展中经济体：非洲	19.94	18.10	15.62	13.65	16.93	14.91	13.77	13.65	13.71
发展中经济体：美洲	16.07	14.20	13.00	12.36	14.13	12.75	12.02	12.51	12.91
发展中经济体：亚洲	15.49	14.10	14.09	14.40	15.73	15.02	13.98	14.46	14.68
发展中经济体：大洋洲	17.74	15.77	30.90	28.30	29.99	27.79	27.02	28.67	—
发达经济体：美洲	24.18	23.47	25.23	25.50	29.32	27.32	26.36	26.56	27.07
发达经济体：亚洲	14.04	14.76	17.36	17.65	20.35	17.47	16.90	17.49	19.42
发达经济体：欧洲	20.67	21.88	23.84	24.28	27.22	25.72	24.92	25.27	25.76
发达经济体：大洋洲	23.94	24.33	24.12	20.51	21.95	19.10	17.29	18.34	18.40

（二）制成品贸易，无论对发展中国家还是发达国家，其地位都举足轻重，对发展中国家而言，其地位有进一步上升的趋势，亚洲地区表现得尤为突出

对于一个经济体而言，一般来说，经济发展水平越高，GDP中服务业所占比重就越高，这样的一种结构会对发达国家制成品的出口产生一定影响，其表现就是制成品出口所占比重下降，1995年以来，发达经济体制成品出口变化基本遵循了这一趋势，但直至2013年，发达经济体的制成品出口仍占发达经济体总出口的半壁江山，其比重仍然超过50%。对发展中经济体而言，制成品出口的地位，与其在发达国家的地位相当（见表2）。

表2 不同经济体制成品出口的地位比较

单位：%

年　份	1995	2000	2005	2008	2013
发展中经济体出口占全球出口的比重	27.01	30.74	34.62	37.20	42.36
发达经济体出口占全球出口的比重	70.87	67.10	62.26	58.64	53.58
发展中经济体制成品出口占全球制成品出口的比重	25.30	29.34	33.15	35.24	43.61
发达经济体制成品出口占全球制成品出口的比重	73.92	69.81	65.63	62.86	55.38
发展中经济体制成品出口占发展中经济体出口的比重	54.96	56.13	54.52	50.13	52.54
发达经济体制成品出口占发达经济体总出口的比重	61.22	61.18	60.02	56.71	52.75

就比较优势而言，发达国家的制造业一直是具有相对比较优势的部门。国际金融危机之前，发展中国家制成品的相对比较优势并不明显，但2008年开始其上升为具有相对比较优势的部门，即显示对称比较优势指数大于0（见图2）。

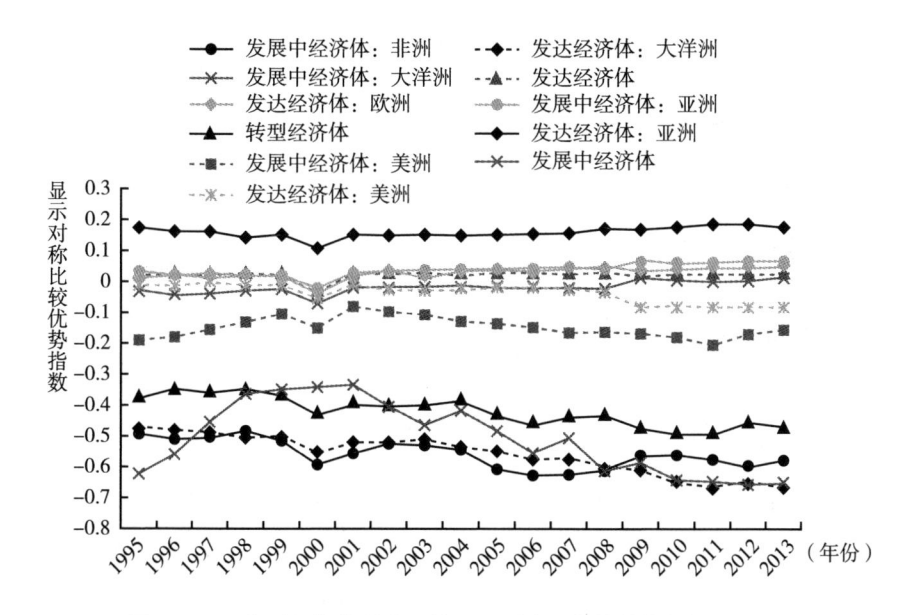

图2 不同类型经济体制成品的显示对称比较优势指数（RSCA）

对制成品的地位分区域进行考察，则制成品出口对亚洲出口的贡献最大。用显示对称比较优势指数来考察，在亚洲，无论是发展中经济体还是发达经济体，其制造业都是相对比较优势明显的部门（见图2）。用出口结构来衡量，以发达经济体为一组进行比较，制成品出口占比最大的为亚洲，2013年超过70%；其次为欧洲，超过50%；美洲居第三，比重在40%以上。制成品对亚洲发展中经济体的发展的贡献同样巨大，2013年亚洲发展中经济体制成品的出口占总出口的比重超过58%，高于美洲发展中经济体12个百分点。在各大洲中，大洋洲制成品对出口的贡献最低，出口占比约为10%（见图3）。

（三）全球制成品出口结构基本稳定，高技能与技术密集型产品出口占比最高

全球制成品出口，如按技术水平分类，1995年以来，各组产品占出口市

产业蓝皮书

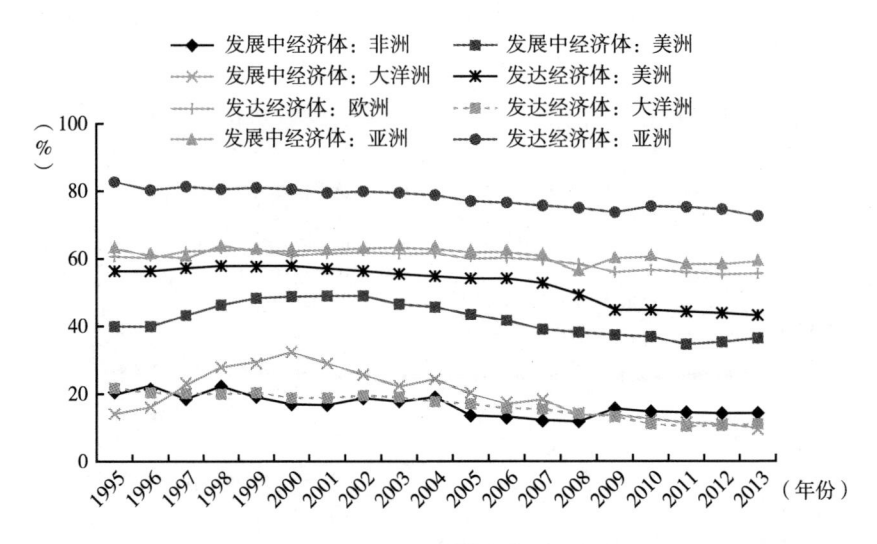

图3 部分区域制成品占总出口的比重

场的份额基本保持稳定，高技能与技术密集型产品所占份额最高，其次为中等技能与技术密集型产品，再次为劳动与资源密集型产品，最后为低技能与技术密集型产品。在高技能与技术密集型产品出口中，1995～2000年电子产品（包括电子零部件）占一半以上，2000年以后，电子产品出口占高技能与技术密集型产品出口的比重一直维持在40%以上（见图4）。

比较发达国家与发展中国家制成品出口结构，令人惊异的是，发展中国家不仅劳动与资源密集型产品出口所占比重超过了发达国家，而且高技能与技术密集型产品的出口与发达国家不相上下，只有中等技能与技术密集型产品的出口所占比重低于发达国家。

仅以发展中经济体的高技能与技术密集型产品出口所占比重与发达国家不相上下就认为，发展中经济体产业的技术水平足以比肩于发达国家，只能贻笑大方。既然不能用产业技术水平相当来解释发展中经济体的高技能与技术密集型产品与发达国家相当，那究竟应如何理解这一现象？要理解这一现象，就需要引入产业链的概念。产业链是指一种产品生产可以分解为不同的环节，有些是高端环节，有些是低端环节，但在目前的产业统计上，对此难以进行区分，所以，对发展中经济体的高技能与技术密集型产品出口所占比重与发达国家相

中国制造业的竞争力

→— 劳动与资源密集型产品
—■— 低技能与技术密集型产品
—▲— 中等技能与技术密集型产品
—※— 中等技能电子产品（不包括零部件，SITC 775）
—＊— 中等技能电子零部件（SITC 772）
—●— 不含电子产品的中等技能产品
—+— 高技能与技术密集型产品
--◆-- 高技能密集型电子产品（不包括电子零部件，SITC 751+752+761+762+763）
--■-- 高技能密集型电子零部件（SITC 759+764+776）
--▲-- 高技能与技术密集型其他产品（不包括电子产品）

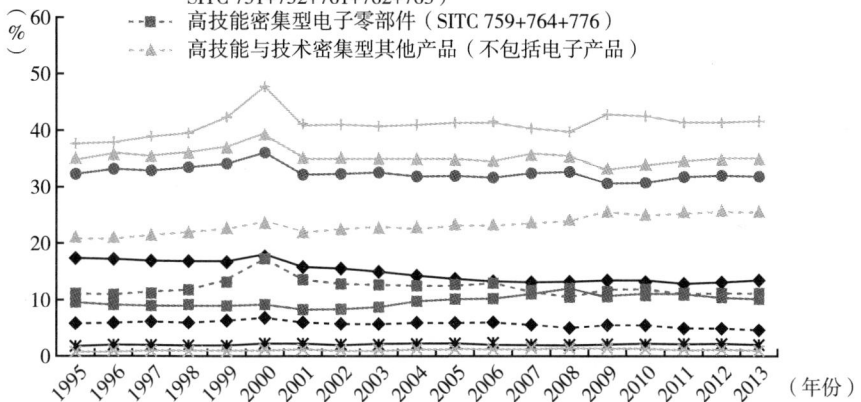

图 4　不同种类制成品占制成品的比重

当的一个可能的猜想，就是高技能与技术密集型产品在全球的产业链分工相对于中等技能与技术密集型产品而言更为发达，发展中经济体承接了大量从发达经济体转移来的低端环节的任务。

有一种方法可以粗略地验证上述猜想，这种方法就是，考察高技能与技术密集型产品的构成，如果发现其构成的产品主要为较易实现产业链分解的产品，那么，上述猜想就能得到证实。从高技能与技术密集型产品的构成看，发展中经济体的电子产品出口占其出口的比重大大高于发达经济体，而无论是发展中经济体，还是发达经济体，电子产品出口在高技能与技术密集型产品出口中都占有比较重要的地位（见表3）。相对而言，电子产品是较易进行产业链分解的产品。

不同区域的制成品出口构成，即便是同属于发展中经济体或发达经济体阵营，也有较大差异。在发展中经济体中，2008年前非洲的制成品出口中劳动与资源密集型产品所占比重最大；亚洲发展中经济体的制成品出口中，高技能与技

表3　发展中与发达经济体不同制成品出口占比

单位：%

经济类型	产品类型	1995年	2000年	2005年	2008年	2013年
发展中经济体	劳动与资源密集型产品	28.80	24.38	19.92	17.73	18.23
	低技能与技术密集型产品	9.75	8.03	9.59	12.51	10.00
	中等技能与技术密集型产品	22.42	23.21	24.26	25.92	26.78
	中等技能电子产品（不包括零部件，SITC 775）	0.94	0.98	1.14	1.14	1.14
	中等技能电子零部件（SITC 772）	1.62	2.27	2.24	2.09	2.31
	不含电子产品的中等技能产品	19.87	19.93	20.86	22.68	23.31
	高技能与技术密集型产品	39.00	44.38	46.31	43.78	45.09
	高技能密集型电子产品（不包括电子零部件，SITC 751+752+761+762+763）	9.58	9.56	10.00	8.76	7.44
	高技能密集型电子零部件（SITC 759+764+776）	15.73	21.90	20.90	18.32	19.11
	高技能与技术密集型其他产品（不包括电子产品）	13.71	12.92	15.33	16.81	18.48
发达经济体	劳动与资源密集型产品	13.49	11.69	10.81	9.95	9.89
	低技能与技术密集型产品	9.31	7.88	9.52	11.06	9.67
	中等技能与技术密集型产品	39.64	39.57	40.37	41.06	41.27
	中等技能电子产品（不包括零部件，SITC 775）	0.82	0.69	0.74	0.66	0.62
	中等技能电子零部件（SITC 772）	1.86	2.00	1.81	1.85	2.02
	不含电子产品的中等技能产品	37.09	36.81	37.68	38.64	38.69
	高技能与技术密集型产品	37.45	40.80	39.34	37.88	39.15
	高技能密集型电子产品（不包括电子零部件，SITC 751+752+761+762+763）	4.58	4.82	3.83	3.27	2.66
	高技能密集型电子零部件（SITC 759+764+776）	9.45	12.15	8.59	6.62	5.75
	高技能与技术密集型其他产品（不包括电子产品）	23.24	23.90	27.12	28.03	30.65

术密集型产品出口所占比重最大；美洲则是中等技能与技术密集型产品出口所占比重最大。发达经济体中，美洲高技能与技术密集型产品出口所占比重最大，欧洲则是中等技能与技术密集型产品所占比重最大（见表4）。

表4 不同区域经济体制成品出口构成

单位：%

经济类型	产品类型	1995年	2000年	2005年	2008年	2010年	2013年
发展中经济体：非洲	劳动与资源密集型产品	37.18	38.00	30.22	24.68	24.25	24.36
	低技能与技术密集型产品	16.30	16.41	18.85	19.34	19.76	15.36
	中等技能与技术密集型产品	20.93	20.89	24.02	25.64	27.89	29.01
	高技能与技术密集型产品	25.59	24.70	26.91	30.34	28.10	31.27
发展中经济体：美洲	劳动与资源密集型产品	21.39	19.20	16.94	13.32	12.39	11.06
	低技能与技术密集型产品	12.28	7.89	11.72	12.61	9.67	12.11
	中等技能与技术密集型产品	39.34	40.40	39.73	39.29	41.73	44.38
	高技能与技术密集型产品	26.92	32.50	31.60	34.76	36.22	32.29
发展中经济体：亚洲	劳动与资源密集型产品	29.54	24.87	20.10	18.07	17.82	18.85
	低技能与技术密集型产品	9.12	7.79	9.04	12.27	10.68	9.67
	中等技能与技术密集型产品	20.15	20.09	22.15	24.25	23.42	24.95
	高技能与技术密集型产品	41.18	47.08	48.80	45.34	48.02	46.64
发展中经济体：大洋洲	劳动与资源密集型产品	34.56	63.08	36.02	15.38	9.54	11.04
	低技能与技术密集型产品	40.66	22.27	42.11	51.16	63.37	52.16
	中等技能与技术密集型产品	9.82	8.64	12.45	9.70	11.54	16.64
	高技能与技术密集型产品	14.96	6.01	9.43	23.76	15.56	20.17
发达经济体：美洲	劳动与资源密集型产品	9.63	9.03	8.36	6.75	7.05	6.89
	低技能与技术密集型产品	5.33	5.11	6.16	7.24	7.14	7.36
	中等技能与技术密集型产品	39.93	39.15	40.24	39.40	39.81	41.82
	高技能与技术密集型产品	45.01	46.71	45.17	47.01	46.44	43.88
发达经济体：亚洲	劳动与资源密集型产品	4.02	3.69	3.31	3.07	3.42	3.27
	低技能与技术密集型产品	10.20	8.99	10.72	12.19	12.44	11.23
	中等技能与技术密集型产品	45.73	46.45	49.20	51.10	49.30	51.12
	高技能与技术密集型产品	39.95	40.86	36.81	33.70	34.82	34.38
发达经济体：欧洲	劳动与资源密集型产品	17.21	14.72	12.75	11.85	11.66	11.63
	低技能与技术密集型产品	10.41	8.77	10.24	11.85	10.52	10.04
	中等技能与技术密集型产品	38.49	38.21	38.67	40.13	38.37	39.83
	高技能与技术密集型产品	34.19	38.46	38.07	36.27	39.36	38.54
发达经济体：大洋洲	劳动与资源密集型产品	15.46	13.98	12.81	9.85	10.62	10.24
	低技能与技术密集型产品	15.65	10.56	10.03	12.07	12.29	10.13
	中等技能与技术密集型产品	29.24	32.19	36.43	34.25	31.89	32.33
	高技能与技术密集型产品	39.65	43.27	40.73	43.83	45.20	47.31

用显示对称比较优势指数变化来测度发达经济体与发展中经济体的比较优势演化，不难发现，发展中经济体的劳动与资源密集型产品虽然仍具有比较优势，但呈现下降趋势，其主要原因在于，发展中经济体的电子产品的比较优势出现大幅提升。而其电子产品比较优势大幅提升的原因在于，电子产品的全球产业链分工比较发达，发达经济体可将其不具有比较优势的环节转移到发展中经济体（见图5）。这一现象反映到发达经济体中，就是其电子产品制造的比较优势大幅度下降。在电子产品制造的比较优势出现下降的过程中，发达国家中等技能与技术密集型产品、高技能与技术密集型产品（不包括电子产品）的比较优势仍然明显（见图6）。当然这一事实并不反映发展中经济体完全掌控了电子产品的话语权，由于电子产品的分工主要是由发达国家的公司主导构建的，发展中国家在电子产品的全球产业链分工中，仍处于从属地位。

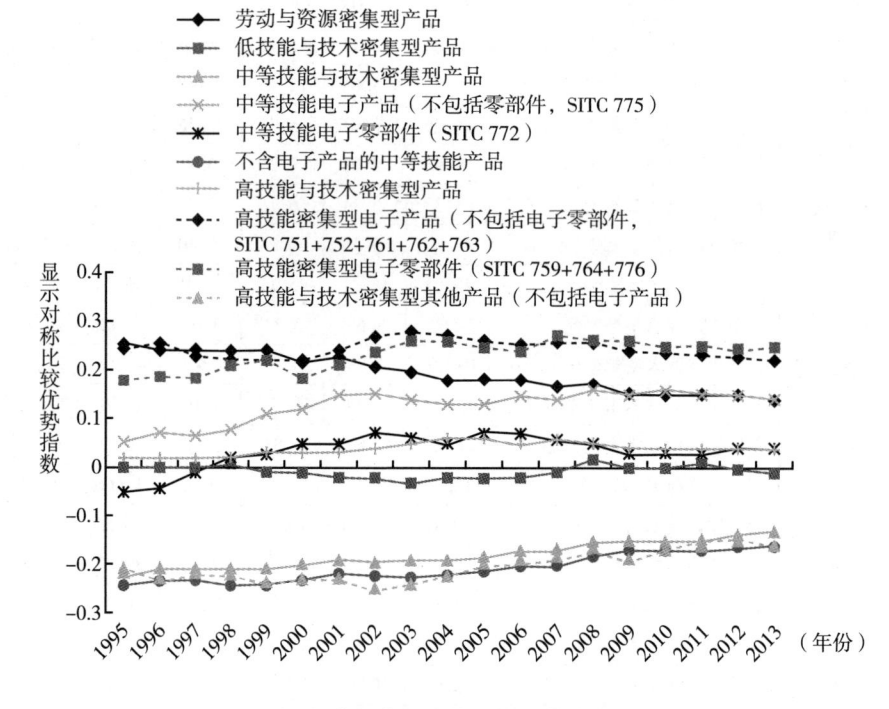

图 5　发展中经济体比较优势的变化

图6 发达经济体比较优势的变化

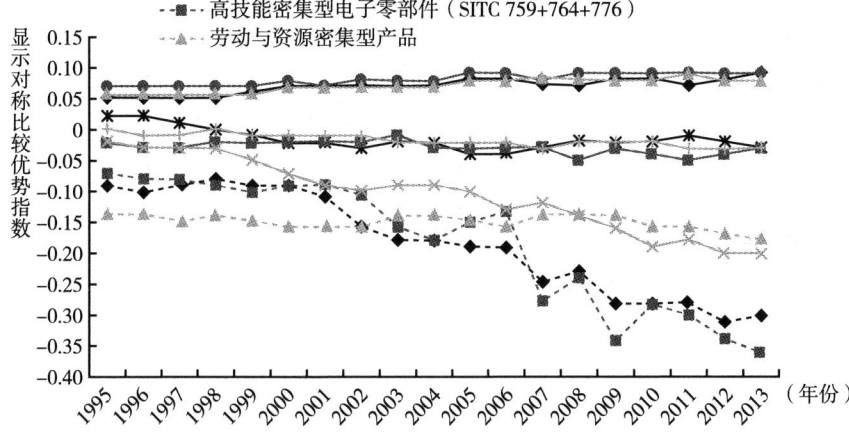

三 中国制造业的优势

（一）与服务业的国际竞争力相比，中国制造业的国际竞争力仍处于强势地位，是推动中国出口市场份额持续上升的主体力量

在分析中国的产业国际竞争力时，如果综合考虑货物贸易和服务贸易，2003年、2004年、2010年和2012年是四个值得我们特别关注的年份，这是四个中国出口产品的国际市场占有率实现超越的年份。中国的总出口在国际市场上的占有率2003年超过英国、法国，2004年超过日本，2010年超过德国，2012年超过美国（见图7）。

推动中国国际市场占有率不断提升的首要动力源于货物贸易，而在货物贸易中，制成品则是主力军。中国货物出口占全球出口（包括服务）的比重

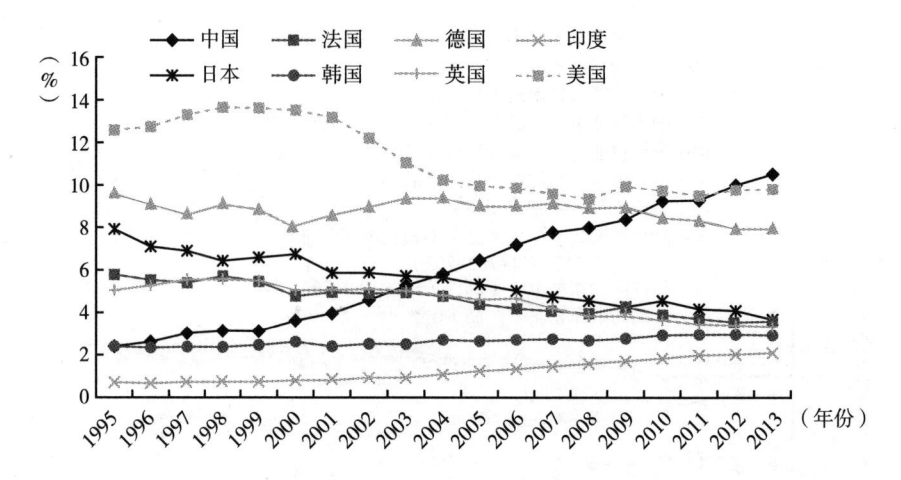

图7 中国国际市场占有率的变化（包括货物和服务贸易）

2002年超过英国、法国，2004年超过日本，2007年超过美国，2009年超过德国。2008年国际金融危机以来，中国货物出口占全球货物出口的比重，除2011年出现徘徊外，一直呈增长之势（见图8）。2013年，中国货物出口占全球货物出口的比重达到11.75%，不仅大大高于金砖国家的巴西、印度、南非和俄罗斯（这三个国家2013年的比重分别为1.28%、1.79%、0.5%和2.76%），而且分别高于美国约3个百分点、德国约4个百分点、日本约8个百点，美国、德国和日本2013年的比重分别为8.4%、7.7%和3.8%（见图9）。

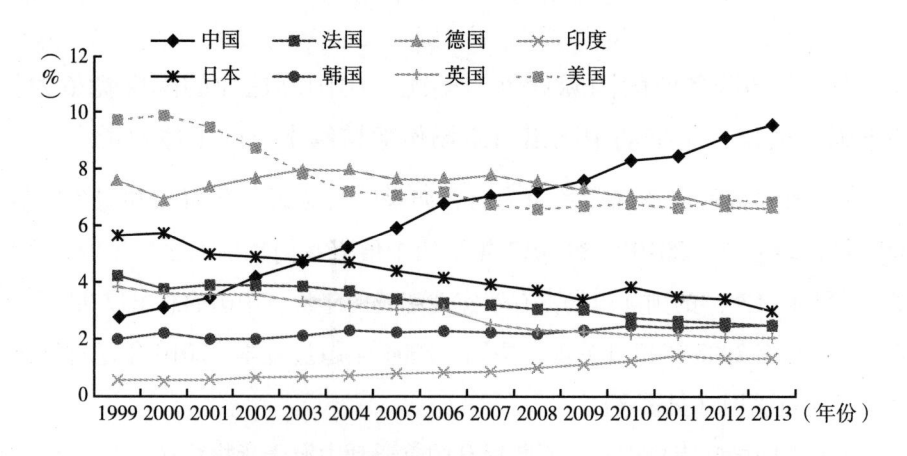

图8 中国与典型国家货物出口占全球总出口（包括服务）的比重

中国制造业的竞争力

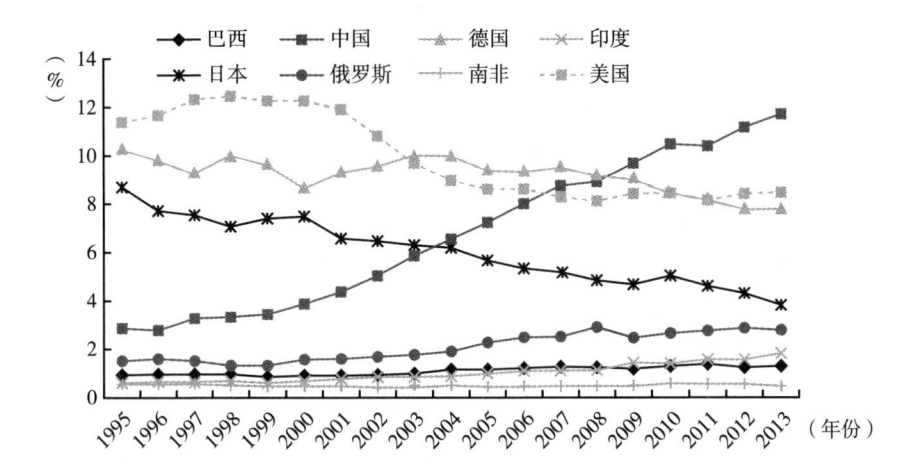

图9 中国及典型国家商品的国际市场占有率

中国产品国际市场占有率的增长主要为制成品国际市场占有率的增长所推动。中国制成品出口占全球制成品出口的比重，2000年超过英国，2002年超过法国，2004年超过日本，2006年超过美国，2007年超过德国。中国初级产品的国际市场占有率2008年为2%左右，2013年为2.2%，制成品的国际市场占有率则由2008年的12.7%增加到2013年的17.4%（见图10）。制成品占货物出口的比重2003年即超过90%，国际金融危机之后，一直稳定在93%左右。

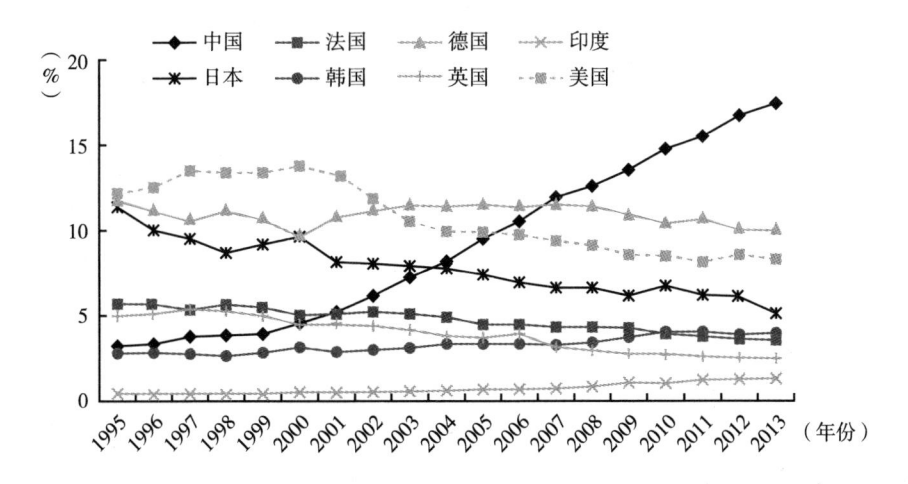

图10 中国及典型国家制成品出口占全球制成品出口的比重

与制成品在全球占有重要地位相比，中国的服务业出口在全球的影响则要小得多，其比重长期不足5%，与美国等相差甚远，这虽然为中国的服务业出口提供了潜在的广阔空间，但迄今为止，中国服务仍没有表现出能利用这个空间的潜力（见图11），服务出口的各个门类中也并无哪个门类表现出强劲的增长势头。美国在全球市场占有率最高的两个部门是版税和许可证费、金融服务，而中国这两个部门在国际市场上的占有率微不足道（见表5），服务贸易在可预见的一段时期内，难以成为推动中国出口增长的支柱性力量。

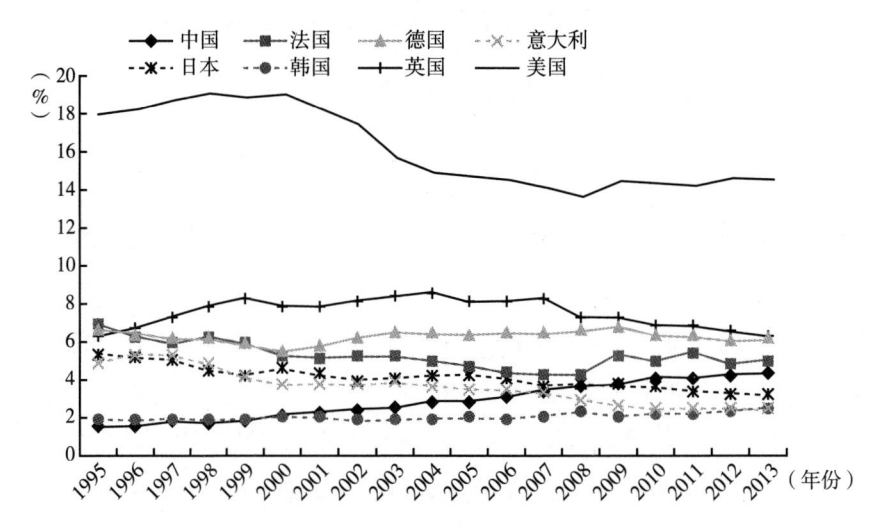

图11 中国及典型国家服务出口占全球服务出口的比重

表5 中国及部分国家不同类型服务出口占全球服务出口的比重

单位：%

国家	出口服务类	2005年	2008年	2009年	2010年	2011年	2012年	2013年
中国	交通	2.71	4.31	3.40	4.24	4.04	4.38	4.15
	旅游	4.17	4.24	4.53	4.81	4.55	4.53	4.36
	通信	0.82	1.61	1.28	1.26	1.62	1.61	1.38
	建筑	4.63	9.21	8.66	14.58	13.82	11.44	10.11
	保险	1.11	1.66	1.67	1.79	2.87	3.20	3.94
	金融服务	0.08	0.11	0.14	0.47	0.27	0.61	0.95
	计算机与信息	1.77	3.20	3.43	4.33	4.88	5.53	5.38
	版税和许可证费	0.10	0.25	0.18	0.33	0.26	0.36	0.29
	其他商业服务	3.82	4.91	5.07	5.31	5.16	5.68	6.37
	个人、文化与娱乐服务	0.57	1.43	0.35	0.37	0.32	0.32	0.37
	政府服务	0.87	0.96	1.42	1.39	0.97	1.29	1.59

续表

国家	出口服务类	2005年	2008年	2009年	2010年	2011年	2012年	2013年
德国	交通	7.17	7.11	7.49	7.19	6.97	6.51	6.72
	旅游	4.15	4.13	3.94	3.64	3.65	3.45	3.48
	通信	5.78	5.31	5.14	5.55	5.41	10.77	12.79
	建筑	18.61	14.37	12.50	12.20	11.93	9.81	9.27
	保险	4.50	5.49	5.51	6.06	5.82	5.39	5.41
	金融服务	3.66	4.54	4.96	4.54	4.74	4.65	4.58
	计算机与信息	8.11	7.95	7.96	7.99	7.81	7.77	7.76
	版税和许可证费	4.43	4.81	7.59	5.82	5.11	4.72	5.96
	其他商业服务	7.89	8.53	8.53	8.19	8.28	7.84	7.75
	个人、文化与娱乐服务	5.13	3.74	4.49	3.41	2.76	2.38	1.51
	政府服务	11.16	7.40	7.55	7.25	6.79	6.53	6.70
日本	交通	6.29	5.27	4.55	4.82	4.35	4.52	4.37
	旅游	1.77	1.12	1.18	1.39	1.03	1.32	1.28
	通信	0.67	0.67	0.71	0.76	0.71	0.87	0.76
	建筑	12.90	12.23	11.38	10.70	10.28	10.83	9.19
	保险	1.76	1.13	0.90	1.32	1.57	-0.38	0.16
	金融服务	2.81	1.83	1.83	1.28	1.30	1.51	1.36
	计算机与信息	1.09	0.48	0.46	0.49	0.48	0.52	0.63
	版税和许可证费	11.03	11.23	9.17	10.44	10.01	10.87	10.20
	其他商业服务	4.49	4.35	4.72	4.32	4.02	3.20	3.35
	个人、文化与娱乐服务	0.42	0.53	0.58	0.45	0.41	0.46	0.37
	政府服务	4.07	3.35	3.62	3.76	3.81	4.04	3.41
英国	交通	5.54	4.43	4.46	3.96	4.06	3.92	3.92
	旅游	4.36	3.74	3.44	3.41	3.29	3.32	3.45
	其他服务	11.20	10.19	9.94	9.53	9.32	8.91	8.39
	建筑	1.95	2.04	2.22	2.26	2.28	2.23	2.44
	保险	5.71	12.29	25.46	24.16	24.09	22.87	16.05
	金融服务	23.57	24.18	22.26	19.13	19.68	19.14	18.69
	计算机与信息	10.43	6.91	6.73	6.32	5.64	5.71	5.73
	版税和许可证费	8.33	6.42	5.82	5.54	4.85	4.30	4.24
	其他商业服务	9.92	8.53	7.85	8.14	7.98	7.61	7.09
	个人、文化与娱乐服务	17.52	14.30	12.73	11.95	13.35	13.63	13.67
	政府服务	6.33	5.80	5.21	5.19	4.64	4.55	5.22

续表

国家	出口服务类	2005年	2008年	2009年	2010年	2011年	2012年	2013年
美国	交通	9.19	8.38	8.94	8.85	9.04	9.32	9.54
	旅游	15.17	14.49	14.08	14.04	13.88	14.56	14.58
	通信	8.51	10.54	11.05	11.47	12.30	12.95	12.23
	建筑	2.40	3.46	3.69	2.82	3.05	3.12	—
	保险	15.32	16.05	15.18	14.89	14.21	15.43	15.25
	金融服务	22.09	21.11	24.51	25.65	24.69	24.77	25.04
	计算机与信息	9.09	6.72	7.22	6.61	6.75	6.63	6.35
	版税和许可证费	46.62	44.65	41.65	42.09	41.59	42.32	41.25
	其他商业服务	11.05	10.39	11.32	11.41	10.86	11.45	11.08
	个人、文化与娱乐服务	1.07	2.55	2.67	3.02	2.13	1.93	—
	政府服务	23.16	24.17	27.18	24.85	27.40	27.61	28.27

（二）劳动与资源密集型产品的国际市场占有率最高，但比较优势不断弱化，中国正处于艰难的结构调整阵痛期

按技术含量对制成品进行分类，中国劳动与资源密集型产业的市场占有率最高，中等技能与技术密集型产品的国际市场占有率最低。2008年中国劳动与资源密集型产品的国际市场占有率为22.6%，2013年为30.6%，国际金融危机后仍呈现出增长势头。2008年中国中等技能与技术密集型产品的国际市场占有率为8.8%，2013年为12.3%。

中国低技能与低技术密集型产品和高技能与高技术密集型产品的国际市场占有率，2013年相差不大，分别为17.8%和17.1%。就市场占有率的增长而言，后者增加得更快。中国低技能与低技术密集型产品2013年的国际市场占有率较2008年提高了3.3个百分点左右，同期中国高技能与高技术密集型产品的国际市场占有率提高4.5个百分点。

在制成品中，如按劳动与资源密集型产品制造、低技能与技术密集型产品制造、中等技能与技术密集型产品制造、高技能与技术密集型产品制造四大类进行比较，劳动与资源密集型产品制造具有明显的比较优势，中等技能与技术密集型和高技能与技术密集型产品制造在国际竞争中仍处于劣势，低技能与技术密集型产品制造也不再具有明显的比较优势。尽管就中等技能与技术密集型

中国制造业的竞争力

- ◆ 劳动与资源密集型产品
- ■ 低技能与技术密集型产品
- ▲ 中等技能与技术密集型产品
- × 中等技能电子产品（不包括零部件，SITC 775）
- ✱ 中等技能电子零部件（SITC 772）
- ● 不含电子产品的中等技能产品
- + 高技能与技术密集型产品
- ◆ 高技能密集型电子产品（不包括电子零部件，SITC 751+752+761+762+763）
- ■ 高技能密集型电子零部件（SITC 759+764+776）
- ▲ 高技能与技术密集型其他产品（不包括电子产品）

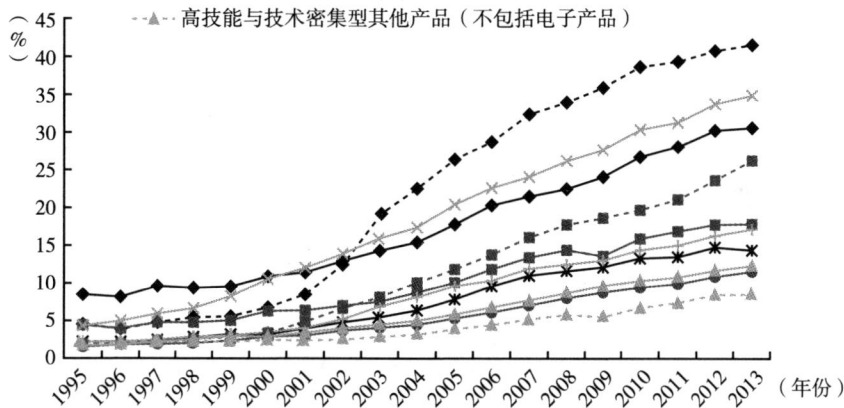

图 12　中国不同技术含量的制成品国际市场占有率

和高技能与技术密集型产品制造而言，中国不具有明显优势，但如果将中等技能与技术密集型产品和高技能与技术密集型产品制造进一步细分为非零部件电子产品、零部件电子产品和非电子产品类进行比较，就会另有发现：在中等技能与技术密集型和高技能与技术密集型产品制造中，非零部件电子产品制造已经成为中国最有比较优势的部门，高技能与技术密集型零部件电子产品制造也已成为有比较优势的部门之一。

动态地考察中国比较优势的变化可以发现，中国正处于艰难的结构调整阵痛期，传统优势部门正在下坡、新兴优势部门正在上坡两种现象交织进行。中国以前一直具有明显比较优势的产品，其比较优势明显弱化。劳动与资源密集型产品虽仍具有明显的比较优势，但呈走弱趋势，其显示对称比较优势指数在2000年之后，下降至0.4以下，2007年进一步下降至0.3以下。低技能与技术密集型产品制造，从具有较强比较优势的部门变为弱优势部门。中等技能与

017

技术密集型产品和高技能与技术密集型产品制造中的非零部件电子产品制造在经过一段时期快速上升之后，有下降迹象。在具有比较优势的部门中，高技能与技术密集型产品制造已成长为具有比较优势的部门，并且有继续强化的态势。长期以来，处于劣势地位的部门——非电子类中等技能与技术密集型产品、高技能与技术密集型产品，其比较优势都呈现强化趋势，这些部门正处于艰难的爬坡期（见图13）。

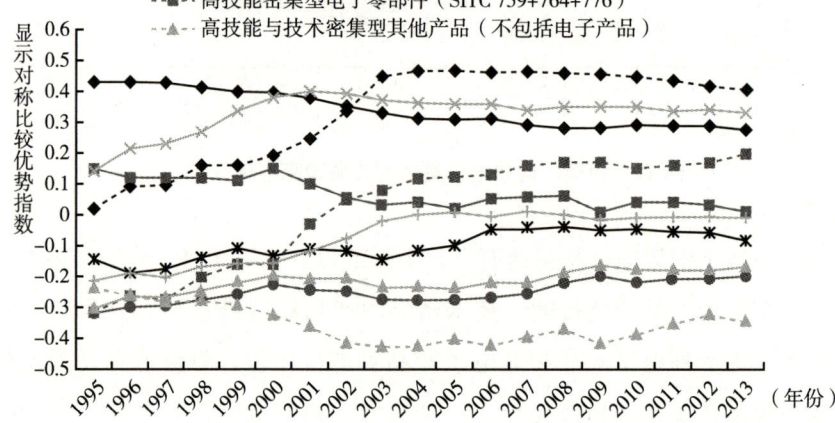

图13 中国各类制成品的比较优势变化

四 政策建议

在全球化日益深化的今天，中国的制造业发展，既面临着发展中国家在迈向高收入国家过程中所面临的共同的问题，也面临着新的不同的挑战。相同的是，中国的制造业要发展，就必须解决传统优势弱化、新优势积累的难题。不同的是，国际金融危机推动了发达国家重振制造业的雄心壮志，使中国制造业在发展中面临的竞争更加激烈。全球正在发生的深刻的技术变革，既给中国的制造业发展带来了新的压力，也为中国的制造业形成新的竞争优势提供了难得的机遇。为了成功地应对挑战和抓住机遇，中国在未来的制造业发展中，应实施"双轨"战略，推动制造业的平稳转型，使中国经济平稳转向新常态。

（一）利用后发优势，推进进口替代，推动出口结构优化

构成"双轨"战略的"一轨"，就是发挥后发优势。作为一个发展中国家，中国与发达国家仍有很大差距，总体上仍属于追赶型经济。作为一个发展中国家，中国首先面临的是追赶发达国家的问题。如何追赶？那就是按照产业发展的规律，向发达国家学习，不断地实现产业升级。

产业升级是中国实现科学发展的重要内容和实现发展方式转变的必要手段。而产业升级所面临的主要问题是，向什么方面升级、向什么产业升级。只要正确认识到，中国还是一个发展中国家，还面临着追赶发达国家的任务，这个问题就会迎刃而解。追赶发达国家，在产业发展的策略上，就是推进"进口替代"，生产那些中国还不能生产、需要进口的产品。

推进进口替代，可以解决在产业升级问题上所面临的信息难题，就是解决好升向何处的问题，同时也可以利用后发优势，获取"技术红利"。后发国家的"技术红利"，是指就已经被发达家开发出来的技术而言，应用或再进行开发所需的费用比起开发从来没有被开发过的技术，费用较低，所以，其表现是，后发国家技术进步的速度快于先行国家。

在20世纪，拉美危机发生之后，进口替代战略一段时间内受到了比较广泛的批评。一些学者把拉美危机归结为实施了进口替代，而把东亚一些国家或地区的成功归因于实施了出口导向战略。萨克斯（Jeffrey D. Sachs）比较研究了拉美和东亚经济体的增长绩效，认为出口导向的失败是拉美国家经济增长持续停滞的关键原因，拉美和亚洲在外债的借贷数量和使用上有所不同，绩效差异的本质并不在于拉美和东亚采取的战略差异，而在于亚洲国家很好地通过引进、吸收外来技术实现了产业升级，而拉美国家却没能做到。拉美国家（尤其是阿根廷、墨西哥、委内瑞拉）将借入的外债多用于支持私人部门积累外

国资产，而亚洲国家将外债用于发展可贸易物品，特别是出口产业。[1]

实施进口替代，不是闭关锁国，而是通过推进进口替代，实现出口产品结构的升级。日本是成功实施出口导向战略的典范，学者根据日本发展经验提出了雁阵式发展理论，其背后的核心要素是进口替代。它把后发国家的工业化过程描述为将经过一系列发展阶段：第一阶段，从发达经济体进口消费品，大量劳动力转移到出口产业部门就业；第二阶段，后发国家开始生产消费品，同时进口与此相关的资本品；第三阶段，后发国家开始出口消费品，此时，国内也开始生产资本品，资本品的进口出现下降；第四阶段，后发国家消费品出口下降，这类工业开始转向后一级经济发展水平相对落后的地区，后发国家生产的资本品也开始出口。第四阶段之外的阶段，部分资本品因生产转移到了其他国家或地区，其出口也出现了下降。很显然，在这四个阶段中，第二和第三阶段都发生了进口替代，没有这两个阶段的进口替代的发生，所谓的出口导向战略也就成为无源之水，无本之木。[2]

中国推进进口替代的方向是中高端领域。发展中国家进口替代的过程，表现为产业的不断升级。发展中国家成功的产业升级过程，一定会表现为从低技能与技术密集型产品替代向中高技能与技术密集型产品替代的变化过程。为了分析进口替代的演化，我们计算了进口显示对称比较优势指数，这个指数的计算方法与分析出口的显示对称比较优势指数相同，只是将所有出口数据用进口数据替换。图14显示了计算的结果，可以看出，劳动与资源密集型、低技能与技术密集型产品的进口显示对称比较优势指数一直呈下降趋势，中等技能与技术密集型产品的进口显示对称比较优势也开始出现下行趋势，而高技能与技术密集型产品的进口显示对称比较优势却仍保持上行态势，且高技能与技术密集型产品的进口显示对称比较优势表现得更为明显。所以，中国推进进口替代，劳动与资源密集型产品和低技能与技术密集型产品部门，发展空间不大。中国推进进口替代的方向是中高端领域，这两个领域加起来，大约是1万亿美元的规模。

---

[1] Jeffrey D. Sachs, "External Debt and Macroeconomic Performance in Latin America and East Asia", *Brookings Papers on Economic Activity*, 1985（2），pp. 523 - 572.

[2] Kiyoshi Kojima, "The 'Flying Geese' Model of Asian Economic Development: Origin, Theoretical Extensions, and Regional Policy Implications", *Journal of Asian Economics*, 2000（11），pp. 375 - 401.

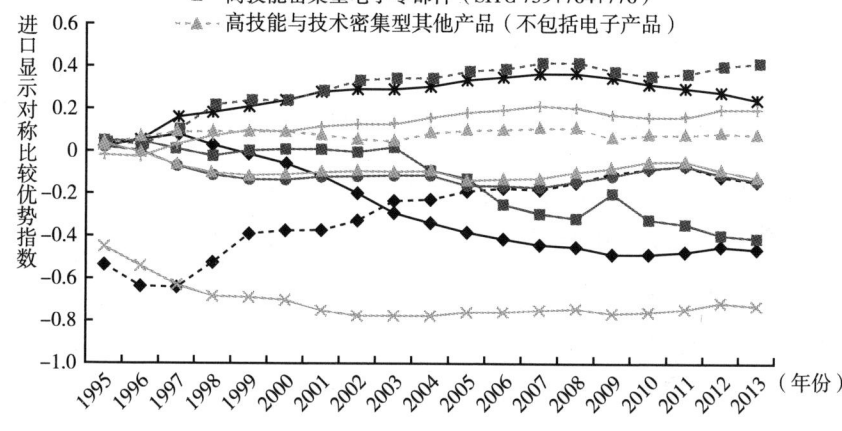

图 14　进口显示对称比较优势指数

（二）抓住新工业革命的机遇，推进前沿技术创新，培育全新产业

"双轨"战略的"另一轨"是"跨越"，就是在前沿技术领域开展研究，培育全新产业。中国作为一个发展中国家，在追赶发达国家的过程中，其发展水平会越来越近，离技术前沿面的距离会越来越近，由后发而产生的技术红利也会越来越少，要保持经济的持续平稳增长，就必须在追赶的过程中，同时着手推动对前沿技术的研究，培育潜在的新的增长点。

全球正在发生的深刻的技术革命，既发出了中国必须进行前沿技术研究才能最终赶上发达国家的强烈信号，也为中国着手推动对前沿技术的研究提供了难得一遇的机会。在这一次新产业革命过程中，很多国家提出了重点发展方向和推进战略。比如，美国在推进先进制造业发展的过程中，选择的重点方向包括：在关键国防安全产业领域提高国内制造能力，包括小型的高效能电池制造、先进合成材料制造、金属加工技术、生物制造、可替代能源等；开发先进材料，加速先进材料的应用，包括与信息技术相关、清洁能源技术和国防安全领域的先进材料等；投资下一代机器人，协助工人、医生、战士、航天员完成关键的难以完成的任务；推进高能效的制造工艺；等等。德国提出的工业4.0，就是对嵌入式系统开发技术、自动化技术和工程制造等实现有机整合。中国在前沿技术的创新上，虽然不能完全照搬其他国家提出的这些领域和方向，但这些国家提出的前沿领域对于中国选择技术突破的方向有着重大的借鉴作用。

（三）提高政策支持的科学性、针对性

实施"双轨"战略，就是要处理好追赶与跨越的关系。前者是要充分发挥现有比较优势，后者则是要培育新的潜在比较优势。对于这"两轨"而言，因为各自的特点不同，在政策上也应有所差异。

对于完成追赶的任务而言，因为技术与产业发展的方向已经十分明确，主要应解决好两个问题：一是解决好市场协调失败的问题，加强支撑产业升级的基础设施建设，包括重大的技术平台和公共技术建设，如发动机技术、芯片制造技术等；二是推进国际公平竞争秩序的建设，通过反垄断，打破跨国公司利用在关键技术领域的优势对产业链的控制。

对于完成跨越的任务而言，除组织力量跟踪国际技术和产业发展前沿外，重点是要鼓励科技人员开展自由探索，把基础研究作为推进前沿技术创新的最关键环节来加以推进；推进军民融合发展；大力创造创新创业的环境，降低企业进入和退出门槛，促进中小企业创新发展；通过市场竞争选择未来的技术发展方向。

参考文献

[1] Jeffrey, D. Sachs, "External Debt and Macroeconomic Performance in Latin America and East Asia", *Brookings Papers on Economic Activity*, 1985 (2).

[2] Kiyoshi Kojima, "The 'Flying Geese' Model of Asian Economic Development: Origin, Theoretical Extensions, and Regional Policy Implications", *Journal of Asian Economics*, 2000 (11).

行业篇

Industrial Issue

B.2
新能源工业竞争力

白 玫[*]

摘 要： 本文通过国际市场占有率、贸易竞争力指数及显示比较优势指数等指标评估分析了中国新能源工业的国际竞争态势，并对新能源工业竞争力进行了国际比较，研究表明：第一，中国新能源产业在国际竞争中具有极强的优势，主要表现在光伏电池、太阳能电站及逆变器方面，但这一竞争优势正因受欧美贸易保护的影响而有所下降。在风电、生物质液体燃料、地热能等产业领域中国不具有竞争优势。第二，具有新能源工业竞争优势的国家主要是中国、美国、德国、日本、丹麦和韩国，中国、韩国的优势在光伏产业，美国的竞争优势在太阳能发电机组、生物质液体燃料及地热发电，丹麦、德国的竞争优势在风电产业。第三，新能源工业竞争优势受政策影响大，聚集优势是中

---

[*] 白玫，中国社会科学院工业经济研究所副研究员。

国新能源工业竞争优势提升的主要原因。

关键词：

新能源工业　竞争力　显示贸易优势指数

新能源工业竞争力，主要是指以风电及其装备制造业、光伏发电及其装备制造、地热发电及生物质液体燃料为代表的新能源及装备制造业的国际竞争力。用国际市场占有率、贸易竞争力指数（TCI）、显示比较优势指数（RCA）等指标来评估有一定进出口规模的新能源子行业，如光伏产业、风电产业等；用产业规模（全球市场份额，MSI）来评估处于发展初期的新能源行业，如地热发电等。风电产业进出口主要是风力发电机组和零件的进出口；光伏产业进出口主要是光伏发电机组、光伏电池、晶硅原料、光伏电站、逆变器和光伏零部件产品的进出口。本文在新能源工业的国家选择上，除了本研究要求的美国、日本、德国、法国、英国，以及金砖国家等10个国家外，加入新能源工业竞争力较强的丹麦、韩国、瑞典、西班牙4个国家，共计14个国家。

一　新能源工业竞争力趋势

2013年，尽管在欧美"双反"影响下中国新能源工业的国际竞争优势较上一年稍微有所下降，但在积极的新能源政策刺激下大量的资金开始涌入光伏电站、储能等终端产业，新能源工业的盈利能力较上一年有所提升。中国新能源工业的竞争力主要体现在光伏电池、太阳能电站和逆变器等产业环节。

（一）盈利能力好于上年

2013年，中国新能源工业的盈利能力总体好于2012年。①光伏产业，销售收入同比增长好于上年同期，毛利率2013年第一季度为-5.3%，第二季度为6.5%，第三季度为8.8%，第四季度为12.2%，分别好于上年同期的-8.2%、-1.3%、-6.5%和-14.5%。总资产报酬率、净资产收益率均好于上年同期。2013年上网光伏利用小时数达1368小时（国网），处于国际较高水平。②风电产业，全国风电设备利用小时数达到2080小时。这是自2008年以来，风电设备年度利用小时数的最高水平；全国风电"弃风"电量162亿千瓦时，比2012年减少46亿千瓦时；平均"弃风"率降至11%，同比降低6个百分点，仅此一项风电产业多收入20多亿元。

表1 2012~2013年光伏全行业盈利能力

单位：%

盈利能力指标	2013年第四季度	2013年第三季度	2013年第二季度	2013年第一季度	2012年第四季度	2012年第三季度	2012年第二季度	2012年第一季度
销售收入增长率（同比）	37.4	20.5	6.4	-7.3	-10.3	-28.9	-31.9	-45.2
毛利率	12.2	8.8	6.5	-5.3	-14.5	-6.5	-1.3	-8.2
净利率	-7.3	-12	-21.8	-20.1	-42.2	-24.3	-21.4	-24.3
总资产报酬率（ROA）	-4.1	-11.8	-13.9	-12.5	-14.4	-13.4	-12.9	-16.5
净资产收益率（ROE）	-18.1	-31.8	-31.8	-33.3	-34.4	-27.3	-30.5	-30.5

资料来源：彭博新能源财经。

（二）国际市场占有率依然保持较高水平

虽然中国的新能源工业还存在诸多问题，但由于近年来中国新能源工业在技术上不断发展，以及积极的补贴政策和中国劳动力成本的优势，使得中国新能源工业的市场占有率不断提高。中国新能源工业出口的国际市场占有率从2000年的2.32%上升到2013年的27.18%，新能源工业出口竞争力大大提升。但是，受欧盟、美国等的贸易保护政策影响，新能源工业出口竞争力受到了一定的影响，特别是中国出口到欧美的光伏电池和组件所受影响较大，新能源工业的国际市场占有率从2011年的31.19%下降到2013年的27.18%，回落较为明显。

从新能源细分行业看：①光伏产业。2013年中国光伏产业的国际竞争力依然是世界第一，国际市场占有率保持在29.05%，接近1/3。光伏产业在各个国家的起步相差无几，发展速度基本持平，规则尚未形成，靠技术屏蔽外来企业很难实现，使用贸易救济工具成为每个国家首选的限制进口方式。欧美近年来频繁对外使用贸易救济工具，意在为本国（地区）新能源工业创造发展空间。据联合国贸易和发展会议发布的《可再生能源贸易救济报告》，2008～2013年，世界范围内发起的针对生物燃料、太阳能和风能产品的反倾销案和反补贴案中，一半贸易救济措施涉及太阳能产品。

②风电产业。中国的风电产业竞争实力相对较弱，国际市场占有率不到7%左右，远远低于丹麦、德国和西班牙。尽管如此，这些年中国风电产业的竞争力不断提高，国际市场占有率从2000年几乎为0增加到2013年的6.34%；同时风机进口额占国际风机进口总额的比重则从2000年的12.63%下降到2013年的0.15%。这表明中国风电产业竞争力大大提高，已从风机进口国变为风机出口国。中国风电机组年产能4000万千瓦，国内市场年需求不超过2000万千瓦。2013年，中国主要风电设备制造企业实现出口341台、装机容量69.2万千瓦。如何提高竞争力、化解产能过剩问题、开拓国际市场成为中国风电产业面临的重要课题。

表2 2000～2013年中国新能源工业国际市场占有率

单位：%

年份	新能源工业		光伏产业		风电产业	
	进口	出口	进口	出口	进口	出口
2000	6.04	2.32	5.74	2.45	12.63	0.00
2005	18.43	13.39	19.35	14.75	9.65	0.02
2008	12.30	22.05	13.18	23.43	2.73	3.90
2009	10.43	22.41	11.46	23.76	0.38	3.35
2010	10.87	28.90	11.47	30.09	0.19	1.23
2011	12.03	31.19	12.77	32.37	0.16	6.39
2012	13.48	29.02	14.38	30.78	0.06	7.06
2013	14.77	27.18	15.89	29.05	0.15	6.34

资料来源：根据UN Comtrade Database相关数据计算。

从新能源产品来看，中国光伏电池、太阳能电站、逆变器的国际市场占有率比较高，2013年光伏电池国际市场占有率为34.36%、太阳能电站为28.87%、逆变器为37.92%。但与2012年相比,2013年光伏电池、太阳能电站的国际市场占有率都有不同程度的下降,表明国际市场竞争力受美国光伏电池反倾销的影响比较大。

表3 2000~2013年中国新能源工业链主要环节的市场占有率

单位:%

年份	光伏电池 进口	光伏电池 出口	太阳能电站 进口	太阳能电站 出口	晶硅原料 进口	晶硅原料 出口	太阳能发电机组 进口	太阳能发电机组 出口	逆变器 进口	逆变器 出口	风电机组 进口	风电机组 出口
2000	6.35	2.46	—	—	2.66	2.48	4.55	2.34	—	—	12.63	0.00
2005	16.20	8.02	—	—	11.93	9.32	12.44	2.88	—	—	9.65	0.02
2008	10.54	27.17	7.64	24.24	44.25	5.33	2.25	5.27	—	—	2.73	3.90
2009	11.27	27.82	8.06	27.36	29.49	2.73	4.15	3.22	—	—	0.38	3.35
2010	10.26	34.72	9.76	29.31	36.01	3.06	1.51	2.52	—	—	0.19	1.23
2011	10.87	37.23	10.50	33.56	41.50	2.31	1.89	2.93	—	—	0.16	6.39
2012	15.43	38.47	9.40	29.37	46.07	2.68	3.00	1.87	12.78	31.35	0.06	7.06
2013	19.57	34.36	9.38	28.87	32.01	3.61	3.37	2.05	16.46	37.92	0.15	6.34

资料来源:根据 UN Comtrade Database 相关数据计算。

(三)贸易竞争力略有下降

用贸易竞争力指数来衡量可以看出,中国新能源工业在2000年时竞争力还很薄弱(-0.49),但经过不断发展,竞争力得以不断提升,到2007年变为具有一定的竞争力(0.09),2013年已具有较强的竞争力(0.29)。从新能源工业细分行业看,风电产业的竞争力变化最大,从2000年不具有竞争力(-1.0),到2013年已极具竞争力(0.96)。光伏产业的竞争力也从相对薄弱变为较强,但变化幅度没有风电产业那么大。具体到产品,太阳能电站和光伏电池的竞争力相对较强,但晶硅原料和太阳能发电机组的竞争力不强。需要注意的是,中国光伏电池的国际竞争力2011年以来有所下降,特别是2013年贸易竞争力指数值不到2011年贸易竞争力指数值的一半。这是欧美对中国实施"双反"的结果,直接导致了中国光伏电池行业的国际竞争力下降。

表 4 2000~2013 年中国新能源工业贸易竞争力指数变化情况

年份	新能源工业	风电产业	光伏产业	光伏电池	太阳能电站	晶硅原料	太阳能发电机组
2000	-0.49	-1.00	-0.45	-0.44		-0.07	-0.62
2005	-0.21	-1.00	-0.19	-0.34	0.21	-0.20	-0.80
2006	-0.09	-0.98	-0.06	-0.10	0.16	-0.58	-0.23
2007	0.09	-0.65	0.12	0.16	0.37	-0.65	-0.45
2008	0.25	0.05	0.25	0.45	0.51	-0.85	0.18
2009	0.33	0.70	0.33	0.43	0.53	-0.83	-0.38
2010	0.44	0.66	0.44	0.55	0.50	-0.85	0.01
2011	0.43	0.94	0.43	0.55	0.52	-0.90	0.03
2012	0.34	0.99	0.33	0.38	0.51	-0.88	-0.28
2013	0.29	0.96	0.28	0.27	0.50	-0.80	-0.36

资料来源：根据 UN Comtrade Database 相关数据计算。

（四）显示比较优势有所下降

显示贸易优势指数（RTA）的计算公式是：RTA = RCA - RMA。RCA 是出口的显示比较优势指数，RMA 是进口的显示比较优势指数。RTA > 0，表示该产业具有比较优势，有国际竞争力，指数越大，国际竞争力就越强；RTA < 0，表示该产业不具有比较优势，国际竞争能力弱。这里，出口的显示比较优势指数的测算公式为：$RCA_{ij} = (X_{ij}/X_i) / (W_j/W)$。其中，$RCA_{ij}$ 代表 i 国（地区）j 产品的显示比较优势指数，X_{ij} 代表 i 国（地区）对世界市场出口 j 产品的出口额，X_i 代表 i 国（地区）对世界的出口总额，W_j 代表 j 产品的世界贸易额，W 代表世界市场产品的总出口额。RCA 考虑了不同国家和不同产品在国际市场上的份额，侧重于一国的出口绩效，X_{ij}/X_i 为 j 产品出口占该国出口的比例，j 产品出口越多，该比例越大，比较优势越明显。一般来说，当 RCA 数值大于 2.50 时，说明该产业具有极强比较优势；当 RCA 数值在 0.80~1.25 时，说明该产业具有中等比较优势；当 RCA 数值在 0.8 以下时，则说明该产业处于比较劣势。

总体来看，中国新能源工业进口的显示比较优势指数 RMA 从 2000 年到 2013 年都处于 1.2 以上的水平，但 2008 年以来这一数值有所下降。新能源工业出口的显示比较优势指数 RCA 总体有所上升，2008 年以来都处于 2 以上的水平，特别 2010~2011 年这一指数超过 2.5，表明中国新能源工业出口的显示比较优势非常显著。但是在 2012 年和 2013 年，这一指数下降到 2 以上 2.5 以下，新能源工业出口的显示比较优势有所下降。

从细分行业看，光伏产业的 RMA 大部分时间在 1.25 以上，具有较强的进口显示比较优势；光伏产业的 RCA 大部分时间在 2.5 左右波动，具有极强的出口显示比较优势，但 2013 年这一指数为 2.2，有较明显的下降。风电产业的 RCA 小于 0.8，表明中国风电产业不具有很强的比较优势。

表5 2000~2013 年中国新能源工业的显示比较优势指数

年份	新能源工业 RMA	新能源工业 RCA	新能源工业 RTA	光伏产业 RMA	光伏产业 RCA	光伏产业 RTA	风电产业 RMA	风电产业 RCA	风电产业 RTA
2000	1.7	0.6	-1.16	1.7	0.6	-1.04	3.6	0.0	-3.64
2005	2.9	1.8	-1.14	3.1	2.0	-1.10	1.5	0.0	-1.53
2008	1.7	2.4	0.66	1.9	2.6	0.69	0.4	0.4	0.04
2009	1.3	2.3	0.99	1.4	2.4	1.00	0.0	0.3	0.29
2010	1.2	2.7	1.54	1.2	2.8	1.59	0.0	0.1	0.10
2011	1.2	2.9	1.66	1.3	3.0	1.70	0.0	0.6	0.58
2012	1.3	2.4	1.13	1.4	2.6	1.19	0.0	0.5	0.59
2013	1.3	2.1	0.77	1.4	2.2	0.82	0.0	0.5	0.46

资料来源：根据 UN Comtrade Database 相关数据计算。

（五）新能源利用水平大大提升

新能源工业的发展质量可以用新能源利用水平来衡量。我们用新能源工业规模、新能源装机出力指数等来衡量。①新能源工业规模，是指一国新能源使用量（装机容量、发电量、产量）E_i 占世界新能源总量（装机容量、发电量、产量）E 的比重，其公式为：新能源工业规模 = E_i/E。②新能源装机出力指数，是反映一国新能源发电装机的发电效率，公式为：新能源装机出力指数 = 发电量市场份额/装机容量市场份额。如果该指数小于1，则表示该国新能源设备发电利用效率低于世界平均水平，且值越小表示发电设备利用效率就越低；如果该指数大于1，则表示该国新能源设备发电利用效率高于世界平均水

平,且数值越大效率就越高。

总体而言,中国新能源发电装机规模占世界的比重不断增加,从2000年的1.4%增加到2013年的23.3%;新能源发电量占世界的比重也不断增加,从2005年的1.2%增加到2013年的15.4%。但是中国新能源装机出力指数比较低,小于1,表明中国新能源设备发电利用效率低于世界平均水平。

从细分行业看,风电装机占比在2008年超过10%,在2010年超过20%;风电设备利用效率一直比较低,小于1,低于世界平均水平。最近两年,国内风电竞争环境有所改善,特别是2013年,随着国内相关政策的出台,包括补贴资金的到位、弃风限电的减少以及审批项目的储备等,行业竞争更加规范有序,风电行业复苏迹象明显。

光伏发电装机占比在2013年超过了13%,其设备利用效率在2011年以前是高于世界平均水平的,但之后开始下降,并低于世界平均水平。特别是2013年,光伏发电装机出力指数下降较快,到0.73,与风电发电装机出力指数相当。因此,我们一定要特别注意光伏发电不要重蹈风电覆辙,注重设备的利用效率。

表6 2000~2013年中国新能源市场份额及增长速度

年份		2000	2005	2008	2009	2010	2011	2012	2013
新能源发电	装机容量(兆瓦)	399	1360	12285	26177	45605	65736	82396	109787
	世界份额(%)	1.4	1.9	8.3	13.4	18.2	20.5	20.7	23.3
	同比增长(%)	46.6	58.0	104.7	113.1	74.2	44.1	25.3	33.2
风电	装机容量(兆瓦)	352	1264	12121	25853	44781	62412	75372	91460
	世界份额(%)	2.0	2.1	10.0	16.1	22.7	26.1	26.5	28.6
	同比增长(%)	34.4	64.4	106.3	113.3	73.2	39.4	20.8	21.3
光伏发电	装机容量(兆瓦)	19	68	140	300	800	3300	7000	18300
	世界份额(%)	1.52	1.35	0.87	1.24	1.94	4.63	6.86	13.11
	同比增长(%)	90.0	6.3	40.0	114.3	166.7	312.5	112.1	161.4
地热生物发电	装机容量(兆瓦)	28	28	24	24	24	24	24	27
	世界份额(%)	0.32	0.3	0.23	0.22	0.22	0.22	0.21	0.23
	同比增长(%)	0	0	-13.67	0.0	0.0	0.0	0.0	12.5
发电量总计	发电量(万亿瓦时)	3.2	4.7	15.9	30.6	57.7	109.3	148.2	189.7
	世界份额(%)	1.4	1.2	2.9	4.9	7.8	12.1	13.9	15.4
	同比增长(%)	4.1	20.2	93.2	92.9	88.5	89.3	35.6	28.0

续表

年份		2000	2005	2008	2009	2010	2011	2012	2013
新能源装机出力指数	新能源	0.97	0.65	0.35	0.37	0.43	0.59	0.67	0.66
	风电	1.02	0.87	0.60	0.62	0.57	0.62	0.69	0.73
	光伏发电	1.30	1.51	1.58	1.67	1.60	1.11	0.97	0.73
	地热生物发电	4.01	3.30	3.62	3.60	15.00	39.81	48.92	41.46

资料来源：根据 International Geothermal Association, Conference Papers Presented at Various IGA Workshops and Congresses；BTM Consult Aps；2014 年 BP 能源报告等数据整理计算。

中国生物质液体燃料2008年以来发展比较缓慢，占世界的份额一直不超过3%。

表7　2000~2013年中国生物质液体燃料利用的份额

单位：万吨油当量，%

年份	2000	2005	2008	2009	2010	2011	2012	2013
产量	0	62	110	112	144	160	173	168
世界份额	0.00	3.16	2.36	2.16	2.42	2.63	2.80	2.57

资料来源：根据 F. O. Lichts；US Energy Information Administration 相关数据整理计算。

二　新能源工业竞争力的国际比较

具有新能源工业竞争优势的国家主要是中国、德国、美国、丹麦和韩国，中国、韩国的竞争优势在光伏产业，美国的竞争优势在太阳能发电机组、生物质液体燃料及地热发电，德国的竞争优势在风电产业和光伏产业，其在晶硅原料和海上风电上有绝对的竞争优势。丹麦的竞争优势在风电产业，并具有绝对优势地位；韩国的竞争优势在光伏产业，并具有相对优势地位。

（一）新能源工业国际市场占有率中国第一

从新能源工业的国际市场占有率来看，排在前三位的是中国、德国和韩国，美国、日本分别屈居第四、第五。出现这一结果的原因之一是光伏产业可贸易性高于风电，因此在考察新能源工业的国际市场占有率时，光伏产业的国际市场占有率对新能源工业的国际市场占有率的影响要大于风电产业的同一指标。就新能源工业的国际市场占有率而言,金砖国家的印度、俄罗斯、巴西和南非的排名居于最后(在本文研究的国家中)。

具体到细分产业,光伏产业的国际市场占有率排前五位的国家也是新能源工业的国际市场占有率排前五位的国家。在风电产业的国际市场占有率方面,丹麦、德国和西班牙排在前三名,中国、美国分别居于第四、第五位。

表8　2013年新能源工业的国际市场占有率情况

单位:%

国　家	新能源工业	国　家	光伏	国　家	风电
中　国	27.18	中　国	29.05	丹　麦	38.4
德　国	11.74	韩　国	10.62	德　国	33.19
韩　国	9.75	德　国	9.82	西班牙	12.12
美　国	8.82	美　国	9.1	中　国	6.34
日　本	8.07	日　本	8.79	美　国	5.73
丹　麦	3.3	英　国	1.78	印　度	1.03
英　国	1.64	瑞　典	0.87	巴　西	0.24
西班牙	1.33	法　国	0.58	法　国	0.07
瑞　典	0.8	西班牙	0.37	韩　国	0.05
法　国	0.54	俄罗斯	0.32	日　本	0.03
印　度	0.36	印　度	0.3	英　国	0.03
俄罗斯	0.29	丹　麦	0.16	瑞　典	0.01
巴　西	0.15	巴　西	0.14	俄罗斯	0
南　非	0.06	南　非	0.06	南　非	0

资料来源:根据UN Comtrade Database相关数据计算。

就光伏产业链各环节而言,国际市场占有率也是不一样的。在晶硅原料的国际市场占有率方面,德国排第一,占28.16%;其次是美国、韩国和日本,前四位的国际市场占有率高达82.48%,可以说晶硅原料出口高度集中在这四个国家。中国排在第五位,仅占3.61%。晶硅原料产业一直以来都是中国光伏产业的短板。

太阳能发电机组的国际市场占有率排前三位的分别是美国、瑞典、日本,三国占太阳能发电机组出口总额的53.27%,德国、俄罗斯分列第四和第五位，中国屈居第七。

光伏电池的国际市场占有率中国、日本、韩国位列前三，三国占光伏电池出口总额的 52.92%，德国、美国和英国分别列第四、第五、第六位。太阳能电站的国际市场占有率中国、韩国、德国排前三位，三国占太阳能电站出口总额的 55.27%。

表9 光伏产业链主要环节的国际市场占有率情况

单位：%

国 家	晶硅原料	国 家	光伏电池	国 家	太阳能发电机组	国 家	太阳能电站
德 国	28.16	中 国	34.36	美 国	38.15	中 国	28.87
美 国	27.13	日 本	10.30	瑞 典	11.75	韩 国	15.20
韩 国	15.77	韩 国	8.26	日 本	3.37	德 国	11.20
日 本	11.42	德 国	7.61	德 国	3.20	美 国	8.47
中 国	3.61	美 国	4.89	俄罗斯	2.68	日 本	6.61
英 国	1.54	英 国	1.05	巴 西	2.17	英 国	3.18
俄罗斯	0.29	法 国	0.89	中 国	2.05	西班牙	0.53
法 国	0.02	印 度	0.44	英 国	0.96	瑞 典	0.45
南 非	0.02	西班牙	0.31	法 国	0.87	俄罗斯	0.42
丹 麦	0	瑞 典	0.24	西班牙	0.43	丹 麦	0.35
西班牙	0	丹 麦	0.07	南 非	0.35	印 度	0.13
印 度	0	俄罗斯	0.05	印 度	0.28	法 国	0.12
巴 西	0	南 非	0.02	韩 国	0.24	南 非	0.10
瑞 典	0	巴 西	0.01	丹 麦	0.02	巴 西	0.08

资料来源：根据 UN Comtrade Database 相关数据计算。

（二）新能源工业贸易竞争力中国第二、美国第八

以新能源工业贸易竞争指数（TCI）来衡量一国新能源工业的竞争力，丹麦排在第一，TCI 值为 0.83，非常高，表明丹麦的新能源工业竞争力非常强；中国、德国、西班牙、瑞典和韩国则依次排在第二至第六位，这五国的 TCI 值都在 0.3 或接近 0.3，说明这五个国家的新能源工业有比较强的竞争力；其余国家的 TCI 为负值，表明这些国家的新能源工业总体竞争力还有待加强。

表10 2013年主要国家新能源工业贸易竞争指数

国家	新能源	国家	光伏	国家	风电
丹麦	0.83	瑞典	0.43	丹麦	1
中国	0.3	中国	0.29	西班牙	0.99
德国	0.29	韩国	0.23	中国	0.95
西班牙	0.28	德国	0.19	美国	0.92
瑞典	0.28	日本	-0.16	印度	0.86
韩国	0.22	美国	-0.21	德国	0.8
日本	-0.17	英国	-0.24	韩国	0.2
美国	-0.19	丹麦	-0.36	法国	-0.73
英国	-0.37	西班牙	-0.37	日本	-0.92
法国	-0.54	法国	-0.53	巴西	-0.92
印度	-0.64	印度	-0.71	瑞典	-0.99
巴西	-0.82	俄罗斯	-0.71	英国	-0.99
俄罗斯	-0.82	巴西	-0.79	俄罗斯	-1
南非	-0.93	南非	-0.88	南非	-1

资料来源：根据UN Comtrade Database相关数据计算。

（三）新能源工业显示比较优势中国第三、美国第七

新能源工业具有竞争优势的国家依次是丹麦、韩国、中国、德国和瑞典。从新能源工业显示比较优势指数来看，排在前三位的是丹麦、韩国和中国，德国排第4位，美国屈居第7位，日本排在第11位。巴西、俄罗斯、南非依次列第12~14位。根据RCA理论，当RCA数值大于2.50时，该产业具有极强比较优势，因此丹麦（5.71）和韩国（3.19）的新能源工业极具竞争力；当RCA数值在1.25~2.50时，该产业有较强比较优势，在0.80~1.25时，该产业具有中等比较优势，所以，中国（2.35）、德国（1.66）有较强比较优势；瑞典（0.85）具有中等比较优势；由于其他国家的RCA在0.8以下，则处于比较劣势。

风电产业，具有极强竞争优势的国家是丹麦、西班牙和德国，三国的RCA指数都超过2.5，分别是57.97、6.50和3.79（特别是丹麦，其风电产业的国际竞争力远远超过其他国家）。其他国家风电产业的RCA都在0.8以下，因而在国际市场上不具有比较优势。

光伏产业,具有竞争优势的国家是韩国、中国、日本、德国、美国和瑞典。与风电产业不同,光伏产业具有竞争优势的国家之间的竞争能力差异没有那么大,相对而言,这些国家的光伏产业竞争态势是"势均力敌",各有所长。

表11　2013年主要国家新能源工业显示比较优势指数

国家	新能源工业 RMA	RCA	RTA	国家	光伏产业 RMA	RCA	RTA	国家	风电产业 RMA	RCA	RTA
丹麦	0.53	5.71	5.18	韩国	2.19	3.16	0.97	丹麦	0	57.97	57.97
韩国	2.04	3.19	1.16	中国	1.38	2.19	0.82	西班牙	0.03	6.50	6.47
中国	1.28	2.35	1.07	日本	2.46	2.05	-0.41	德国	0.52	3.79	3.27
德国	0.92	1.66	0.74	德国	0.95	1.12	0.18	美国	0.02	0.6	0.59
瑞典	0.48	0.85	0.37	美国	1.01	0.96	-0.05	印度	0.03	0.51	0.48
西班牙	0.38	0.68	0.29	瑞典	0.37	0.87	0.5	中国	0.01	0.48	0.46
美国	0.94	0.64	-0.3	英国	0.75	0.54	-0.21	韩国	0.01	0.01	0
法国	0.45	0.14	-0.31	丹麦	0.57	0.24	-0.34	法国	0.11	0.02	-0.09
印度	0.6	0.13	-0.47	西班牙	0.41	0.2	-0.21	日本	0.15	0.01	-0.14
英国	0.91	0.42	-0.49	法国	0.47	0.17	-0.3	瑞典	1.87	0.01	-1.86
日本	2.29	1.64	-0.66	印度	0.64	0.15	-0.49	英国	3.01	0.01	-3
巴西	1.05	0.1	-0.95	南非	1.63	0.11	-1.52	巴西	4.12	0.17	-3.96
俄罗斯	1.57	0.16	-1.42	俄罗斯	1.01	0.1	-0.91	俄罗斯	8.94	0	-8.94
南非	2.56	0.09	-2.46	巴西	0.82	0.1	-0.72	南非	14.69	0	-14.69

资料来源:根据 UN Comtrade Database 相关数据计算。

(四)生物质液体燃料产业与地热发电竞争力美国第一

在美国的新能源技术政策支持下,美国在生物质液体燃料和地热发电方面发展迅速,竞争实力遥遥领先。生物质液体燃料从2000年的300万吨、占世界的32.69%发展到2013年的2844万吨、占世界的43.52%。美国生物质液体燃料的产量超过中国第二大油田——胜利油田的产量,2013年胜利油田全年生产原油2776.2万吨。中国生物质液体燃料产业发展缓慢,2013年产量为168万吨,占世界的2.57%。在纤维素乙醇技术及其他生物质液体燃料技术没有取得重大突破的背景下,中国的生物质液体燃料产业将不会有大的发展。

2013年生物质液体燃料产业规模巴西为1578万吨,排在世界第二;德国为261万吨列第三位;法国194万吨,列第四位。

表12 主要国家生物质液体燃料产业发展情况

单位：万吨，%

年	份	2000	2005	2008	2009	2010	2011	2012	2013
世界	产量	918	1970	4645	5195	5956	6068	6175	6535
中国	产量	0	62	110	112	144	160	173	168
	占比	0.00	3.16	2.36	2.16	2.42	2.63	2.80	2.57
美国	产量	300	748	1915	2170	2557	2852	2727	2844
	占比	32.69	37.96	41.22	41.77	42.93	46.99	44.16	43.52
巴西	产量	523	783	1409	1396	1557	1320	1355	1578
	占比	56.96	39.77	30.34	26.88	26.15	21.75	21.94	24.15
德国	产量	19	152	272	273	289	283	289	261
	占比	2.06	7.74	5.86	5.25	4.85	4.66	4.68	4.00
法国	产量	32	44	201	231	227	186	207	194
	占比	3.44	2.23	4.33	4.45	3.81	3.06	3.35	2.96
英国	产量	0	4	28	18	30	25	30	45
	占比	0.00	0.20	0.59	0.35	0.51	0.42	0.48	0.69
印度	产量	0.90	0.58	0.33	0.34	0.26	0.32	0.37	0.49
	占比	8	11	16	17	15	19	23	32
南非	产量	0	1	14	34	49	31	27	30
	占比	0.00	0.04	0.30	0.66	0.82	0.51	0.44	0.46

资料来源：根据F. O. Lichts；US Energy Information Administration相关数据整理计算。

2013年地热能发电累计装机美国为3442兆瓦，居世界第一；菲律宾1868兆瓦，居第二位；印尼1339兆瓦，居第三位。中国仅有27兆瓦的装机。

表13 主要国家地热能发电累计装机规模

单位：兆瓦，%

国家	项目	2000年	2005年	2008年	2009年	2010年	2011年	2012年	2013年
世界	装机	8584	9325	10537	10851	11116	11036	11361	11709
中国	装机	28	28	24	24	24	24	24	27
	占比	0.32	0.30	0.23	0.22	0.22	0.22	0.21	0.23
美国	装机	2746	2811	3081	3207	3226	3236	3368	3442
	占比	31.99	30.15	29.24	29.56	29.02	29.32	29.65	29.40
日本	装机	535	534	532	500	502	502	502	503
	占比	6.24	5.73	5.05	4.61	4.52	4.55	4.42	4.30

续表

国家	项目	2000年	2005年	2008年	2009年	2010年	2011年	2012年	2013年
德国	装机	0	0	3	8	8	8	12	17
	占比	0.00	0.00	0.03	0.07	0.07	0.07	0.11	0.15
法国	装机	4	15	16	16	16	16	16	17
	占比	0.05	0.16	0.15	0.15	0.14	0.14	0.14	0.15
俄罗斯	装机	23	79	82	82	82	82	82	82
	占比	0.27	0.85	0.78	0.76	0.74	0.74	0.72	0.70
印尼	装机	590	850	1052	1189	1193	1209	1339	1339
	占比	6.87	9.12	9.98	10.96	10.73	10.96	5.85	5.68
菲律宾	装机	1931	1978	1958	1953	1966	1783	1848	1868
	占比	22.50	21.21	18.58	18.00	17.69	16.16	11.79	11.44
冰岛	装机	172	202	576	576	575	665	665	665
	占比	2.01	2.17	5.46	5.30	5.17	6.03	7.70	7.48
意大利	装机	785	791	811	843	883	883	875	876
	占比	9.15	8.48	7.69	7.76	7.94	8.00	7.14	7.03
墨西哥	装机	843	960	965	965	965	887	812	823
	占比	9.82	10.29	9.15	8.89	8.68	8.03	6.77	7.30
新西兰	装机	436	436	629	629	769	769	769	855
	占比	5.08	4.68	5.97	5.80	6.92	6.97	16.27	15.95

资料来源：根据 International Geothermal Association, Conference Papers Presented at Various IGA Workshops and Congresses; BTM Consult Aps; 2014 年 BP 能源报告等数据整理计算。

（五）新能源装机规模中国第一，海上风电英国第一

截至 2013 年底，不含生物质发电，全球新能源发电装机容量累计 4.7 亿千瓦，其中风电装机占 67.89%；太阳能发电装机占 29.63%；地热能占比不到 2.5%。

中国新能源发电装机规模世界第一，达到 1.1 亿千瓦，约占世界新能源发电总装机的 1/4。中国是世界唯一新能源装机超过亿千瓦的国家。排在第二和第三的分别是美国和德国，装机规模都超过 7000 万千瓦。意大利和西班牙、印度的新能源发电装机规模都超过 2000 万千瓦。而新能源工业具有竞争优势的韩国，其国内新能源发电装机的规模不到 200 万千瓦。俄罗斯和南非的新能源发电装机规模都很小。

表 14 新能源发电装机规模

单位：万千瓦，%

国家	项目	2000年	2005年	2008年	2009年	2010年	2011年	2012年	2013年
世界	装机	2777	7356	14839	19525	25016	32122	39793	47125
风电	占比	64.57	80.46	82.07	82.02	79.04	74.39	71.49	67.89
太阳能	占比	4.50	6.87	10.82	12.43	16.52	22.17	25.65	29.63
地热能	占比	30.90	12.67	7.10	5.56	4.45	3.44	2.85	2.48
中国	装机	40	136	1228	2618	4560	6574	8240	10979
中国	占比	1.44	1.85	8.28	13.41	18.23	20.46	20.71	23.30
美国	装机	536	1216	2906	3954	4552	5423	7085	7676
美国	占比	19.29	16.54	19.58	20.25	18.20	16.88	17.80	16.29
德国	装机	617	2045	2995	3628	4475	5412	6397	7028
德国	占比	22.23	27.80	20.18	18.58	17.89	16.85	16.08	14.91
西班牙	装机	236	1006	2033	2286	2382	2563	2741	2773
西班牙	占比	8.49	13.68	13.70	11.71	9.52	7.98	6.89	5.88
意大利	装机	123	254	500	687	1018	2042	2501	2692
意大利	占比	4.42	3.45	3.37	3.52	4.07	6.36	6.29	5.71
印度	装机	122	445	973	1103	1310	1666	1960	2252
印度	占比	4.40	6.05	6.55	5.65	5.24	5.19	4.92	4.78
日本	装机	101	312	471	534	655	801	992	1687
日本	占比	3.63	4.23	3.17	2.73	2.62	2.49	2.49	3.58
英国	装机	43	135	343	445	545	745	1079	1387
英国	占比	1.54	1.83	2.31	2.28	2.18	2.32	2.71	2.94
法国	装机	6	81	386	515	713	972	1160	1275
法国	占比	0.23	1.10	2.60	2.64	2.85	3.03	2.92	2.71
丹麦	装机	234	309	316	341	381	394	452	528
丹麦	占比	8.44	4.20	2.13	1.75	1.52	1.23	1.13	1.12
巴西	装机	2	3	34	61	93	143	251	345
巴西	占比	0.08	0.04	0.23	0.31	0.37	0.45	0.63	0.73
韩国	装机	1	10	67	83	99	110	147	197
韩国	占比	0.04	0.14	0.45	0.43	0.40	0.34	0.37	0.42
俄罗斯	装机	2	8	8	8	8	8	8	8
俄罗斯	占比	0.08	0.11	0.06	0.04	0.03	0.03	0.02	0.02

注：不含生物质发电。

资料来源：BTM Consult Aps. and National Sources；International Geothermal Association，Industry News Reports and National Sources；2014年BP世界能源统计。

英国在海上风电领域保持着全球领先的地位。2013 年，英国海上风电累计装机 3700 万千瓦，占全球累计海上风电总装机量的比重超过 52%。2006 年英国海上风电的安装量为 300 万千瓦。西门子的海上风机具有绝对领先的优势，截至 2013 年底，其累计风电机组安装量占据了全球累计海上风电安装量的 56.5%，英国海上风机累计装机容量的 73.3% 是由西门子安装的。[1]

（六）新能源优势企业集中在欧美

2013 年，全球新能源企业 500 强的前 10 名中，美国 3 家、德国 2 家、日本 1 家、丹麦 1 家、西班牙 1 家、英国 1 家和巴西 1 家，[2] 分别是 GE Energy（美国）；Archer Daniels Midland Company（美国）；Abengoa S.A.（西班牙）；Vestas Wind Systems A/S（丹麦）；Siemens AG（德国）；Sanyo Electric Co., Ltd.（日本）；Scottish and Southern Energy PLC（英国）；Copersucar S.A.（巴西）；Dow Corning Corporation（美国）和 Enercon GmbH（德国）。

三 新能源工业竞争特点及其原因分析

（一）新能源工业竞争者集中在发达国家和新兴工业化国家

新能源工业已经成为全球战略性产业，各国都在布局新能源工业发展。但是能够真正参与国际竞争并表现出新能源工业竞争优势的国家比较有限，全部集中为发达国家和新兴工业化国家。2014 年全球新能源 500 强企业营业收入 28202 亿元，其中发达国家为 20183 元，占 71.6%；新兴工业化国家 8019 亿元，占 28.4%。这是由新能源工业的特点所决定的。第一，发展新能源工业需要政府财政支持，并且需要较好的产业基础和产业环境支撑。广大发展中国家，在政府财政支持和国际援助不足、相应基础设施不健全的情况下，缺乏参与新能源工业国际竞争的基础和能力。第二，发展新能源需要很强的技术创新能力，而发达国家恰恰具有这方面的优势。

---

[1] 全球数字（Global Data）研究和咨询机构，2013。
[2] 解树江、魏秋利：《2014 全球新能源企业 500 强分析》，《中国能源报》2014 年 10 月 20 日。

（二）新能源工业竞争优势变化受政策影响大

新能源政策极大地影响着产业竞争力。Haas 从能源产出与消费视角来研究欧盟各成员国对新能源工业制定的刺激政策之间的关系，结果表明新能源工业相关财政扶持政策是新能源工业发展的主要动力，刺激政策显著有效。[1]

欧洲各国达成的共识是要解决工业发展、经济增长与环境保护之间的矛盾，制定激励政策发展新能源工业是唯一途径。正是在这一共识下，欧洲各国加大新能源刺激政策的力度，对新能源工业发展起到了促进作用，欧洲的风电产业、光伏产业在国际上具有竞争优势，特别是风电产业具有绝对竞争优势。但是新能源政策受新能源发电成本快速下降的影响，进行了重大调整。以德国为例，2013年德国重新审视并调整新能源工业政策，特别是光伏产业政策，新政策极大地影响了企业投资光伏电站的积极性，德国的新增光伏装机容量持续减少，这给德国的光伏产业带来了沉重的打击。企业破产、重组及被并购等现象此起彼伏，很多知名企业不得不退出光伏产业，这极大地影响了德国光伏产业的国际竞争力。

（三）中国新能源工业竞争力表现为聚集优势

新能源工业具有规模经济的明显特征，前期投入高，产业链长，资本回收慢。[2] 从单个企业的竞争力来看，中国企业并不具有规模优势。根据2013年全球新能源企业500强的相关数据，[3] 不难发现，中国新能源工业表现出入选企业数量多、总体体量大、单体平均规模小的特征。2013年，中国入围新能源企业总营业规模排在美国之后，居第二位，远高于排在第三位的德国；平均营业收入为32.82亿元，低于世界平均规模56.40亿元。从聚集规模上看，中国新能源工业规模优势明显。无论是新能源产品出口规模、新能源发电装机规

---

[1] Haas et al., "A Historical Review of Promotion Strategies for Electricity from Renewable Energy Sources in EU Countries", *Energy Policy*, 2011 (5).
[2] 邱立成、曹知修、王自：《欧盟新能源产业集聚的影响因素：1998~2009年面板数据模型的实证分析》，《世界经济研究》2012年第9期。
[3] 解树江、魏秋利：《2014全球新能源企业500强分析》，《中国能源报》2014年10月20日。

模,还是入选全球新能源企业500强企业的总营业收入规模,中国都排在世界前列,这表明中国新能源工业具有显著的聚集规模优势。这与欧美新能源工业竞争优势主要表现为规模优势和技术优势有着极大的不同。聚集规模优势促进新能源工业效率提高,增强了企业创新能力,降低了新能源企业的学习成本,从而使中国新能源工业在国际市场上获得了竞争优势。

这种聚集规模优势,也促使中国新能源工业的竞争力与世界先进水平的差距在缩小。与美国相比,尽管中美新能源企业竞争力仍有较大差距,但差距在不断缩小。2013年,中国入选企业营业收入为5350亿元,大约是美国入选新能源企业营业收入的80%;中国入选企业167家(比上年增加20家),平均营业收入为32.82亿元,美国入选企业数74家,平均营业收入90.36亿元。不管从总营业收入规模还是单体企业规模来说,中国虽然仍大幅低于美国,但是差距正在缩小。与2012年相比,中美入选新能源企业营业收入和平均规模的差距在缩小,总营业收入方面,中国从2012年是美国的69%缩小到2013年是美国的80%,平均规模从2012年是美国的34%缩小到2013年是美国的36%。

表15 2014年全球新能源企业500强分布

国别	营业收入(亿元)		入选企业数量(家)		平均规模(亿元)	
	2013年	2012年	2013年	2012年	2013年	2012年
全球500强	28202	28301	500	500	56.40	56.60
中美差距(%)	80	69	—	—	36	34
美国	6687	7035	74	72	90.36	97.71
中国	5350	4878	167	147	32.82	33.18
德国	3170	3520	48	58	66.04	60.69
日本	2543	2565	41	37	62.02	69.32
西班牙	1596	1516	16	15	99.75	101.07
法国	1216	1398	14	16	86.86	87.38
丹麦	1095	1131	7	7	156.43	161.57
巴西	1033	982	13	14	79.46	70.14
韩国	870	730	29	30	30.00	24.33
芬兰	757	707	12	13	63.08	54.38
印度	394	402	9	13	43.78	30.92

资料来源:根据国家能源经济研究院《全球新能源企业500强》2014年、2013年相关数据计算。

四 新能源工业的未来趋势与政策建议

（一）光伏产业将继续领跑新能源工业

2014~2016年，全球光伏产业新增装机速度将继续保持在30%以上。从中国的情况看，在国务院《关于促进光伏产业健康发展的若干意见》及一系列配套政策的支持下，截至2013年中国光伏累计装机容量超出美洲地区装机总量。2013年中国新增光伏发电装机容量1292万千瓦，在全球新增光伏发电装机容量方面排首位。其中，2013年分布式光伏新增80万千瓦，全国累计并网运行分布式光伏310万千瓦。目前中国分布式光伏主要分布在电力负荷比较集中的中东部地区，华东、华北地区累计并网容量分别为145万千瓦和49万千瓦，占全国分布式光伏的60%。根据《分布式光伏发电项目管理暂行办法》，2014年起对需要国家资金补贴的项目实行总量平衡和年度指导规模管理。2014年中国新增备案总规模14GW，其中分布式8GW，占比接近60%，分布式光伏发电成为2014年的发展重点。

（二）风电行业未来新增装机将稳定增长

虽然2013年全球风电新增装机仍是负增长，但未来几年，全球风电新增装机年均增速有望维持在较为稳定的水平。2014~2016年全球风电年新增装机将保持10%以上的增速。从中国的情况来看，受益于国内政策支持、弃风限电情况的改善、储备项目充足，未来中国风电新增装机规模将保持稳定增长，盈利能力大大提升，风电产业有望实现健康发展。此外，随着海上风电标杆电价的出台，海上风电成为风电发展的新蓝海，根据规划，到2015年中国将建成海上风电500万千瓦，到2020年海上风电累计装机将达到3000万千瓦。

（三）新能源成本不断下降

随着新能源工业发展速度的加快，新能源的使用成本正在快速下降。美国能源部和劳伦斯·伯克利国家实验室报告《跟踪太阳》（Tracking the Sun），研究1998年至2014年上半年全美光伏价格后发现，2008～2013年光伏组件价格每瓦降低2.70美元。光伏系统的价格，2013年10千瓦以下系统的平均安装价格为每瓦4.7美元，10～100千瓦系统为每瓦4.3美元，超过100千瓦系统为每瓦3.9美元。

随着光伏系统安装成本的下降，光伏发电成本开始接近于水电和火电成本。随着光伏成本的下降，光伏装机规模将大大提高，规模经济必将带来光伏组件价格的进一步下降。

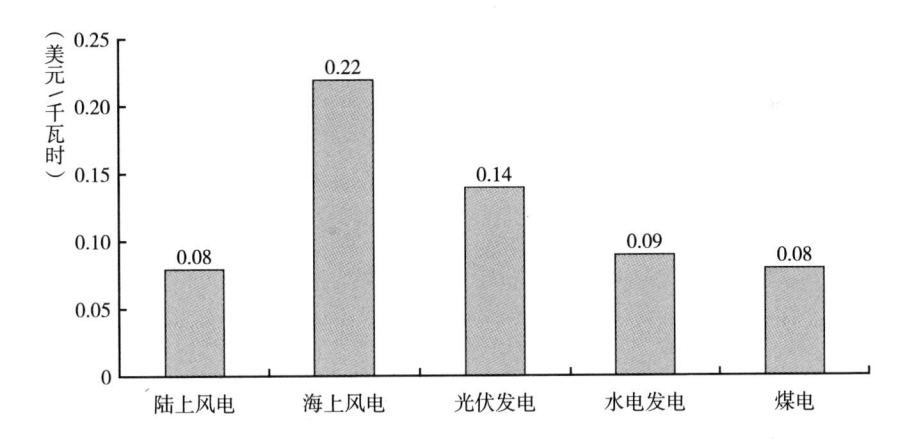

图1　2013年美国发电平准化电力成本

资料来源：EIA，Tracking the Sun，2014。

（四）新能源工业加速调整，企业并购重组加剧

全球新能源工业产能过剩，将导致在2015年前至少有200家新能源企业破产或被兼并，其中绝大多数是太阳能电池板制造企业。例如光伏产业，全球组件产能利用率仅为63.7%，中国光伏产业产能利用率低于世界平均水平。就国内而言，目前正在由工信部牵头制定《光伏企业兼并重组实施意见》，拟采取综合措施推动光伏企业兼并重组工作有序开展，提升光伏产业集中度和核心竞争力。

尽管中国新能源工业具有竞争优势，但从产业内部来看，新能源工业发展还有很多问题需要解决，如新能源工业过度依赖于技术引进、缺乏创新能力和核

表 16 2013 年新能源工业产能利用率

产　品	全球光伏产业			中国光伏产业		
	产量	产能	产能利用率(%)	产量	产能	产能利用率(%)
多晶硅(万吨)	24.60	38.70	63.6	8.46	14.40	58.8
硅片(GW)	39.00	57.00	68.4	29.50	42.20	69.9
电池片(GW)	40.30	63.00	64.0	25.10	42.00	59.8
组件(GW)	41.40	65.00	63.7	27.40	42.00	65.2

资料来源：彭博新能源财经。

心技术、产业缺乏良性竞争环境、产能过剩没有化解、国际贸易争端不断等，为此建议：一要培育具有自主创新能力的核心企业，整合新能源工业链；二要引导新能源工业兼并重组，提高产业集中度；三要提高产业准入门槛，规范竞争秩序。

参考文献

[1] 解树江、魏秋利、王磊、陈柳钦：《全球新能源企业 500 强竞争格局及其成因分析》，《经济研究参考》2012 年第 26 期。

[2] 解树江、魏秋利：《2014 全球新能源企业 500 强分析》，《中国能源报》2014 年 10 月 20 日。

[3] Haas et al., "A Historical Review of Promotion Strategies for Electricity from Renewable Energy Sources in EU Countries", *Energy Policy*, 2011 (15).

[4] 邱立成、曹知修、王自：《欧盟新能源产业集聚的影响因素：1998～2009 年面板数据模型的实证分析》，《世界经济研究》2012 年第 9 期。

[5] 刘明：《中国新能源产业出口竞争力研究：风能产业》，《石家庄经济学院学报》2014 年第 1 期。

[6] 江南慧：《新能源产业中的中美贸易摩擦》，《法制与社会》2014 年第 10 期。

[7] 薛彦平：《欧盟新能源产业与中欧新能源合作》，《全球科技经济瞭望》2014 年第 6 期。

[8] 陈利强、屠新泉：《美国对华新能源产业实施"双轨制反补贴"战略研究》，《国际贸易问题》2013 年第 5 期。

B.3 纺织服装工业竞争力

梁泳梅[*]

摘　要：

纺织业和服装制造业是中国最具国际竞争力的产业之一。本文通过测算2000~2013年中国纺织品与服装的国际市场占有率、贸易竞争力指数、显示比较优势指数、显示贸易比较优势指数等衡量竞争力强弱的指标后发现：从出口的情况来看，中国的服装和纺织品在全球拥有非常强的竞争力；再结合进出口的情况，这种竞争力就稍微弱化了一些，但仍位于全球前12名之列。近年来，中国所面临的来自印度、巴勒斯坦等发展中国家的竞争越来越激烈，这些国家拥有更低廉的劳动力成本，且与中国具有相似的比较优势，蚕食了中国在发达国家的市场份额。可以预见，在未来几年内，中国纺织服装工业的国际竞争力将会继续受到很大的影响。中国企业应该通过进一步多元化出口市场、减弱对低成本劳动力的依赖、提升在纺织服装工业价值链上所处的环节等各种措施来应对竞争。

关键词：

中国　纺织服装工业　多元化

纺织业和服装制造业是中国最具国际竞争力的产业之一。该产业开放得最早，经历了长期竞争，积累了各种经验，在这个过程中，许多对外贸易企业不断发展壮大。从出口的情况来看，中国的服装和纺织品在全球拥有非常强的竞争力；再结合进出口的情况，这种竞争力就稍微弱化了一些，但仍位于全球前

---

[*] 梁泳梅，中国社会科学院工业经济研究所助理研究员，博士。

12名之列。近年来,中国所面临的竞争越来越激烈,印度、巴勒斯坦等发展中国家在劳动力等方面拥有比中国更加低廉的成本,与中国具有相似的比较优势。这些国家在价值链的低端与中国展开竞争,蚕食了中国在发达国家的市场份额。可以预见,在未来几年内,中国在纺织服装工业上的国际竞争力将会继续受到很大的影响。中国企业应该通过进一步多元化出口市场、减弱对低成本劳动力的依赖、提升在纺织服装工业价值链上所处的环节等各种措施来应对竞争。

一 竞争力评估

(一)国际市场占有率

从国际市场占有率来看,中国的纺织业和服装制造业早已具备了绝对竞争力,是全球纺织服装第一大国,而且这种竞争力仍在不断提升。[①]

在服装业出口方面,多年来中国始终保持着全球第一大服装出口国的地位,而且中国的国际市场占有率也在持续上升,从2000年的22.1%上升至2013年的44.5%。即便在国际金融危机的背景下,中国的服装出口增长趋势也依然没有改变。目前,全球的服装出口贸易将近一半来自中国。

中国服装制品的国际市场占有率不断快速上升,使得其他几大传统竞争强国的国际市场占有率都出现了不同程度的萎缩。2000~2013年,意大利、德国、法国、英国、美国等发达国家的国际市场占有率在持续缩小,部分国家的排名也出现了下降。例如,全球第二大出口国意大利的国际市场占有率从2000年的8.2%下降到2013年的6.0%;第三大出口国德国从2005年的5.3%下降到2013年的4.9%。"金砖四国"中的俄罗斯、巴西也面临着国际市场占有率和国际排名下降的状况。

以印度为代表的新兴纺织服装大国则呈现出与中国相似的发展趋势。2000~2013年,印度服装制品的国际市场占有率从3.7%上升至4.2%,在全球的排名从第7位上升至第4位(见图1和表1)。在2013年全球前二十位的服装出

---

① 这里所指的纺织业,包括SITC Rev. 3分类中的261类、263类、264类、26类、266类、267类、268类。服装业,包括SITC Rev. 3分类中的269类、841类、842类、843类、844类、845类、846类、848类。下同。

口强国中，只有印度、柬埔寨以及发达国家中的西班牙和荷兰的国际市场占有率基本上保持着从2000年以来的上升趋势。

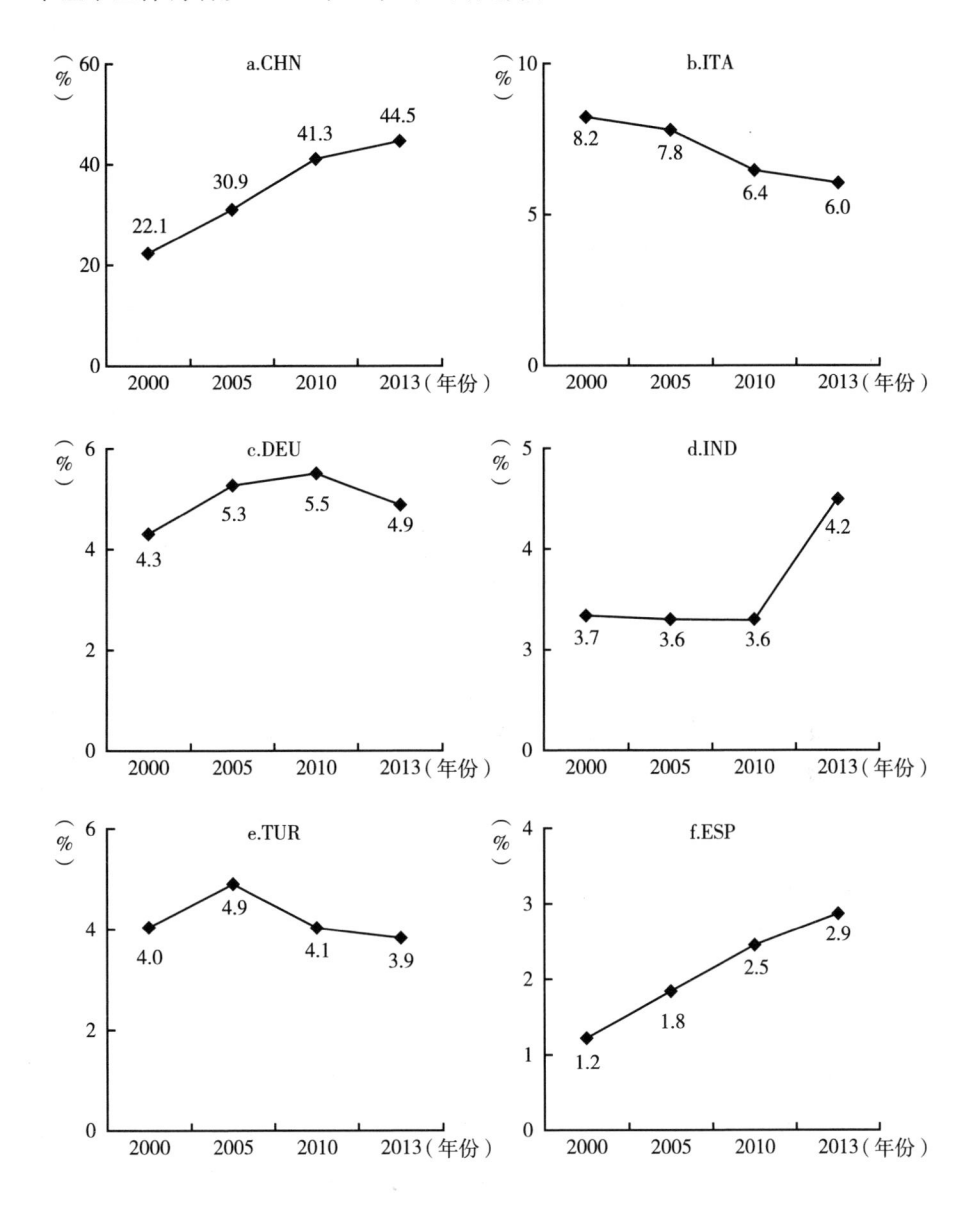

图1 全球部分服装及附饰品出口国的国际市场占有率变化情况

注：CHN为中国，ITA为意大利，DEU为德国，IND为印度，TUR为土耳其，ESP为西班牙。
资料来源：根据Uncomtrade提供的各国服装及附饰品出口额计算而得。

表1 服装业2013年前十强经济体的国际市场占有率及排名

单位：％，名

国家	在全球的市场占有率				在全球的排名			
	2000年	2005年	2010年	2013年	2000年	2005年	2010年	2013年
中　国	22.1	30.9	41.3	44.5	1	1	1	1
意大利	8.2	7.8	6.4	6.0	2	2	2	2
德　国	4.3	5.3	5.5	4.9	5	3	3	3
印　度	3.7	3.6	3.6	4.2	7	5	5	4
土耳其	4.0	4.9	4.1	3.9	6	4	4	5
西班牙	1.2	1.8	2.5	2.9	24	13	8	6
法　国	3.3	3.5	3.2	2.8	8	6	6	7
比利时	2.5	2.9	2.5	2.4	12	8	7	8
荷　兰	1.5	1.7	2.1	2.3	18	14	10	9
英　国	2.6	2.2	1.9	2.1	11	10	11	10

资料来源：根据Uncomtrade提供的各国服装及附饰品出口额计算而得。

中国在纺织业出口方面也有着绝对的竞争优势。2000～2013年，中国的国际市场占有率始终排在全球第一位，而且中国的市场占有率仍然保持着上升趋势，从2000年的10.5%上升到2013年的33.7%。这不可避免地导致一部分传统的纺织品强国的国际市场占有率出现下降，美国、德国、意大利、日本等发达国家的国际市场占有率在持续缩小。例如，2000～2013年，美国纺织品出口的国际市场占有率从8.5%下降至6.6%，排位从全球第2位下降至第3位；韩国纺织品出口的国际市场占有率从8.3%下降至4.1%，排名从全球第3位下降至第6位。

与此同时，另一些新兴国家的竞争力出现了较强的增长，最值得关注的是印度，其国际市场占有率从2000年的3.5%提高至2013年的7.5%，全球排名从第10位快速上升至第2位，超过了美国、韩国和德国等传统的纺织品强国。另外，在2013年全球前二十位的纺织品出口强国中，土耳其、巴基斯坦、荷兰、泰国、捷克的国际市场占有率较2000年都有所提升，其全球排名也都有不同程度的提高（见图2和表2）。这些新兴国家模仿和复制中国在纺织服装工业的发展路径，利用更低廉的生产成本，快速地提升自身的国际市场份额，并逐渐成为中国强有力的竞争对手。

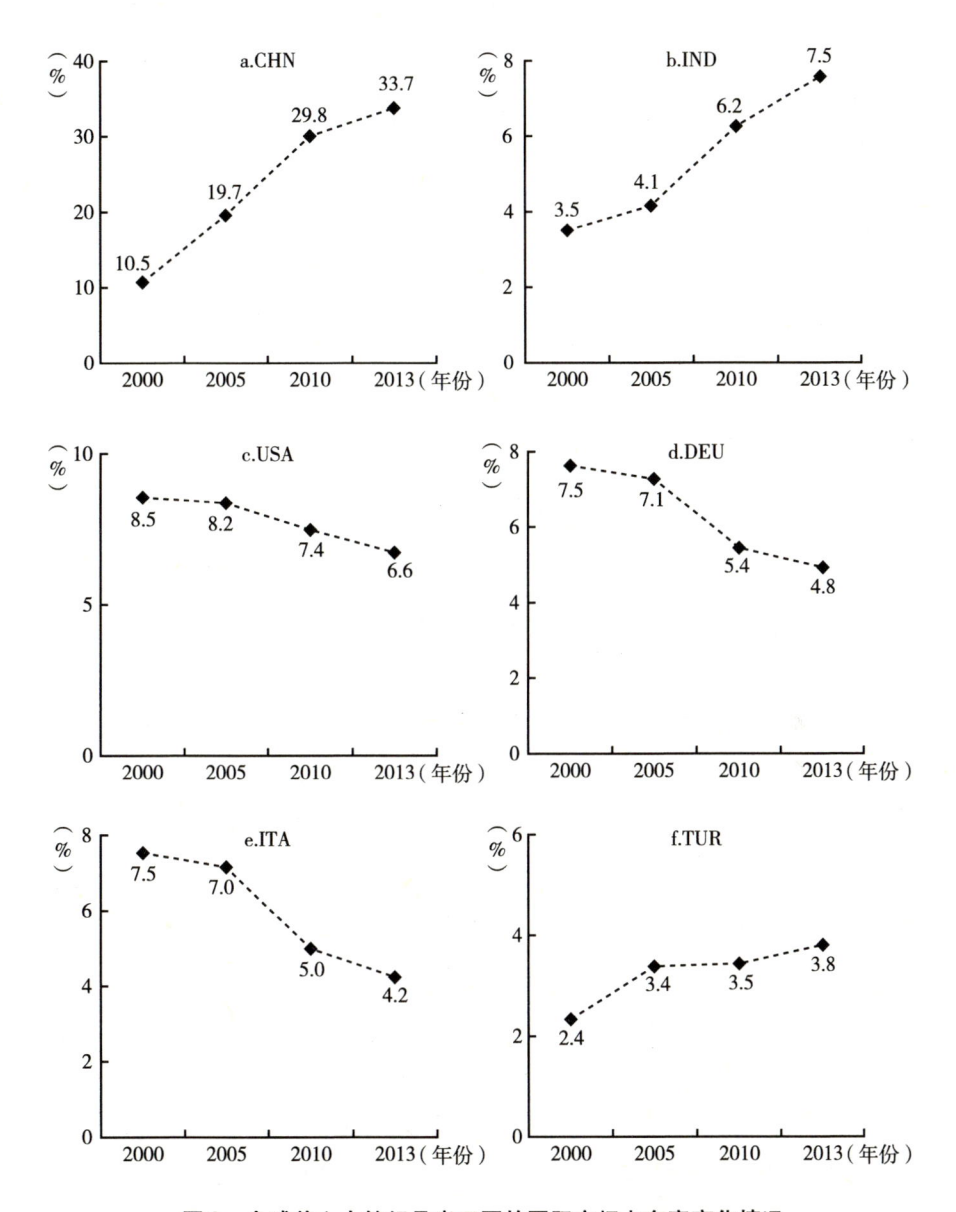

图2　全球前六大纺织品出口国的国际市场占有率变化情况

注：CHN 为中国，IND 为印度，USA 为美国，DEU 为德国，ITA 为意大利，TUR 为土耳其。
资料来源：根据 Uncomtrade 提供的各国纺织品出口额计算而得。

表2 纺织业2013年前十强经济体的国际市场占有率及排名

单位：%，名

地 区	在全球的市场占有率				在全球的排名			
	2000年	2005年	2010年	2013年	2000年	2005年	2010年	2013年
中国大陆	10.5	19.7	29.8	33.7	1	1	1	1
印　　度	3.5	4.1	6.2	7.5	10	7	3	2
美　　国	8.5	8.2	7.4	6.6	2	2	2	3
德　　国	7.5	7.1	5.4	4.8	6	3	4	4
意 大 利	7.5	7.0	5.0	4.2	5	4	5	5
韩　　国	8.3	5.3	4.5	4.1	3	5	6	6
土 耳 其	2.4	3.4	3.5	3.8	13	11	8	7
中国台湾	7.8	5.1	4.1	3.5	4	6	7	8
巴基斯坦	2.9	3.4	3.1	3.0	11	12	10	9
日　　本	4.9	3.7	3.2	2.6	7	9	9	10

资料来源：根据Uncomtrade提供的各国纺织品出口额计算而得。

（二）贸易竞争力指数（TCI）

贸易竞争力指数综合考虑了进口与出口两方面的情况，因而能够更全面地综合判断一个国家的不同产业与产品的国际竞争力状况。用贸易竞争力指数来衡量的中国竞争力状况是：在服装方面，中国目前仍然是全球最有竞争力的国家；与其他国家横向对比来看，中国的竞争力排名在上升；与中国自身的纵向历史对比来看，中国的竞争力呈现下降趋势。在纺织品方面，中国也具有比较强的国际贸易竞争力；与其他国家横向对比来看，中国的竞争力排名在上升；与中国自身的纵向历史对比来看，中国的绝对竞争力也在提升。

在服装制造业方面，以贸易竞争力指数来衡量，中国的国际贸易竞争力非常突出，目前中国已经成为全球最具竞争力的服装出口国。从贸易竞争力指数的排位来看，2000~2013年中国的竞争力提升趋势是显著的，从全球第5位提升至全球第1位。2000年，中国的国际贸易竞争力指数为0.936，在全球排第5位，落后于印度尼西亚（0.982）、印度（0.979）、巴基斯坦（0.972）和毛里求斯（0.961）；2005年，中国排名第4位，落后于印度、印度尼西亚和巴基斯坦；2010年，中国的国际贸易竞争力指数为0.961，排名上升至全球第1位；2013年，中国的国际贸易竞争力指数为0.940，排名仍然保持在全球第1位。

从贸易竞争力指数的绝对值变化来看，近年来，中国在服装及附饰品方面的竞争力出现了下降的趋势，2013年的贸易竞争力指数略低于2005年和2010年。这是由于中国的出口增长得越来越慢，进口则增长得越来越快。2005年中国服装出口额比2000年增长了106%，进口增长了37%，出口的增速要快于进口。到了2013年，这种情况发生了改变，服装出口额相较2010年仅增长37%，而进口则增长了112%，进口增加得更快了。从这个角度来看，中国在服装制造业的竞争力出现了一个趋势变化的拐点（见图3）。

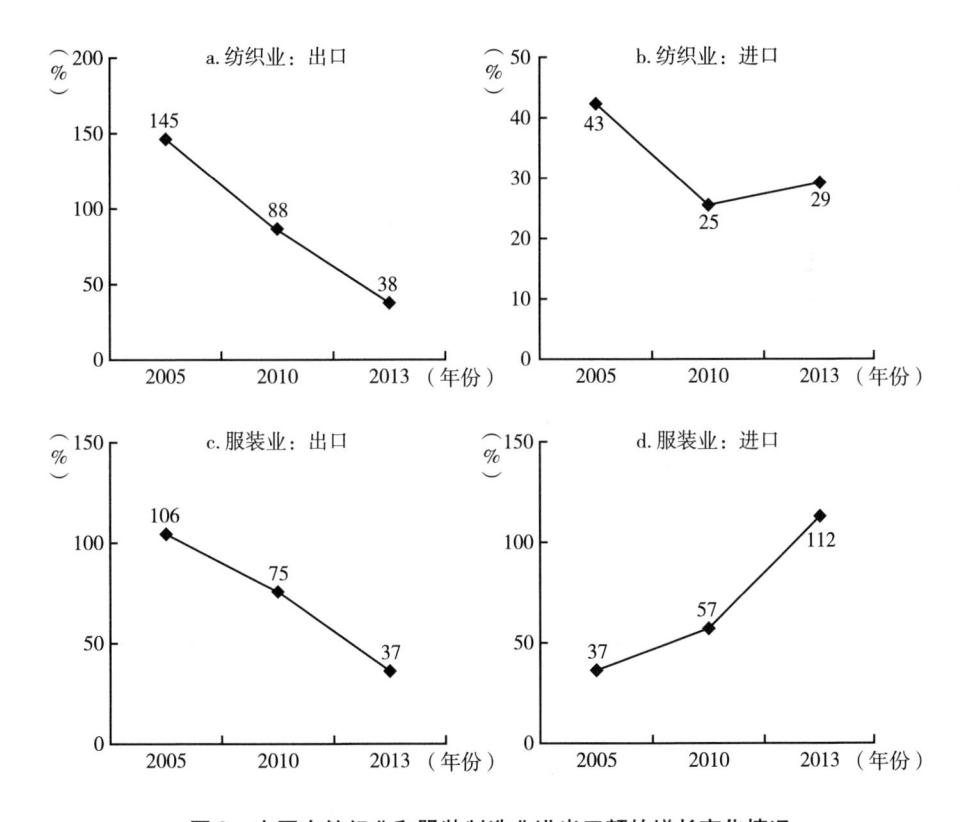

图3 中国在纺织业和服装制造业进出口额的增长变化情况

从贸易竞争力指数来看，中国最强有力的竞争对手是印度、柬埔寨、斯里兰卡、印度尼西亚和巴基斯坦等亚洲国家。一方面，虽然进入21世纪以来，中国排在了全球第1位，但是中国与这些亚洲国家的竞争力差距并不是很大。另一方面，中国的贸易竞争指数出现了下降的趋势。因此，中国应该警惕这些国家的赶超。出口强国意大利、德国、法国、英国、西班牙等发达国家由于进口的服装更多，综合了进口因素后，其竞争力明显变弱。

表3 服装及附饰品2013年贸易竞争力前十位的国家和国际市场占有率前十位的国家的贸易竞争力指数

国　　家	2000年	2005年	2010年	2013年	2013年排名
中国	0.936	0.957	0.961	0.940	1
柬埔寨	0.857	0.914	0.899	0.932	2
印度	0.979	0.974	0.943	0.920	3
斯里兰卡	0.920	0.928	0.936	0.920	4
巴基斯坦	0.972	0.962	0.912	0.905	5
印度尼西亚	0.982	0.972	0.898	0.863	6
毛里求斯	0.961	0.896	0.829	0.804	7
马其顿共和国	0.935	0.754	0.793	0.791	8
菲律宾	0.931	0.914	0.773	0.678	9
危地马拉共和国	-0.021	0.748	0.696	0.673	10
土耳其	0.922	0.875	0.636	0.661	13
意大利	0.370	0.210	0.101	0.204	27
比利时	-0.093	-0.069	-0.050	-0.018	33
荷兰	-0.319	-0.211	-0.170	-0.094	36
西班牙	-0.308	-0.371	-0.288	-0.133	39
德国	-0.468	-0.331	-0.307	-0.307	48
法国	-0.355	-0.358	-0.369	-0.353	50
英国	-0.568	-0.647	-0.629	-0.507	59

资料来源：根据Uncomtrade提供的各国服装及附饰品进出口额计算而得。

在纺织品方面，以贸易竞争力指数来衡量，中国也具有比较强的国际贸易竞争力，而且呈现出不断增强的趋势。2000年，中国的贸易竞争力指数仅有0.047，全球排名第27位。2005年，中国的贸易竞争力指数已经有了大幅度的提升（为0.308），全球排名第8位；2013年，中国的贸易竞争力指数仍然有所提高，达到0.505，排名世界第5位。

虽然中国纺织品的贸易竞争力指数比较高，但与服装及附饰品相比还是较低的，而且用贸易竞争力指数衡量的国际地位也低于用国际市场占有率衡量的国际地位。一个主要的原因是，虽然中国的纺织品出口额是全球最高的，但中国的纺织品进口额也是全球最高的。早在2000年，中国的纺织品进口额就排全球第2位，仅次于美国；2010年，中国已经成为全球最大的纺织品进口国。2013年中国的纺织品进口额达到361亿美元，是美国的1.3倍，占中国同期出口额的1/3。

中国大量进口纺织品，可能显示出以下问题：第一，中国生产的纺织品，虽然体量大，但是产品种类的覆盖面并不完全，某些功能性面料和纺织品还无法自主生产或者是质量仍未达到要求，因此还需要从国外进口。第二，这种大量进口纺织品的环节，可能是发生在服装生产的过程中。目前，中国还有相当一部分的服装生产处在来料加工、为品牌做代理生产的状态，其使用的面料都来自于进口。从这个角度来看，虽然中国的纺织品和服装生产具有很强的竞争力，但是这种竞争力的基础还不够牢固。因为在许多重要且具有高附加值的环节，如设计、对新材料的应用等，中国企业仍然比较弱。

从贸易竞争力指数动态变化的角度来看，中国纺织业的贸易竞争力还在不断上升。但是近年来也出现了出口增长放缓、进口增长加快的趋势。2005年中国纺织品出口额比2000年增长了145%，进口增长了43%；2013年，纺织品出口额比2010年增长了38%，进口增长了29%，进出口增速差距进一步变化，但进口的增速还是小于出口（见图3）。

从贸易竞争力指数来看，中国纺织业最强有力的竞争对手是印度、巴基斯坦和韩国等国家。虽然蒙古和布吉纳法索的贸易竞争力指数更高，不过这两个国家的纺织品出口体量都相对较小。而印度则最值得关注，不仅出口体量大，而且其贸易竞争力指数也比中国要高很多。用贸易竞争力指数来衡量，美国、德国、日本等发达国家在纺织品上的竞争力则非常弱，如美国的贸易竞争力指数一直为负值。

表4　纺织品2013年贸易竞争力前十位的国家（或地区）和国际市场占有率前十位的国家（或地区）的贸易竞争力指数

地　区	2000年	2005年	2010年	2013年	2013年排名
蒙古	0.158	0.200	—	0.722	1
中国台湾	0.721	0.736	0.701	0.715	2
布吉纳法索	0.852	0.867	0.671	0.690	3
印度	0.646	0.544	0.632	0.667	4
巴基斯坦	0.872	0.716	0.567	0.595	5
中国大陆	0.047	0.308	0.478	0.505	6
韩国	0.527	0.449	0.355	0.362	7
澳大利亚	0.319	0.211	0.166	0.322	8
卢森堡	0.275	0.176	0.397	0.295	9
坦桑尼亚	0.230	0.409	0.375	0.288	10
美国	-0.090	-0.146	-0.113	-0.138	40
德国	0.083	0.080	0.011	0.015	28
意大利	0.180	0.231	0.131	0.143	13
土耳其	0.086	0.089	-0.014	0.122	16
日本	0.157	0.104	0.043	-0.057	33

资料来源：根据Uncomtrade提供的各国纺织品进出口额计算而得。

（三）显示比较优势指数（RCA）

从显示比较优势指数来看，中国纺织业与服装制造业仍具有一定的竞争优势。但是，这种优势要远弱于用国际市场占有率和贸易竞争力指数来考察的竞争力。从显示比较优势指数的角度来对比中国的服装制造业和纺织业，仍然是前者更具竞争力。

静态地来看，中国在服装及附饰品出口方面具有一定的竞争优势。以2013年为例，中国服装及附饰品出口的显示比较优势指数为3.2，排全球第13位，落后于柬埔寨、斯里兰卡等新兴经济体，但高于印度（2.0），也高于意大利（1.9）、德国（0.5）、美国（0.2）等发达国家。动态地看，中国服装及附饰品出口的显示比较优势呈现逐年下降的趋势，2000～2013年该指数从

5.1下降至3.2。结合中国服装产品的国际市场占有率不断上升这个事实来看，中国服装及附饰品的显示比较优势指数在不断下降，说明服装产品在中国总体出口中所占比重越来越低，中国出口的结构正在发生变化。

表5　主要国家服装及附饰品出口的显示比较优势指数

国　　家	2000年	2005年	2010年	2013年	2013年排名
柬埔寨	24.5	28.0	22.9	21.9	1
斯里兰卡	18.3	17.8	17.7	18.2	2
萨尔瓦多	0.8	18.8	15.9	15.2	3
毛里求斯	22.3	13.3	15.0	13.1	4
巴基斯坦	8.2	8.6	7.8	7.4	5
突尼斯	13.4	11.4	8.0	6.7	6
马其顿共和国	8.4	9.3	7.1	5.9	7
约旦	3.1	9.5	5.3	5.9	8
阿尔巴尼亚	13.0	11.5	7.7	5.7	9
危地马拉	0.6	10.7	5.9	5.3	10
摩尔多瓦	5.6	6.0	6.4	4.3	11
土耳其	8.4	6.2	4.7	4.1	12
中国	5.1	3.7	3.5	3.2	13
佛得角	2.6	3.0	3.6	2.5	14
保加利亚	5.1	5.6	3.2	2.5	15
葡萄牙	4.1	3.0	2.6	2.2	16
斐济	11.7	4.1	2.7	2.2	17
罗马尼亚	7.9	6.4	2.6	2.1	18
印度	4.9	3.3	2.2	2.0	19
埃及	2.3	0.7	2.0	1.9	20

资料来源：根据Uncomtrade提供的各国及全球服装及附饰品出口额计算而得。

静态地看，中国在纺织品出口方面也具有一定的竞争优势。以2013年为例，中国纺织品的显示比较优势指数为2.5，排全球第12位，落后于印度、土耳其等新兴经济体，但高于美国（0.7）、意大利（1.3）、德国（0.5）、日本（0.6）、英国（0.4）等发达国家。动态地看，中国纺织品出口的显示比较优势基本保持稳定，2000~2013年，该指数从2.4小幅上升至2.5。

表6 主要国家（或地区）纺织品出口的显示比较优势指数

地区	2000年	2005年	2010年	2013年	2013年排名
巴基斯坦	18.0	19.3	18.9	19.0	1
安提瓜和巴布达	1.4	0.7	9.5	14.9	2
布基纳法索	21.1	32.8	8.9	8.6	3
多哥	8.1	4.2	11.7	4.4	4
土耳其	4.9	4.2	4.0	4.1	5
印度	4.7	3.8	3.7	3.6	6
蒙古	6.5	3.7		3.0	7
埃及	4.6	1.9	3.1	3.0	8
萨尔瓦多	0.9	1.4	2.7	2.9	9
坦桑尼亚	2.8	3.8	2.6	2.6	10
毛里求斯	1.9	1.6	2.1	2.5	11
中国大陆	2.4	2.4	2.5	2.5	12
卢森堡	1.4	1.8	2.4	2.1	13
中国台湾	3.0	2.4	2.0	1.8	14
津巴布韦	3.8	2.0	2.7	1.8	15
葡萄牙	2.5	2.0	2.0	1.8	16
斯里兰卡	2.1	1.3	1.6	1.7	17
摩尔多瓦	0.6	0.9	1.2	1.6	18
乌拉圭	3.1	2.6	1.9	1.6	19
马拉维	1.1	1.6	0.9	1.5	20

资料来源：根据Uncomtrade提供的各国及全球纺织品出口额计算而得。

（四）显示贸易比较优势指数（RTA）

前述分析显示，虽然中国的纺织品、服装及附饰品出口额是全球最大的，但中国的这些产品的进口额不容忽视，而且近年来进口增速还在持续提升。为了更全面地综合出口和进口的情况来与全球各个国家进行对比，这里进一步给出中国纺织品、服装及附饰品的显示贸易比较优势指数（RTA）。当RTA值小于0时，表明该国在该商品的世界贸易中具有比较劣势；当RTA值大于0时，表明该国在该商品的世界贸易中具有比较优势。

从显示贸易比较优势指数来看，中国在纺织业与服装制造业上仍具有一定的比较优势，但是，这种优势仍远弱于单纯用国际市场占有率和竞争力指数来考察的竞争力,这一点与显示比较优势指数所呈现的状况是比较一致的。

从显示贸易比较优势指数来看,中国在服装及附饰品贸易方面具有一定的比较优势,但这种优势有减弱的趋势。2013 年,中国服装及附饰品的显示贸易比较优势指数是 3.0,全球排名第 11 位。这个水平落后于柬埔寨、斯里兰卡、巴勒斯坦等发展中国家,但是高于美国、意大利等所有的发达国家,也略高于印度。动态来看,中国的显示贸易比较优势正在不断减弱,RTA 值从 2000 年的 4.9 缩小到 2013 年的 3.0（见表 7）。

表 7 主要国家服装及附饰品的显示贸易比较优势指数

国　家	2000 年	2005 年	2010 年	2013 年	2013 年排名
柬埔寨	22.9	25.8	20.6	20.4	1
斯里兰卡	17.7	17.1	17.0	17.4	2
萨尔瓦多	0.4	15.7	13.2	12.1	3
毛里求斯	22.0	12.5	14.0	11.9	4
巴勒斯坦	8.1	8.5	7.4	6.9	5
马其顿共和国	8.3	8.1	6.2	5.0	6
突尼斯	11.7	8.8	6.0	4.9	7
约旦	2.6	8.5	3.9	4.3	8
危地马拉	0.3	9.5	4.8	4.1	9
土耳其	8.2	5.8	3.6	3.1	10
中国	4.9	3.6	3.3	3.0	11
摩尔多瓦	5.2	5.2	4.9	2.7	12
阿尔巴尼亚	10.9	8.1	4.8	2.3	13
印度	4.9	3.3	2.1	1.9	14
佛得角	2.1	2.3	2.9	1.5	15

资料来源:根据 Uncomtrade 提供的各国及全球服装及附饰品进出口额计算而得。

从显示贸易比较优势指数来看,中国在纺织品贸易方面具有较微弱的比较优势,不过这种优势有上升的趋势。2013 年,中国纺织品的显示贸易比较优势指数是 1.2,全球排名第 10 位。这个水平落后于巴勒斯坦、印度等国家,但高于美国等所有的发达国家。动态来看,中国纺织品的显示贸易比较优势正在不断提升,RTA 值从 2000 年的 - 0.4 上升到 2013 年的 1.2,从具有贸易比较劣势变成具有比较优势（见表 8）。

表8 主要国家（或地区）纺织品的显示贸易比较优势指数

地 区	2000年	2005年	2010年	2013年	2013年排名
巴勒斯坦	16.8	16.9	15.2	15.4	1
安提瓜和巴布达	0.7	0.0	8.0	12.8	2
布基纳法索	20.6	32.0	7.5	7.3	3
印度	3.8	2.8	3.1	2.9	4
蒙古	2.3	1.0	—	2.6	5
坦桑尼亚	2.0	2.8	1.9	1.9	6
土耳其	2.4	1.5	0.8	1.5	7
中国台湾	2.4	2.0	1.5	1.4	8
卢森堡	0.7	0.7	1.5	1.2	9
中国大陆	−0.4	0.6	1.2	1.2	10
多哥	5.4	1.9	8.9	1.2	11
津巴布韦	—	0.0	1.8	0.8	12
莫桑比克	1.7	0.8	0.4	0.7	13
希腊	1.0	1.4	1.7	0.6	14
韩国	1.7	0.9	0.4	0.4	15

资料来源：根据 Uncomtrade 提供的各国及全球纺织品进出口额计算而得。

（五）竞争力状态评估小结

综合以上几个指标，可以发现中国的服装和纺织品竞争力呈现以下几个特点：第一，单纯从出口方面来考察，中国服装和纺织品的竞争力是全球最强的，而且这种竞争力还在持续上升。第二，综合出口与进口来考察的中国服装和纺织品的竞争力则出现了弱化。第三，服装的国际竞争力要强于纺织品的国际竞争力，但是从发展趋势来看，服装的国际竞争力在下降，纺织品的国际竞争力在上升。第四，以印度、巴勒斯坦、柬埔寨等为代表的发展中国家已经成为中国强有力的竞争对手。

二 出口地多元化和分散化

面临着发展中国家强有力的竞争，中国纺织品和服装的国际市场占有率仍然得以提升，这是出口地区多元化和分散化的结果。通过对比近年中国服装和纺织品的出口地的变化，可以发现：出口地更加多元化和分散化，发达国家在中国的出口市场中所占比重下降，对新兴国家的出口趋于上升。

（一）服装与纺织品的出口地更加多元和分散

2000年以来，中国服装与纺织品的出口地更加多元和分散（见表9和表10）。以服装及附饰品为例，2000年中国服装最大的出口国是日本，在中国出口的服装中，31.9%都销往了日本，18.3%销往了中国香港地区，仅这两大地区的销售就约占当年中国出口额的一半。此后，中国服装及附饰品的出口地日益分散化，第一大出口国占中国全部服装出口额的比重逐年缩小，2005年、2010年和2013年分别为19.8%、19.4%和17.5%。前十大出口国（地区）占中国全部服装出口额的比重也在不断下降，2000年、2005年、2010年和2013年分别为79%、72%、64%和61%。

纺织品也呈现出类似的趋势。2000年中国纺织品最大的出口地区是中国香港，出口到该地区的纺织品占中国纺织品全部出口额的28.6%，此后，中国纺织品的出口也不断分散化，第一大出口国（地区）销量占中国纺织品全部出口额的比重逐渐变小，2005年、2010年和2013年分别为19.0%、11.0%和9.9%。前十大出口国（或地区）占中国全部纺织品出口额的比重也在不断下降，2000年、2005年、2010年和2013年分别为68%、58%、49%和48%。

这种出口地区的分散化和多元化，既是国际竞争日益激烈的结果，也是中国竞争力日益提升的表现，这意味着中国对某一个具体的出口地区的依赖性降低了，中国的服装和纺织品也有能力进入越来越多的国家和地区的市场。

（二）发达国家与发展中国家在中国出口地中的减与增

在中国服装与纺织品的出口地中，发达国家越来越少，其从中国的进口占中国服装与纺织品全部出口额的比重不断下降。与此同时，新兴国家和发展中国家越来越多地成为中国的出口市场，其所占的市场份额也在不断趋于上升（见表9和表10）。

产业蓝皮书

表9 中国服装及附饰品前二十位出口国（地区）出口额占中国服装出口总额的比重

单位：%

排名	2000年 出口地	占比	2005年 出口地	占比	2010年 出口地	占比	2013年 出口地	占比
1	日本	31.9	日本	19.8	美国	19.4	美国	17.5
2	中国香港	18.3	美国	18.5	日本	14.2	日本	12.5
3	美国	13.2	中国香港	9.3	德国	6.3	中国香港	6.0
4	韩国	3.2	俄罗斯	7.2	中国香港	5.5	俄罗斯	5.3
5	俄罗斯	3.0	德国	4.2	英国	4.1	德国	4.7
6	澳大利亚	2.6	韩国	3.3	俄罗斯	3.7	英国	4.3
7	德国	2.6	英国	2.9	法国	3.4	越南	3.2
8	巴拿马	1.5	意大利	2.5	意大利	2.9	法国	2.7
9	加拿大	1.5	澳大利亚	2.3	西班牙	2.6	阿联酋	2.7
10	英国	1.5	加拿大	2.3	荷兰	2.3	韩国	2.3
11	法国	1.3	法国	2.2	韩国	2.3	荷兰	2.2
12	意大利	1.3	西班牙	1.7	哈萨克斯坦	2.2	澳大利亚	2.2
13	沙特阿拉伯	1.1	新加坡	1.6	澳大利亚	2.2	西班牙	2.1
14	新加坡	1.1	阿联酋	1.5	加拿大	2.2	马来西亚	2.0
15	波兰	0.9	巴拿马	1.4	阿联酋	2.0	哈萨克斯坦	1.8
16	阿联酋	0.9	荷兰	1.4	巴拿马	1.7	意大利	1.8
17	荷兰	0.9	哈萨克斯坦	1.3	比利时	1.3	加拿大	1.8
18	中国澳门	0.8	沙特阿拉伯	1.1	南非	1.2	智利	1.4
19	匈牙利	0.8	南非	1.0	沙特阿拉伯	1.2	沙特阿拉伯	1.2
20	中国台湾	0.8	比利时	0.9	智利	1.2	南非	1.1

资料来源：根据Uncomtrade提供的各国及全球服装及附饰品进出口额计算而得。

表10 中国纺织品前二十位出口国（地区）出口额占中国服装出口总额的比重

单位：%

排名	2000年 出口地	占比	2005年 出口地	占比	2010年 出口地	占比	2013年 出口地	占比
1	中国香港	28.6	中国香港	19.0	美国	11.0	美国	9.9
2	日本	11.3	美国	11.9	中国香港	10.0	中国香港	8.1
3	韩国	7.4	日本	6.9	日本	5.1	越南	7.0
4	美国	7.3	韩国	4.1	越南	4.8	日本	4.5
5	意大利	3.1	印度	3.2	印度	3.7	孟加拉	3.9
6	孟加拉	2.8	阿联酋	3.0	孟加拉	3.4	俄罗斯	2.9
7	德国	2.2	意大利	2.9	韩国	3.4	阿联酋	2.9

续表

排名	2000年		2005年		2010年		2013年	
	出口地	占比	出口地	占比	出口地	占比	出口地	占比
8	阿联酋	2.1	孟加拉	2.8	意大利	2.9	印度	2.9
9	印度尼西亚	1.6	德国	2.3	印度尼西亚	2.6	印度尼西亚	2.9
10	印度	1.6	俄罗斯	2.1	德国	2.4	韩国	2.8
11	英国	1.5	越南	1.9	阿联酋	2.4	巴勒斯坦	2.3
12	泰国	1.5	英国	1.7	巴西	2.3	德国	2.3
13	澳大利亚	1.4	印度尼西亚	1.7	俄罗斯	2.1	巴西	2.2
14	新加坡	1.3	土耳其	1.4	土耳其	2.0	菲律宾	2.1
15	贝宁	1.1	泰国	1.2	巴勒斯坦	1.9	意大利	2.1
16	菲律宾	1.0	伊朗	1.2	英国	1.7	马来西亚	1.8
17	加拿大	1.0	澳大利亚	1.1	泰国	1.6	土耳其	1.8
18	法国	0.9	加拿大	1.1	贝宁	1.6	泰国	1.7
19	马来西亚	0.9	贝宁	1.1	吉尔吉斯斯坦	1.5	英国	1.5
20	土耳其	0.8	巴勒斯坦	1.0	墨西哥	1.4	柬埔寨	1.5

资料来源：根据 Uncomtrade 提供的各国及全球纺织品进出口额计算而得。

以服装及附饰品为例，2000年，在中国的前二十大出口国（地区）中，有9个发达经济体[①]，分别为日本、中国香港、美国、澳大利亚、德国、加拿大、英国、法国、意大利。此后，发达国家在中国前二十大出口国（地区）中的数量不断减少。2013年，中国前二十大出口国（地区）中仅有6个是发达经济体，分别为美国、日本、中国香港、德国、英国和法国。纺织品的出口也是类似的趋势。2000年，在中国的前二十大出口国（地区）中，有8个发达经济体，分别为日本、美国、意大利、德国、英国、新加坡、加拿大、法国。此后，发达国家在中国前二十大出口国（地区）中的数量不断减少。2013年，中国前二十大出口国（地区）中仅有5个是发达经济体，分别为美国、日本、德国、意大利、英国。在中国的出口地区中，不仅是发展中国家、新兴经济体、转型国家等的个数在增加，而且销往这些地区的贸易额占比也在不断提高。

---

① 这里所指的发达经济体，是根据国际货币基金组织（IMF）所给出的发达经济体（advanced economies）指标来统计的。

在中国出口地中发达国家的数量在减少，发展中国家、新兴经济体、转型国家等的数量在增加，有利于降低中国服装与纺织品出口的总体风险。例如，在此次经济危机中，部分发达国家经济恢复疲软乏力，而新兴经济体则较快得到了恢复，新兴经济体的需求恢复有力，弥补了发达国家需求的低迷，有利于维持中国出口的稳定。但这一变化，也从侧面反映出中国企业的国际竞争力有所下降。因为相对于发展中国家的市场所需求的产品而言，发达国家所需求的产品较高端，其在质量、设计等各个方面的要求都相对较高。发达国家与发展中国家在中国出口地中的减与增，可能反映了中国出口产品的结构有所低端化。

（三）以美国为例

印度、越南等发展中国家的纺织和服装业不断发展壮大，成为中国强有力的竞争对手，一定程度上吞食了中国在发达国家的市场份额。这里以美国为例进行具体的分析。

美国是世界上最大的服装进口国。2000年，美国服装的第一大供货国是墨西哥，第二才是中国。2002年，中国加入WTO的效果开始显现出来，贸易壁垒的降低使中国出口到美国的服装高速增长。2003年，中国成为美国第一大服装供货国，服装贸易额达72.6亿美元，占全美服装进口额的11.9%。此后，中国一直保持着美国第一大服装供货国的地位。但是，进入21世纪后，中国向美国的服装出口开始减缓。2011年，美国从中国进口的服装贸易额仅比上年增长了5.1%，一改中国加入WTO后每年增长速度均保持两位数的态势（除了受金融危机影响的2008年和2009年）；2012年更是出现了负增长。与之相对应的是，从2011年开始，在美国进口的服装贸易额中，中国的占比出现了下降，从2010年的峰值39.2%减少到2013年的37.3%。

中国所丢失的市场份额，是被以越南为代表的发展中国家所蚕食的。2013年，越南已经成为美国的第二大服装供货国，而其在2000年时还仅仅排在第60位。越南出口到美国的服装额占美国全部服装进口额的比重从2000年的0.1%快速上升至2013年的10.2%。2010~2013年，中国的市场份额缩小了1.9个百分点，越南则增加了2.0个百分点，同期，美国的前十大供货国中越南、孟加拉、柬埔寨、萨尔瓦多和斯里兰卡等国家的市场份额都出现了增长（见表11）。

表11 美国服装前十大供货国贸易额占全美服装进口总额的比重

单位：%

国家	2013年排名	2000年	2005年	2008年	2009年	2010年	2011年	2012年	2013年
中国	1	7.9	22.0	32.0	37.2	39.2	37.8	37.8	37.3
越南	2	0.1	4.0	7.3	8.0	8.2	8.6	9.2	10.2
印度尼西亚	3	3.6	4.2	5.6	6.1	6.2	6.5	6.4	6.2
孟加拉	4	3.7	3.5	4.8	5.4	5.5	5.8	5.8	6.2
墨西哥	5	14.7	8.8	5.6	5.4	5.0	4.9	4.8	4.6
印度	6	3.1	4.3	4.3	4.5	4.4	4.3	4.0	4.0
柬埔寨	7	1.4	2.5	3.3	3.0	3.1	3.3	3.3	3.2
洪都拉斯	8	4.1	3.8	3.6	3.2	3.4	3.4	3.3	3.1
萨尔瓦多	9	2.8	2.4	2.1	2.1	2.3	2.2	2.3	2.3
斯里兰卡	10	2.6	2.4	2.0	1.9	1.7	1.8	1.9	2.1

资料来源：依据美国纺织服装办公室提供的服装进口额计算而得。

美国同时也是世界上最大的纺织品进口国之一。2000~2013年，中国一直是美国纺织品的第一大供货国。2000~2001年，中国出口到美国的纺织品贸易额占全美纺织品进口总额的比重均为14.0%。2002年，中国加入WTO的效果开始显现出来，出口到美国的纺织品大幅激增，当年出口额达31.5亿美元，同比增长了62.9%，在美国进口的纺织品总额中中国占了20.7%。2002~2007年，中国出口到美国的纺织品总额一直保持着两位数水平的同比高速增长。2008年和2009年，受金融危机影响，贸易增速分别仅为1.9%和-15.4%，但在美国的市场份额仍然有小幅提升。2010年，中国对美国的纺织品出口额又恢复了较高的增长水平，同比增加了27.1%，中国在美国的市场份额达到了峰值，为48.0%。进入21世纪后，中国对美国的纺织品出口出现了与服装出口相似的增速下降的态势，每年出口额的同比增长速度都处于一位数的水平，在美国的市场份额也呈现波动性下滑的趋势，2013年小幅下降至47.7%

与中国市场份额下降相对应的是印度等发展中国家市场份额的持续上升。2000~2013年，印度在美国纺织品进口中的占比从6.6%持续增长至12.4%，从美国的第四大进口国变为第二大进口国。2010~2013年，中国在美国的市场份额缩小了0.3个百分点，而印度则增长了2.1个百分点，同期美国的前十大供货国中，仅有印度、土耳其和越南的市场份额出现了增长（见表12）。

表12 美国纺织品前十大供货国贸易额占全美纺织品进口总额的比重

单位：%

地区	2013年排名	2000年	2005年	2008年	2009年	2010年	2011年	2012年	2013年
中国大陆	1	14.0	35.4	45.1	46.1	48.0	47.6	47.8	47.7
印度	2	6.6	8.0	9.3	9.8	10.3	11.1	11.8	12.4
巴勒斯坦	3	6.3	8.0	7.3	8.1	7.2	7.2	6.4	6.3
墨西哥	4	8.9	5.7	4.4	4.2	4.1	4.0	3.9	3.9
加拿大	5	11.1	7.7	4.4	4.6	4.1	4.0	3.7	3.3
韩国	6	5.6	3.7	2.8	2.9	2.7	2.9	2.9	2.8
土耳其	7	2.9	3.2	2.4	2.2	2.2	2.4	2.5	2.7
越南	8	0.0	0.8	0.9	1.5	1.9	2.3	2.3	2.6
意大利	9	5.0	3.9	3.3	2.4	2.3	2.3	2.3	2.2
中国台湾	10	4.8	2.5	2.2	1.9	1.9	1.9	2.0	1.9

资料来源：依据美国纺织服装办公室提供的纺织品进口额计算而得。

总体而言，美国市场对服装和纺织品的质量要求是比较高的，中国企业在美国市场份额的流失，从侧面反映了中国竞争力的弱化趋势。

三 趋势和应对

综上所述，虽然目前中国的纺织服装工业仍然保持着强有力的国际竞争力，但这种竞争力的持续提升已经受到了严峻的挑战。因为，中国纺织服装工业的国际竞争力的主要来源之一是拥有大量具备一定素质的熟练劳动力以及低廉的劳动力成本。随着人口红利趋于消失以及随之产生的劳动力成本不可避免地持续上升，中国纺织服装工业的国际竞争力基础正在被削弱。同时，以印度为代表的发展中国家正在复制中国纺织服装工业的发展模式，并利用更加低廉的劳动力成本对中国形成巨大的冲击，蚕食中国在发达国家的市场份额。从这一趋势来看，在未来几年内，中国纺织服装工业的国际竞争力将会继续受到很大影响。

要扭转中国纺织服装工业的国际竞争力提升受挫的趋势，需要在以下两个方面做出积极的应对：一方面，继续推进出口市场多元化和分散化，通过开拓新市场来保持和提升中国的市场份额；另一方面，逐步减弱竞争力对低成本劳动力的依赖，提升中国在纺织服装工业价值链上所处的环节，通过加强品牌设计、对高端面料的研发和生产等方式来获得新的竞争力，避免与新兴经济体作低价格水平的竞争。

B.4 化学工业竞争力

魏亚萍 温 明[*]

摘 要：

从纵向来看，中国化学工业竞争力不断提升；从国际横向来看，中国化学工业相较于主要发达国家还有一定的差距，但差距在不断缩小。一方面政府出台了一系列政策促进化学工业的发展和竞争力的提高；另一方面也存在一些体制和政策因素阻碍了化学工业创新能力和竞争力的提升。未来的方向是进一步推进改革开放和创新，发展化工新材料，降低碳排放，以提升化学工业竞争力。

关键词：

化学工业 产业竞争力 全球产业链 节能减排

化学工业是国民经济中重要的产业，随着经济全球化的发展，化学工业的竞争不再局限于一国的内部市场，国际竞争更加激烈。国际竞争力的培育对一国化学工业的发展和壮大至关重要。培育化学工业的竞争力最为重要的是对其国际竞争力的培育。化学工业是以石油烃或矿物质为原料，通过加压、加温、电解、催化等手段，生产出新产品的工业。化学工业的范围比较广泛，根据《国民经济行业分类》，石油加工、炼焦及核燃料加工业，化学原料及化学制品制造业，化学纤维制造业，医药制造业，塑料制成品业，橡胶制造业等都属于化学工业。

---

[*] 魏亚萍，中国社会科学院研究生院工业经济系硕士研究生；温明，中国社会科学院研究生院经济系硕士研究生。

一 化学工业竞争力走势

（一）国际市场占有率

化学工业的国际市场占有率是指某国化学工业出口额与全球化学工业出口总额的比例。如图1所示，中国化学工业的国际市场占有率不断提高。由于全球金融危机以及由此产生的全球经济衰退，世界各国对化学制品的需求大幅减少，再加上当时中国东南沿海出现的制造业企业倒闭潮，使得中国化学工业产品出口有所减少，2009年国际市场占有率相较于2008年有所下降。但2010年出现了大幅反弹，扭转了之前的局面，这主要得益于中国应对全球金融危机所采取的强有力的措施。2011～2013年，中国化学工业的国际市场占有率基本不变。

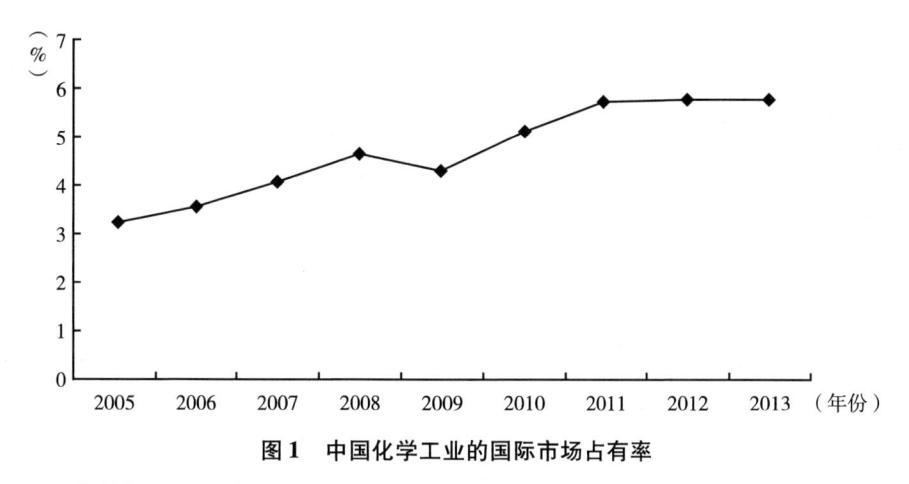

图1 中国化学工业的国际市场占有率

资料来源：Wind资讯。

从出口总量来看，如图2所示，2000～2008年化学工业品的出口总量大幅增加，2009年受国际金融危机和国内经济形势的影响，出口下降，之后又迅速反弹，2012年化学工业品的出口相较于2011年的表现不尽如人意。但2012年中国化学工业的贸易市场占有率并没有因出口总量下降而下降。这是因为国际形势导致各国化学制品的出口都有所减少。2013年出口量反弹增加，但增幅较小。

图 2　中国化学工业出口总额

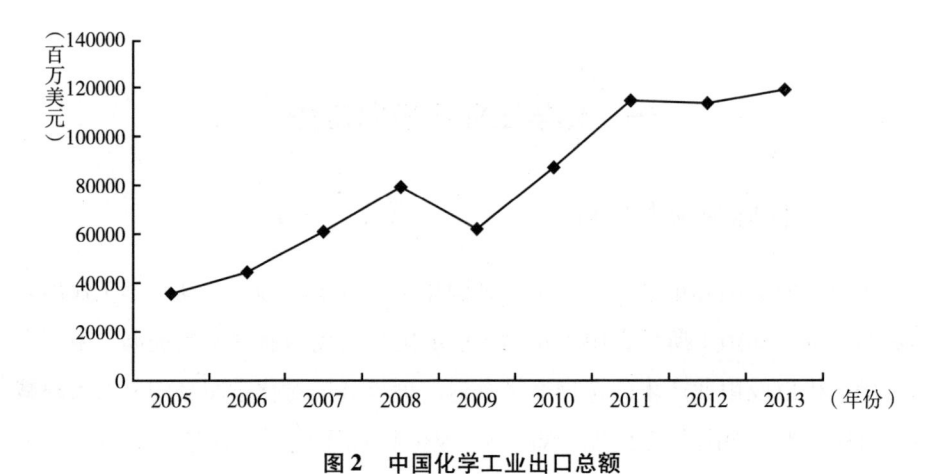

资料来源：Wind 资讯。

（二）贸易竞争力指数

化学工业的贸易竞争力指数是指某国化学工业出口额与进口额差额相对于该国化学工业出口额与进口额之和的比例。如图 3 所示，中国化学工业的出口额小于进口额，贸易竞争力比较低下。但从总体趋势来看，中国化学工业的贸易竞争力在不断增强。受美国次贷危机和全球金融危机的影响，2008 年和 2009 年表现异常。2011 年之后有恶化趋势，但这一趋势并不明显。中国化学

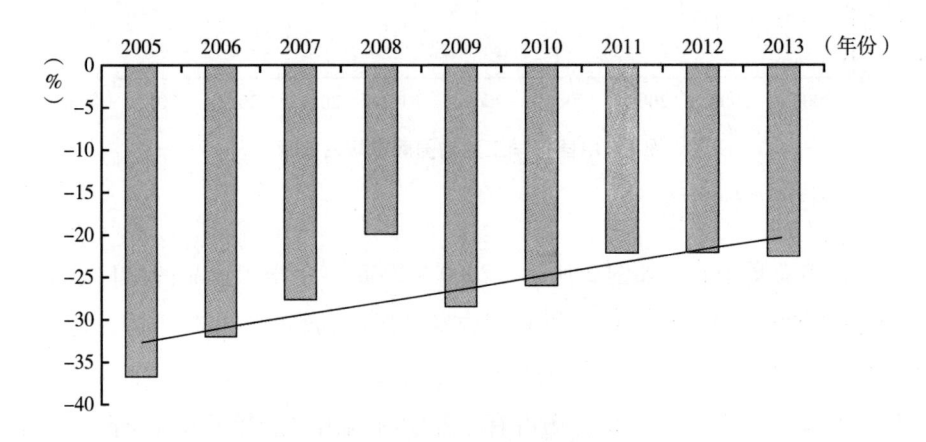

图 3　中国化学工业贸易竞争力指数

资料来源：Wind 资讯。

工业一直处于逆差状态，主要原因是中国化学工业品同质化严重，高端产品相对缺乏。而中国的化学工业研发，尤其是高端化工新材料、特种新型专用化学品仍处于"研发多、应用少"的状态。

（三）显示贸易优势指数（RTA）

任何一个国家都处于全球产业链之中，一个行业和产业不仅涉及出口，还涉及进口。即使一国具有比较优势的产业在出口的同时，该产业同样也有进口；即使一国处于比较劣势的产业在进口的同时，也存在出口。因此，仅仅从出口角度衡量一国产业是否具有国际比较优势是不全面的。为此，有学者提出了显示贸易优势指数（RTA），该指数等于出口的显示比较优势指数与进口的显示比较优势指数之差。这是对 RCA 的改进，有利于克服某些商品"大进大出"对国际竞争力评估的扭曲影响。若 RTA＞0 则表示该产业具有比较优势，在国际市场上具有竞争力；若 RTA＜0 则表示该产业处于比较劣势，在国际市场上缺乏竞争力；若 RTA＝0，则该产业无所谓比较优势或者比较劣势。

如图 4 所示，中国化学工业的显示贸易优势指数明显小于 0。从静态来看，中国化学工业品在国际市场上不具有比较优势；从比较静态来看，中国化学工业品在国际市场上的比较劣势逐渐减弱，2005～2011 年，比较劣势不断减弱，2011～2013 年维持在接近 -0.6 的位置，说明中国的化学工业不断发展壮大，国际竞争力得到提升。中国化学工业整体处于比较劣势，其主要原因在于产能过剩严重，产品同质化、低层次严重，运行成本较高，自主创新能力还有待进一步提高。尽管如此，但中国化学工业通过不断自我提升，改善自身经营水平和创新能力，也取得了一定的成果。比如，在技术革新方面，在页岩气的开发上，中国取得技术和产量的突破。另外，在化工装备领域，国产化装备取代了进口设备。最值得一提的是，在煤化工方面，2013 年国内自主研发的航天炉得到了业界的普遍认可，与国外"引进来"的"水土不服"设备相比，国内自主研发的设备更加实用，更加"接地气"。[①]

---

① 中国石油和化学工业联合会信息与市场部：《2013 年石油和化工行业经济运行回顾与展望》，《现代化工》2014 年第 1 期。

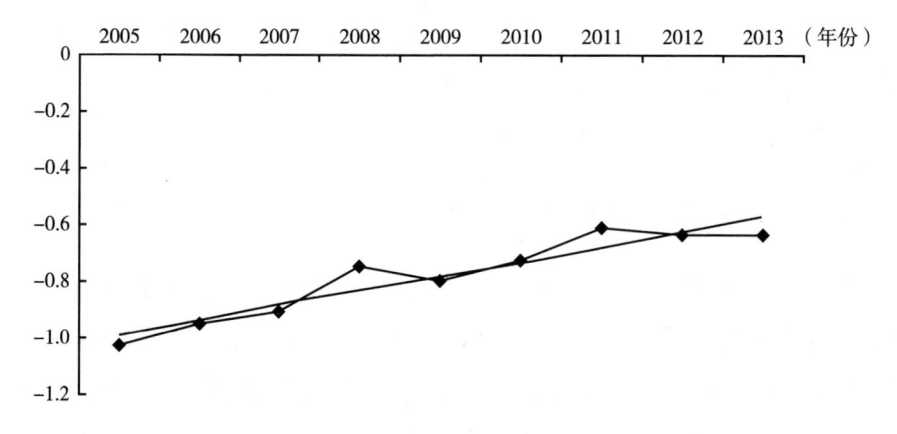

图 4　中国化学工业显示贸易优势指数

资料来源：Wind 资讯。

二　化学工业竞争力的国际比较

（一）国际市场占有率对比

2005 年，中国化学工业的国际市场占有率是最低的，而欧盟 27 国则占了全球化学工业出口的半壁江山，此外美国的国际市场占有率也很高。到 2013 年，中国化学工业的国际市场占有率为 5.78%，而且从 2005～2013 年的整体趋势来看，中国的国际市场占有率不断提升，2013 年的国际市场占有率较 2005 年提升了将近 1 倍。从整体来看，欧盟 27 国 2005～2013 年的国际市场占有率下降，从 2005 年的 55.28% 下降到 2013 年的 47%。美国的国际市场占有率一直比较稳定，日本化学工业的国际市场占有率也相对稳定。从比较静态来看，中国化学工业的国际占有率不断提升，而欧盟 27 国的国际占有率有所下降，美国和日本则比较稳定，分别维持在 10% 和 4% 左右。中国化学工业的国际市场占有率从 2008 年超过日本之后，就一直处于领先于日本的状态。

（二）贸易竞争力指数和全球产业链

2005～2013 年，中国的贸易竞争力指数一直小于 0，但从整体趋势来看

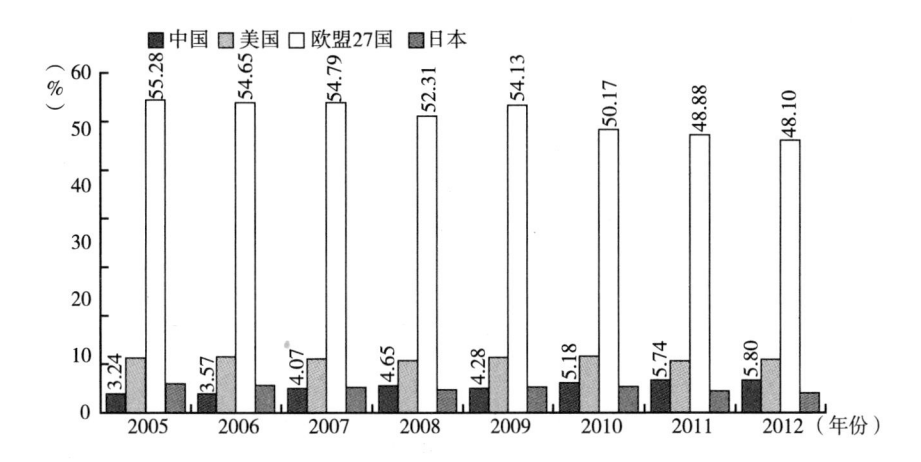

图 5　主要国家化学工业的国际市场占有率对比

资料来源：Wind 资讯。

不断改善（从 2005 年的 -36.97% 到 2013 年的 -22.66%）。2008 年和 2009 年受美国次贷危机和全球金融危机的影响，中国化学工业的贸易竞争力指数出现了先大幅提高、后大幅下降的反常局面。美国在 2008 年以前贸易竞争力指数为负，之后转为正（2008 年为 -0.56%，2009 年为 1.74%）。除 2010 年以外（3.3%），2009~2013 年都处于 1%~2%，其主要原因是美国在经历次贷危机和金融危机之后，意识到制造业对国民经济稳定的重要性，寻求制造业的回归。原本分布在国外低成本国家的生产工厂重新迁移至美国本土，也因此原本需要进口的化学工业产品因制造业的"回巢"而需要出口了。这期间欧盟 27 国的贸易竞争力指数则比较稳定，处于 6%~8%。从总体走势来看，日本化学工业的贸易竞争力指数则呈现不断下降的趋势。2011 年更是骤降，2011 年和 2012 年的贸易竞争力指数分别为 5.51% 和 3.64%，这很大程度和日本福岛核电站事故有关。2013 年日本贸易竞争力指数迅速提升到 7.21%。

中国化学工业的贸易竞争力指数一直为负，进口大于出口，说明处于产业链低端，即位于产业链"微笑曲线"的中间位置。欧盟 27 国和日本都明显处于微笑曲线的两端，处于产业链的高端。从图 6 可知，中国化学工业的出口量大于日本，国际市场占有率高于日本，但贸易竞争力指数远远低于日本，其原

因是中国化学工业主要依靠低劳动力和要素成本降低了产品的价格，化学产品简单加工的部分多而增加附加值的部分少。但从比较静态的角度来看，中国化学工业在全球产业链中的不利局面正得到不断地改善。

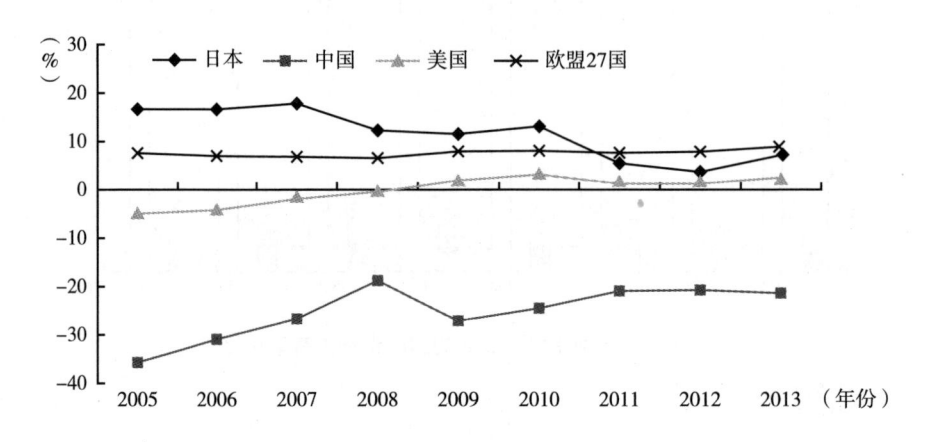

图 6　贸易竞争力指数对比

资料来源：Wind 资讯。

（三）显示贸易优势指数（RTA）和全球产业链

如图 7 所示，2005~2013 年，中国化学工业的显示贸易优势指数线是向上倾斜的，说明虽然起步晚、起点低，但通过不断培育自身的经营管理能力、生产能力和创新能力，中国化学工业比较劣势的局面正在得到不断地改善，中国化学工业的显示贸易优势指数从 2005 年的 -1.48 提升到 2013 年的 -0.63。这期间，美国化学工业的显示贸易优势指数比较稳定，处在 0.6~0.8；欧盟 27 国和日本的也比较稳定，分别处于 0.2~0.4 和 0.1~0.3，日本 2013 年的显示贸易优势指数有所增加，达到 0.42。

总体来看，中国化学工业不具有显示贸易比较优势，相对于其他主要发达国家而言，比较劣势突出，明显处于全球产业链的低端。主要原因是中国技术水平较低，只能依靠低成本要素的不断积累来培养自身的比较优势，逐渐向"微笑曲线"两端移动；而发达国家技术水平高，研发投资多，处于明显的产业链顶端。

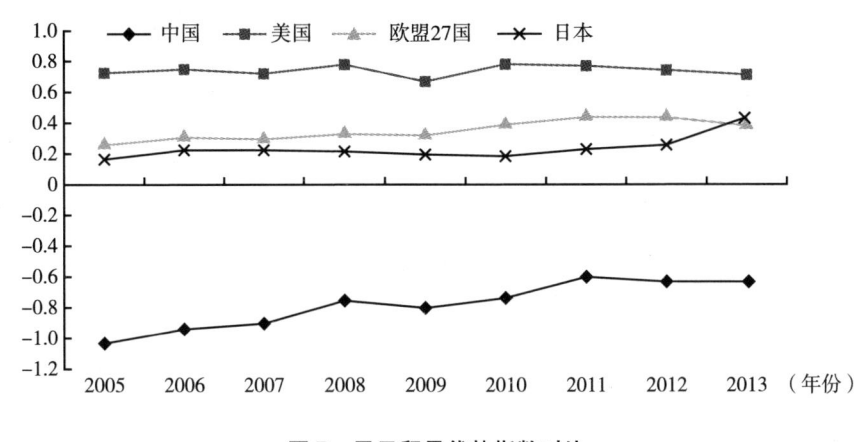

图 7　显示贸易优势指数对比

资料来源：Wind 资讯。

（四）节能减排——CO_2

上述关于化学工业国际竞争力的对比，都是基于最终产品和产值基础上的对比。除此之外，还要重视生产过程的对比，尤其是原料和能源对化学工业未来可持续发展的对比分析。在环境和生态问题越来越受到关注的今天，化学工业的碳排放对化学工业未来竞争力的影响至关重要。

以2011年为例，主要国家的碳排放情况如表1所示，中国CO_2排放量高达86.7亿吨，约占世界总排放量的1/4，人均CO_2排放量高于世界平均水平，单位GDP的CO_2排放量也高出世界平均水平。以单位GDP的CO_2排放量为例，中国是0.84kg/美元，美国是0.4kg/美元，印度是0.45kg/美元，日本为0.3kg/美元，德国为0.27kg/美元。中国是美国的2倍多，是日本的近3倍，是德国的3倍多，甚至比印度还要高很多，远高于世界平均水平。这说明中国单位产出的CO_2排放严重超标，经济增长方式粗放，以能源消耗为代价换取经济的不断增长，这一增长方式不可持续。此外，根据世界能源机构的测算，就等热值燃料排放的二氧化碳而言，气体燃料排放的二氧化碳最少，液体燃料次之，固体燃料最高；也就是说在天然气、石油和煤炭消费中，煤炭消费排放的二氧化碳最多。[①] 而中国煤

---

① 温倩等：《中国化学工业碳减排：责任与贡献》，《化学工业》2014年第4期。

炭消费占能源消费的近70%，而且该比例一直居高不下，2012年最低，为66.6%。在越来越重视低碳化、清洁化的经济发展背景下，CO_2排放不仅影响到中国经济的发展质量和可持续性，而且影响到化学工业发展的可持续性和国际竞争力。

表1　世界主要国家 CO_2 排放指标比较

项目	中国	美国	印度	俄罗斯	日本	德国	韩国	加拿大	世界
CO_2排放量（亿吨）	86.7	53.1	18.1	17.4	11.9	7.5	6.1	4.7	323.3
人均CO_2排放量（吨）	6.42	17.01	1.45	12.28	9.31	9.21	12.23	13.65	4.65
单位GDP的CO_2排放量（kg/美元）	0.84	0.40	0.45	0.83	0.30	0.27	0.44	0.38	0.46

注：以2005年美元购买力GDP计算。
资料来源：IEA。

化学工业是中国的支柱产业之一，同时也是高耗能产业。在中国工业耗能产业排名中位居第二，占比约为23%，仅次于黑色金属冶炼。虽然中国化工产品的国际市场占有率不算高，但由于巨大的国内市场，再加上产能过剩的原因，中国现在已经是化学工业生产大国，化肥、农药、无机原料、乙烯等产量位居世界前列。同时，化学工业是典型的用碳量的产业，化学工业在排放大量CO_2的同时，生产的产品也含有大量的碳，成为下一生产环节的原料或燃料，然后形成CO_2排出。因此，节能减排，减少化学工业产品生产过程中的碳排放和最终产品中的碳含量，对中国化学工业国际竞争力的提升至关重要。

实施碳税对于提升中国化学工业的国际竞争力具有重要意义。欧洲最先实施碳税改革，早在20世纪90年代，欧洲就开始了"环境税—碳税"改革。1990年芬兰最早实施碳税，截至2012年底，欧洲已经有15个国家实施碳税，美国的部分城市、加拿大和澳大利亚等国家也已开始实施碳税。[①] 亚洲目前还没有任何国家实施碳税，但日本和韩国进行了多年的碳税研究。中国从2006年开始，CO_2排放量一直居世界首位，减排压力越来越大。为此，2013年6月《环境保护税法》开始征求意见，碳税纳入其中。2013年10月《首批10

---

① 顾宗勤、韩红梅：《碳税对中国化学工业的影响》，《化工管理》2014年第2期。

个行业企业温室气体排放核算方法与报告指南（试行）》发布，对碳排放权交易、温室气体核算提供了建议和指导，这为实施碳税奠定了必要的基础。

三　影响化学工业竞争力提升的政策措施和体制问题分析

影响化学工业竞争力的因素有很多，主要包括：政府政策、市场竞争、国内需求、生产要素等。在中国的经济发展过程中，政府一直起着主导性作用。因此，政府的意向以及原有的经济体制对政府政策制定、市场竞争程度的培育等都有重要影响，对国内需求和生产要素的利用也具有直接或间接的影响。政府政策在短期内对化学工业竞争力的影响较大，长期内影响显著降低；相反，市场竞争对化学工业长期竞争力的提升具有重要的影响。根据波特的研究，在国际市场需求较大的情况下，国内需求对产业（化学工业也是如此）竞争力具有反向作用，即：国内需求越大，产业竞争力越弱；国内需求越小，产业竞争力越强。生产要素，如原料和劳动力等，对化学工业的竞争力及其在全球产业链中的位置也有重要的影响。

（一）体制原因

现阶段中国以经济发展为中心，为促进经济快速发展，形成了以 GDP 单一指标为主要驱动的政府和官员效绩评价体系。国民生产总值越大，政府和官员的成绩越突出，晋升的机会也就越大。因此对于产业而言，最为重要的不是做强，而是做大，因为产出规模决定了 GDP 的规模。这是中国化学工业（当然也是其他产业）产能过剩，产品同质化、低档次，产业竞争力不足的深层体制原因。2013 年以来，中国化学工业中的部分行业产能继续扩张，产能过剩问题更加突出。比如尿素的产能装置利用率为 80% 左右，由于产能大量释放，供需失衡，市场竞争十分激烈，但庞大的国内市场使转型成本高昂，产业转型变得异常困难。

另一体制问题涉及国有企业的激励机制。创新的高风险、高投入等特征，使得失败引致的短期成本和损失很大，而创新所带来的成果和收益在短期内难以衡量。立足于短期效绩评价的国有企业激励机制难以调动其创新积极性，因此，对国有企业而言，创新的内在动力相对不足。

（二）政府政策

经济发展机制和企业激励机制影响了产业政策的制定。化学工业的产业政策及相关产业政策的结果都会转化为这样的政策，即促进化学工业规模的扩大。虽然有很多条款涉及质量的提升、创新能力的提高，但在具体实施过程中许多转变为或者变相地转变为促进规模扩大的政策和措施，没有起到提升质量和品质的作用。比较典型的是各地区盲目跟风，一个地区发展某个产业，其他地区也盲目跟从，而不顾本地区是否具有发展这一产业的要素和优势，最终导致全国各地区产业雷同，产品同质化、低层次化严重。政府政策既影响企业的产品层次，也影响产业在全球产业链的位置，因此制定切实可行的化学工业发展政策至关重要。

（三）市场竞争

虽然中国化学工业产品市场的竞争非常激烈，但这些产品都是低档品、同质化产品，高档产品、差异化产品缺乏，供不应求。政府对市场竞争的影响是通过差异化的信贷、补贴、原料或燃料供给及政府购买行为来实现的。比如，国有企业得益于和政府的关系而更容易得到贷款或者政府补贴、以低于市场的价格获得原料或者燃料、优先购买其他国有企业（或者某个企业）的产品等。这些都会影响市场上企业间的公平竞争，而市场竞争会进一步影响企业在产业链上的位置。

（四）国内需求

国内需求较大时，有利于降低单位产品的成本，这在短期内保障了企业的利润和持续经营。但也因成本压力小而不利于技术改进和革新，以进一步降低成本。同样，由于低档产品的庞大市场需求，不利于企业通过创新来生产新的高端的、差异化的产品。鼓励企业"走出去"，参与国际竞争，同时扩大对外开放，减少国内企业的国内市场份额，有利于促进化学工业长期竞争力的提升。国内和国际市场的竞争影响着一国产业在全球产业链中的位置。

(五)生产要素

中国化学工业中主要的能源消耗是煤炭,由于中国煤炭存量巨大,化学工业中的国有企业可以低价获得一些煤炭等生产要素,这将影响化学工业长期竞争力的提升。另外,政府对生产要素配置的干预也影响了化学工业竞争力的提升。比如,同一块煤炭资源,政府"一女多嫁",先后答应给多家企业;有些地方政府要求在该地建设的煤化工项目中的煤炭都要就地转化,不能以原煤形式运到其他地方转化;等等。这些都影响了企业对生产要素的配置和效率的提升。[①] 此外还有对劳动力市场的干预。低成本要素让企业和产业产生低成本依赖,不利于产业向产业链高端发展。

四 化学工业的未来趋势

化学工业的发展趋势是产品的专业化和特色化,满足客户的个性需求,产业向"微笑曲线"两端转移。高新技术和高附加值产品在国际贸易中的比重不断提升,进而提高化学工业的贸易竞争力指数和显示贸易优势指数。未来化学产品的低碳化和清洁化程度对产品的竞争力而言具有重要影响,依靠低成本要素的发展不可持续。在全球化时代,国际市场参与度对产业的国际竞争力及其在全球产业链中的位置具有重要影响。这一趋势下,政策制定也将围绕创新激励、节能减排、碳税征收及国际贸易促进等方面展开。

(一)化工新材料和产品创新

化工新材料是化学工业未来发展的重要趋势之一。化工新材料产业相对于基础化工产业的特点是产量小、应用领域具有不可替代性。基础化工产业的竞

[①] 顾宗勤:《中国煤化工发展主要问题分析及政策性建议》,《煤炭加工与综合利用》2014年第2期。

争力源于生产要素优化、规模生产效益，而化工新材料产业的竞争力则源于技术创新、提高产品的价值、可以满足客户的差异化需求。[1] 美国2011年就提出了"材料基因组计划"，并在2012年的财政预算中增加1亿美元专门用于支持这一计划。该计划具有较强的实用背景，就是保持美国在先进材料和高端制造业的全球领先地位。新材料、信息技术和生物技术是世界高新技术的三大支柱，同时也是中国七大新兴战略产业的重要内容。中国化工新材料也形成了一定的规模和体系，2012年的总产值为2200亿元，占石化和化学工业总产值的2.2%，但产品层次与国际水平相比还有一定差距。中国未来政策的目标是让新材料成为国民经济的先导产业，部分新材料达到世界领先水平。

（二）开征碳税、节能减排，提升产品价值

节能减排、降低化学工业生产和产品的碳排放、开征碳税是提升化学工业竞争力的重要举措。2013年12月31日工信部发布了《石化和化学工业节能减排指导意见》，给出了2013~2017年石化和化学工业重点耗能产品单位综合能耗下降目标，原油加工综合能耗2017年较2012年的水平下降9.8%，乙烯综合能耗下降1.6%，合成氨生产综合能耗下降4.4%，烧碱生产综合能耗下降3.3%，电石生产综合能耗下降2.3%；同时也给出了两大行业（水泥和平板玻璃）淘汰落后产能的时间表。

就资源而言，贫油少气、煤炭资源丰富是中国能源资源的基本现状，煤炭消费占能源消费的70%左右。因此发展煤化工技术，提高煤炭的利用效率，减少碳排放，对提升化学工业的竞争力而言具有重要意义。中国是世界上煤化工规模最大的国家，发展新型煤化工技术、提升煤化工竞争力就显得尤为重要，在某种程度上未来煤化工将是化工原料的生力军。

（三）扩大国际市场参与度

化学工业企业"走出去"，参与国际竞争，扩大国际市场参与度。局限于国内市场不利于提升化学工业的竞争力，只有"走出去"参与国际竞争，才

---

[1] 陈瑞峰：《化工新材料产业发展趋势与热点》，《化学工业》2013年第7期。

能提升竞争能力。目前中国的化学工业的国际比较优势还很弱，需要进一步提升比较优势。在反倾销保护国内市场不受摧残的情况下，积极改革创新，促使高端产品和化工新材料参与国际市场竞争，改善化学工业处于比较劣势的局面才是未来的真正坦途。反倾销只是在短期内保证化学工业的持续生存，对提升化学工业的长期竞争力而言没有帮助，真正的帮助是通过国际市场的竞争压力形成的。

参考文献

[1] 白颐：《加快石化和化工产业升级，做好行业建设发展的诊断与评价》，《化学工业》2013年第6期。

[2] 陈瑞峰：《化工新材料产业发展趋势与热点》，《化学工业》2013年第7期。

[3] 工信部：《石化和化学工业节能减排指导意见》，2013年12月31日。

[4] 顾宗勤：《中国煤化工发展主要问题分析及政策性建议》，《煤炭加工与综合利用》2014年第2期。

[5] 顾宗勤、韩红梅：《碳税对中国化学工业的影响》，《化工管理》2014年第2期。

[6] 李寿生：《未来十年石化工业的战略机遇》，《中国石油石化》2014年第14期。

[7] 刘丽秀：《煤化工技术的发展与新型煤化工技术》，《煤炭技术》2014年第2期。

[8] 温倩等：《中国化学工业碳减排：责任与贡献》，《化学工业》2014年第4期。

[9] 中国石油和化学工业联合会：《石油和化学工业经济运行报告——2012年回顾及2013年预测》，《中国石油和化工》2013年2期。

[10] 中国石油和化学工业联合会信息与市场部：《2013年石油和化工行业经济运行回顾与展望》，《现代化工》2014年第1期。

B.5 汽车工业竞争力

江飞涛 张航燕[*]

摘　要： 中国汽车工业的国际竞争力总体上有所提升，但与美、德、法、日、韩相比，明显处于竞争劣势；即使与其他金砖国家相比，中国汽车工业的国际竞争力也只是处于中间水平，整体上稍好于巴西和俄罗斯，但不如印度与南非。在政策推动下，中国新能源汽车正处于加速发展阶段，但总体市场规模仍然偏小。中国各有关部门陆续出台的政策与法规，对规范行业的发展、促进汽车工业健康成长发挥了重要作用，但也存在一些不足之处，需要做进一步调整。从发展趋势看，未来汽车工业发展有轻量化、电动化和智能化趋势，大规模定制化生产将成为可能，汽车工业的商业模式将在互联网基础上不断创新。

关键词： 汽车工业　国际竞争力　新能源汽车　发展趋势

一　汽车工业竞争力走势

（一）国际市场占有率

自1980年以来，中国汽车工业的国际市场占有率呈现不断上升的态势

---

[*] 江飞涛，中国社会科学院工业经济研究所副研究员；张航燕，中国社会科学院工业经济研究所博士。

（见图 1），特别是 2000～2008 年，中国汽车工业的国际市场占有率呈现加快增长的态势，2000 年，中国汽车工业的国际市场占有率为 0.27%，2008 年上升至 2.35%。2008 年之后，受金融危机的影响，汽车工业的国际市场占有率虽然有所上升，但增幅有所减缓。2013 年中国汽车工业国际市场占有率达到 3.41%。

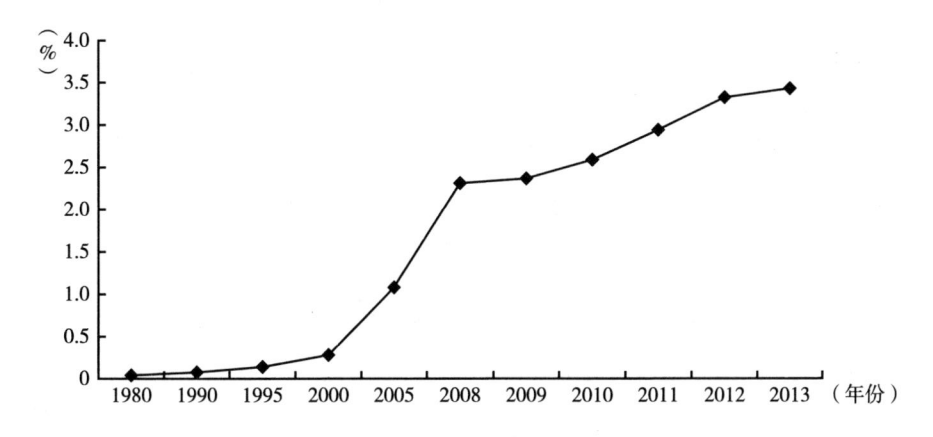

图 1　中国汽车工业的国际市场占有率

资料来源：依据 WTO 数据库计算。

（二）贸易竞争力指数

1980 年以来，中国汽车工业的贸易竞争力指数均为负值，说明中国汽车工业一直处于贸易逆差状态，国际竞争力较弱。同时，中国汽车工业贸易竞争力指数呈现出好转、恶化、缓慢回升三个阶段（见图 2）。1980～2008 年，中国汽车工业贸易竞争力指数不断好转，从 1980 年的 -0.84 上升至 2008 年的最高值 -0.01，之后降至 2010 年的 -0.31，随后缓慢上升，2012 年和 2013 年贸易竞争力指数均为 -0.26。

（三）显示贸易优势指数

1980 年以来，中国汽车工业显示贸易优势指数小于 0，说明中国汽车工业不具备比较优势，国际竞争力弱。从指标的走势来看，1980 年以来中国汽车工业显示贸易优势指数经历了"上升—下降—上升"三个阶段（见图 3），显示

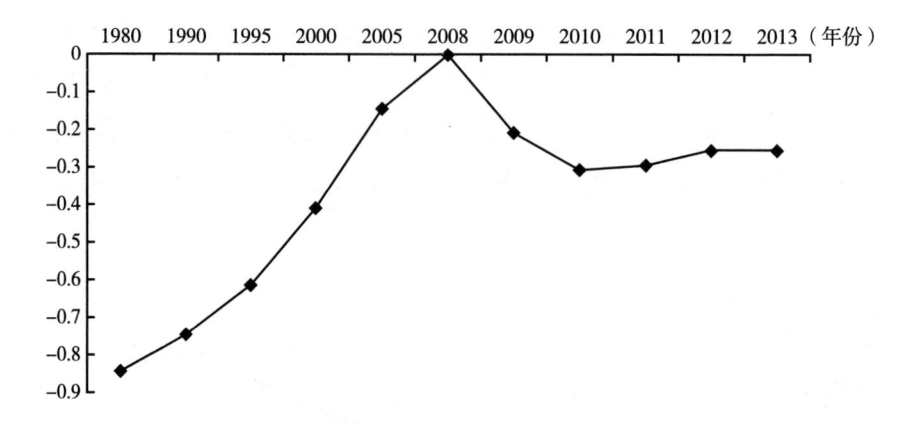

图 2　中国汽车工业贸易竞争力指数

资料来源：依据 WTO 数据库计算。

贸易优势指数从 1980 年的 -0.52 上升至 2008 年的最高值 -0.09，随后快速下降至 2010 年的 -0.28，之后缓慢上升，2013 年显示贸易优势指数升至 -0.26。

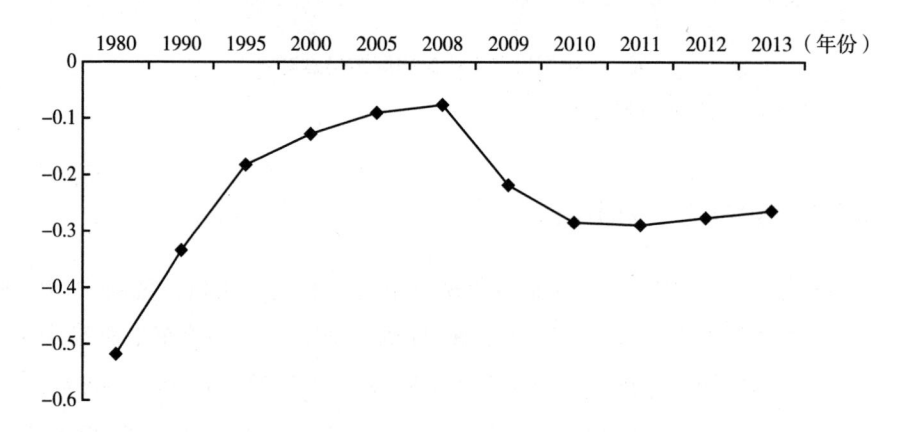

图 3　中国汽车工业显示贸易优势指数

资料来源：依据 WTO 数据库计算。

从三个指标综合来看，中国汽车工业比较优势并不明显，国际竞争力较弱；但 2010 年以来，三个指标均呈现好转态势，表明中国汽车工业的国际竞争力不断提高。

中国已成为汽车生产和消费大国，但在全球产业链的分工中主要处于组装环节和零部件制造环节，位于全球价值链的低端。而品牌营运、整车与零部件设计与研发、关键与核心零部件制造等环节主要被奔驰、通用、丰田等跨国公司所把握，这些跨国公司占据着价值链的高端。中国汽车工业仍处于全球价值链的低端，自主品牌面临严峻挑战，核心技术的严重缺乏制约着中国汽车工业由低端化向高端化方向发展。

二 汽车工业竞争力的国际比较

（一）主要汽车生产国

1. 美国

自1980年以来，美国汽车工业的国际市场占有率呈现小幅下降的态势。1980年，美国汽车工业的国际市场占有率为11.89%，之后的20年里，美国汽车工业的国际市场占有率维持在10%～12%，但是2000年以来，美国的汽车工业的国际市场占有率维持在8.6%～10.2%。美国汽车工业的国际市场占有率世界排名处于第三的位置。

但是从贸易竞争力指数和显示贸易优势指数来看，美国汽车工业的国际竞争力还是比较弱的。1980年以来，美国汽车工业的贸易竞争力指数均为负值，其值处于 -0.45～-0.25，说明竞争力较为薄弱；美国汽车工业的显示贸易优势指数均为负值，表明美国汽车工业不具有比较优势，国际竞争能力较弱。

2. 德国

1980年以来，德国汽车工业的国际市场占有率虽有小幅下降，但仍处于世界第一的位置。1980年，德国汽车工业的国际市场占有率为21%，占国际市场份额的五分之一强。2008年以来，德国汽车工业的国际市场占有率维持在18.1%～19.2%。相比其他国家，德国汽车工业的国际市场份额变动幅度最小。

德国汽车工业的贸易竞争力指数与国际市场占有率走势相似，虽有小幅下降，但走势较为平稳，维持在0.31～0.42。

德国汽车工业的显示贸易优势指数呈现"先下降、后上升"的态势。1980年，德国汽车工业的显示贸易优势指数为1.54，2005年降至0.89，受2008年国际金融危机的影响，2009年德国汽车工业的显示贸易优势指数降至

0.8，之后几年维持在1.1~1.2。

3. 法国

1980年以来，法国汽车工业的国际市场占有率呈现不断走低的态势。1980年，法国汽车工业的国际市场占有率为9.95%，2013年降至3.73%。

法国汽车工业的贸易竞争力指数也呈现走低的态势。以2008年为分水岭，1980~2007年，法国汽车工业贸易为顺差，汽车工业具有出口优势；而受国际金融危机的影响，2008年以来，法国汽车工业对外贸易转为逆差，贸易竞争力指数维持在-0.02~-0.06。

法国汽车工业的显示贸易优势指数同样呈现走低的态势。1980年，法国汽车工业的显示贸易优势指标为0.91，2003年已降至0.08；受2008年国际金融危机的影响，2009年法国汽车工业的显示贸易优势指标跌至历史低点，仅有0.01，之后几年虽有上升但增幅不大。

4. 日本

1980年以来，日本汽车工业的国际市场占有率呈现走低的态势。1980年日本汽车工业的国际市场占有率为19.8%，2013年降为11.27%，处于世界第二的位置。2008年国际金融危机以来，日本汽车工业的国际市场占有率维持在11%~14%。

日本汽车工业的贸易竞争力指数在1980~1995年呈现快速下降的态势，由1980年的0.95降至1995年的0.74；之后，虽有小幅上升，但维持在0.76~0.83。2011年以来，日本汽车工业的贸易竞争力指数处于小幅下降的态势，由2011年的0.80降至2013年的0.76。

日本汽车工业的显示贸易优势指数在1980~1995年同样呈现快速下降的态势，由1980年的3.12降至1995年的1.64；之后呈现上升的态势。2013年，日本汽车工业的显示贸易优势指数升至2.63。日本汽车工业的显示贸易优势指数一直处于世界第一的位置，远远高于排名第二的德国。

5. 韩国

1980年以来，韩国汽车工业的国际市场占有率呈现不断走高的态势。1980年，韩国汽车工业的国际市场占有率仅为0.09%，不足1%，2013年上升至5.52%。

韩国汽车工业的贸易竞争力指数呈现上升趋稳的态势。1990年，韩国汽车的工业贸易竞争力指数仅为0.42，2005年升至0.80。2008年以来该指标数值维持在0.74~0.76。

韩国汽车工业的显示贸易优势指数呈现不断上升的趋势。1990年韩国汽车工业的显示贸易优势指数为0.24，2013年上升至1.57。2011~2013年韩国汽车工业的显示贸易优势指数维持在1.52~1.59。

从国际市场占有率来看，德国维持在18.1%~19.2%的水平，而日本较德国低了7个百分点左右，美国在8.6%~10.2%，韩国和法国处在6%以下；但从贸易竞争力指数和显示贸易优势指数来看，日本数值最高，其次是韩国，接下来是德国，法国的两个指标中一负一正，而美国均为负值。整体来看，主要汽车生产国中，德国和日本的汽车工业具有较强的国际竞争力，韩国汽车工业的竞争力次之，美国和法国的汽车工业的竞争力相对较弱。

（二）其他金砖国家

从国际市场占有率来看，只有巴西汽车工业的国际市场占有率刚刚越过1%；2013年俄罗斯汽车工业的国际市场占有率仅为0.38%。从贸易竞争力指数来看，2010~2013年巴西、俄罗斯和南非贸易竞争力指数均为负值；印度数值虽为正值，但处于0.18~0.36。从显示贸易优势指数来看，2012~2013年印度和南非汽车工业的显示贸易优势指数为正值，处于0.1~0.35；巴西和俄罗斯数值均为负值。

整体来看，与主要汽车生产国相比金砖国家汽车工业的国际竞争力较弱。在金砖国家内部，印度各项指标表现较好，因而印度汽车工业竞争力相对较强，其次是巴西和南非，最后是俄罗斯。

表1 世界主要汽车生产国及金砖国家汽车工业主要竞争力指数

国家	指标	1995年	2000年	2005年	2008年	2009年	2010年	2011年	2012年	2013年
美国	国际市场占有率(%)	11.43	11.66	9.43	9.05	8.61	9.13	9.32	10.17	9.98
	贸易竞争力指数	-0.35	-0.43	-0.41	-0.28	-0.29	-0.31	-0.28	-0.31	-0.32
	显示贸易优势指数	-0.60	-0.61	-0.28	-0.08	-0.22	-0.25	-0.17	-0.30	-0.35
德国	国际市场占有率(%)	18.65	17.48	18.65	18.82	19.11	18.59	19.18	18.11	18.19
	贸易竞争力指数	0.31	0.37	0.39	0.40	0.32	0.41	0.40	0.41	0.42
	显示贸易优势指数	0.73	0.95	0.89	0.98	0.80	1.14	1.20	1.18	1.19

续表

国家	指标	1995年	2000年	2005年	2008年	2009年	2010年	2011年	2012年	2013年
法国	国际市场占有率(%)	7.29	6.80	6.88	5.31	5.41	4.68	4.44	3.87	3.73
	贸易竞争力指数	0.09	0.13	0.11	-0.02	-0.06	-0.04	-0.05	-0.02	-0.05
	显示贸易优势指数	0.15	0.31	0.39	0.13	0.01	0.11	0.14	0.15	0.08
日本	国际市场占有率(%)	17.57	15.27	13.34	13.87	12.24	13.68	11.72	12.75	11.27
	贸易竞争力指数	0.74	0.80	0.81	0.83	0.82	0.83	0.80	0.78	0.76
	显示贸易优势指数	1.64	1.75	2.06	2.59	2.37	2.43	2.33	2.61	2.63
韩国	国际市场占有率(%)	2.00	2.64	4.10	3.97	4.38	4.99	5.39	5.53	5.52
	贸易竞争力指数	0.61	0.79	0.80	0.74	0.75	0.74	0.75	0.76	0.75
	显示贸易优势指数	0.64	0.86	1.33	1.30	1.26	1.37	1.52	1.59	1.57
巴西	国际市场占有率(%)	0.64	0.81	1.30	1.20	1.01	1.15	1.12	1.00	1.07
	贸易竞争力指数	-0.34	0.06	0.43	0.06	-0.16	-0.15	-0.23	-0.25	-0.24
	显示贸易优势指数	-0.55	0.13	0.45	0.02	-0.49	-0.37	-0.56	-0.55	-0.46
印度	国际市场占有率(%)	0.12	0.10	0.29	0.40	0.57	0.72	0.63	0.77	0.84
	贸易竞争力指数	0.11	0.17	0.38	0.16	0.23	0.29	0.18	0.26	0.36
	显示贸易优势指数	0.06	0.06	0.21	0.18	0.26	0.31	0.21	0.31	0.35
俄罗斯	国际市场占有率(%)		0.20	0.26	0.29	0.20	0.29	0.33	0.38	
	贸易竞争力指数		0.05	-0.64	-0.86	-0.79	-0.82	-0.83	-0.83	-0.78
	显示贸易优势指数		-0.15	-0.91	-2.05	-1.04	-1.24	-1.62	-1.82	-1.56
南非	国际市场占有率(%)	0.16	0.30	0.47	0.63	0.60	0.61	0.57	0.58	0.60
	贸易竞争力指数	-0.61	0.08	-0.12	0.12	0.08	-0.01	-0.09	-0.07	-0.04
	显示贸易优势指数	-0.85	0.07	-0.06	0.46	0.35	0.04	-0.03	0.10	0.22

资料来源：依据WTO数据库计算。

三 中国新能源汽车发展态势

（一）新能源汽车市场规模仍然偏小

2013年中国汽车总销量为2198.41万辆，新能源汽车销量仅为1.76万辆，占整体汽车市场的比重约为0.08%。其中，纯电动型汽车销量1.42万辆，约占新能源汽车销售比例的81%，插电式混合动力车型销量为0.34万辆，约占新能源汽车销售比例的19%。纯电动乘车型仍为销售的主力。尽管新能源汽车年销量已经突破万辆，但占据汽车市场份额的比例仍然很小，尚未实现规模化销售。

（二）新能源汽车技术稳步提升，但关键部件仍依赖进口

2013年，有数款接近国际先进水平的插电式混合动力乘用车产品上市，产品性能和可靠性明显提升。纯电续驶里程进一步提高，能耗明显降低，混合动力总成技术进一步优化成熟，代表性产品有比亚迪·秦、上汽荣威550插电式混合动力车。在中国这几年开展的电动乘用车研发中，部分车辆实现了ABS系统与电机制动的耦合控制，但系统控制技术与产业化都处于初级水平，实际销售的电动汽车能量回收效果不理想，ESP与电机系统的耦合技术尚处于研发试验阶段。纯电动乘用车方面，中高端产品的技术水平接近国际先进水平，初步具备了商业化推广的条件，代表性产品有比亚迪戴姆勒腾势电动车、北汽绅宝电动车、东风日产启辰风等即将开展推广应用的车型产品；中低端产品进步明显，续驶里程进一步提高，能耗水平进一步优化，典型产品如江淮同悦电动车4代。中国自主开发的纯电动汽车，在整个动力系统匹配与集成设计、政策控制等方面与国际先进水平接近，整车设计已开始由传统汽车改造向全新平台开发过渡，但核心控制芯片等关键部件仍需要进口。

（三）商业模式不断创新，但仍需深入探索

2013年以来，中国新能源汽车商业模式得到不断创新，对推广应用新能源汽车产品起到极大的促进作用。传统的商业模式得到进一步优化，如杭州电动汽车自驾租赁模式、合肥江淮"定向购买"模式、深圳"车电分离、融资租赁、充维结合"模式、北京纯电动出租车推广模式及郑州新能源公交车推广模式等在应用中得到进一步优化。国际上推广的分时租赁这一新商业模式也在杭州、北京、上海等地先后开展。此外，国家开展了新能源汽车充电基础设施相关政策的制定，进一步明确充电基础设施建设的准入及各主体利益分配问题，对充电设施建设和运营商业模式的创新将有极大的推动作用。由于现有商业模式的运营主要依赖于政府补贴，其仅依靠营销环节的改善来完成。事实上，新能源汽车工业的商业模式创新是复杂的系统工程，需要科研机构、整车

企业、运营企业和充电设施运营商等各个环节的良好协作，通过不断改善新能源汽车性能、降低生产成本和提高使用便利性来提高消费者对新能源汽车的接受程度。

（四）政策持续加码，新能源汽车加速推广

2013年下半年至今中国新一轮的新能源汽车政策频出，政策涉及新能源汽车示范推广、补贴政策细则、购置税减免以及公务用车采购等方面，直接促进新能源汽车整车企业以及产业链细分行业的发展。特别是2014年7月22日，国务院发布《国务院办公厅关于加快新能源汽车推广应用的指导意见》（以下简称《意见》），提出以市场主导和政府扶持相结合，建立长期稳定的新能源汽车发展政策体系，坚持双管齐下，公共服务带动，坚持因地制宜，明确责任主体，确保完成各项目标任务。《意见》对加快新能源汽车的推广应用提出了6个方面25条具体政策措施。这些新能源汽车工业政策是以下游应用市场开拓为主，以税收刺激政策为辅，意在通过下游产业规模扩张从而带动新能源汽车工业实现突破。9月16日，交通部发布《交通运输部关于加快新能源汽车推广应用的实施意见（征求意见稿）》，提出到2020年在公交、出租与物流领域推广新能源汽车30万辆。

四 中国汽车工业政策存在的问题及调整方向

近几年，中国各有关部门陆续出台了一些有关汽车工业的政策与法规，对规范行业的发展、促进汽车工业健康成长起到了很大的作用，但也存在一些不足之处。

（一）中国现行汽车工业政策的不足

中国的汽车工业政策，脱胎于计划经济体制，具有管制性特征与浓厚的计划经济色彩。汽车行业实施了严格的市场准入制度，汽车企业的投资、合资企业的成立与投资等均需进行严格的审批或核准。

在汽车工业政策中，以政府的判断和选择代替市场选择的特征尤为明显。

它体现在政府选择特定的技术路线、特定的产品、特定的企业进行扶持。在对产业组织结构、生产企业及企业规模的选择上，具有强烈的"扶大限小"特色，以实现市场集中和形成大企业集团，这实质上是试图代替市场竞争性集中过程与优胜劣汰机制。

汽车工业政策为在位大型企业提供保护，导致市场竞争并不充分。在目前的管理制度下，并不是符合准入规定的企业和产品就能进入公告目录，国家发改委对汽车行业准入有最终的决定权。同时，大型汽车企业集团在获得项目审批上有明显优势，如国家在合资审批过程中，严重倾向于其重点扶持的大型企业集团，规模略小的汽车企业无论在获得合资审批的机会还是合资的范围上，都受到极大的限制。此外，现有的政策体系还为汽车行业的潜在进入者、非轿车类汽车企业进入轿车行业设定非常高的进入壁垒。如果说日本汽车工业政策的特点是"对外保护、对内竞争"的话，那么中国汽车工业政策的特点除了"对外保护"，对内也严格管制市场与限制竞争，保护在位企业，尤其是大企业。

在这种政策模式下，优胜劣汰机制难以发挥出有效的作用，企业缺乏足够的竞争压力。同时，汽车企业热衷于获取审批，尤其是获得合资资格、扩大合资范围、扩大产能等方面的审批。本土车企普遍缺乏创新的压力和动力，技术吸收与再创新的能力不强，过度依赖于政府的保护。此外，扶持特定技术路线，将研发投入强度、是否进行特定技术路线的研究开发及是否生产特定产品与扶持政策挂钩，导致大量低水平重复性研究，这在电动汽车领域尤为明显。

（二）日韩汽车工业政策对中国的启示

日本汽车工业能够获得成功，产业政策发挥了重要作用。"对外保护、对内竞争"是日本汽车工业政策的主要特征。"对外保护"，是指在较长一段时间内，将欧美发达国家的汽车企业拒之于日本市场门外，为本国企业的发展提供相对宽松的市场环境；"对内竞争"，指的是国内市场对所有本国汽车企业开放，营造公平竞争的氛围。1961年，日本产业政策制定部门通产省曾提出"三大集团"设想，欲将当时的8家汽车制造厂组建成三个集团，禁止其他企业进入汽车行业。但是该政策在业界的强烈反对下，最终未予实施，从而确立了"对内竞争"的思想。1978年，日本政府实施了当时世界上最严格的能效、排放、噪声标准，迫使汽车生产厂商改进和革新生产技术，这在很大程度上使得日本汽车企业在低能耗、低排放、汽车轻量化方面形成技术优势。

20世纪90年代以前，韩国在发展汽车工业的过程中，也曾采取限制准入和扶持大企业的政策模式。但韩国政府对于某家汽车企业是否采取重点扶持，取决于该企业在国际市场上的表现，表现不佳，政府会取消对其的扶持政策，从而倒逼车企参与国际竞争。通过在国际市场的历练，韩国汽车企业提升了质量与效率，并积极进行技术创新。20世纪90年代以后，韩国政府取消对汽车行业的准入管制。

（三）汽车工业政策的调整方向

中国若想从汽车大国走向汽车强国，必须提高本国汽车企业的市场竞争力，这就迫切需要调整汽车工业政策的取向与重点。

第一，中国汽车工业政策的取向应由"管制市场、限制竞争"转为放松管制、维护公平竞争，进而为汽车工业的发展创造良好的外部环境。政府应取消除安全、排放与能效等领域以外所有不必要的审批或核准。

第二，产业政策的重点应放在对汽车企业技术研发活动的普遍性支持，建立健全汽车工业多层次人才（包括高素质的产业技术工人、优秀工程师、技术创新与研发领军人才、具有国际视野的高素质管理人才）的培养体系，大力支持汽车通用与基础技术的研发和扩散等。

第三，中国汽车工业政策还应加快推动汽车排放、质量、能效、安全等标准，全面接轨发达国家水平，加强对汽车消费者权益的保护力度并建立健全相应制度，增强汽车及其零部件销售渠道的竞争性。

五 汽车工业的未来趋势

汽车工业规模大、产业链长、关联度高、就业面广、消费拉动大，是国民经济重要的支柱产业。此外，它又是新材料、新能源、高端装备、数字制造、智能交通、数据服务等新技术和新兴产业的创新载体及平台。因此，汽车工业未来发展形态、变革的方向与科学技术发展和走势息息相关。

（一）轻量化、电动化和智能化

汽车轻量化技术通过减轻汽车重量，可以减少能源耗费、降低成本，是众多汽车企业进行节能减排的重要方式之一。为了推进汽车轻量化，汽车企业采取的措施包括车体部件中使用"超高张力港版"（超高强度钢材）、树脂材料、碳纤维复合材料（CFRP），以及采用钢铝接合、液压成型等轻量化技术。

电动汽车销售量和保有量的迅速增加是汽车产品电动化发展的最直接证明。据 IEA 统计，2011 年全球电动汽车保有量超过 5 万辆，而 2012 年已经超过 18 万辆，其中美国、日本和法国位居前三，分别占全球保有量的 38%、24% 和 11%。从发展趋势看，预计 2020 年全球电动汽车年销量将达到 720 万辆（其中 EVI 国家为 590 万辆），上路行驶的电动汽车总量将达到 2400 万辆（其中 EVI 国家为 2000 万辆），占全球上路行驶汽车总量的比例将超过 2%（2012 年底仅为 0.02%）。

电子计算机、现代传感、信息通信、人工智能及自动控制传感器等各类新兴技术继续对汽车工业渗入与影响，应对环保、节能、安全、娱乐需求的各类智能电子装备广泛应用到汽车产品中，不断驱动汽车进行"智能化"技术升级。在智能化发展趋势中，自动驾驶受到最广泛的关注。2012 年谷歌公司的自动驾驶汽车实现了在各种交通和天气状况下的 30 万公里无事故运行。此外，汽车制造业的工业机器人应用密度也遥遥领先于其他行业，2011 年日本、德国和美国汽车制造业和普通工业（制造业中除了汽车制造业以外的所有工业）的工业机器人密度分别为 1584 台/万人和 221 台/万人、1176 台/万人和 137 台/万人、1104 台/万人和 72 台/万人。

（二）大规模定制化生产

数字化、模块化制造正推动汽车生产方式向"大规模定制化"转型，如大众汽车集团推行的模块化战略（MQB）就是典型的代表。大众汽车集团模块化包括研发、采购、生产流程组织等诸多方面的系统改进，通过模块生产，可以显著降低现有产品的生产成本。通过模块化生产方式使汽车总装线上需要装配的零部件数量从以前的 2 万多个降至目前的 2000 多个，不仅使平均组装时间减少30%，而且由于降低了零部件采购成本，小型车和中型车的生产总成本也降低了20%。各子品牌可在MQB给出的整体架构内进行个性化改动，从而生产出过去不具备规模经济性的车型，满足消费者个性化、定制化的需求。模块化生产体现了更大规模生产与更具个性化的结合。

（三）基于互联网的商业模式创新

基于互联网的技术创新以及互联网思维在汽车工业的广泛渗透，已经开始对汽车工业主流的商业模式产生冲击。在互联网浪潮中，汽车已不再是简单的交通运输工具，更是信息交互和即时互联的移动载体。车联网能够按照约定的通信协议和数据交互标准，在车与车、道路、行人等之间进行无线通信和信息交换，最终实现智能交通管理、智能动态信息服务和车辆智能化控制。2013年，苹果公司联合本田、奔驰等12家汽车企业发起"iOS in the Car"计划，2014年发布了"CarPlay"车载操作系统，使得"iOS + APP Store"的布局扩展至车载应用场景。2014年，谷歌与奥迪、本田、通用和现代四家汽车公司及芯片制造公司Nvidia组成Android开放汽车联盟，共同研发融合安卓技术的智能汽车。谷歌甚至希望依托多年试验的无人驾驶技术，通过和代工商合作制造汽车，向全球汽车制造商发起直接竞争。

参考文献

[1] 上海市经济和信息化委员会、上海科学技术情报研究所编著《2013年世界制造业重点行业发展动态》，上海科学技术文献出版社，2013。
[2] 中国汽车技术研究中心等编著《中国新能源汽车产业发展报告（2014）》，社会科学文献出版社，2014。
[3] 王晓明：《建设汽车强国需要新思维、新路径》，《中国汽车报》2014年8月18日。

B.6 电子信息工业竞争力

刘 芳 郭朝先[*]

摘 要： 2013年，中国电子信息工业逐渐摆脱经济危机的影响，在出口数量增加的同时，国际市场上的竞争力还有待增强。作为电子信息产品第一出口国，中国出口量的增长速度加快，国际市场占有率增幅扩大。而相较于主要工业国家，中国出口产品在贸易竞争力、显示比较优势和质量竞争力方面并不具有优势，尚存在进步的空间。因此，中国的电子信息工业应该利用危机后产业转型升级的机遇，利用政府政策的扶持，促进科技创新，真正提高其在国际市场上的竞争力。

关键词： 电子信息 竞争力 产业转型

一 电子信息工业竞争力变化

为了客观描述中国电子信息工业的竞争力，本文从国际市场占有率、贸易竞争力指数、显示比较优势指数和质量竞争力指数这四个不同的维度对中国电子信息产品的国际竞争力做出了详细分析，同时通过与美国、日本和德国等重要竞争对手的对比，更为全面、理性地揭示中国电子信息工业在国际竞争市场上的地位。

---

[*] 刘芳，中国社会科学院研究生院硕士研究生；郭朝先，中国社会科学院工业经济研究所副研究员。

（一）国际市场占有率

中国的电子信息工业的国际市场占有率近年来出现了加速增长的势头。以电机电器设备（联合国商品贸易数据库中的HS编码85章）为例，自2004年中国的出口额跃居世界第一后，其国际市场份额呈现出稳定增长的趋势，与其他国家的差距进一步拉大。由图1可见，2008年以来中国电子设备的国际市场占有率增长放缓，直到2012～2013年才重新出现加速增长，国际市场占有率从2011年的20.94%跳增到2013年的27.96%。国际市场占有率代表的是产业的国际竞争力，这说明在经历了成为第一出口大国和经济危机考验后，中国的电子设备工业逐渐适应了新的国际定位和市场形势，在国际市场上的竞争力有进入提升期的趋势。

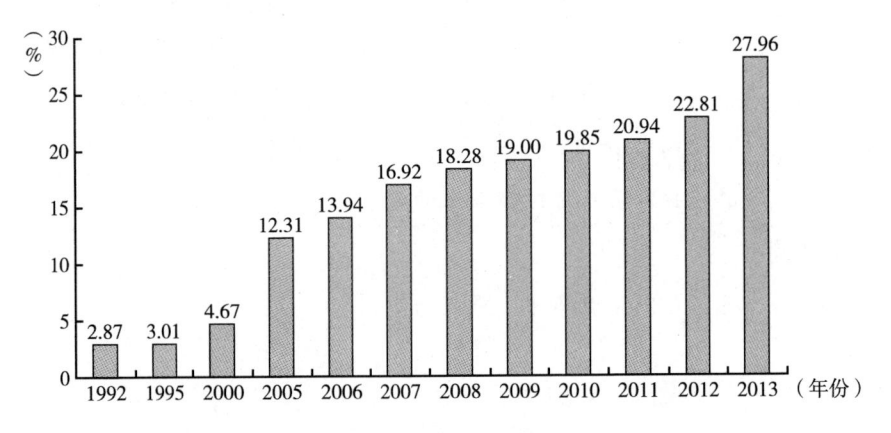

图1　1992～2013年中国电子设备国际市场占有率

资料来源：根据联合国贸易数据库（http://comtrade.un.org）中HS85的数据整理计算。

（二）贸易竞争力指数

贸易竞争力指数表示的是某产业出口额与进口额之差占进出口贸易总额的比重，剔除了经济膨胀和通货膨胀等宏观因素的影响。就中国电子设备贸易竞争力指数的走势来看，在2008年之前，指数在完成由负到正的转变后保持着相对快速的增长，自2008年经历了小幅跌落后基本上稳定在0.12左右。可以说 2008 年经济危机对世界出口形势的打击也波及了中国电子设备的出口。而美国等国家开始积极实施的再工业化，不仅减少了美国等主要进口国的进口规模，还在国际市场上与中国等原出口国形成竞争，在双重影响下，中国电子设备的出口放缓，出口与进口的差额在近几年保持在一个稳定值。

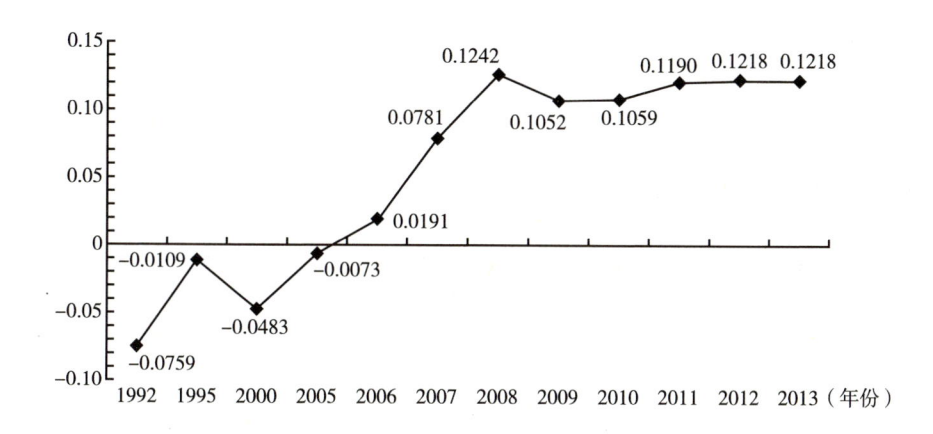

图 2　中国电子设备贸易竞争力指数

资料来源：根据联合国贸易数据库（http://comtrade.un.org）中 HS85 的数据整理计算。

（三）显示比较优势指数（RCA）

由中国电子设备显示比较优势指数的趋势图可以观察到，2008 年结束了平坦的上升之路并开启了长达四年的低迷走势，此期间该指数在 1.9 上下波动，而 2013 年极有可能成为逆转显示比较优势指数颓势的关键点，在这一年显示比较优势指数重拾增长动力，一举突破 2.0 冲到 2.117。新的增长趋势的出现，使我们可以认为中国电子信息工业已经开始从经济颓势中恢复过来，未来发展的重点将是实现竞争力从较强到极强的跨越，即指数突破 2.5。

（四）质量竞争力指数

联合国商品贸易数据库是以代码 85 电子电器设备统计电子信息行业，共囊括

产业蓝皮书

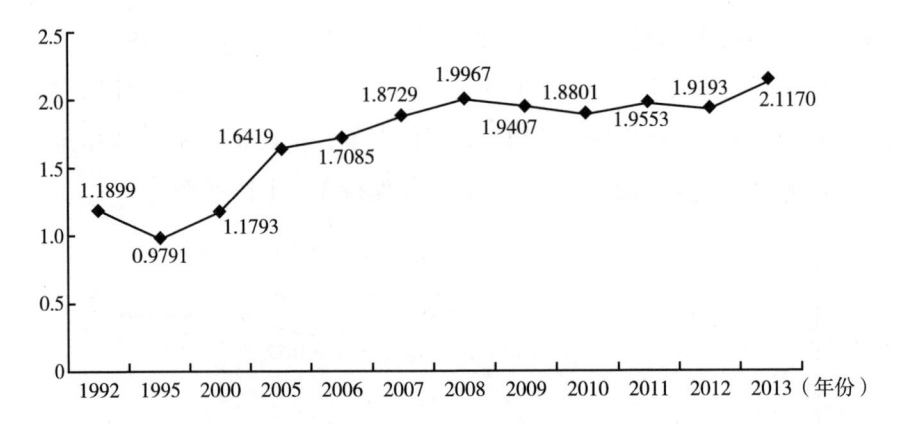

图3 中国电子设备显示比较优势指数

资料来源：根据联合国贸易数据库（http://comtrade.un.org）中HS85的数据整理计算。

48种4位码产品，在计算出质量竞争力指数的31种产品中，质量竞争力指数下降的共有12种，年度下降幅度在0~3.2，其中编码为8528的电视接收器、视频监视器和投影仪下降幅度最大，从2012年的102.041降低到2013年的98.92189；其次是编码为8502的发电机组和旋转转换器，从2012年的399.3543降低到2013年的396.4999；还有编码为8534的电子印刷电路，从2012年的56.55286降低到2013年的54.74918；其他产品的下降幅度相对较小。相对地，质量竞争力指数上升的产品有19种，年度增长幅度在0~650，跨度很大，其中增长最为显著的是编码为8542的电子集成电路及微电子组件，从2012年的1140.259增长到2013年的1784.258，增长643.999；其次为编码为8532的电力电容器（固定、可变或可调），从2012年的43.83808增长到2013年的75.04079；剩余产品的增长幅度都只是个位数。

二 电子信息工业竞争力的国际比较

（一）国际市场占有率

在国际市场上，中国的电子信息产品出口仍然保持着霸主地位，2013年的出口额已经占到了全球电子信息出口总额的27.96%。由表1可以看出，在主要电子产品出口国家中，中国和日本基本上保持了之前的趋势，中国的出口份额稳定攀升且出现了加速，国际市场占有率从 2012 年的 22.81% 增长到 2013 年的 27.96%，日本的国际市场占有率则缩减到 2013 年的 5.39%；而美国和德国却出现了新的增长势头，美国在 2012 年就已经出现了增长的苗头，2013 年的快速增长更是印证了这一趋势，德国则在 2013 年表现出了上升趋势，从 2012 年的 6.49% 回升到 2013 年的 7.11%。经济危机后，发达国家面对解决国家整体经济颓势和扩大就业的压力，希望依靠"再工业化"来推进实体经济的转身和复苏，电子产品作为原优势产业具有再度发展的潜力，国际市场占有率的快速回升恰恰证明了这一点。

表 1　中国与主要电子产品出口国家的国际市场占有率

单位：美元，%

年份	全球出口额	中国	美国	德国	日本
1995	631620571104	3.01	14.54	8.99	17.18
2000	986902074817	4.67	15.03	6.49	12.19
2005	1399471031137	12.31	9.25	7.89	8.74
2006	1631767061416	13.94	8.94	7.43	7.85
2007	1774735997196	16.92	8.36	7.50	7.61
2008	1871666871175	18.28	8.17	7.52	7.40
2009	1584502960649	19.00	7.88	7.09	6.78
2010	1958549930669	19.85	7.72	6.84	6.71
2011	2128635308821	20.94	7.46	6.98	6.09
2012	2136007106954	22.81	7.59	6.49	5.90
2013	2007769533110	27.96	8.25	7.11	5.39

资料来源：根据联合国贸易数据库（http://comtrade.un.org）中 HS85 的数据整理计算。

（二）贸易竞争力指数

除了德国外，其他电子产品主要出口国家的贸易竞争力指数并没有出现新的波动。中国贸易竞争力指数的增长放缓，2012 年与 2013 年的贸易竞争力指数均为 0.12。2013 年日本和美国的贸易竞争力指数分别为 0.05 和 -0.29，均呈下降趋势，不同的是，日本电子产品的出口高于进口，而美国在电子产品上则更多地需要进口。德国的电子产品一直具有很强的国际竞争优势，2008年之前大部分年份德国的贸易竞争力指数在0.08的水平，说明其电子产品主要是出口，进口的比例极少。经济危机对国际贸易的冲击直接打击了德国电子产品的出口，贸易竞争力指数一路跌到了0.02左右，直到2012年德国电子产品的出口才渐渐恢复，2013年贸易竞争力指数回升到了0.05。

表2 中国与主要电子产品出口国家的贸易竞争力指数

年份	日本	德国	中国	美国
1995	0.53	0.08	-0.01	-0.11
2000	0.41	0.04	-0.04	-0.12
2005	0.33	0.08	-0.01	-0.24
2006	0.30	0.06	0.01	-0.23
2007	0.29	0.08	0.07	-0.26
2008	0.28	0.08	0.12	-0.25
2009	0.24	0.03	0.10	-0.27
2010	0.20	0.02	0.10	-0.26
2011	0.16	0.02	0.11	-0.28
2012	0.13	0.04	0.12	-0.29
2013	0.05	0.05	0.12	-0.29

资料来源：根据联合国贸易数据库（http：//comtrade.un.org）中HS85的数据整理计算。

（三）显示比较优势指数

由表3可见，近年来中国的显示比较优势指数远高于1且不断上升，2013年该指数值创历史新高，为2.11；日本的显示比较优势指数一直高于1，但是其比较优势是不断弱化的，从1995年的1.87下降到2013年的1.26；而美国和德国的情况比较类似，近年来显示比较优势指数都少于1，其电子产品不具有比较优势，虽然美国和德国的显示比较优势指数2013年较2012年均有所提高，但仍处于正常的波动范围内，因此，并不能准确判断其在世界市场上的显示比较优势是否开始增强。

表3 中国与主要电子产品出口国家的显示比较优势指数

年份	中国	日本	美国	德国
1995	0.97	1.87	1.20	0.83
2000	1.17	1.60	1.21	0.74
2005	1.64	1.49	1.03	0.81
2006	1.70	1.44	1.02	0.78
2007	1.87	1.43	0.97	0.76
2008	1.99	1.48	0.98	0.80
2009	1.94	1.43	0.91	0.77
2010	1.88	1.30	0.90	0.80
2011	1.95	1.31	0.89	0.83
2012	1.91	1.27	0.84	0.78
2013	2.11	1.26	0.87	0.81

资料来源：根据联合国贸易数据库（http://comtrade.un.org）中HS85的数据整理计算。

（四）质量竞争力指数

根据联合国商品贸易统计，中国、美国、日本和德国是主要的电子设备出口国家，考虑到数据的可获得性和国家之间的可比性，从48种4位编码产品中选取14种进行质量竞争力指数的比较和分析。从2013年的数据可以看出，美国是质量竞争力最强的国家，在14种统计产品中美国有5种产品的质量竞争力指数在四个国家中位居第一，分别为电动机和发电机（8501），发电机组和旋转转换器（8502），视频刻录和重放装置（8521），电视接收器、视频监视器和投影仪（8528），碳电极、碳刷和电器件（8545），其中最为突出的是发电机组和旋转转换器，质量竞争力指数为36943.13，是居于第二位中国的93倍。紧随其后的日本有5种产品的竞争力指数居于第一，分别为电动马达型手工工具（8508），电动马达型家用电器（8509），电动剃须刀和电推剪（8510），电子音响设备（不含录音设备，8518），影音刻录设备的零部件（8522）。德国则拥有3种质量竞争力第一的产品，分别为电器照明、信号设备、汽车电器（8512），电子录音设备（8520），电功率、控制和配电板（8537）。而中国作为份额庞大的出口国家，只有1种产品的质量竞争力指数位于第一，为广播和电视发射器、电视摄像机（8525），指数为603.92，与居于第二位的美国（518.97）的差距并不大。可以简单地判断，中国虽为电子产品总出口份额最大的国家，但是并不具有出口的质量竞争力优势，即不对称的数量和质量现状。

表4 2013年中国与主要电子产品出口国家的质量竞争力指数

产品编码	中国	美国	日本	德国
8501	3.20	87.08	22.99	20.75
8502	396.50	36943.13	13.99	11.00
8508	30.87	98.84	196.30	90.03
8509	7.22	14.96	19.00	17.43
8510	53.65	57.78	72.27	60.86
8512	23.06	26.88	31.00	43.50
8518	32.54	40.47	87.23	40.70
8520	54.76	54.76	54.65	121.68
8521	43.13	172.93	162.31	76.87
8522	52.77	87.37	126.99	49.18
8525	603.92	518.97	295.28	471.34
8528	98.92	232.31	172.80	54.56
8537	29.48	74.34	79.05	100.05
8545	0.95	6.73	6.38	6.19

注：按照联合国商品贸易数据库HS编码的产品分类，表中产品编码对应的产品分布为：8501指电动机和发电机；8502指发电机组和旋转转换器；8508指电动马达型手工工具；8509指电动马达型家用电器；8510指电动剃须刀和电推剪；8512指电器照明、信号设备、汽车电器；8518指电子音响设备（不含录音设备）；8520指电子录音设备；8521指视频刻录和重放装置；8522指影音刻录设备的零部件；8525指广播和电视发射器、电视摄像机；8528指电视接收器、视频监视器和投影仪；8537指电功率、控制和配电板；8545指碳电极、碳刷和电器件。产品种类的筛选依据为数据可获得性、可计算性和可对比性。

资料来源：根据联合国贸易数据库（http：//comtrade.un.org）中HS85的数据整理计算。

三 电子信息工业竞争力影响因素分析

（一）科技创新

以科技创新为代表的第三次工业革命孕育了电子信息工业的产生和发展，在经济繁荣期科技创新是国家抢占行业制高点的关键，在现在的经济低迷期，科技创新是行业恢复发展和再度辉煌的良方，从这一方面来说，以巨额资金投入为特点的科技创新是影响行业竞争力的重要因素。根据《中国高技术产业统计年鉴》中电子信息行业相关的 R&D 经费内部支出，2008 年经济危机以后的总体趋势是增长且资金投入出现明显地增加。其中，通信设备制造的经费投入最多，占到了产业总投入的四成左右，并且增长速度常年保持在 20% ~ 30%，而 2012 年的增速出现了下降，从 2011 年的 20% 降到 2012 年的 10%；其次比较突出的是电子器件制造，其凭借强势增长在 2010 年成为第二大 R&D 经费内部投入种类，2010 ~ 2012 年的增长速度分别为 36%、58% 和 36%；而 R&D 经费内部投入出现明显下降的为家用视听设备制造和电子计算机外部设备制造。

表5 2006~2012 年中国电子信息工业大中型企业 R&D 经费内部支出

单位：万元

年　份	2006	2007	2008	2009	2010	2011	2012
1. 通信设备制造	1313245	1571255	2021334	2388342	3047068	3654356	4014709
2. 雷达及配套设备制造	55566	75403	37973	73858	56977	89275	87746
3. 广播电视设备制造	29932	31603	46672	38732	40771	110428	184329
4. 电子器件制造	409283	451203	613113	684095	933299	1475520	2005398
5. 电子元件制造	431196	534484	585300	675056	870798	1289816	1471606
6. 家用视听设备制造	506453	542685	630175	590999	635762	1022726	945543
7. 其他电子设备制造	23189	38576	94818	97405	139420	262749	331799
8. 电子计算机整机制造	408545	349811	347172	422017	447584	703928	712759
9. 电子计算机外部设备制造	306546	446310	432096	404420	690884	801723	646359
电子信息工业	3483945	4041328	4808652	5374922	6862563	9410521	10400248

资料来源：历年《中国高技术产业统计年鉴》。

（二）劳动生产率

在分析劳动生产率的变化时，以电子制造业的数据来代表整个电子信息行业的趋势。2007~2012 年，在整个行业的就业人数增加的同时，劳动生产率从 14.76 万元/人增长到 17.72 万元/人，呈现上升趋势，并且增长幅度除了 2007~2008 年的 1.83% 和 2009~2010 年的 0.29% 外，其他年份都超过 5%。

对比行业增加值的增长幅度，劳动生产率的增长仍比较缓慢，由此可以判断产值的增加得益于整个行业劳动生产能力的提升，但更多的仍有赖于从业人数的增加，即人口优势，从这一角度来说劳动生产率还具有继续提高的空间。

表6 2007~2012年中国电子制造业（规模以上）劳动生产率

年份	工业增加值（亿元）	从业人员（万人）	劳动生产率（万元/人）	增加值增长幅度（%）	劳动生产率增长幅度（%）
2007	9948	674	14.76	—	—
2008	11408	759	15.03	14.7	1.83
2009	12012.62	755	15.91	5.3	5.86
2010	14042.76	880	15.96	16.9	0.29
2011	15826.19	940	16.84	12.7	5.51
2012	17741.16	1001	17.72	12.1	5.27

资料来源：根据历年《中国高技术产业统计年鉴》和历年《中国电子信息产业公报》整理、计算得出。

（三）政策扶持

电子信息工业以"产品增值空间大、市场拓展范围宽、产业带动能力强、转型提升作用好、提供就业机会多、创新关联程度广"等特点，有望成为金融危机后期经济恢复的新的经济增长点，国家政策在一定程度上可以促进和引导电子信息工业的发展，国家在近几年颁布了一系列整体性或专业性的电子信息工业扶持政策。

总体发展方向上，十八大提出发展现代信息技术产业体系，推进工业化、信息化、城镇化和农业现代化四化融合、共同发展的任务。为了贯彻落实《工业转型升级规划（2011~2015年）》和《信息产业"十二五"发展规划》，工信部制定《电子信息制造业"十二五"发展规划》，提出以转型升级为主线，坚持创新引领、应用驱动、融合发展，突破重点领域核心关键技术，夯实产业发展基础，深化信息技术应用，推动军民结合，统筹内外需市场，优化产业布局，着力提升产业核心竞争力，持续引导产业向价值链高端延伸，推动产业由大变强，为加快工业转型升级及国民经济和社会信息化建设提供有力支撑。

根据每年发展状况和出现的新趋势，我国还围绕不同主题适时提出专业性的扶持政策，有力地促进电子信息产业的发展，具体政策简单总结如表7所示。

表7 2013~2014年中国电子信息工业相关政策摘要

年份	内　容
2013	2月17日，国务院发布《国务院关于推进物联网有序健康发展的指导意见》
	7月15日，国务院发布《国务院关于促进光伏产业健康发展的若干意见》
	8月8日，国务院发布《国务院关于促进信息消费扩大内需的若干意见》
	9月30日，发改委发布《关于印发半导体照明节能产业规划的通知》
2014	5月，发改委发布《国家发展改革委办公厅、工业和信息化部办公厅关于组织实施新型平板显示和宽带网络设备研发及产业化专项有关事项的通知》
	6月，国家财政部正式公布《国家集成电路产业发展推进纲要》
	7月18日，发改委发布《关于印发国家地理信息产业发展规划》

资料来源：根据国务院、发改委、财政部、工信部网站资料整理。

四　中国电子信息工业未来的发展趋势

（一）国际市场缓慢复苏带动中国产业发展

电子信息工业的国际市场正在缓慢地从经济危机的阴影中抽离，而且稳健的增长态势将在相当长的时间内存在。从电子信息工业的国际市场出口总值来看，尽管2009年受经济危机的影响，总体出口值出现骤跌，从2008年的18717亿美元降低到2009年的15845亿美元，但是2010年又迅速回归到危机前的出口规模，出口总值达19585亿美元。遗憾的是，回归后的电子信息工业并没有找回之前的增长速度，而是徘徊在2万亿美元出口总值的水平上，在真正恢复到快速发展道路之前尚需要持续稳健的增长。作为最大的电子信息产品出口国，中国电子信息工业对国际市场具有很强的依赖性，国际市场的缓慢恢复必然会带动中国产业的发展，出口总值已经从2009年的3011亿美元增长到5614亿美元。

（二）行业内兼并重组的趋势增强

工业和信息化部于2013年1月发布的《关于加快推进重点行业企业兼并重组的指导意见》（以下简称《指导意见》）明确提出中国电子信息产业兼并重组的发展目标和重点任务，希望借由其加快发展和形成一批掌握关键核心技术、创新能力突出、品牌知名度高、国际竞争力强的跨国大企业。在《指导意见》发布之前，中国电子信息工业内的兼并重组交易就异常活跃，主要集中在电子元器件、电子设备和仪器子行业。移动互联网、云计算、物联网等新一代信息技术的集成加快，智能终端的广泛普及和传统IT企业的服务化转型等新的发展趋势都将加速产业内的兼并重组。2012年9月18日，联想集团通过收购美国的Stoneware公司来扩展集团内的云计算解决方案部分，同年12月26日，中国联通完成向控股股东联通集团收购联通新时空100%股权，以同意规划和管理固网资产和业务。可以说，《指导意见》的发布是顺应行业发展趋势的结果，同时可以通过具有倾向性的引导有效地缓解国际金融危机下的行业需求增长乏力、企业亏损等窘境。

（三）面临产业转型升级的机遇

2008年美国次贷危机引发国际金融危机，全球性的经济低迷迫使各国进入以经济转型为特征的新经济变革期，电子信息工业也正处于这场变革之中。前文提到国际市场占有率和质量竞争力指数的对比，中国的电子信息工业是通过低质量产品的大量出口来抢占国际市场份额的，而经济颓势的到来沉重打击了主要经济体的进口能力，这就要求中国的电子信息工业改变原有发展模式。云计算、物联网、社交和大数据等科学技术的突破和快速发展，新的产品内容和服务形式为电子信息工业的恢复和发展提供了契机，加速了产业经济转型期的到来，大企业可以利用这个契机实现由大转强的跨越，而广大中小企业则能够凭借技术创新寻求更多的发展良机。一个产业的转型升级是一个长期的过程，而金融危机在催生转型的同时也提供了时间，当前主要的工业国家都在忙于应对危机带来的种种经济、社会问题，这恰好给中国电子信息工业的进一步发展提供了相对宽松的国际竞争环境和最为重要的时间差。

参考文献

[1] 田原:《电子信息产业:兼并重组进入加速期》,《中国电子报》2013年3月19日。
[2] 中国社会科学院工业经济研究所:《2013中国工业发展报告——稳中求进的中国工业》,经济管理出版社,2013。
[3] 周子学主编《2012~2013年电子信息产业经济运行分析与展望》,电子工业出版社,2012。
[4] 罗仲伟:《电子信息产业:稳增长前景可期》,《全球化》2014年第2期。

B.7
机械工业竞争力

王燕梅*

摘　要： 2013年，中国保持了世界第一的机械产品出口大国的地位，国际市场占有率进一步提高；但在反映贸易平衡和相对优势的其他竞争力指标方面，中国与德国、日本等机械强国相比还有较大差距。在按产业链环节分工的国际生产网络中，中国成为世界最大的加工组装基地，机械零部件的组装优势明显高于生产优势。中国机械工业竞争力提升已经到了从量变到质变的关键阶段，其转型升级不仅与所处国际分工地位相关，更受到国内体制、政策因素的影响，而世界范围内新技术和新生产方式的快速演进也必将对其产生不容忽视的影响。

关键词： 中国机械工业　竞争力　国际分工　转型升级

无论从生产能力还是贸易规模来看，中国机械工业都已经走过了高速增长和国际竞争力快速提升的阶段。在按产业链环节分工的国际生产网络中，中国成为世界最大的加工组装基地，因而国际市场占有率一路快速增长；但在反映贸易平衡和相对优势的其他竞争力指标方面，中国与德国、日本等机械强国相比还有较大的差距。中国机械工业在基本走完了依靠成本优势获得市场份额快速增长的阶段之后，正处在竞争优势转型的历史转折点上。

---

* 王燕梅，中国社会科学院工业经济研究所副研究员。

一 机械工业竞争力走势

21世纪以来,中国机械工业经历了高速增长,也经历了2008年以后的增速回落,目前中国不仅是世界第一的机械产品生产大国,也是世界第一的机械产品出口大国。从中国机械工业的贸易表现来看,其国际竞争力也同样经历了从快速提升到盘整波动的两个阶段。中国机械工业的国际市场占有率保持了较快的增长,贸易竞争力指数、显示比较优势指数和显示贸易优势指数等则在2008前后出现了阶段性的拐点。

(一)国际市场占有率

21世纪以来,中国机械工业的国际市场占有率快速提升,即使是2008年以后,世界机械贸易总额停滞不进,也没有改变中国相对份额增长的势头。2008~2013年,世界机械及运输设备(SITC7)出口总额仅从54017.31亿美元微弱增长到55688.15亿美元,而中国则从6772.57亿美元增长到10395.27亿美元。以机械及运输设备出口额占世界出口额的比重来衡量,2000年,中国机械工业的国际市场占有率仅为3.16%;2005年上升到9.04%,排世界第四位;2009年达到14.07%,超过德国成为世界第一;2013年进一步上升到18.67%(见图1)。

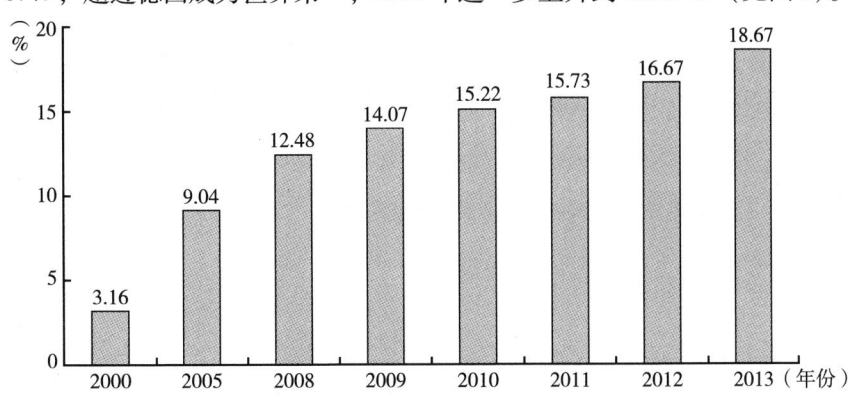

图1 中国机械及运输设备国际市场占有率

注:中国机械工业的国际市场占有率=中国机械及运输设备出口总额/世界机械及运输设备出口总额。

资料来源:根据联合国贸易数据库(http://comtrade.un.org)中SITC7的数据计算。

（二）贸易竞争力指数（TCI）

贸易竞争力指数反映了贸易顺差相对于进出口总额的相对值。在2004年之前，中国机械工业一直是进口额大于出口额，因而贸易竞争力指数表现为负值。2004年贸易竞争力指数转负为正后，出现了一个快速上升的阶段，2008年上升到0.2080。其后受国际金融危机的影响，贸易竞争力指数有所下降，至今一直处于小幅波动之中，2013年为0.1879，尚未回升到2008年的历史最高水平（见图2）。

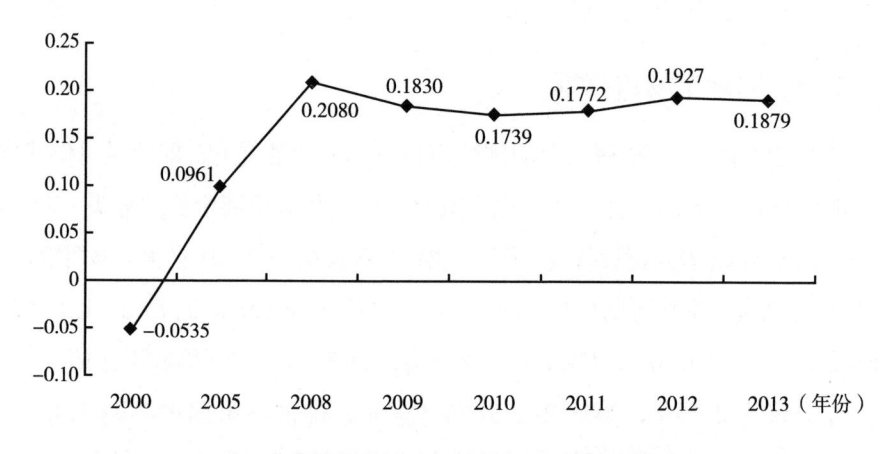

图2　中国机械及运输设备贸易竞争力指数

注：中国机械及运输设备贸易竞争力指数＝（中国机械及运输设备出口总额－中国机械及运输设备进口总额）／（中国机械及运输设备出口总额＋中国机械及运输设备进口总额）。

资料来源：根据联合国贸易数据库（http://comtrade.un.org）中SITC7的数据计算。

（三）显示比较优势指数（RCA）

显示比较优势指数反映了与其他商品相比，机械产品的相对出口竞争力。从图3可以看出，在2009年之前，中国机械产品的显示比较优势指数一直处于上升状态，2003年显示比较优势指数值首次超过1，表示中国机械产品开始成为中国的出口优势产品。2009年，中国机械产品的显示比较优势指数达到历史最高值，为1.4239，但其后受到国际市场机械产品需求不足的影响，显示比较优势指数开始在波动中有所下降，2013年下降到1.3590。

图3 中国机械及运输设备显示比较优势指数

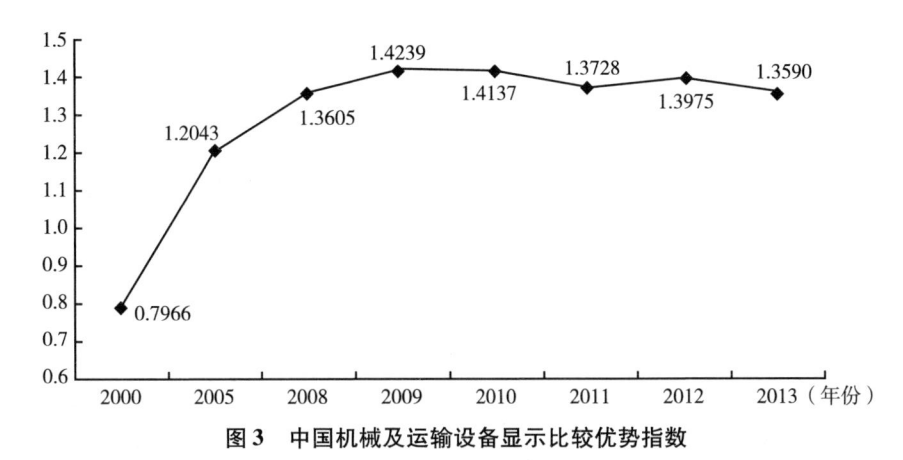

注：中国机械及运输设备显示比较优势指数=中国机械及运输设备出口额占中国出口总额的比重/世界机械及运输设备出口额占世界出口总额的比重=中国机械及运输设备出口额占世界机械及运输设备出口总额的比重/中国商品出口总额占世界商品出口总额的比重。

资料来源：根据联合国贸易数据库（http：//comtrade.un.org）中SITC7的数据计算。

（四）显示贸易优势指数（RTA）

显示贸易优势指数是显示比较优势指数（RCA）的改进指标，将进口显示比较优势指数作为抵减项引入公式，有利于克服某些商品"大进大出"对国际竞争力评估的扭曲影响。RTA＞0，表示该产业具有比较优势，国际竞争力强；RTA＜0，表示该产业不具有比较优势，国际竞争能力弱。

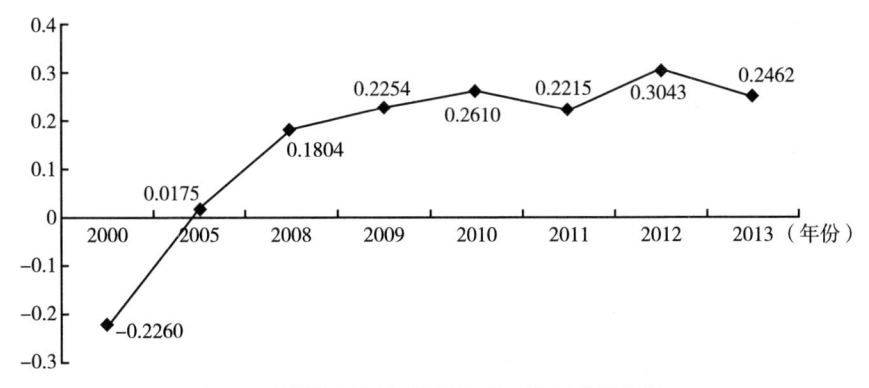

图4 中国机械及运输设备显示贸易优势指数

注：中国机械及运输设备显示贸易优势指数=中国机械及运输设备出口显示比较优势指数–中国机械及运输设备进口显示比较优势指数。

资料来源：根据联合国贸易数据库（http：//comtrade.un.org）中SITC7的数据计算。

从图4可以看出，即使考虑了进口的抵减作用，中国机械产品仍然具有较强的竞争力。2000~2010年，中国机械产品的显示贸易优势指数都处于快速上升之中；2011~2013年，受国内经济形势对机械产品进口的影响，中国机械产品的显示贸易优势指数呈现出较大的波动性。

二 机械工业竞争力的国际比较

中国无疑是21世纪以来世界范围内机械产品国际竞争力提高最快的国家。从反映国际竞争力的几个指标的比较来看，国际市场占有率在2009年已经超过德国成为世界第一，2013年较德国高出50%；贸易竞争力指数也上升得较快，已经大幅超过美国，并接近于德国，国际金融危机仅导致该指标的微弱下降；显示比较优势指数不仅超过美国，在2013年还与德国持平；显示贸易优势指数虽然尚在日本、德国之后，但是大幅高于美国。

（一）国际市场占有率

表1给出了2000~2013年根据出口额计算的中国以及日本、德国、美国的机械及运输设备的国际市场占有率。日本、德国、美国作为世界机械设备的生产和出口大国长期占据着世界出口前三的位置，中国在2002年才居于法国之后首次进入世界机械出口前五强。进入21世纪以来，美国和日本的国际市场占有率均持续下降，德国的国际市场占有率在小幅上升之后保持了基本稳定，而中国的国际市场占有率则是持续大幅上升。2008年之后，日本的国际市场占有率继续下降，而美国的国际市场占有率则转为小幅增长。2013年，中国、德国、美国、日本的国际市场占有率分别为18.67%、12.27%、9.57%和7.44%。四国合计市场占有率从2000年的41.90%上升到2013年的47.95%，而德国、美国、日本三国的合计市场占有率则从2000年的38.74%下降到2013年的29.28%。机械及运输设备的国际市场格局发生了根本性改变。

（二）贸易竞争力指数（TCI）

21世纪以来，世界最大的4个机械设备出口国的贸易竞争力指数的排序

表1 2000~2013年中国与主要机械出口大国的国际市场占有率

单位：亿美元，%

年份	全球出口总额	日本的国际市场占有率	美国的国际市场占有率	德国的国际市场占有率	中国的国际市场占有率	四国合计市场占有率
2000	26175.39	12.59	15.75	10.40	3.16	41.90
2005	38973.11	9.78	11.13	12.60	9.04	42.55
2008	54017.31	8.97	10.31	12.54	12.48	44.30
2009	42020.96	8.04	8.73	11.95	14.07	42.79
2010	51329.66	8.92	8.73	11.39	15.22	44.28
2011	57378.58	8.37	8.73	12.13	15.73	44.96
2012	57895.20	8.22	9.19	11.48	16.67	45.56
2013	55688.15	7.44	9.57	12.27	18.67	47.95

注：一国的国际市场占有率=该国机械及运输设备出口总额/世界机械及运输设备出口总额。
资料来源：根据联合国贸易数据库（http://comtrade.un.org）中SITC7的数据计算。

没有发生变化，一直是日本第一、德国第二、中国第三、美国第四。但从贸易竞争力指数的变动趋势中可以看到，2008年国际金融危机的影响十分巨大，四个国家的贸易竞争力指数呈现出明显不同的变动趋势：日本尽管贸易竞争力指数的相对值仍然最高，但已经由保持相对平稳走向了明显的连续下降；美国的贸易竞争力指数相对变化不大，从小幅上升转向小幅下降；德国的贸易竞争力指数则在经历短暂下降后迅速恢复到危机前的最高水平；而中国的贸易竞争力指数则从快速上升转向了小幅下降后的震荡下行（见表2）。

（三）显示比较优势指数（RCA）

从国别比较来看，机械装备在日本、德国和中国都处于出口优势产品的地位，其中，机械装备在日本出口中的优势地位更为明显。从变动趋势来看，2008年（或者滞后一年）均成为这四个主要机械产品出口国显示比较优势指数变动的拐点：日本由上升转为小幅震荡下降；美国出现了大幅下降，由出口优势产品转为不具有出口优势；德国在短暂下降后出现了微弱上升；而中国则由快速上升转向持续小幅下降（见表3）。

表2　2000~2013年中国与主要机械出口大国的机械及运输设备贸易竞争力指数

年份	日本的贸易 竞争力指数	美国的贸易 竞争力指数	德国的贸易 竞争力指数	中国的贸易 竞争力指数
2000	0.5131	-0.1555	0.2058	-0.0535
2005	0.4846	-0.2094	0.2545	0.0961
2008	0.5061	-0.1390	0.2745	0.2080
2009	0.4538	-0.2253	0.2367	0.1830
2010	0.4790	-0.2370	0.2349	0.1739
2011	0.4585	-0.2359	0.2517	0.1772
2012	0.4282	-0.2496	0.2793	0.1927
2013	0.3741	-0.2578	0.2783	0.1879

注：一国的机械及运输设备贸易竞争力指数=（该国机械及运输设备出口总额-该国机械及运输设备进口总额）/（机械及运输设备出口总额+机械及运输设备进口总额）。

资料来源：根据联合国贸易数据库（http://comtrade.un.org）中SITC7的数据计算。

表3　2000~2013年中国与主要机械出口大国的显示比较优势指数

年份	日本的显示 比较优势指数	美国的显示 比较优势指数	德国的显示 比较优势指数	中国的显示 比较优势指数
2000	1.6533	1.2696	1.1910	0.7966
2005	1.6696	1.2493	1.3091	1.2043
2008	1.7900	1.2371	1.3339	1.3605
2009	1.6835	1.0052	1.2882	1.4239
2010	1.6992	1.0043	1.3139	1.4137
2011	1.6847	0.9774	1.3561	1.3728
2012	1.7684	1.0210	1.3923	1.3975
2013	1.6735	0.9750	1.3527	1.3590

注：一国的机械及运输设备显示比较优势指数=该国机械及运输设备出口额占该国出口总额的比重/世界机械及运输设备出口额占世界出口总额的比重。

资料来源：根据联合国贸易数据库（http://comtrade.un.org）中SITC7的数据计算。

（四）显示贸易优势指数（RTA）

显示贸易优势指数的国别比较表明，日本、德国和中国的机械工业都是具有较强贸易优势的产业，其中，日本作为传统的机械产品出口额远高于进口额的国家，其2013年的显示贸易优势指数仍达到0.9817，明显高于德国的

0.3667和中国的0.2462。从2008年前后这四个主要机械产品出口国的显示贸易优势指数的变动趋势来看，日本有微弱下降的趋势，美国出现了大幅下降，德国仍然是在短暂下降之后迅速恢复，而中国则是从2011年开始由快速上升转为小幅波动（见表4）。

表4　2000~2013年中国与主要机械出口大国的显示贸易优势指数

年份	日本的显示贸易优势指数	美国的显示贸易优势指数	德国的显示贸易优势指数	中国的显示贸易优势指数
2000	0.9537	0.1472	0.2941	-0.2260
2005	0.9778	0.2167	0.3002	0.0175
2008	1.1600	0.2081	0.3658	0.1804
2009	1.0049	-0.0645	0.3137	0.2254
2010	1.0182	-0.0797	0.3195	0.2610
2011	1.0214	-0.1619	0.3055	0.2215
2012	1.1138	-0.1338	0.4214	0.3043
2013	0.9817	-0.2091	0.3667	0.2462

注：一国机械及运输设备显示贸易优势指数＝该国机械及运输设备出口显示比较优势指数－该国机械及运输设备进口显示比较优势指数。

资料来源：根据联合国贸易数据库（http://comtrade.un.org）中SITC7的数据计算。

三　机械工业的国际分工

在开放经济条件下，产业国际竞争力与国际分工有着紧密的联系。近年来中国机械工业竞争力的演进走势，是在世界机械工业增长停滞的大背景下出现的，同时也深刻地折射出了中国机械工业参与国际分工的方式和所处的分工地位。

（一）全球机械市场增长情况

2008年以后，世界经济始终没有走出震荡中调整的格局，新技术和新生产方式对传统制造业的改造和颠覆呼之欲出，但在整体层面上尚未带来世界装备市场的再一次投资热潮。世界机械产品贸易额仍然增长缓慢，2000年世界机械产品出口额为26175亿美元，2008年即增长了1倍以上，达到54017亿美元；而其后则出现回落调整，5年中仅实现了微弱增长，2013年为55688亿美元。世界机械产品出口占全部货物出口的比重也继续下滑，从最高点1999年的42.64%下降到2013年的34.63%（见图5）。

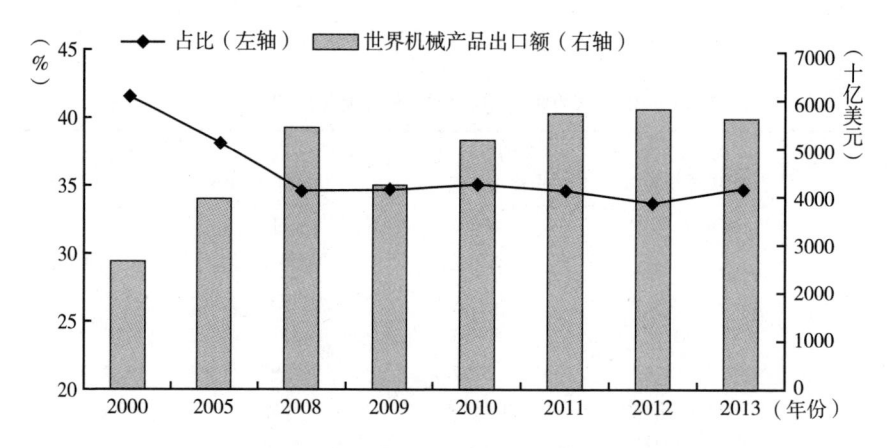

图5　2000~2013年世界机械产品出口及其占全部货物出口的比重

资料来源：根据联合国贸易数据库（http://comtrade.un.org）中SITC7的数据计算。

全球市场的增长停滞也拖累了中国机械产品的出口，增速较2008年之前出现了大幅下降，但相较于其他机械贸易大国，中国机械产品的出口仍然保持了较高的增速。与2008年相比，2013年日本、美国的机械产品出口额出现了绝对值下降，德国5年合计增长了不足1%，而中国年均名义增长率达到了9%，因此，表现为中国机械产品的国际市场占有率持续上升，但是显示比较优势指数出现了下降，即机械产品出口在全国出口中的重要程度出现了下降。

（二）中国机械工业的产业链分工地位

21世纪以来，随着技术进步和全球贸易与投资的发展，国际分工方式正从以产品间分工为主转向以产品内分工为主。中国已经成为全球最重要的机械产品组装基地，中国机械工业在国际产品内分工中处于加工组装环节，进口零部件、出口产成品。1995年，在中国机械产品进口和出口中，零部件所占比重基本相当，都在35%左右。而21世纪以来，国际生产网络中的组装环节大量向中国转移，2000年中国机械产品进口额中零部件所占比重接近60%，

2013年为66.87%；而中国机械产品出口额中零部件所占比重一直没有超过40%（见图6）。

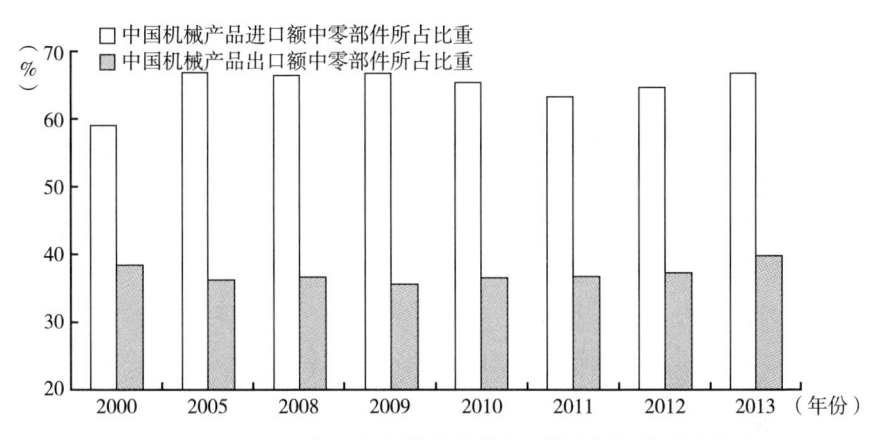

图6 2000~2013年中国机械产品进出口额中零部件所占比重

资料来源：根据联合国贸易数据库（http://comtrade.un.org）中SITC7、REC分类法下42类和53类合计的数据计算。

（三）中国机械零部件的竞争力

作为中间投入品的零部件类产品具有两面性，一方面大量出口零部件的国家具有生产优势；另一方面大量进口零部件的国家则在该零部件的组装工序上

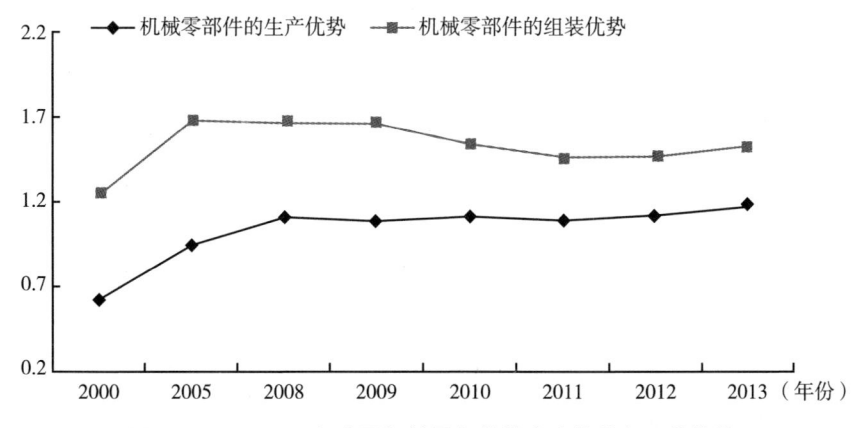

图7 2000~2013年中国机械零部件的生产优势和组装优势

资料来源：根据联合国贸易数据库（http://comtrade.un.org）中SITC7、REC分类法下42类和53类合计的数据计算。

具有优势。零部件生产优势的测算方法与传统的显示比较优势指数相同,使用出口数据;组装优势则使用零部件的进口数据做类似计算。中国机械零部件的生产优势和组装优势如图7所示。可以看到,中国机械零部件的组装优势明显强于生产优势,但近年来两者的差距有所缩小。结合图3可以看出,中国机械产品的整机生产优势要高于零部件生产优势,从侧面印证了大量进口零部件从事组装生产的国际分工位置。在全球机械行业的产业链分工中,中国进口了大量的中高端机械装备和中高端零部件,同时出口了更多的低端机械装备和相对金额较小的低端零部件。

四 机械工业的主要贸易伙伴分析

(一)中国机械产品主要出口市场和进口来源

中国机械产品的主要贸易伙伴集中在美国、日本、德国,以及新兴经济体的韩国和中国台湾,2013年,与前5大贸易伙伴的贸易额分别占了中国全部机械产品进出口总额的43.27%、进口额的57.75%和出口额的33.37%。除了美国以外,中国与其他4大贸易伙伴都表现为贸易逆差(见表5)。中国机械产品进口来源地更多地集中于发达国家和新兴工业化国家(地区);而出口市场中,近年来,印度、俄罗斯、巴西、越南、马来西亚、墨西哥等新兴市场和发展中国家的地位快速上升。

表5 2013年中国机械产品主要贸易伙伴

单位:亿美元

排名	贸易伙伴	进出口总额	中国进口	中国出口	贸易顺差
1	美 国	2469.53	639.35	1830.18	1190.83
2	日 本	1507.14	856.73	650.41	-206.33
3	韩 国	1441.74	982.68	459.06	-523.62
4	其他亚洲地区	1204.40	984.63	219.77	-764.85
5	德 国	950.29	640.73	309.57	-331.16
1~5	合 计	7573.10	4104.12	3468.99	-635.13
	全 球	17502.24	7106.98	10395.27	3288.29

注:其他亚洲地区主要包括中国台湾。
资料来源:根据联合国贸易数据库(http://comtrade.un.org)中SITC7数据。

中国机械产品与主要贸易伙伴之间仍然存在着很大的进出口价格差，折射出不同的价值链位置。金属加工机床是中国机械产品中除了汽车以外进口额最大的整机产品，其中车床又是机床中贸易额最大的商品。2013年，中国车床进口额为8.02亿美元，出口额为4.49亿美元。表6为2013年中国与最大的几个贸易伙伴的车床进出口单价，中国进口单价均高于出口单价数倍以上，以德国为例，中国出口德国的车床单价为5828美元，而进口德国的车床单价高达56.8万美元。

表6 2013年车床（HS8458）进出口单价比较

单位：美元

项目	与全部贸易伙伴均价	日本	德国	美国	其他亚洲地区	韩国
中国出口单价	6694	22983	5828	3049	19753	11395
中国进口单价	119843	161253	567652	78595	61466	91450

注：其他亚洲地区主要包括中国台湾。
资料来源：根据联合国贸易数据库（http://comtrade.un.org）中HS8458数据计算。

（二）中国机械产品在不同目标市场上的竞争力

从2013年中国机械产品出口市场来看，美国、日本和韩国是除了中国香港以外的最大的3个市场，而"金砖四国"中的印度、俄罗斯和巴西也居于中国出口市场的第9、第11、第12位。在这6个国家的市场中，如果以市场份额来衡量竞争力，则中国机械产品都是最具有竞争力的。图8为中国机械产品在这6个国家的市场中的占有率。2003年、2004年，中国分别成为日本和印度的第一大机械产品来源国；2005年，中国机械产品在美国市场上升为第一位；2007年，中国机械产品在韩国市场上升为第一位；2009年，中国机械产品在俄罗斯和巴西市场均上升为第一位。21世纪以来，中国在这些国家的市场中的竞争力快速提升，2000年中国在日本的市场份额最高，但仅为12.24%，到2013年，在日本市场的占有率高达44.63%，在市场份额最低的俄罗斯也上升到18.93%。

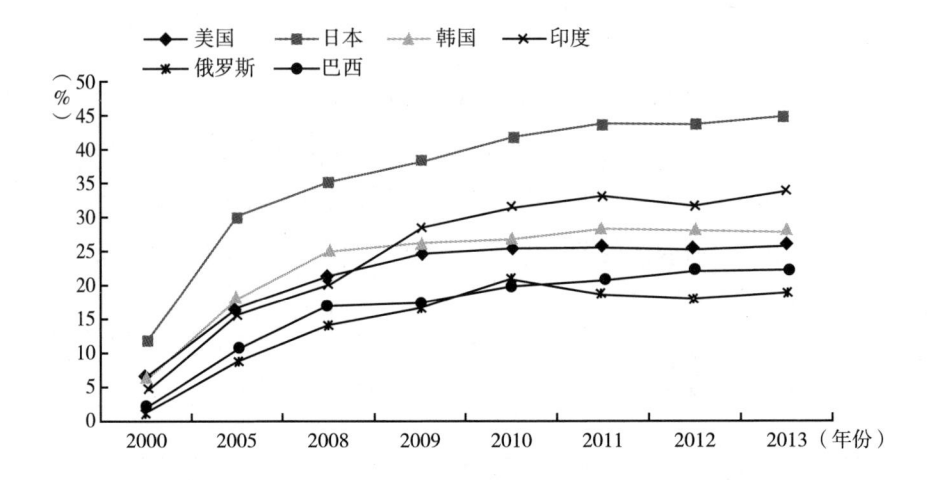

图 8　2000～2013 年中国机械产品占主要出口市场份额

资料来源：根据联合国贸易数据库（http://comtrade.un.org）中 SITC7 的数据计算。

（三）中国机械产品进口来源地分析

中国台湾、韩国、日本、德国、美国是中国机械产品进口最大的 5 个来源地，2000 年合计进口额占当年全部机械产品进口总额的比重为 63.6%，2013 年为 57.8%。2013 年与 2000 年相比，日本的占比大幅下降，从第一进口来源国下降为第三；美国占比也略有下降；中国台湾和韩国的占比上升，尤其是韩国上升幅度较大；德国的占比略有提升。

从进口量最大的机械产品来看，2000 年和 2013 年，从中国台湾、韩国、日本进口金额最大的产品类别都是 SITC776（显像管、热离子管和冷阴极管）。其中，从中国台湾、韩国进口的 SITC776 占从该国（地区）进口机械产品的比重大幅上升，2013 年均超过了 50%，从日本进口的 SITC776 占从该国（地区）进口机械产品的比重也超过了 20%（见表 8），反映了东亚地区机械工业已经形成了紧密的产品内分工联系。从德国进口金额最大的都是汽车相关产品，2000 年是 SITC784（汽车零部件），2013 年是 SITC781（载客汽车）。从美国进口额最大的机械产品则从 2000 年的 SITC764（电视、收音机及无线电通信设备的零附件）转向了 2013 年的 SITC776。

表7 2000年和2013年中国前几位机械产品进口来源地及其进口最多的产品类别

年份	国家（地区）	占中国机械产品（SITC7）进口比重	进口量最大的机械产品类别	占该国（地区）进口比重
2000	日本	24.74	SITC776	23.45
	美国	11.86	SITC764	18.47
	其他亚洲地区	11.79	SITC776	33.80
	韩国	7.79	SITC776	43.03
	德国	7.47	SITC784	11.34
2013	其他亚洲地区	13.85	SITC776	78.98
	韩国	13.83	SITC776	51.95
	日本	12.05	SITC776	20.78
	德国	9.02	SITC 781	20.89
	美国	9.00	SITC776	23.91

注：其他亚洲地区主要包括中国台湾。
资料来源：根据联合国贸易数据库（http://comtrade.un.org）数据计算。

五 影响机械工业竞争力的体制、政策因素

机械工业竞争力提升已经到了从量变到质变的关键阶段，必须加快推动行业的转型升级。2008年以后，在市场与成本的双重挤压下，企业通过参与产品内国际分工和依赖资源比较优势所获得的发展空间已经日渐狭小，市场倒逼产业升级的机制正在不断增强。但同时，尽管机械工业已经是市场化程度很高的竞争性行业（即使是行业中的国有企业也必须直接面对激烈的市场竞争），然而机械行业面临的体制和政策环境还存在较多问题，使市场倒逼机制难以发挥作用，导致企业缺乏转型升级的能力和动力。

（一）机械行业面临着市场化发育滞后的要素市场和产品市场

一是由于城乡统一的建设用地市场以及金融市场体系建设滞后，一些垄断性生产要素的流动和价格形成非市场化，企业无法公平地获得生产要素，并在要素使用价格上站在同一条起跑线上。二是产品市场方面。尽管目前机械工业自身的市场化程度很高，但其产业链下游的需求方还存在较多的垄断性企业，

与机械工业企业处于不对等的地位。随着下游垄断性行业市场准入的逐步放开，大型、中高端设备需求方的行为会更加市场化，这将有利于中高端机械创新性产品的市场化应用。

（二）存在政府干预对于市场机制的扭曲，助推了低水平的产能过剩

目前政府干预仍然在包括机械工业在内的经济领域大量存在，通过补贴等政策工具创造需求和压低要素价格，从而扭曲了市场机制的作用。机械行业企业众多，许多领域都能借上发展先进装备制造业的东风，成为地方政府发展当地经济的重要抓手。过多的政府干预还养成了企业行为的路径依赖，习惯于从外部因素中求发展，通过获取政府资源、市场营销和压低成本来提高竞争力，而不是沉下心来提高企业内部能力，企业普遍缺乏在机械行业中最为重要的技术和经验的长期累积。

（三）产业政策的实施途径和手段有待进一步完善

2006年以后，装备制造业的产业政策进一步集中于对高端产品技术创新和产业化的支持，资金支持渠道与政策力度也呈现出多元化和不断加大的势头，但政策效果受到越来越多的质疑。在促进产业结构升级、技术进步方面，政策效果与支持力度并不相称。一些科技重大专项实施以来，资金支持力度很大，以机床工业为例，在"高端数控机床及基础制造装备"重大科技专项支持下，国产高端数控机床诞生的报道频见媒体，但中国机床产品与发达国家的差距仍然没有实质性的缩小。

六 机械工业竞争力的未来趋势

中国机械工业已经基本完成了依靠成本优势获得市场份额快速增长的阶段，但产业转型升级还面临着种种困境，不能一蹴而就，中国机械工业竞争力的提升似乎进入了一个瓶颈期。与此同时，世界装备工业重大技术变革的曙光，以及中国作为世界制造基地对于装备升级的巨大需求，又为较长时期内竞

争力提升展现了巨大的契机。展望未来十余年，中国机械工业将呈现以下发展趋势。

（一）技术进步向高性能、集成化、信息化、智能化方向加速推进

装备制造业作为一个"古老"的行业，正面临着新一轮全球工业技术革命的改造和武装。新一代信息技术与制造技术的充分交互，使装备制造业焕发出新的活力，自动化、数字化、网络化水平显著提高，智能制造日益成为生产方式变革的方向。目前，以轨道交通、工业机器人为代表的中国高端装备制造业总体保持快速增长，发展动力十足，并将在未来十余年成为中国装备制造业的新增长点。

（二）国际分工地位提升，进入世界装备制造强国行列

在全球装备制造业大国中，德国、日本和美国等发达国家由于掌握着世界制造业的发展方向和最核心技术，仍然会处于装备制造业强国中的第一方阵，但其绝对优势地位会进一步下降；中国由于拥有巨大的制造业市场，国内需求升级将有效地推动装备制造业的技术进步，从加工组装环节沿产业链向更高端的环节推进，并在未来十余年进入世界装备制造强国行列，在部分优势产业率先实现既大且强。

（三）国际竞争力各项指标稳步提高

从贸易表现上看，中国机械工业的国际竞争力将由快速提升进入稳步提升阶段。一是中国机械产品的国际市场占有率会继续有所提升，但增势趋缓。在按产业链环节分工的国际生产模式下，处于最终产品加工组装环节的国家必然表现出更高的贸易额，但是随着产业技术能力的提升，从国家层面来看所从事的环节会向更高端的环节推进，则市场占有率的提升会出现停滞并有所下降。二是中国机械产品的贸易竞争力指数会在震荡中缓慢提升，缩小与日本、德国之间的差距。贸易竞争力指数反映了贸易平衡情况。一方面，中国作为全球机械产品制造基地的地位十年内不会被动摇；另一方面，作为发展中国家，中国

仍然需要进口大量中高端零部件和装备整机，因此，机械设备进口与出口的相对规模不会出现方向性改变。三是中国机械产品的显示比较优势指数和显示贸易优势指数变动平稳，机械产品是中国的出口优势产品，这一状况十年内不会出现根本性改变。

（四）产业政策面临转型，朝更多地激发出企业内在能力，"使市场在资源配置中起决定性作用和更好发挥政府作用"方向演进

在全面深化改革的背景下，以及面临日益迅猛发展的新技术革命，一方面，以往政策的实施途径和手段将受到全面检视，产业政策将向与技术创新的市场导向机制相契合、缩小创新支持中的权利寻租空间、充分发挥市场机制对技术创新的导向作用的方向转型。另一方面，政府对于技术创新的支持也将从重视支持重大创新性产品转向同时支持企业创新能力沉淀和积聚，鼓励企业在某一产品领域持续深耕，促进企业不仅重视研发设备投入，而且在相关知识和人才方面形成长期积累机制。

B.8 船舶工业竞争力

胡文龙*

摘　要： 中国不但是世界船舶大国，而且已经成为世界船舶工业强国之一。从竞争力走势来看，中国船舶工业国际市场占有率、贸易竞争力指数、显示比较优势指数、显示贸易优势指数、劳动生产率和研发经费投入强度等指标20多年来均呈逐年增长态势，但船舶工业质量竞争力指数呈逐年下降态势，值得高度警惕。从竞争力国际比较来看，韩、日、中是当前船舶市场最具国际竞争力的三个国家：韩国正处于船舶国际竞争力最强的成熟阶段，大多数竞争力指标均处于世界领先地位；日本仍是船舶竞争力强国，但其竞争力减弱趋势十分明显；中国各项竞争力指标上升势头十分迅猛，全面赶超韩、日虽短期内较为困难，但长期来看十分可期。中国船舶工业国际竞争力提升明显的事实表明，涉及中国船舶工业的各项政策措施和体制机制因素在实践中对促进产业竞争力提升具有积极影响，并取得了良好的实际效果。与此同时，船舶工业尚有一些体制机制性的问题亟待解决：一是船舶工业顶层设计方面，相关政策体系和法律规范缺乏系统性、规范性；二是产业政策制定过程中系统性、规范性、长期性不足，不利于创新驱动产业发展；三是船舶企业微观改革滞后，导致企业集团活力不足、合力不强。展望未来，中国有望在国际产业竞争力格局中全面赶超韩、日等船舶工业强国。

---

* 胡文龙，中国社会科学院助理研究员，博士。

关键词：
中国船舶工业　竞争力　未来趋势

船舶工业是现代大工业的缩影，是关系到国防安全及国民经济发展的战略性产业。作为世界船舶工业的一支重要力量，中国不但是世界船舶大国，而且已经成为世界船舶工业强国之一。从国际市场占有率、贸易竞争力指数、显示比较优势指数和显示贸易优势指数四大贸易类指标来看，中国船舶工业近20多年来获得了快速发展，并在国际市场上已属于具有极强竞争优势的国家；但从质量竞争力指数、劳动生产率和研发经费投入强度等反映质量、技术研发类的指标来看，中国船舶工业的国际竞争力虽然进步十分明显，但投入产出低、生产效率低、研发经费投入强度不高等问题仍然比较明显，与国际船舶强国相比存在十分明显的差距。总体来看，韩、日、中是当前船舶市场最具国际竞争力的三个国家：韩国正处于船舶国际竞争力最强的成熟阶段；日本目前仍是船舶竞争力强国，但竞争力减弱趋势十分明显；中国上升势头十分迅猛，从历史趋势来看，中国船舶工业国际竞争力超过韩、日船舶工业应该是历史的必然。

一　中国船舶工业竞争力走势

当前，中国已经成为名副其实的船舶工业大国。2013年，中国造船完工量、新接订单量、手持订单量三大指标的市场份额继续保持世界领先，分别占世界总量的40.3%、47.6%和45.8%，连续3年稳居世界第一。然而，中国船舶工业具有和生产规模相匹配的国际竞争力吗？本部分主要选取国际市场占有率、贸易竞争力指数（TCI）、显示比较优势指数（RCA）、显示贸易优势指数（RTA）等指标来分析中国船舶工业的竞争力走势，旨在分析和评估船舶工业竞争力的趋势变化，客观认识和准确定位中国船舶工业的竞争力水平。

（一）国际市场占有率走势

船舶工业国际市场占有率可以用中国船舶出口总额占世界船舶出口总额的比例来反映。图1揭示了中国船舶国际市场占有率情况。不难看出，1996年以来，随着中国船舶工业出口迅速增长，中国船舶出口总额占世界船舶出口总额的比重逐年增加，国际市场占有率由1996年的3.1%逐渐增长至2013年的21.48%，出口总额也由1996年的11.43亿美元逐渐增长至2013年的290.07亿美元。值得一提的是，2005~2010年国际市场占有率年增长率环比超过20%以上，船舶出口总额年增长率环比超过40%以上，是中国船舶工业国际市场占有率和出口总额增长最快的时期。

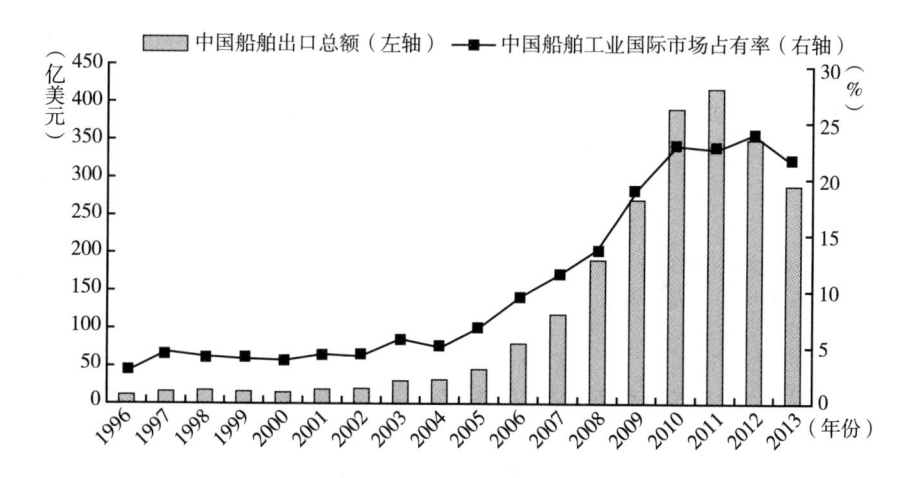

图1　中国船舶工业国际市场占有率

资料来源：根据国家统计局历年统计年鉴和联合国贸易数据库（http://comtrade.un.org）中HS89的数据计算。

（二）贸易竞争力指数（TCI）

除了国际市场占有率之外，我们还考察了船舶工业的贸易竞争力指数。图2揭示了1996~2012年中国船舶工业的贸易竞争力指数。可以看出，1996年以来中国船舶工业贸易竞争力指数一直大于0，且绝大多数年份（除1996年为0.49）大于0.50，表明中国船舶工业贸易竞争力一直保持优势地位。从发展趋势来看，中国船舶工业贸易竞争力指数总体呈现出波动中逐渐增强的态势。通过数据可以看出，1996~2004年，中国船舶工业贸易竞争力指数波动较大，由1996年的0.49波动中增长至2004年的0.65；2005~2012年中国船舶工业贸易竞争力指数总体呈上升趋势，2012年增长至0.97。上述指标变化表明中国船舶工业具有十分强的国际竞争力，在国际进出口市场上的优势地位十分明显。

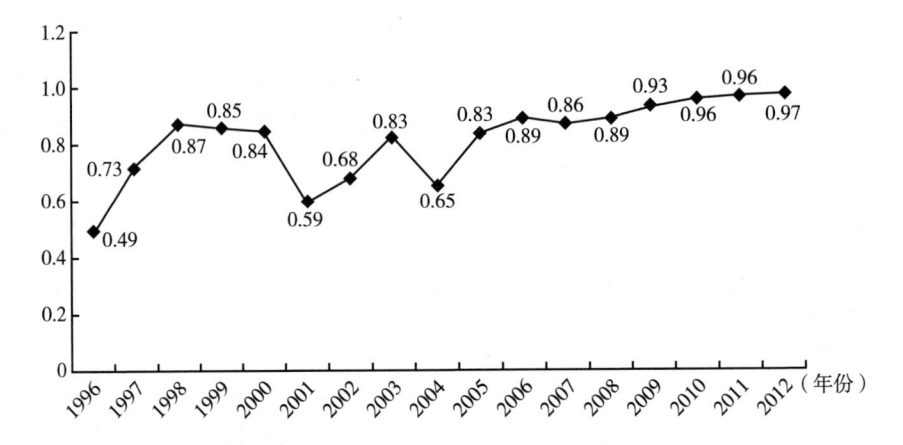

图2　中国船舶工业贸易竞争力指数趋势

资料来源：根据国家统计局历年统计年鉴和联合国贸易数据库（http://comtrade.un.org）中HS89的数据计算。

（三）显示比较优势指数（RCA）

图3揭示了1996~2013年中国船舶工业的显示比较优势指数。可以看出，1996年以来，随着中国出口总额占世界出口总额的比重逐年上升，中国船舶工业显示比较优势指数大多数年份大于1，表明中国船舶工业在所有出口产业中具有明显的比较优势。但值得一提的是，以2004年为分界点，船舶工业显示比较优势指数总体呈现出先下降、后上升的态势。中国船舶工业从1996年开始显示比较优势逐步弱化，到2004年显示比较优势指数甚至降到0.79，表明显示比较优势由强转弱低于全国出口商品平均水平；值得庆幸的是，2004年以来中国船舶工业显示比较优势指数逐年上升，到2013年显示比较优势指数高达1.8，表明中国船舶工业的比较优势水平不但得以恢复，而且其相对于其他产业的国际竞争力逐步得以强化和巩固。

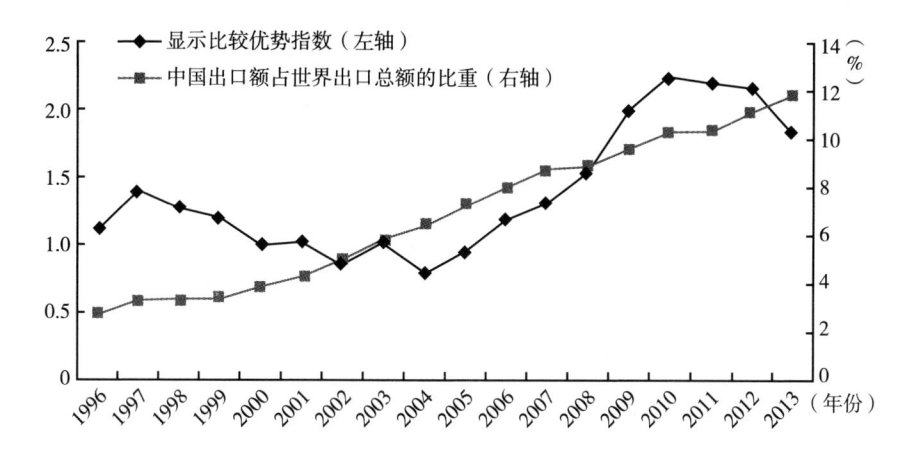

图3　中国船舶工业显示比较优势指数变化趋势

资料来源：根据国家统计局历年统计年鉴和联合国贸易数据库（http：//comtrade.un.org）中HS89的数据计算。

（四）显示贸易优势指数（RTA）

在考察船舶工业显示比较优势指数的基础上，我们还通过进一步计算船舶工业显示贸易优势指数来分析中国船舶工业的国际竞争力。图4显示了1996～2013年中国船舶工业的显示贸易优势指数。可以看出，中国船舶工业1996～

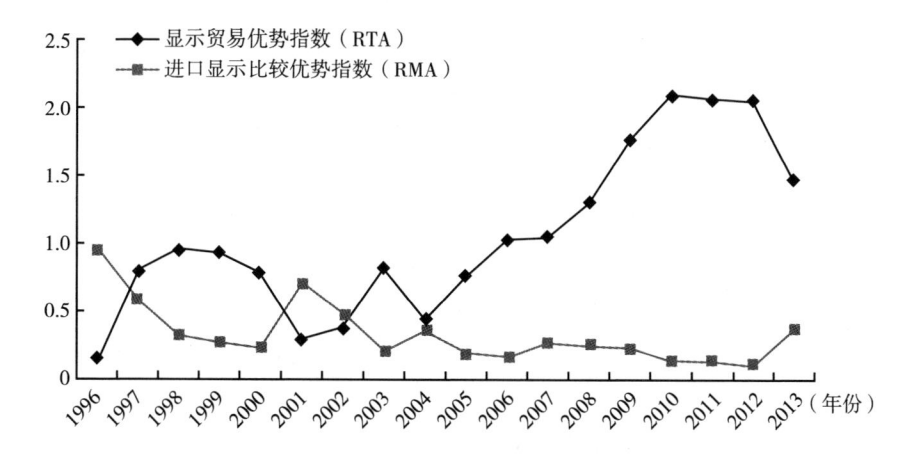

图4　中国船舶工业显示贸易优势指数变化趋势

资料来源：根据国家统计局历年统计年鉴和联合国贸易数据库（http：//comtrade.un.org）中HS89的数据计算。

2013年进口显示比较优势指数（RMA）都处于小于1的水平，且大多数年份小于0.5，表明中国船舶工业进口相对较少，一直是"进口弱国"。在此背景下，1996~2013年中国船舶工业显示贸易优势指数一直大于0，且大多数年份超过0.5，表明中国船舶工业具有较强的国际竞争力。分阶段性来看，1996~2004年，中国船舶工业显示贸易优势指数在波动中保持了平稳，具有比较强的国际竞争力；2005~2013年中国船舶工业显示贸易优势指数整体保持上升的态势，国际竞争力强势地位进一步保持。

（五）质量竞争力指数

质量竞争力指数是指质量因素在塑造核心竞争力过程中的发挥程度，本文用船舶工业出口金额与出口数量之比来表示，简明、直观地体现船舶工业的质量竞争力水平及状态。图5显示了1996~2013年中国船舶工业的质量竞争力指数。可以看出，1996年以来，中国船舶工业单位产量出口金额持续下滑，表明在中国船舶工业出口产量和出口金额双双增长的情况下，单位船舶出口的金额呈持续下滑态势。1996年中国船舶单位出口金额为6.64万美元，2008年降至0.88万美元；2008年国际金融危机后，中国船舶工业单位产量出口金额有小幅回升，但效果并不明显。不难看出，由于中国长期以来以低附加值散货船为主的船舶出口结构没有发生根本性变化，中国船舶工业在国际市场上产品

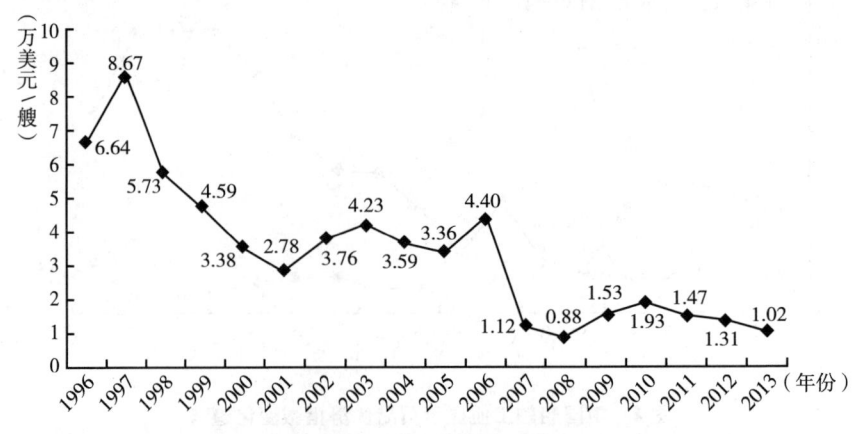

图5 中国船舶工业质量竞争力指数变化趋势

资料来源：根据国家统计局历年统计年鉴数据计算。

附加值不高，在国际金融危机的冲击下，低附加值散货船的生存空间已经被极度地挤压，质量竞争力指数处于历史最低水平阶段。

（六）劳动生产率

船舶工业具有资金密集、技术密集和劳动密集的特性，日、韩船舶工业从起步到壮大的国际经验显示，劳动生产率的高低对船舶工业国际竞争力的影响巨大。劳动生产率水平，可以用同一劳动在单位时间内生产某种产品的数量来表示，单位时间内生产的产品数量越多，劳动生产率就越高，反之，就越低；也可以用生产单位产品所耗费的劳动时间来表示，生产单位产品所需要的劳动时间越少，劳动生产率就越高，反之，就越低。本文用船舶工业的工业总产值与就业人数之比来反映船舶工业的劳动生产率。表1列示了2005～2013年中国船舶工业劳动生产率的变化趋势。可以看出，作为资本密集型和工艺技术较为复杂的综合性产业，船舶行业劳动生产率相对较高。2005～2013年，劳动生产率整体呈现出较为明显的增长态势，从2005年的人均产值40.37万元增长到2012年的人均产值106.26万元。值得一提的是，受金融危机滞后性影响，中国船舶工业2013年工业总产值和从业人员人数均出现大幅下降，其中，工业总产值由2012年的7903亿元下降到2013年的5392亿元，降幅高达31.77%；从业人员年平均人数由2012年的74万人下降到2013年的55万人，降幅高达25.68%。在此背景下，2013年中国船舶工业劳动生产率出现了小幅下滑，人均产值为97.87万元。

表1 中国船舶工业劳动生产率变化趋势

单位：亿元，人，万元/人

年份	工业总产值	从业人员年平均数	劳动生产率
2005	1256	311151	40.37
2006	1722	330858	52.05
2007	2563	364612	70.29
2008	4143	459966	90.07
2009	5484	630540	86.97
2010	6799	774911	87.74
2011	7775	792073	98.16
2012	7903	743759	106.26
2013	5392	550984	97.87

注：由于数据缺失，2013年劳动生产数据由笔者估算得出。
资料来源：笔者根据中国船舶工业协会网站和历年《中国船舶工业年鉴》资料整理而得。

（七）研发经费投入强度

总体来看，中国船舶工业研发能力薄弱、速度缓慢、研发产品不适应市场的快速变化等问题亟待解决。为了反映中国船舶工业在技术创新上的发展情况，本文选取了研发经费投入强度指标。该指标用产业 R&D 经费投入占工业销售收入的比重表示。由于数据限制，本文选取进入世界 500 强的两家船舶上市公司（中国船舶重工股份有限公司、中国船舶工业股份有限公司）的研发经费投入强度进行分析。表 2 显示了 2013 年进入世界 500 强的两家船舶上市公司的研发投入情况。可以看出，中国船舶企业在研发投入上总体水平不高，但研发投入强度有逐年增大的趋势。通过表 2 可以看出，2013 年中国船舶重工股份有限公司研发经费投入 31.90 亿元，占当年销售收入的 6.22%，较 2012 年提高 1.03 个百分点；2013 年中国船舶工业股份有限公司研发经费投入 4.3 亿元，占当年销售收入的 1.94%，较 2012 年提高 1.06 个百分点。技术研发投入不足一直以来都是中国船舶工业国际竞争力不足的主要制约因素，加大船舶工业研发投入比重是提升中国船舶工业国际竞争力的必然选择。

表 2　进入世界 500 强的两家船舶上市公司研发投入情况

单位：亿元，%

年度	中国船舶重工股份有限公司			中国船舶工业股份有限公司		
	销售收入	研发投入	研发经费投入强度	销售收入	研发投入	研发经费投入强度
2013	512.69	31.90	6.22	221.98	4.30	1.94
2012	585.01	30.35	5.19	242.76	2.15	0.88
2011	563.28	—	—	286.99	3.15	1.10

资料来源：中国船舶重工股份有限公司 2012~2013 年报，中国船舶工业股份有限公司 2011~2013 年报。

二　船舶工业竞争力的国际比较

为了客观认识和准确定位中国船舶工业在国际市场上的实际竞争力，本部分分析了世界上主要国家船舶工业的国际市场占有率、贸易竞争力指数（TCI）、显示比较优势指数（RCA）和显示贸易优势指数（RTA）四个指标，以求通过分析上述指标的现状和历史变迁，揭示世界各国船舶工业竞争力的现状和历史变迁。总体来看，韩国（四大指标中有三个指标排第一）是目前当之无愧的船舶竞争力最强的国家；日本目前仍是船舶竞争力强国，但竞争力减弱趋势十分明显，且该趋势长期内仍将持续（四大指标的历史趋势全部呈下降趋势）；中国上升势头十分迅猛，各大指标均进入前五，但个别指标与韩国的差距在短期内仍然十分巨大；印度、巴西等新兴发展中国家潜力十分巨大，进步明显；挪威、波兰等欧洲国家的船舶工业国际竞争力在近20年下降较为明显；美国、德国、法国、意大利等发达国家的船舶工业国际竞争力长期处于一般水平且一直保持着比较稳定的状态。

（一）国际市场占有率

表3揭示了世界主要国家船舶工业国际市场占有率情况。2013年，船舶工业国际市场占有率排前五位的国家分别是韩国（26.57%）、中国（21.24%）、日本（11.39%）、巴西（5.88%）和波兰（4.03%）。其中，韩、中、日三国船舶工业国际市场占有率合计达到59.20%，占世界出口市场近六成，表明世界船舶中心已经转移到以韩、中、日为主的亚洲地区。从历史趋势来看，国际市场占有率增长最快的五个国家分别是中国（2013年比1994年增长19.47个百分点）、韩国（2013年比1994年增长10.75个百分点）、巴西（2013年比1994年增长4.56个百分点）、印度（2013年比1994年增长2.63个百分点）、波兰（2013年比1994年增长1.51个百分点）；国际市场占有率下降最快的五个国家分别是日本（2013年比1994年下降25.77个百分点）、挪威（2013年比1994年下降3.21个百分点）、德国（2013年比1994年下降2.18个百分点）、美国（2013年比1994年下降1.99个百分点）、英国（2013年比1994年下降1.23个百分点）。不难看出，中、韩两国是1994~2013年船舶工业国际市场占有率增长最快的两个国家，日本是1994~2013年船舶工业国际市场占有率下降最快的国家，其他国家的国际市场占有率比重相对较小。

表3 世界主要国家船舶工业国际市场占有率

单位：%

年度	美国	中国	英国	日本	印度	韩国	德国	意大利	巴西	法国	挪威	波兰
1994	3.97	1.77	2.47	37.16	0.03	15.82	5.65	2.31	1.32	2.31	4.23	2.52
1995	3.55	2.51	1.98	31.18	0.00	15.78	7.39	3.53	0.78	5.07	4.86	2.78
1996	2.89	3.14	2.44	26.12	0.11	19.37	4.09	4.82	0.51	5.06	2.99	2.95
1997	3.97	4.61	6.08	27.86	0.19	18.44	4.02	4.26	0.55	3.60	4.25	0.74
1998	4.32	4.53	2.06	24.67	0.14	19.52	3.84	6.67	0.32	3.22	3.54	2.95
1999	4.23	4.09	2.65	25.16	0.20	18.95	6.32	5.22	0.03	2.63	4.70	2.61
2000	2.86	4.20	2.34	26.36	0.12	21.13	4.06	5.72	0.02	5.51	2.96	2.64
2001	4.39	4.45	1.48	19.52	0.12	22.40	7.54	4.93	0.09	5.56	4.18	4.36
2002	2.80	4.36	1.50	20.86	0.13	24.16	8.14	5.98	0.02	4.22	3.02	5.26
2003	2.61	5.91	2.00	19.19	0.23	21.73	5.82	5.34	0.02	6.00	3.86	5.03
2004	2.89	5.11	2.02	19.82	0.55	24.79	4.78	6.13	2.05	2.87	1.82	4.75
2005	2.98	6.96	1.83	17.61	0.97	25.71	3.04	5.75	0.29	2.85	2.34	4.55
2006	3.20	9.61	1.44	16.66	0.93	25.48	4.42	4.71	0.04	2.77	2.12	3.76
2007	3.02	11.68	3.20	14.83	1.23	25.45	4.70	5.82	0.69	2.57	1.74	3.43
2008	2.31	13.94	1.57	14.12	1.87	29.18	4.56	4.47	1.10	2.58	1.58	2.80
2009	1.44	20.00	0.98	15.65	2.65	29.95	2.21	3.98	0.08	1.49	1.26	2.45
2010	1.54	23.67	1.32	15.29	2.48	27.93	4.03	3.18	0.10	1.63	0.77	1.89
2011	1.37	23.68	0.83	14.14	3.83	29.38	2.30	2.65	0.63	0.84	0.81	2.74
2012	2.35	25.80	0.97	14.77	2.74	25.14	3.40	2.25	1.03	1.28	0.88	2.65
2013	1.98	21.24	1.24	11.39	2.66	26.57	3.47	2.27	5.88	1.76	1.02	4.03

资料来源：根据联合国贸易数据库（http://comtrade.un.org）中HS89的数据计算。

（二）贸易竞争力指数（TCI）

表4揭示了世界主要国家船舶工业贸易竞争力指数变化趋势。可以看出，2013年船舶工业国际贸易竞争力指数排前五名的国家分别是日本（0.93）、韩国（0.91）、中国（0.87）、巴西（0.85）和法国（0.37）。从历史趋势来看，贸易竞争力指数由弱到强比较明显的国家主要有中国（由弱变为很强）、印度（由很弱变为一般）、韩国（由一般变为很强）；贸易竞争力指数变化不大的国

家主要有：美国（一直比较一般）、日本（一直很强）、巴西（时强时弱，波动幅度大）、法国（一直保持微弱优势）；贸易竞争力指数由强到弱比较明显的国家主要有：英国（由较强变为一般）、德国（由强变为较弱）、意大利（由强变为弱）、挪威（由一般变为微弱）、波兰（由很强变为一般）。表4显示，以日本、韩国、中国为主的亚洲区域是世界船舶工业竞争力最强的地区，在国际市场上的优势地位十分明显。

表4 世界主要国家船舶工业贸易竞争力指数（TCI）

年度	美国	中国	英国	日本	印度	韩国	德国	意大利	巴西	法国	挪威	波兰
1994	0.20	-0.42	0.79	0.97	-0.74	0.54	0.55	0.79	0.91	0.39	0.11	0.99
1995	0.19	-0.11	0.17	0.96	-0.99	0.56	0.76	0.80	0.56	0.48	0.36	0.99
1996	0.00	0.46	0.60	0.95	-0.73	0.57	0.71	0.77	0.80	0.45	0.01	0.98
1997	0.22	0.69	0.78	0.96	-0.58	0.80	0.72	0.67	0.73	0.29	-0.22	0.68
1998	0.20	0.82	0.50	0.97	-0.60	0.91	0.62	0.82	0.71	0.49	-0.29	0.99
1999	0.18	0.73	0.49	0.96	-0.76	0.94	0.39	0.64	-0.06	0.14	0.03	0.90
2000	-0.04	0.66	-0.06	0.96	-0.84	0.95	0.15	0.49	-0.24	0.61	-0.42	0.71
2001	0.21	0.47	0.35	0.95	-0.75	0.93	0.31	0.43	0.03	0.40	0.10	0.45
2002	-0.05	0.52	0.44	0.94	-0.86	0.92	0.61	0.54	-0.72	0.15	0.02	0.25
2003	-0.10	0.58	0.18	0.98	-0.76	0.91	0.22	0.22	-0.87	0.48	0.26	0.19
2004	-0.09	0.51	0.41	0.97	-0.62	0.87	0.25	0.37	0.98	0.19	-0.04	0.08
2005	0.06	0.81	0.27	0.98	-0.48	0.88	-0.27	0.43	0.80	0.10	-0.04	0.30
2006	0.26	0.88	0.31	0.97	-0.61	0.91	-0.40	0.35	0.10	0.28	-0.13	0.32
2007	0.23	0.85	0.42	0.97	-0.38	0.87	0.13	0.47	0.86	0.29	-0.25	0.37
2008	0.31	0.88	0.52	0.95	-0.29	0.85	-0.12	0.08	0.91	0.46	-0.43	0.25
2009	0.22	0.84	0.39	0.98	0.11	0.88	-0.36	0.40	-0.37	0.13	-0.29	0.20
2010	0.23	0.92	-0.13	0.97	0.08	0.87	-0.36	0.13	-0.12	0.34	-0.50	0.05
2011	0.36	0.91	0.12	0.97	0.36	0.91	-0.39	0.22	0.58	-0.01	-0.51	0.24
2012	0.30	0.91	0.40	0.95	-0.20	0.87	-0.09	0.13	0.70	-0.01	-0.26	0.11
2013	0.18	0.87	0.20	0.93	-0.32	0.91	0.02	0.35	0.85	0.37	-0.33	0.10

资料来源：根据联合国贸易数据库（http://comtrade.un.org）中HS89的数据计算。

（三）显示比较优势指数（RCA）

表5列示了世界主要国家船舶工业显示比较优势指数。不难看出，2013年，显示比较优势指数排前五位的国家分别是韩国（8.93）、巴西（4.57）、波兰（3.80）、日本（3.00）、中国（1.81），这五个国家的显示比较优势指数均大于1，表示该商品在国家中的出口比重大于在世界的出口比重，表明此种产品在该国出口国际市场上具有比较优势，具有一定的国际竞争力。显示比较优势指数较低的五个国家分别是美国（0.24）、英国（0.43）、德国（0.45）、法国（0.58）、意大利（0.83），这五国的显示比较优势指数均值小于1，表示该商品在国际市场上不具有比较优势，国际竞争力相对较弱。从历史趋势来看，世界主要国家船舶工业显示比较优势指数经历了不同的发展变化，通过图6可以看出，显示比较优势指数逐步变强的国家主要有：韩国（由较强变为极强）、中国（由较弱变为较强）、印度（由很弱变为相对较强）；显示比较优势指数在波动中由强变弱的国家主要有：挪威（由极强变为一般）、波兰（由最强变为一般）；显示比较优势指数在波动中保持相对稳定的国家主要有：美国（一直相对较弱）、英国（一直相对较弱）、日本（一直相对较强）、德国（一直相对较弱）、意大利（一直处于一般水平）、巴西（一直较弱）、法国（一直处于一般水平）。1994~2013年，船舶工业国际竞争力格局已经由以波兰和挪威为主的欧洲区域向以韩国和日本为主的亚洲区域转移。其中，波兰、挪威等成熟的船舶强国显示比较优势指数下降十分明显，中国、印度、巴西等新兴发展中国家的显示比较优势指数上升趋势明显。韩国显示比较优势指数完成了从较强向最强的发展历程，日本显示比较优势指数呈现出国际竞争力由强转弱不断下降的趋势。

表5 世界主要国家船舶工业显示比较优势指数（RCA）

年度	美国	中国	英国	日本	印度	韩国	德国	意大利	巴西	法国	挪威	波兰
1994	0.34	0.63	0.54	4.07	0.06	7.13	0.57	0.53	1.31	0.43	5.27	6.33
1995	0.31	0.87	0.44	3.64	0.00	6.52	0.73	0.79	0.87	0.92	6.02	6.29
1996	0.25	1.12	0.52	3.44	0.18	8.07	0.42	1.03	0.57	0.96	3.31	6.55
1997	0.32	1.41	1.22	3.70	0.30	7.57	0.44	1.00	0.58	0.71	4.90	1.62

续表

年度	美国	中国	英国	日本	印度	韩国	德国	意大利	巴西	法国	挪威	波兰
1998	0.35	1.36	0.42	3.50	0.22	8.12	0.39	1.52	0.34	0.59	4.82	5.75
1999	0.35	1.20	0.57	3.44	0.31	7.54	0.67	1.27	0.04	0.51	5.90	5.44
2000	0.24	1.09	0.51	3.55	0.18	7.92	0.48	1.54	0.03	1.21	3.19	5.51
2001	0.37	1.04	0.33	3.00	0.16	9.23	0.82	1.25	0.09	1.19	4.37	7.64
2002	0.26	0.87	0.34	3.25	0.17	9.66	0.86	1.53	0.02	0.90	3.30	8.48
2003	0.27	1.02	0.49	3.09	0.29	8.51	0.59	1.35	0.02	1.27	4.31	7.23
2004	0.33	0.79	0.53	3.23	0.67	9.01	0.48	1.60	1.95	0.64	2.03	5.94
2005	0.35	0.96	0.49	3.11	1.01	9.50	0.33	1.62	0.26	0.69	2.37	5.34
2006	0.37	1.20	0.38	3.13	0.93	9.50	0.48	1.37	0.03	0.70	2.10	4.16
2007	0.36	1.34	0.99	2.91	1.18	9.61	0.50	1.63	0.60	0.67	1.79	3.47
2008	0.29	1.57	0.53	2.92	1.66	11.18	0.50	1.33	0.90	0.70	1.48	2.63
2009	0.17	2.09	0.34	3.38	1.88	10.34	0.25	1.23	0.07	0.40	1.37	2.25
2010	0.18	2.30	0.48	3.04	1.72	9.01	0.49	1.09	0.08	0.49	0.90	1.84
2011	0.17	2.29	0.30	3.15	2.33	9.70	0.28	0.93	0.45	0.26	0.93	2.67
2012	0.28	2.32	0.37	3.40	1.74	8.45	0.44	0.82	0.78	0.42	1.01	2.72
2013	0.24	1.81	0.43	3.00	1.49	8.93	0.45	0.83	4.57	0.58	1.25	3.80

资料来源：根据联合国贸易数据库（http://comtrade.un.org）中HS89的数据计算。

（四）显示贸易优势指数（RTA）

表6显示了1994~2013年世界主要国家船舶工业显示贸易优势指数情况。静态来看，2013年船舶工业显示贸易优势指数最强的五个国家分别是韩国（7.80）、巴西（3.65）、日本（2.78）、中国（1.45）、法国（0.01），这五个国家的显示贸易优势指数大于0，表示该商品在国家中的出口比重大于在世界的出口比重，该商品在国际市场上具有比较优势，具有一定的国际竞争力。显示比较优势指数较低的五个国家分别是挪威（-9.27）、波兰（-3.83）、印度（-3.72）、德国（-0.86）、意大利（-0.25），这五国的显示贸易优势指数小于0，尤其是挪威和波兰远远小于0，表示该商品在国际市场上不具有比较优势，国际竞争力相对较弱。从历史趋势来看，世界主要国家船舶工业显示贸易优势指数经历了不同的发展变化，通过图7可以看出，显示贸易优势指数逐步变强的国家主要有：中国（由较弱变为较强）、韩国（由较强变为极强）、

巴西（在波动中变强）；显示贸易优势指数在波动中由强变弱的国家主要有：挪威（由极强变为一般）、波兰（由很强变为较弱）、日本（由较强逐步弱化，但目前仍较强）；显示贸易优势指数在波动中保持相对稳定的国家主要有：美国（一直相对一般）、英国（一直相对一般）、德国（一直相对一般）、意大利（一直处于一般水平）、法国（一直处于一般水平）、印度（一直相对较弱）。1994~2013年的显示贸易优势指数变化趋势表明，船舶工业国际竞争力格局已经由以波兰和挪威为主的欧洲区域向以韩国和日本为主的亚洲区域转移。波兰、挪威等成熟的船舶强国显示比较优势指数下降十分明显。日本尽管目前仍较强，但已由较强逐步弱化，呈不断下降的趋势。韩国目前已经成为船舶工业国际竞争力最强的国家，通过显示贸易优势指数可以看出，中国与韩国的差距仍然不是短期内可以缩小的。

表6　世界主要国家船舶工业显示贸易优势指数（RTA）

年度	美国	中国	英国	日本	印度	韩国	德国	意大利	巴西	法国	挪威	波兰
1994	-0.07	-3.33	0.40	3.82	-0.80	2.21	0.12	0.36	1.12	-0.05	-7.94	6.28
1995	-0.10	-2.31	-0.29	3.39	-1.09	2.06	0.44	0.53	0.31	0.05	-3.46	6.24
1996	-0.20	0.06	0.24	3.18	-2.21	3.58	0.23	0.65	0.45	0.08	-7.66	6.45
1997	-0.01	0.71	0.93	3.48	-1.68	5.92	0.27	0.52	0.43	-0.15	-16.84	1.23
1998	-0.08	0.89	0.10	3.28	-1.56	6.70	0.12	1.08	0.22	0.04	-19.41	5.69
1999	-0.03	0.67	0.18	3.21	-3.67	6.83	-0.13	0.55	-0.06	-0.44	-11.93	5.05
2000	-0.12	0.53	-0.52	3.35	-3.66	7.47	-0.40	0.35	-0.07	0.57	-27.79	4.17
2001	-0.01	0.00	0.02	2.77	-2.36	8.27	-0.45	-0.05	-0.14	-0.08	-11.96	2.43
2002	-0.18	0.07	0.07	2.94	-4.97	8.57	0.16	0.28	-0.44	-0.86	-11.10	-1.57
2003	-0.10	0.44	-0.01	2.99	-3.24	7.67	-0.35	-0.39	-0.69	0.39	-4.42	-0.48
2004	-0.11	0.23	0.21	3.10	-3.80	7.59	-0.28	0.08	1.88	-0.21	-5.68	-2.73
2005	0.05	0.75	0.11	3.03	-2.80	8.24	-0.97	0.45	0.17	-0.25	-6.46	0.69
2006	0.16	1.03	0.11	3.04	-3.80	8.63	-2.00	0.25	-0.04	-0.25	-7.31	0.77
2007	0.08	1.04	0.40	2.79	-2.63	8.08	-0.53	0.40	0.47	-0.03	-9.05	0.54
2008	0.09	1.30	0.28	2.74	-2.06	9.29	-1.14	-0.99	0.80	0.23	-13.66	-0.12
2009	-0.01	1.54	0.10	3.28	-0.65	8.39	-1.35	-0.06	-0.39	-0.27	-9.18	-1.20
2010	0.01	2.04	-0.50	2.90	-0.44	7.36	-2.37	-0.69	-0.18	0.01	-9.61	-1.63
2011	0.02	1.96	-0.17	3.03	0.30	8.42	-1.86	-0.64	0.07	-0.36	-13.27	-1.47
2012	0.03	2.01	0.09	3.20	-2.15	6.93	-1.16	-0.82	0.40	-0.50	-6.99	-2.45
2013	-0.04	1.45	-0.16	2.78	-3.72	7.80	-0.86	-0.25	3.65	0.01	-9.27	-3.83

资料来源：根据联合国贸易数据库（http://comtrade.un.org）中HS89的数据计算。

（五）其他质量指标国际比较

从船舶企业的技术、质量指标来看，中国与国际船舶强国相比存在较为明显的差距。中国造船业投入产出低、生产效率低、产业集中度低等问题明显。就投入产出的吨钢利用率来看，日本消耗一吨钢可产出 4.8 万元人民币，中国消耗一吨钢可产出 3.8 万~4 万元人民币，远低于日本的钢材利用率；从生产效率来看，中国船厂建造一个修正吨需要 30~35 个工时，而日本、韩国只要 15~20 个工时；从人均产出吨位来看，中国每个劳动力每年产值只是日本、韩国的 1/3~1/2；从产业集中度来看，2010 年，中国前 5 名完工量最大的船企的造船量占全国总造船量的 34%，而这一数据韩国是 74%、日本是 49%。随着国际社会对安全、环保问题的关注度的提高，近年来，国际海事组织频繁出台了一系列新规则、新标准，使中国造船业参与国际竞争的技术门槛大大抬高。在国际金融危机的影响下，不少缺乏核心竞争力的中小船舶企业难以为继，面临破产倒闭。

总体来看，近 20 年来中国船舶工业的国际竞争力有了明显的提升，贸易性指标均进入世界前五，显示出中国船舶工业在国际贸易中的竞争力提升是十分明显的。但从技术、质量性指标来看，目前中国船舶工业与韩、日等技术质量领先国家相比还存在较大差距。

三 船舶工业竞争力提升的政策措施、体制问题分析

（一）对既有政策措施和体制机制的总体评价

中国船舶工业近 20 年来国际竞争力提升明显的事实表明，涉及中国船舶工业的各项政策措施在实践中取得了良好的效果，发挥了促进产业竞争力提升的积极影响。总的来看，涉及船舶工业发展的政策措施主要有以下几个方面。

1. 连续性强的行业规划为船舶工业竞争力提升奠定了基础

进入 21 世纪后，中国开始制定船舶行业的专项规划，《民用船舶工业发展"十五"计划纲要》《船舶科技发展"十一五"规划纲要》《船舶工

"十二五"发展规划》作为船舶工业发展的总体规划,为船舶工业阶段性发展作出了具体部署,使得船舶工业国际竞争力提升效果十分明显。

2. 针对性强的专项规划为船舶工业竞争力提升明确了努力方向

为应对国际金融危机和产业转型升级,中国专门制定了一系列专项规划确保船舶工业的健康可持续发展。2009年2月11日,国务院审议并原则通过了《船舶工业调整振兴规划》。2011年,为推进中国特色的新型工业化,进一步调整和优化经济结构、促进工业转型升级,国务院颁布了《工业转型升级规划(2011~2015年)》。2011年,国家为大力发展海洋工程装备制造业,相继出台了《海洋工程装备制造业中长期发展规划》《海洋工程装备产业创新发展战略(2011~2020)》等一系列规划,明确提出培育壮大海洋工程装备制造业。为加强船舶工业行业管理、化解产能过剩矛盾,国务院发布了《船舶工业加快结构调整促进转型升级实施方案(2013~2015年)》和《关于化解产能严重过剩矛盾的指导意见》。上述专项规划应对外部环境变化及时有效,对提升中国船舶工业竞争力,实现中国船舶工业健康可持续发展具有重要的指导意义。

3. 操作性强的行业标准为船舶工业竞争力提升增强了动力

交通运输部等四部委印发了《老旧运输船舶和单壳油轮提前报废更新实施方案》,明确老旧船舶拆解更新的具体政策措施和实施对象;工信部发布了《船舶行业规范条件》,为进一步加强船舶行业管理明确了各项要求。为规范船舶工业技术进步和技术改造的投资方向,国家专门制定了《船舶工业技术进步和技术改造投资方向(2009~2011)》。为防治船舶及其有关作业活动污染海洋环境,2009年国家专门颁布了《防治船舶污染海洋环境管理条例》。这些操作性强的政策措施和行业标准,有力地促进了船舶工业竞争力的提升。

(二)制约竞争力提升的政策、体制问题分析

1. 从顶层设计来看,船舶工业发展的政策体系和法律规范缺乏系统性、规范性

从近年来中国船舶工业的政策变化环境看,政策制定主要体现在融资政

策、产业结构、推进执行全球化船舶建造新标准以及船舶工业发展规划等。这些政策措施虽然针对性和连续性强,但由于缺乏顶层设计上的系统性和规范性,中国船舶工业在法规法律体系建设方面仍然不够完善,规划与规划之间缺乏有效衔接,同时许多政策措施在内容上时有重复,目前尚缺乏系统性、规范性的法律法规体系作为政策扶持的稳定依据与保障。

2. 产业政策关注根本性、长期性和方向性问题不足,不利于以创新驱动产业发展

在制定产业政策的过程中,对于船舶工业面临的核心问题研究不足,政策规划和方案措施短期化、功利化倾向明显,迫切让政策发挥效果的急切心理比较严重,对于政府和市场的边界缺乏比较清晰的认知,导致一些产业政策和措施出台过于仓促,产业振兴的同时也导致了产能过剩。

3. 船舶工业内部微观改革较为滞后,企业集团内部活力激发不足

通过产业整合,当前中国船舶工业市场集中度明显提高,已经形成了以中国船舶工业集团公司、中国船舶重工集团公司为主的船舶领军企业集团,然而由于企业集团管理链条过长、管理幅度过大,企业集团存在较为明显的大企业病,大而不强、合而无力的特征明显。企业集团管控能力和技术还有待提升,内部信息孤岛现象较为严重;研究院所体制机制创新不足,研发能力薄弱,速度缓慢,研发产品不适应市场快速变化等问题亟待解决;行业内研发经费投入强度总体不高、质量竞争力指数下降明显,造船业投入产出低、生产效率低、产业集中度低问题相对突出。

四 船舶工业的未来趋势

综合来看,中国不但是船舶大国,而且已是船舶工业强国之一。通过分析国际市场占有率、贸易竞争力指数、显示比较优势指数和显示贸易优势指数等贸易类指标可以发现,中国船舶工业在国际贸易中具有较强的国际竞争力,船舶工业大国特征明显;但从质量竞争力指数、劳动生产率和研发经费投入强度等指标可以看出,尽管中国在上述指标方面进步明显,但与世界船舶强国韩国、日本比较,还存在一定的差距。但从国际竞争历史趋势来看,中国作为新

兴船舶工业强国，超过韩、日船舶工业应该是历史的必然。当然这一过程不会自动实现，需要中国船舶工业继续进行艰苦卓绝的努力。

从船舶工业国际竞争力格局的变化来看，经过20年的发展，世界船舶竞争力中心由欧洲转移至亚洲的过程已经完成。当前主要船舶竞争集中在亚洲地区韩、日、中三强之间。其中，日本最先承接欧洲船舶市场转移，虽国际竞争力强但已经进入船舶工业竞争力下行阶段；韩国在最近20年内船舶工业国际竞争力得到进一步巩固，目前正处于国际竞争力最强的成熟阶段；中国船舶国际竞争力增长迅速，贸易类指标已经足以与韩、日一较高下，但质量、技术类指标相对差距较大，短期内赶超韩、日的可能性并不大，但从长期来看仍充满希望。

从研发、技术和质量角度来看，中国船舶技术、质量在20年内进步十分明显，劳动生产率和研发经费投入强度提升明显，表明科学技术和人力资本对船舶工业竞争力的提升都具有积极意义；但中国船舶工业质量竞争力指数从长期来看呈下降趋势，表明中国极强的国际贸易竞争力是以船舶工业附加值低的低端产品来获得优势地位的。这种趋势如果不改变，势必会直接影响中国船舶工业强国战略的实现，必须高度重视。

为进一步提升船舶工业竞争力，当前必须在以下几个方面作出调整：一是深化认识船舶工业的发展规律，区分政府、中介组织和企业在国际竞争力提升方面的功能和作用，让市场发挥资源配置的决定性作用和更好地发挥政府作用，在顶层设计和政策体系上加强相关政策的系统性、规范性和长期性研究，贸易方面的波动则让企业去积极应对，减少政府干预。二是加强大型船舶企业集团的管控力度，在企业内部组织变革和激励方面加大力度，推动科研院所改制、加大对企业技术骨干和核心管理层的激励，发挥船舶领军企业集团的管理优势、规模优势和创新优势。三是逐步扭转以外需为主的船舶需求市场，扩大船舶内需市场，培育船舶工业发展的新的增长点。四是利用内需市场扩大的契机，逐步调整船舶市场产品结构，淘汰落后产能，增强高技术、高质量船舶的比重，使船舶市场由低端、低附加值、低技术门槛向高端、高附加值、高技术标准升级，通过产品升级、技术升级、管理升级促进船舶工业转型升级。

参考文献

［1］胡文龙：《工业发展报告——船舶工业》，经济管理出版社，2014。
［2］回旭：《中国打破韩国高技术垄断，造船大国转型造船强国》，《国际商报》2011年1月20日。
［3］李升江：《国内产能过剩没有传说那么严重》，《中国船检》2011年第10期。
［4］金碚、李钢、陈志：《加入WTO以来中国制造业国际竞争力的实证分析》，《中国工业经济》2006年第10期。
［5］陈立敏、谭力文：《评价中国制造业国际竞争力的实证方法研究——兼与波特指标及产业分类法比较》，《中国工业经济》2004年第5期。

B.9 创意产业竞争力

邓泳红*

摘　要：

2012年，英国创意产业就业人数占到英国总就业人数的5.6%，与2011年相比增长了8.6%，同期英国整体经济的就业仅增长0.7%。据美国国家统计局发布的数据，美国创意产业占GDP的比重超过3.2%。在全球贸易体系中，创意产品贸易作为最活跃的部门之一，已成为全球贸易的新引擎，2008～2012年，所有创意产品的出口年均增长率达到了5.34%。2012年中国创意产品的国际市场占有率约为32%，高于美国、德国、英国、法国和印度，但中国创意产品的竞争优势分行业来看，与美国、德国、英国、法国等相比还有很大差异。中国竞争力较强的创意产品包括时装、工艺品、玩具、视频游戏等，而视听产品、出版等较弱。中国在六大类创意服务出口中，除广告、市场研究和民意调查服务外，其他创意服务与美国、英国、德国等相比存在巨大差距，甚至比不过印度。中国创意产业亟须优化结构。

关键词：

创意产品　创意服务　国际竞争力

一　创意产品贸易已成为全球贸易的新引擎

对何谓创意产业、创意产业应包括哪些行业尽管仍存在争议，但已受到发

---

* 邓泳红，社会科学文献出版社副编审。

达国家、发展中国家及国际组织的广泛关注。创意产业一词，最早出现在澳大利亚于 1994 年发布的《创意国度》的报告中。1997 年英国文化、媒体与体育部门成立了创意产业专责小组，创意产业开始为决策者所广泛使用。① 2004 年，在巴西圣保罗召开的联合国贸发会议第十一次部长级会议上，创意产业的主题第一次被提上国际经济与发展的议事日程，153 个国家在协商后达成了圣保罗共识。2004 年，联合国成立创意产业的多机构非正式工作组。2008 年 1 月，作为联合国贸发会议第十二次大会的预备会议，联合国贸发会议秘书长在日内瓦主持召开了创意经济与产业发展的高级别小组会议。② 同年，联合国贸发会议出版了第一版《创意经济报告》。2009 年意大利发布了《创意白皮书》，2011 年欧盟启动了"创意欧洲"计划，③ 2012 年美国首次发布了创意产业对经济贡献的统计数据，英国创意产业顾问委员会提出了至 2020 年英国创意产业的发展战略。

创意产业之所以越来越受到世界各国及国际组织的重视，其重要原因是创意产业从多个维度促进了各地经济、社会、文化的发展。

（一）创意产业对经济发展具有十分重要的贡献，在国际贸易中，其相关产品的贸易增长很快

由于统计的原因，我们很难就创意产业对全球经济发展的贡献进行全面的评价，但从一些国家发布的数据来看，创意产业对经济发展的贡献不应被小看。根据 2014 年 1 月英国文化、媒体和体育部发布的英国创意产业统计数据，2012 年，英国创意产业就业人数占到英国总就业人数的 5.6%，与 2011 年相比就业增长了 8.6%，同期英国整体经济的就业仅增长 0.7%；2012 年英国创意产业的增加值占英国 GDP 的比重达到了 5.2%，创意产业增加值与 2008 年

---

① 联合国教科文组织、联合国开发计划署编《2010 创意经济报告》，张晓明、周建钢、意娜等译，三辰影库音像出版社，2010，第 5 页。
② 联合国教科文组织、联合国开发计划署编《2010 创意经济报告》，张晓明、周建钢、意娜等译，三辰影库音像出版社，2010，第 213 页。
③ 联合国教科文组织、联合国开发计划署编《2013 创意经济报告》，意娜等译，三辰影库音像出版社，2013，第Ⅳ页。

相比，增长了15.8%，而英国的GDP则仅增长5.2%。[1] 根据美国国家统计局发布的数据，美国的创意产业占GDP的比重超过3.2%。在全球贸易体系中，创意产品贸易作为最活跃的部门之一，已成为全球贸易的新引擎，2008~2012年所有创意产品的出口年均增长率达到了5.34%（见表1）。

表1 创意产品的出口年增长率

单位：%

产品类型	2003~2012年	2008~2012年	产品类型	2003~2012年	2008~2012年
所有创意产品	8.68	5.34	玩具	5.58	-0.33
手工艺品	4.87	5.64	新媒体	21.20	-2.55
地毯	4.10	7.96	录制媒体	37.51	5.16
庆典用品	4.29	9.93	视频游戏	12.29	-9.45
纸制品	2.84	-1.98	表演艺术	6.02	5.03
柳编制品	4.95	-3.69	乐器	6.19	5.22
纺织品	5.68	4.61	乐谱	0.31	-2.50
视听	14.28	-3.15	出版	1.36	-3.47
电影	-8.73	-31.68	书籍	3.00	-1.47
CD、DVD、磁带	14.87	-2.77	报纸	-0.71	-4.52
设计	9.03	9.09	其他印刷品	1.82	-5.41
建筑设计	-0.37	-16.35	视觉艺术	7.16	9.24
时尚用品	8.38	8.67	古董	1.84	8.88
玻璃工艺艺术品	4.24	11.75	绘画	6.93	3.00
室内设计	5.84	4.16	摄影作品	1.41	0.77
珠宝	15.66	19.95	雕塑	10.74	19.41

资料来源：UNCTADSTAT。文中图表数据来源，如无特殊说明，即同此。

（二）创意产业的发展有着重要的非货币收益

联合国教科文组织和联合国开发计划署在《2013创意经济报告》的导言中指出，"21世纪以来，个人、群体的创意和创新已经成为文化产业发展的重要推动力量，成为世界各国的真正财富"。"文化间接地影响着人们认识世界、定位自身、确定权利以及与他人构建有效的生产关系的方式。创意经济恰恰似

---

[1] Department for Culture, Media & Sport, UK: Creative Industries Economic Estimates, 2014.

'经济的创新'的源泉，其效益远远超出了经济范畴"。① 创意经济以个体及群体的创造力为基础，鼓励以人为中心的发展模式，能对社会融合、文化多样性和环境可持续性起到促进作用，充分体现了2012年联合国可持续发展大会的精神和愿景。②

二 中国创意产品的竞争力

（一）中国创意产品的国际市场占有率呈持续增加之势，但部分产品的国际市场占有率极低

2012年中国创意产品的国际市场占有率约为32%，高于美国、德国、英国、法国和印度，2012年这些国家创意型产品的国际市场占有率分别为7.98%、6%、4.8%、4.1%和5.45%（见图1）。但中国创意产品的竞争优势分行业来看，与美国、德国、英国、法国等相比有很大差异。中国竞争力较强的创意产品包括时装、工艺品、玩具、视频游戏等，而视听产品、出版等较弱（见表2），相对而言，美国、英国、德国、法国在这些领域的竞争力却较强（见表3）。

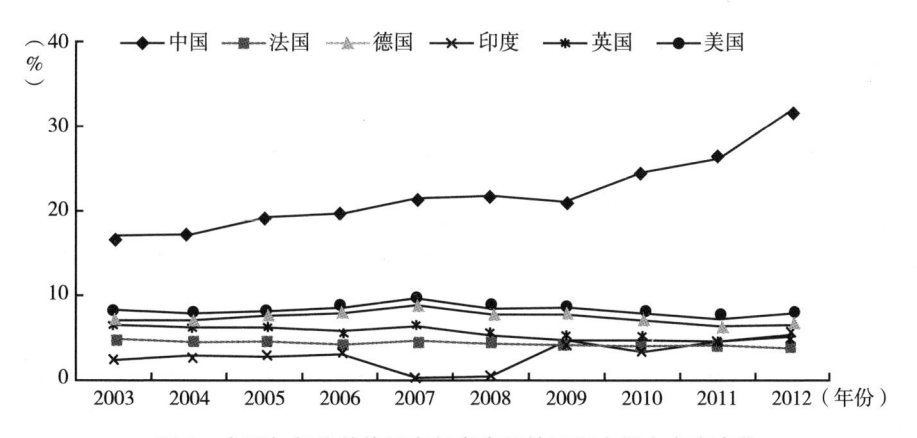

图1 中国与部分其他国家创意产品的国际市场占有率变化

---

① 联合国教科文组织、联合国开发计划署编《2013创意经济报告》，意娜等译，三辰影库音像出版社，2013，第Ⅰ页。
② 联合国教科文组织、联合国开发计划署编《2013创意经济报告》，意娜等译，三辰影库音像出版社，2013，第Ⅱ页。

表2　中国创意型产品的显示比较优势指数

产品类型	2005年	2006年	2007年	2008年	2009年	2010年	2011年	2012年
工艺品	1.26	1.37	1.61	1.64	1.59	1.43	1.37	1.34
视听产品	0.05	0.04	0.16	0.16	0.16	0.14	0.15	0.14
电影	0.00	0.00	0.00	0.00	0.00	0.00	0.00	0.01
CD、DVD、磁带	0.05	0.04	0.16	0.16	0.17	0.14	0.15	0.14
设计	1.23	1.19	1.23	1.17	1.19	1.22	1.18	1.16
建筑	0.28	0.28	0.41	0.13	0.22	0.15	0.16	0.17
时装	1.78	1.62	1.63	1.67	1.74	1.71	1.61	1.60
玩具	1.63	1.68	1.64	1.59	1.59	1.47	1.44	1.15
新媒体	1.64	1.63	1.43	1.46	1.22	1.04	0.98	1.00
视频游戏	2.10	1.98	1.42	1.41	1.18	1.08	1.19	1.32
表演艺术	1.18	1.18	1.26	1.34	1.30	1.14	1.05	0.95
乐器	1.22	1.22	1.30	1.38	1.34	1.17	1.07	0.97
出版	0.14	0.18	0.22	0.24	0.25	0.24	0.24	0.24
书籍	0.24	0.27	0.30	0.33	0.36	0.36	0.35	0.33
报纸	0.01	0.06	0.10	0.07	0.05	0.03	0.01	0.01
视觉艺术	0.72	0.68	0.57	0.59	0.76	0.77	0.88	0.98

表3　2012年部分国家创意产品的显示比较优势指数

产品类型	美国	法国	德国	英国	印度
工艺品	0.49	0.44	0.53	0.23	0.62
视听产品	1.43	0.66	2.33	0.76	0.35
电影	2.29	0.79	0.25	1.42	2.20
CD、DVD、磁带	1.42	0.66	2.34	0.76	0.35
设计	0.67	1.10	0.78	0.62	1.50
建筑	0.63	0.70	3.80	0.88	0.11
时装	0.31	2.26	0.56	0.38	0.68
玩具	0.63	0.46	0.89	0.34	0.01
新媒体	1.21	0.45	1.12	0.59	0.08
视频游戏	1.81	0.16	1.47	0.61	0.00
表演艺术	1.57	0.93	1.80	0.34	0.07
乐器	1.54	0.93	1.74	0.24	0.08
出版	1.57	1.39	2.02	2.11	0.15
书籍	2.07	1.24	1.49	3.32	0.28
报纸	1.44	1.80	1.74	1.37	0.02
视觉艺术	2.64	1.28	0.72	4.11	0.12

（二）中国的创意产品在发展中经济体市场上的占有率整体高于发达国家，但部分创意产品即便是在发展中经济体，其市场占有率也低得可忽略不计

中国的创意产品 2012 年在发展中经济体中的市场占有率为 37.98%，高出在发达经济体中的市场占有率约 10 个百分点。就市场占有率的变化而言，中国在发达经济体的市场占有率增长稳定，2012 年中国创意产品在发达经济体的市场占有率较 2005 年提高了约 11 个百分点，在发展中国家的市场占有率虽然在 2007 年之后出现过短暂的下降，但 2010 年开始出现了较强的增长势头（见表 4）。

表 4 中国创意产品在不同经济体中的市场占有率

单位：%

经济类型	2005 年	2006 年	2007 年	2008 年	2009 年	2010 年	2011 年	2012 年
发展中经济体	24.32	25.91	28.15	26.88	23.18	27.75	30.48	37.98
发达经济体	16.81	17.85	19.09	19.72	20.29	22.69	24.20	28.03
发展中经济体:非洲	20.93	24.65	28.82	26.85	28.00	31.25	31.63	48.99
发展中经济体:美洲	14.30	16.30	18.71	18.97	18.84	25.89	31.24	38.63
发展中经济体:亚洲	27.14	28.57	30.23	28.75	23.57	27.81	30.32	37.03
发展中经济体:东亚	40.57	40.33	36.98	35.36	28.36	31.05	37.17	46.43
发展中经济体:南亚	13.59	18.82	23.62	18.60	27.72	32.90	31.36	33.66
发展中经济体:东南亚	13.77	15.55	20.38	27.24	29.66	32.88	33.91	41.71
发展中经济体:西亚	12.45	15.14	20.65	18.96	12.36	16.14	14.32	16.83
发达经济体:美洲	25.71	27.37	33.35	33.69	34.04	37.21	39.03	41.97
发达经济体:亚洲	29.28	30.59	33.93	38.94	37.29	35.48	39.13	43.61
发达经济体:欧洲	9.82	10.75	10.58	11.25	11.99	13.86	15.12	17.69

就产品类型来考察，总的态势是那些在发达经济体具有较强竞争力的产品在发展中经济体也具有较强的竞争力，那些在发达经济体竞争力较弱的产品在发展中经济体的竞争力也相对较弱。中国在发达经济体中的市场占有率较高的产品包括工艺品、设计、时装、玩具、新媒体等，其市场占有率都在 28% 以

上，中国的此类产品在发展中经济体中的市场占有率都在30%以上。此外，中国在发展中经济体中的市场占有率较高的产品还包括表演艺术和视觉艺术等，其市场占有率超过40%。中国的视听产品和出版物虽然在发展中经济体中的市场占有率要高于发达国家，但其竞争力相对较弱，电影、报纸等的市场占有率甚至低得可以忽略不计（见表5）。

表5 中国不同类型产品的市场占有率

单位：%

经济类型	产品类型	2005年	2006年	2007年	2008年	2009年	2010年	2011年	2012年
对发展中经济体	工艺品	23.75	30.26	39.03	39.89	36.35	36.66	36.91	43.85
	视听产品	2.94	2.39	6.72	7.66	6.96	6.77	7.75	8.40
	电影	0.00	0.04	0.05	0.10	0.09	0.11	0.07	0.46
	CD、DVD、磁带	3.06	2.48	6.76	7.72	7.02	6.83	7.81	8.44
	设计	27.48	28.33	32.33	27.57	24.00	32.61	35.65	42.65
	建筑	7.77	8.69	23.44	3.53	4.02	0.80	0.71	1.98
	时装	34.96	36.87	40.65	41.37	41.93	45.30	45.26	55.31
	玩具	45.05	45.41	45.17	41.64	34.11	38.43	40.59	41.18
	新媒体	38.49	35.68	35.91	40.07	29.80	25.74	23.85	31.29
	电子游戏	49.60	43.40	29.29	37.79	26.05	18.61	18.03	34.80
	表演艺术	29.96	34.16	39.90	39.26	38.44	36.33	36.23	40.70
	乐器	30.35	34.72	40.44	39.75	38.96	36.79	36.62	41.15
	出版	7.37	9.63	12.40	11.07	10.31	9.62	9.75	12.10
	书籍	12.06	12.53	14.01	14.56	13.47	14.51	15.37	18.15
	报纸	0.63	5.79	9.62	6.64	4.58	2.23	0.73	0.62
	视觉艺术	22.31	20.84	16.83	20.37	22.68	25.34	28.59	50.15
对发达经济体	工艺品	24.18	25.83	32.40	33.46	32.62	34.32	36.36	42.57
	视听产品	0.61	0.56	2.07	1.63	1.58	1.52	1.63	1.98
	电影	0.00	0.02	0.02	0.00	0.03	0.01	0.00	0.00
	CD、DVD、磁带	0.64	0.59	2.12	1.67	1.62	1.56	1.66	1.99
	设计	21.08	21.96	24.51	24.62	25.49	28.11	28.89	32.98
	建筑	5.54	6.01	8.77	9.71	13.71	14.62	13.70	15.44
	时装	28.55	29.10	32.06	32.92	33.60	38.65	39.96	47.18
	玩具	27.88	30.09	32.05	32.28	33.56	35.95	37.80	35.85
	新媒体	30.06	31.71	27.75	28.13	24.41	25.90	27.97	32.93
	电子游戏	38.65	38.67	31.04	28.37	25.03	29.25	36.43	45.04
	表演艺术	21.19	21.18	24.41	26.83	24.72	25.34	24.93	26.69
	乐器	22.02	21.91	25.23	27.66	25.54	26.17	25.55	27.37
	出版	1.66	2.14	3.05	3.62	4.15	4.84	5.16	6.31
	书籍	2.68	3.40	4.43	5.01	5.82	6.78	6.98	7.96
	报纸	0.02	0.03	0.29	0.09	0.15	0.11	0.05	0.06
	视觉艺术	12.40	12.32	11.21	10.72	14.59	17.04	21.54	25.57

（三）中国对发达经济体的贸易竞争力指数高于对发展中经济体

在衡量一国的产业竞争力时，贸易竞争力指数也是常用的指标之一。贸易竞争力指数与衡量一国产业竞争力的市场占有率指标的差异在于，后者考虑到了国内进口的因素。中国的进口，就是其他国家对中国的出口，所以，贸易竞争力指数可作为国内市场上中国创意产品竞争力的衡量指标。

在国际金融危机爆发后，以贸易竞争力指数衡量的中国创意产品在国内市场上的竞争力，虽然出现了下降，但其在2009年就开始出现了恢复性增长，2010年又进入新一轮的上升轨道。

如果把全球经济体分为发展中经济体、发达经济体和转型经济体，则中国对发达经济体的贸易竞争力指数高于发展中经济体，但从趋势来看，呈下降趋势。2005年中国创意产品对发达经济体的贸易竞争力指数约为0.88，2012年约为0.82。中国创意产品对发展中经济体的贸易竞争力指数一直低于发达经济体，但近年来开始呈现出恢复性增长态势。2005年中国创意产品对发展中经济体的贸易竞争力指数为0.77，2012年为0.79，与2006年相当（见图2）。

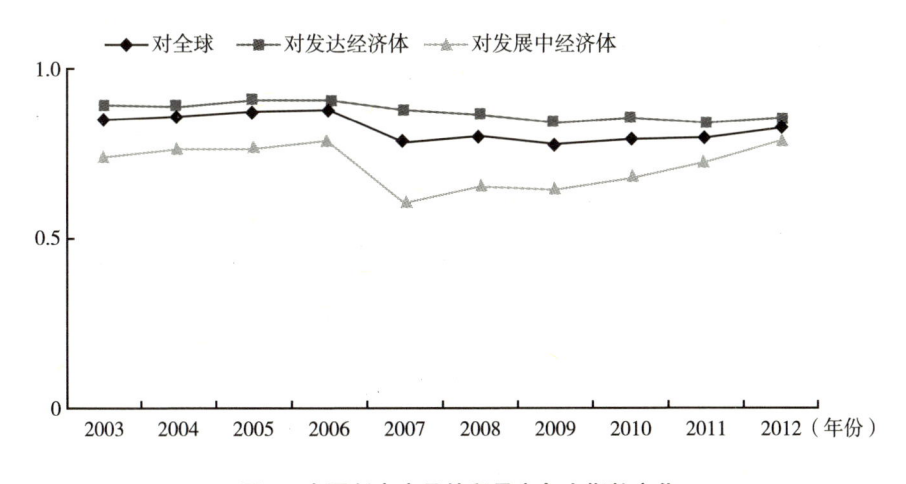

图2　中国创意产品的贸易竞争力指数变化

分产品类型，中国的视听产品在全球的贸易竞争力指数最低；进一步细分，电影，CD、DVD、磁带，报纸的贸易竞争力指数为负值。从发展趋势看，新媒体产品、表演艺术等的贸易竞争力指数有所下降。按经济发展程度考察，

中国电影的贸易竞争力指数在发展中经济体提升得最快；而作为贸易竞争力指数为负值的报纸，在发达经济体其贸易竞争力指数基本稳定，但在发展中经济体其贸易竞争力指数出现了下降（见表6）。

表6 中国各类创意产品的贸易竞争力指数

产品类型	对全球 2005年	对全球 2012年	对发达经济体 2005年	对发达经济体 2012年	对发展中经济体 2005年	对发展中经济体 2012年
工艺品	0.80	0.85	0.89	0.93	0.62	0.75
视听产品	-0.77	-0.45	-0.76	-0.62	-0.79	-0.37
电影	-0.99	-0.89	-0.98	-1.00	-0.99	0.22
CD、DVD、磁带	-0.77	-0.45	-0.76	-0.62	-0.79	-0.37
设计	0.94	0.92	0.96	0.90	0.87	0.93
建筑	-0.16	0.24	-0.49	0.31	0.94	0.23
时装	0.95	0.89	0.95	0.86	0.89	0.91
玩具	0.94	0.95	0.98	0.98	0.85	0.87
新媒体	0.97	0.60	0.99	0.84	0.93	0.35
电子游戏	0.98	0.89	0.99	0.97	0.94	0.67
表演艺术	0.89	0.81	0.91	0.79	0.83	0.82
乐器	0.89	0.81	0.91	0.79	0.83	0.82
出版	0.42	0.46	0.33	0.38	0.57	0.59
书籍	0.74	0.79	0.72	0.76	0.76	0.83
报纸	-0.83	-0.84	-0.97	-0.95	-0.42	-0.62
视觉艺术	0.97	0.97	0.98	0.98	0.92	0.95

三 中国创意服务的竞争力

有关创意产业的统计还很不完善，相对于创意产品的统计而言，创意服务的统计数据则显得更不完善。所以，只能根据既有资料对中国创意服务的竞争力进行概括性判断。

目前国际贸易对创意服务的统计包括六类：广告、市场研究和民意调查，建筑、工程和其他技术服务，研发，个人、文化与娱乐服务，视听及相关服务，其他个人、文化与娱乐服务。总体而言，就像中国服务业的竞争力弱于制造业的竞争力一样，相对于创意产品的竞争力中国创意服务的竞争力较弱。在这六大类创意服务中，中国广告、市场研究和民意调查服务的出口量最大，其出口规模超过法国、美国等，略低于英国和德国。这与发达国家有所不同，发达国家出口规模最大的是建筑、工程和其他技术服务或研发，如美国、德国、法国出口规模最大的是研发，英国出口规模最大的是建筑、工程和其他技术服务。中国在六大类创意服务出口中，除广告、市场研究和民意调查服务外，其他创意服务与美国、英国、德国等存在极大的差距，甚至比不过印度（见表7）。

表7 典型国家创意服务的出口

单位：百万美元

国家	年份	2005	2008	2010	2011	2012
中国	广告、市场研究和民意调查	1075.73	2202.32	2885.25	4017.93	4750.90
	建筑、工程和其他技术服务	—	—	—	—	—
	研发	—	—	—	—	—
	个人、文化与娱乐服务	133.85	417.94	122.91	122.77	125.57
	视听及相关服务	133.85	417.94	122.91	122.77	125.57
	其他个人、文化与娱乐服务					
法国	广告、市场研究和民意调查	1502.26	1100.08	3062.06	3504.52	—
	建筑、工程和其他技术服务	—	2559.05	4030.22	4636.09	
	研发	—	3552.20	5594.36	6434.93	
	个人、文化与娱乐服务	2136.49	2220.67	3540.18	4137.03	4006.83
	视听及相关服务	1415.21	1160.14	1621.09	1866.95	
	其他个人、文化与娱乐服务	722.52	1060.53	1920.41	2270.08	
德国	广告、市场研究和民意调查	3547.97	5746.51	5880.44	5491.03	—
	建筑、工程和其他技术服务	8629.30	13344.56	12759.5	13674.75	
	研发	7648.11	12556.49	12701.23	14496.32	
	个人、文化与娱乐服务	1195.09	1095.69	1105.89	906.36	800.91
	视听及相关服务	1195.09	1095.69	1105.89	906.36	880.36
	其他个人、文化与娱乐服务					
印度	广告、市场研究和民意调查	279.06	573.17	—	—	—
	建筑、工程和其他技术服务	2620.39	2131.14			
	研发	334.94	1684.27			
	个人、文化与娱乐服务	111.08	707.19	327.12	342.61	769.66
	视听及相关服务	—	—	232	139	288.64
	其他个人、文化与娱乐服务	111.08	707.19	—	—	—

续表

年　份		2005	2008	2010	2011	2012
英国	广告、市场研究和民意调查	4369.10	4838.53	4508.79	5304.89	—
	建筑、工程和其他技术服务	9505.48	11377.55	9944.69	11962.04	—
	研发	8554.57	10445.51	8914.07	9291.16	—
	个人、文化与娱乐服务	4078.19	4189.60	3946.35	4609.53	3946.98
	视听及相关服务	2858.19	2501.99	1789.30	2047.61	—
	其他个人、文化与娱乐服务	1220.00	1687.60	2157.05	2561.92	—
美国	广告、市场研究和民意调查	896	4256	4403.13	4191.96	—
	建筑、工程和其他技术服务	3363	5793	6366.52	8316.90	—
	研发	10431	17345	21384.65	23363.99	—
	个人、文化与娱乐服务	248	747	1006.05	893.23	—
	视听及相关服务	—	—	—	—	—
	其他个人、文化与娱乐服务	248	747	1006.05	893.23	—

注："—"表示没有数据。

四　政策建议

联合国教科文组织、联合国开发计划署对一些国家发展创意产业的经验进行了总结，提出发展中国家鼓励创意经济发展，其关键领域包括：提供基础设施、提供金融和融资、建立体制机制、健全制度框架和法律法规、开拓出口市场、建立创意集群和高效的数据搜集机制。近年来，中国对创意产业的发展十分重视。早在2006年，中国发布的《国家"十一五"时期文化发展规划纲要》就明确提出要促进文化创意企业发展。2014年国务院发布了《关于推进文化创意和设计服务与相关产业融合发展的若干意见》，充分肯定了发展文化创意产业的重要性，并提出了八大支持措施：增强创新动力、强化人才培养、壮大市场主体、培育市场需求、引导集约发展、加大财税支持、加强金融服务、优化发展环境。把这八大措施与联合国教科文组织、联合国开发计划署提出的八大关键政策领域相结合，为了使政策落到实处，仍需解决以下四个问题。

（一）把创意产业发展纳入加强国家软实力建设的战略规划中

创意产业的国际竞争力提升是一个国家软实力提升的重要标志，也是一个国家推进软实力建设的重要手段。中国在硬实力上升的同时，软实力也日益上升，但中国的软实力仍然较实力弱很多。一个国家的综合实力，既取决于硬实力，也决定于软实力。软实力提升了，在硬实力的发展过程中，就可以更多地利用国际资源，开展国际合作，促进硬实力的提升。中国综合国力的发展到了需要打破软实力制约，以进一步提升硬实力的新阶段。创意产品作为可嵌入中国文化、中国性格的载体，对于提升中国软实力具有先锋性作用。

（二）加强创意产业发展的统计分析工作，为科学决策提供支撑

为贯彻落实北京市"十一五"规划目标要求，大力发展文化创意产业，建立科学、系统、可行的北京市文化创意产业统计标准，北京市于2008年发布了文化创意产业分类标准；在借鉴联合国教科文组织发布的《文化统计框架——2009》的分类方法的基础上，2012年国家统计局修订完成并发布了"文化及相关产业分类标准"，这一标准的颁布虽然为开展全国性的创意产业统计工作提供了标准，但文化创意产业的数据搜集、分析工作仍不理想，目前的数据基础难以为决策者提供有用的信息，难以用于评价创意产业对经济的全部贡献。

（三）培育创意企业家，推进特色创意产品制造

创意产业的发展，需要智力资本的投入。创意产业是一种知识密集、文化密集型产业。该产业的竞争力，在于其独特的创意和原始性创新。目前中国创意产业发展的突出问题是创新不足、相互模仿、产品雷同现象严重，这使创意产业的独特价值没有得到充分体现。解决这一问题的根本方法就是要培育创意企业家，通过创意社区、创意城市的建设，推动创意阶层的形成。

（四）加强跨部门协调

创意经济与经济、社会、文化、科技和环境等多领域相关联，政策的制定、实施不能仅考虑经济需求，还需要考虑教育、文化、社会、环境等因素，需要协调好跨部门之间的关系，确保相关政策措施落实到位。

参考文献

［1］联合国教科文组织、联合国开发计划署编《2010 创意经济报告》，张晓明、周建钢、意娜等译，三辰影库音像出版社，2010。
［2］联合国教科文组织、联合国开发计划署编《2013 创意经济报告》，意娜等译，三辰影库音像出版社，2013。

B.10 金融服务竞争力

王秀丽*

摘　要：

随着中国商品贸易规模的扩大，金融服务贸易需求越来越高，然而尽管中国金融服务贸易进出口规模总体上不断提高，但是贸易逆差逐年扩大，凸显中国金融服务行业竞争力亟待提高的现实。国际比较结果显示，中国金融业国际竞争力不仅与主要发达国家相比存在差距，即使与其他金砖五国相比也存在较大差距。本文认为阻碍中国金融业国际竞争力提升的问题有：公司治理能力不强，企业运营效率较低；金融运行机制不协调，金融监管体制存在漏洞；金融行业海外布局有待完善。本文建议：降低准入门槛，减少行政干预，提升金融行业运行效率；完善金融系统建设，理顺金融运行机制；加强监管协调，提高金融行业透明度；加强国际协调，鼓励金融行业加快国际化步伐。

关键词：

中国　金融服务　国际竞争力

长期以来，金融服务业的国际竞争力一直较弱，但是随着中国贸易规模的不断扩大，金融服务业的国际竞争力有望提升。2013年，中国金融服务贸易规模进一步扩大，其中，出口规模已达31.68亿美元，同比增长68%，进口规模为36.85亿美元，同比增长91%。然而，金融服务业竞争力的提升有赖于国内体制机制的改革。

---

* 王秀丽，中国社会科学院工业经济研究所博士后。

一 金融服务竞争力变化

长期以来，中国金融服务业国际市场占有率偏低，贸易竞争力指数长期处在负值区间，与此同时，显示比较优势指数表明中国金融服务业无论是在服务业还是在所有行业中均无比较优势。2013年，通过分析国际市场占有率、贸易竞争力指数和显示比较优势指数等指标发现中国金融服务业这一弱势状况正在改善，但是依然任重而道远。

（一）国际市场占有率稳步提高

2013年，中国金融服务贸易规模进一步扩大，其中，出口规模已达31.68亿美元，同比增长68%，进口规模为36.85亿美元，同比增长91%。伴随着金融服务贸易规模的扩大，中国金融服务贸易国际市场占有率逐步提高（见图1）。2000年，中国金融服务行业的国际市场占有率仅为0.08%，基本可以忽略不计；随后中国加入WTO，中国商品贸易大幅度提高，金融服务贸易需求逐年增长，金融服务贸易进口增加，但是中国金融服务贸易出口增长缓慢，截至2009年，中国金融服务行业的国际市场占有率依然在0.14%的低位徘徊；随后，国际金融危机爆发，国际金融服务行业面临重大调整，中国政府把握时机，大力推动金融业"走出去"战略，中国金融行业的国际市场占有率显著提高，2010~2013年金融服务行业国际市场占有率分别为0.47%、0.27%、0.61%和0.95%，金融服务行业的贸易竞争力显著提高。

（二）贸易竞争力指数（TCI）震荡下行

2009~2011年，金融服务业贸易竞争力指数上升趋势显著，曾于2011年一度突破0值；然而，随着金融服务业需求的上升，受金融服务业供给能力的限制，2012~2013年金融服务业贸易竞争力指数再度出现下滑，2013年跌至-0.08，为四年来的最低点。

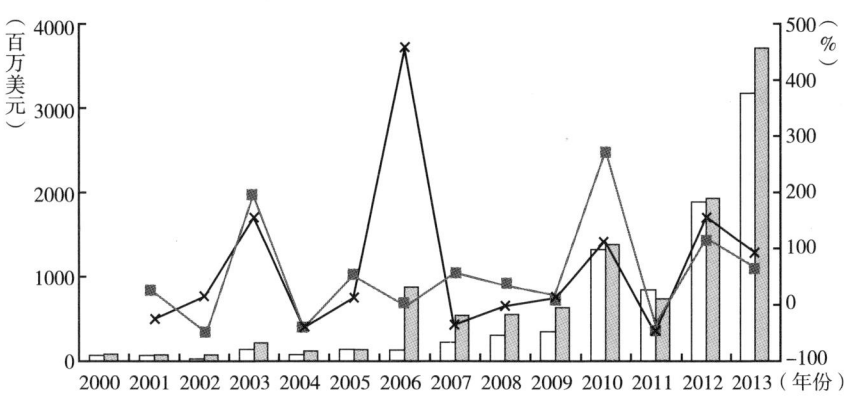

金融服务贸易出口额（左轴）　　金融服务贸易进口额（左轴）
—■— 金融服务贸易出口同比增长率（右轴）　—×— 金融服务贸易进口同比增长率（右轴）

图1　2000~2013年中国金融服务贸易规模和同比增长率

注：主坐标是按当年价计算的金融服务贸易额，次坐标是金融服务贸易同比增长率。
资料来源：根据WTO贸易数据库（http://www.wto.org）数据计算得来。

—♦— 国际市场占有率（%）　—■— 贸易竞争力指数

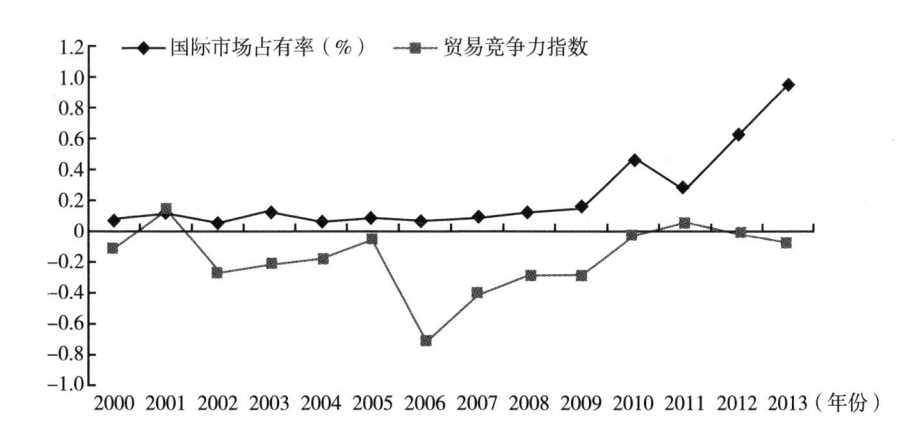

图2　2000~2013年中国金融服务业国际市场占有率和贸易竞争力指数

注：①金融服务行业国际市场占有率＝中国金融服务行业出口总额/全球金融服务行业出口总额。②金融服务行业贸易竞争力指数＝（金融服务行业出口总额－金融服务行业进口总额）/（金融服务行业世界出口总额＋金融服务行业世界进口总额）。
资料来源：根据WTO贸易数据库（http://www.wto.org）数据计算得来。

（三）显示比较优势指数（RCA）快速提高

尽管中国已成为全球第一贸易大国，但中国的金融服务业不仅远远滞后于货物贸易行业，也远远滞后于其他服务业贸易。本文使用了两种显示比较优势指数算法，以识别金融服务行业在服务业与全部行业中的比较优势状况。图3中，显示比较优势指数1是金融服务业在服务业中的比较优势，显示比较优势指数2是金融服务业在全部行业中的比较优势。

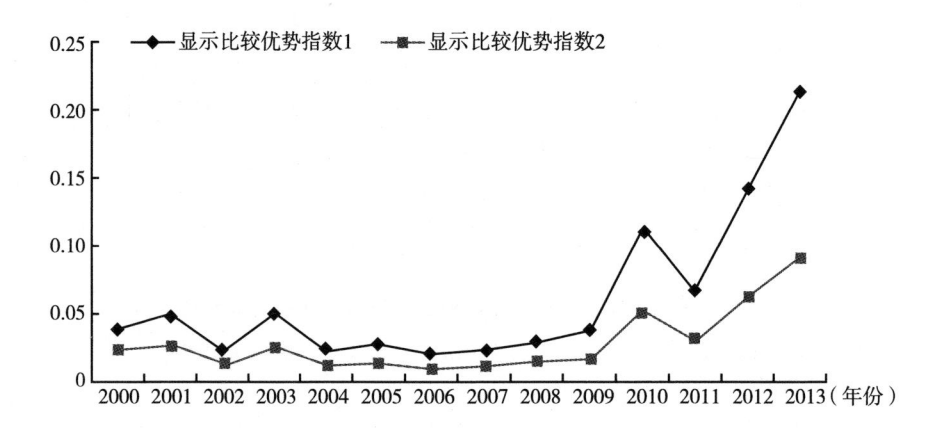

图3 中国金融服务贸易显示比较优势指数

注：①中国金融服务行业显示比较优势指数1＝（中国金融服务行业出口总额/中国服务行业出口总额）/（全球金融服务行业出口总额/全球服务行业出口总额）。②中国金融服务行业显示比较优势指数2＝（中国金融服务行业出口总额/中国货物和服务行业出口总额）/（全球金融服务行业出口总额/全球货物和服务行业出口总额）。

资料来源：根据WTO贸易数据库（http://www.wto.org）数据计算得来。

中国的金融服务业两种显示比较优势指数均远远小于1，说明在国际上无竞争力可言。然而，这种局面正在改观。2008年之前，中国金融服务业的显示比较优势指数1徘徊在0.02左右；2009年以来，中国金融服务业的显示比较优势指数1出现了上升趋势，2009～2013年分别为0.04、0.11、0.07、0.14和0.21，中国金融服务业比较优势显著改善。以全贸易口径度量的中国金融服务业显示比较优势指数2也出现了同样的发展趋势：2008年以前，该指数徘徊在0.01左右；2009～2013年分别为0.02、0.05、0.03、0.06和0.09，增长势头明显。

二 国际比较

与发达国家相比，中国的金融服务业国际市场占有率偏低，贸易竞争力亟待提高，比较优势偏弱；即便与其他金砖五国相比，中国金融服务业的国际竞争力差距也较为明显。

（一）国际市场占有率依旧偏低

截至2013年，中国金融服务业国际市场占有率仍低于1%，相较之下，与拥有发达金融市场的美国和英国存在着巨大的鸿沟。2013年美国和英国的市场占有率分别为25.04%和18.69%，二者之和约占全球金融服务业贸易的44%。与着力发展实体经济的德国和日本相比，中国也存在较大差距：德国的金融服务业国际市场占有率不到5%，日本的金融服务业国际市场占有率略高于1%；拥有法兰克福金融中心的法国的金融服务业国际市场占有率2013年为1.98%。

与金砖国家比较，中国的金融服务业国际市场占有率处于中游水平，仅比南非、巴西和俄罗斯略高一些，低于印度。2000年以来，金砖国家的金融服务业的国际市场占有率都有不同程度的提高，其中印度的金融服务业国际市场占有率提高速度快于其他四个国家。2001年，金砖五国金融服务业国际市场占有率排名为巴西（0.34%）、印度（0.33%）、南非（0.26%）、俄罗斯（0.14%）

表1　主要发达国家和金砖五国金融服务行业国际市场占有率

单位：%

年份	美国	英国	德国	法国	日本	巴西	俄罗斯	印度	南非	中国
2000	22.67	20.74	3.63	1.29	2.94	0.39	0.10	0.28	—	0.08
2001	23.42	21.28	3.46	1.17	2.90	0.34	0.14	0.33	0.26	0.11
2002	24.52	20.25	3.47	1.11	3.13	0.39	0.14	0.60	0.22	0.05
2003	23.16	23.77	3.33	0.89	2.89	0.30	0.15	0.30	0.25	0.13
2004	23.72	24.21	3.43	0.94	2.87	0.28	0.18	0.22	0.28	0.06
2005	22.09	23.57	3.66	0.79	2.81	0.28	0.22	0.63	0.30	0.08
2006	21.26	22.95	3.82	0.60	2.73	0.33	0.26	1.05	0.31	0.06
2007	20.65	25.08	3.99	0.60	2.09	0.37	0.40	1.14	0.29	0.08
2008	21.11	24.18	4.54	0.66	1.83	0.41	0.44	1.44	0.27	0.11
2009	24.51	22.26	4.96	0.85	1.83	0.60	0.39	1.38	0.27	0.14
2010	25.65	19.13	4.54	1.03	1.28	0.73	0.37	2.07	0.29	0.47
2011	24.69	19.68	4.74	2.34	1.30	0.84	0.35	1.97	0.28	0.27
2012	24.77	19.14	4.65	2.11	1.51	0.87	0.43	1.66	0.29	0.61
2013	25.04	18.69	4.58	1.98	1.36	0.87	0.51	1.77	0.26	0.95

注：金融服务行业国际市场占有率=某国金融服务行业出口总额/全球金融服务行业出口总额。
资料来源：根据WTO贸易数据库（http://www.wto.org）数据计算得来。

和中国（0.11%），2013年排名变为印度（1.77%）、中国（0.95%）、巴西（0.87%）、俄罗斯（0.51%）和南非（0.26%）。

（二）贸易竞争力有待提高

2000~2013年，中国金融服务业贸易竞争力指数大部分年份处在负值区间，竞争力水平亟待提升，与发达国家相比，竞争力劣势更加明显。作为有着深厚金融发展史的英国和美国，2013年贸易竞争力指数分别为0.68和0.64。长期以来，英国一直维持着在该行业的竞争优势，而美国发展劲头强劲，大有赶超之势。德国和日本的金融服务业贸易竞争力指数一直维持在正值区间，竞争力水平也较高；而法国的金融服务行业贸易竞争力指数在危机的影响下逆势反弹，从不具竞争力反弹至正值区间，上升趋势明显，2013年超过日本，跃至0.24。

2013年，中国金融服务业的贸易竞争力指数在金砖五国中较低，仅比俄罗斯高一点。总体而言，金砖五国除南非外，金融服务业贸易竞争力均偏弱，其中中国和俄罗斯最弱，两国该行业贸易竞争力指数依然处在负值区间。南非金融服务业的国际市场占有率虽然最低，但是贸易竞争力指数一直维持在较高水平，2013年其贸易竞争力指数高达0.77，不但高于其他金砖五国，也高于英国、美国等发达国家。

表2 主要发达国家和金砖五国金融服务行业贸易竞争力指数

年份	美国	英国	德国	法国	日本	巴西	俄罗斯	印度	南非	中国
2000	0.34	0.66	0.28	-0.07	0.21	-0.28	0.47	-0.64		-0.11
2001	0.37	0.64	0.18	-0.15	0.24	-0.33	-0.24	-0.71	0.52	0.13
2002	0.46	0.61	0.24	-0.16	0.32	-0.23	-0.25	-0.41	0.50	-0.28
2003	0.51	0.62	0.25	-0.28	0.23	-0.35	-0.28	-0.14	0.48	-0.21
2004	0.53	0.67	0.19	-0.27	0.25	-0.08	-0.44	-0.40	0.48	-0.19
2005	0.53	0.64	0.18	-0.25	0.30	-0.18	-0.39	0.14	0.49	-0.05
2006	0.53	0.65	0.19	-0.21	0.35	-0.08	-0.21	0.09	0.60	-0.72
2007	0.52	0.68	0.19	-0.04	0.26	0.15	-0.11	0.02	0.63	-0.41
2008	0.57	0.68	0.27	0.01	0.16	0.04	-0.22	0.10	0.73	-0.28
2009	0.63	0.71	0.30	0.09	0.22	-0.01	-0.18	-0.02	0.71	-0.29
2010	0.65	0.69	0.28	0.12	0.07	0.10	-0.24	-0.08	0.72	-0.02
2011	0.63	0.67	0.22	0.24	0.10	0.19	-0.23	-0.14	0.73	0.06
2012	0.64	0.70	0.30	0.18	0.18	0.15	-0.18	0.03	0.75	-0.01
2013	0.64	0.68	0.26	0.24	0.11	0.24	-0.21	0.04	0.77	-0.08

注：金融服务行业贸易竞争力指数 =（金融服务行业出口总额 - 金融服务行业进口总额）/（金融服务行业世界出口总额 + 金融服务行业世界进口总额）。

资料来源：根据WTO贸易数据库（http://www.wto.org）数据计算得来。

（三）比较优势不明显

与其他服务业的国际贸易相比，中国金融服务业的显示比较优势指数不仅与发达国家存在差距，而且与金砖五国的其他四个国家也存在较大差距。2013年，金砖五国中，巴西的金融服务业在国际市场中具有比较优势，南非、印度、俄罗斯和中国的金融服务业处在相对劣势的地位。不过即使在发达国家中，金融服务业具有相对比较优势的国家也只有美国和英国，德国、法国、日本也处在相对劣势的地位。

在不包含货物出口的所有贸易中，中国金融服务业的差距更为显著。在服务业内部的比较优势中，2013年中国金融服务业的显示比较优势指数为0.21，而在所有贸易行业比较中，中国金融服务业的显示比较优势下降为0.09；而英国和美国两国分别从2.97和1.76提高到5.26和2.62。印度和法国也有所提高，其他国家则出现下降趋势，这意味着相对于货物贸易而言，这些国家的金融服务业不具有比较优势。

表3 主要发达国家和金砖五国金融服务行业显示比较优势指数
（不包含货物出口的所有贸易）

年份	美国	英国	德国	法国	日本	巴西	俄罗斯	印度	南非	中国
2000	1.20	2.61	0.68	0.24	0.64	0.64	0.16	0.26	0.00	0.04
2001	1.28	2.71	0.61	0.22	0.68	0.58	0.18	0.29	0.81	0.05
2002	1.40	2.49	0.58	0.21	0.77	0.71	0.17	0.50	0.74	0.02
2003	1.48	2.83	0.53	0.17	0.71	0.58	0.17	0.24	0.55	0.05
2004	1.60	2.81	0.56	0.19	0.68	0.53	0.19	0.13	0.65	0.02
2005	1.53	2.91	0.59	0.16	0.65	0.48	0.22	0.31	0.67	0.03
2006	1.49	2.81	0.60	0.13	0.67	0.52	0.24	0.43	0.75	0.02
2007	1.50	3.01	0.63	0.14	0.56	0.55	0.35	0.45	0.75	0.02
2008	1.56	3.31	0.70	0.15	0.48	0.55	0.34	0.52	0.84	0.03
2009	1.73	3.05	0.74	0.16	0.51	0.79	0.33	0.52	0.81	0.04
2010	1.82	2.78	0.72	0.20	0.35	0.94	0.32	0.68	0.82	0.11
2011	1.77	2.89	0.76	0.43	0.39	0.99	0.27	0.61	0.85	0.07
2012	1.73	2.92	0.77	0.43	0.46	1.00	0.32	0.50	0.86	0.14
2013	1.76	2.97	0.74	0.39	0.43	1.08	0.36	0.55	0.88	0.21

注：某国金融服务行业显示比较优势指数 =（某国金融服务行业出口总额/某国服务行业出口总额）/（全球金融服务行业出口总额/全球服务行业出口总额）。

资料来源：根据WTO贸易数据库（http://www.wto.org）数据计算得来。

表4　主要发达国家和金砖五国金融服务行业显示比较优势指数（所有贸易行业）

年份	美国	英国	德国	法国	日本	巴西	俄罗斯	印度	南非	中国
2000	1.69	4.08	0.46	0.25	0.43	0.48	0.07	0.38	—	0.02
2001	1.80	4.19	0.41	0.22	0.48	0.39	0.09	0.42	0.58	0.03
2002	2.04	3.99	0.39	0.22	0.53	0.46	0.10	0.71	0.53	0.01
2003	2.16	4.87	0.36	0.17	0.50	0.34	0.09	0.35	0.52	0.02
2004	2.37	5.13	0.38	0.19	0.50	0.29	0.10	0.22	0.57	0.01
2005	2.27	5.16	0.42	0.18	0.52	0.27	0.10	0.54	0.62	0.01
2006	2.22	5.03	0.44	0.14	0.54	0.31	0.12	0.82	0.67	0.01
2007	2.22	6.02	0.45	0.15	0.43	0.35	0.18	0.84	0.62	0.01
2008	2.34	6.42	0.53	0.17	0.39	0.37	0.17	0.95	0.58	0.01
2009	2.54	5.86	0.59	0.20	0.42	0.53	0.18	0.86	0.59	0.02
2010	2.70	5.38	0.58	0.27	0.27	0.61	0.16	1.15	0.53	0.05
2011	2.69	5.57	0.62	0.64	0.30	0.65	0.14	1.01	0.52	0.03
2012	2.60	5.73	0.63	0.61	0.36	0.71	0.17	0.86	0.57	0.06
2013	2.62	5.26	0.62	0.57	0.37	0.73	0.20	0.90	0.55	0.09

注：某国金融服务行业显示比较优势指数＝（某国金融服务行业出口总额/某国货物和服务行业出口总额）/（全球金融服务行业出口总额/全球货物和服务行业出口总额）。

资料来源：根据WTO贸易数据库（http://www.wto.org）数据计算得来。

三　金融服务竞争力提升中面临的问题

随着中国货物贸易规模的扩大，客观上对金融服务的需求也日渐增多，但是从目前国际竞争力比较来看，中国的金融服务业不仅远远滞后于货物贸易行业，也远远落后于其他服务行业。盈利能力与之相对应的成本是一般行业的主要关注点，但是对金融行业而言，风险控制能力和盈利能力同样重要。目前中国金融机构在盈利能力、风险控制等方面存在制约因素，主要体现如下。

（一）公司治理不完善，制约金融服务效率提升

首先，国有成分独大，股权激励无法发挥作用。国家为保证对金融的控制力，国有股在股权结构中占有绝对优势或者相对优势。在工、农、中、建四大行中，代表国家的汇金公司和财政部持股比例超过50%。其他股份制商业银

行,如中国光大银行等的国有股比例也较高。不仅如此,很多大型国有企业也以参股的形式入股商业银行。国有大股东的绝对控制权,使行政干预成为阻碍企业制定发展战略的主要影响因素。

其次,金融行业的创新能力不足,导致金融行业效率不高。由于国有成分独大,金融行业尤其是银行业行政主导的成分较高,垄断利润丰厚,而创新动力不足,业务中真正能保证投资者受益、转移风险的金融创新较少,金融行业效率提高缓慢。

最后,政府对于金融业运营方面的限制较多,不利于企业效率的提高和金融创新能力的增强。比如,市场准入严苛,针对金融行业的分支机构布局限制较多,对银行从事业务和创新产品也有规定,退出机制不完善,等等。众多的限制不利于金融行业自主创新,以提升金融行业效率。

(二)金融运行机制不顺畅,拖累中国金融业竞争力提升

长期以来对存贷款利率的限制,使得金融系统的价格发现功能缺失,金融的运行机制不顺畅,主要表现为:①资金配置到资产类行业,助长资产价格泡沫滋长。2008年之前主要配置在股票市场;股市泡沫破灭之后,房地产成为巨大的资金吸纳池。②大型国有企业较易获得资金,而广大中小企业出现融资难、融资贵等现象。众多大型国有企业将资金配置到产能过剩行业,加剧了中国产能过剩的局面,与此同时,众多有盈利能力的中小企业却因资金链断裂而被迫压缩生产规模,甚至破产。③受保护的银行利差,使得大型商业银行获得了高额利润,引发社会对银行业暴利的不满。④由于存款利率较低,在投资途径有限的情况下,存款人被迫将资金配置到银行,而银行利率低于通货膨胀率,储蓄资金得不到保值。⑤影子银行业务受到严格管制,投资途径被监管部门人为缩小。

金融行业短期的制度红利导致银行对市场风险的敏感度不够,拓展业务的动力不足,对风险管理的投资不够,进而缺乏相应的人力、物力以应对未来的市场风险。

(三)金融监管体制不协调,增加金融企业的交易费用

金融监管法规不健全,造成企业无法可依,外部配套不完善增加企业运营

负担。目前金融机构从市场准入、业务运营到市场退出、违规处理都存在大量的法律问题尚需要进一步系统化、明确化。

监管体制混乱，政出多处。中国证监会是主要监管部门，但包括财政部、央行、计委在内的各个部门都对市场拥有较强的干预能力。从地方角度来看，由于地方政府对地方证券管理机构的制约作用，出于地方利益的需要，有时仍会干预证券机构的运营。多方监管下，企业行政开支提高。

（四）金融服务行业主要是被动国际化，"走出去"步履缓慢

金融服务业务大多数是伴随着中国贸易的拓展而发展起来的，基本上随着客户的业务拓展而逐步拓展开来，积极开发业务的能力和水平有限。金融服务业的行业布局也与贸易的发展布局相似。整体来看，主要的金融服务业务由中国银行和中国工商银行提供，主体较为单一。业务类型也主要以提供对公存款和贸易融资为主，零售业务和吸收存款业务涉及较少。由于国际环境不同，发达国家、发展中国家的监管政策不同，中资银行在不同的地区面对着不同的监管政策，这就对中资银行的应对能力提出了更高的要求。

四 对策与建议

市场化是金融行业提升效率、降低成本的有效手段。但是具体措施依旧有待商榷，本文认为至少需要进行以下四个方面的改革。

（一）降低准入门槛，减少行政干预，改善股权结构提升运营效率

未来针对金融行业的发展有两种路径可供选择。一是逐步减少对金融行业的行政干预，提升金融行业自身营运能力的"渐近式"改革。①不断放松银行业准入条件，鼓励外资和民营资本进入；②不断减少对分支机构成立和布局的限制；③不断减少对银行业务和产品的限制；④加强银行业退出机制的设计。

二是采取"负面清单管理"式改革。随着上海自贸区的建立，负面清单管理改革试验随即启动。随着负面清单管理试验的演进，这种行政管理模式的改革

对促进金融行业的改革具有借鉴意义。尤其是其"法无禁止即可为"的市场发展理念，必将促使金融业务布局更加合理化，金融业务和金融产品更加丰富。

（二）完善系统建设，提高金融行业资金配置效率

金融机制运行不顺畅需要通过深化改革来解决。首先，加快利率市场化步伐，减少银行坐收"渔利"的机会，使得银行真正具备自生能力。其次，规范影子银行和影子银行业务，减少系统风险，但是避免阻断投资者的投资渠道。最后，大力发展互联网金融业务，保证小额投融资渠道畅通。

（三）加强风险监管的协调性，降低金融风险的发生概率

分业监管模式易导致对系统性风险的宏观审慎管理的缺乏。首先，明确金融控股公司的监管职责，从系统关联角度加强对系统重要性金融机构的监管。建立存款保险制度，以应对金融危机的爆发，增加处置工具，建立和完善金融机构退出机制。其次，增强监管的有效性，加强银行业信息披露机制建设，进一步促进行业透明化。最后，进一步精简行政审批事项和程序，促使行政效率提高。

（四）加强对外沟通，促进金融行业"走出去"

在金融服务的拓展过程中，除了金融行业的业务和产品服务不到位之外，还存在当地政府和企业对中国银行的不信任。就此，中国政府需要在国家层面上，加强沟通，促进理解和合作，进而消除国外对中国的敌意，加快金融行业的国际化步伐。

参考文献

[1] 中国金融四十人论坛、上海新金融研究院：《中国金融改革报告（2013）》，中国经济出版社，2013。

[2] 吴晓灵主编《中国金融改革开放大事记》，中国金融出版社，2008。

[3] 王广谦、应展宇、江世银：《中国金融改革：历史经验与转型模式》，中国金融出版社，2008。

B.11
知识生产产业竞争力

徐 娟*

摘　要： 从发文数量、引用率、相对影响力、决策影响力四个维度，对中国知识生产产业1981～2013年的变化趋势进行分析，并与美国等科研强国及其他金砖国家进行对比。结果发现，过去30多年，中国发表论文数呈指数型增长，引用率也有显著提升，社会影响力逐步接近世界平均水平，决策影响力稳步提升。但与美国等科研强国相比，无论在数量、引用率还是影响力上，仍有很大差距。今后，中国需要在继续加大科研投入的同时，集中优势资源，加强科研队伍建设和经费管理，进一步健全智库运行体制，建立以创新和质量为标准的科研评价体系。最后，趋势分析表明中国知识生产产业的竞争力在未来是最有望出现快速提升的领域之一。

关键词： 知识生产产业　发文数量　引用率　社会影响力　决策影响力

一　知识生产产业竞争力走势

科研论文是知识生产活动的重要产出形式之一。[1] 一国科研机构和高校发表论文的情况在某种程度上能够反映该国的科研产出绩效，可以从不同层面展

---

* 徐娟，西北工业大学副教授。
[1] 叶伟萍、唐一鹏、胡咏梅：《中国科研实力距美国有多远——基于InCites数据库的比较研究》，《中国高教研究》2013年第10期。

现一国知识生产能力和竞争力水平。近年来，中国的科研能力和水平迅速提高，发表论文数量增加得很快，在国际社会的影响力逐步提升。在未来，中国知识生产产业的竞争力是最有望出现快速提升的领域之一。这里采用 Web of Science 的两个主要数据库 Incites[①] 和 ESI[②] 对中国知识生产产业竞争力走势进行统计分析。

（一）发表论文数

发文数量反映了一国知识生产产业的总体实力。1981～2013 年，中国共有 1579146 篇论文被 Web of Science（简称 WOS）数据库收录，其中 2013 年发文数量为 219281 篇，比 2012 年增加 16.8%。1981～2013 年中国论文发表情况如图 1 所示，可以看到，1981～2013 年中国发文数量呈指数型增长，特别是 2010 年以来每年的论文发表数量增长率均保持在 15% 以上。同时，通过对中国论文发表数量占全球论文发表数量百分比的计算发现，1988 年之前中国发表论文数量占比不足世界 1%，而最近 10 年伴随着中国论文发表数量的快速增长，中国论文发表数量占比逐年增加，从 2003 年的 5.62% 上升至 2013 年的 15.64%。从论文总量来看，中国已成为世界第二大论文生产国，紧随美国之后，说明中国的科研能力正在快速提升。综上可见，不论是发文数量，还是占世界发文数量的比重，近 30 年特别是 2010 年之后，中国的情况都可以用突飞猛进来形容。2013 年比 2009 年发文数量翻了一番，占世界发文数量的比重迅速提高 6 个百分点。

（二）论文引用率

衡量知识生产成果的另一个重要指标是论文引用情况。发文数量反映了一国知识生产的数量和规模，论文引用频次特别是引用率的高低则反映了论文质量的好

---

① Incites 来源于 Web of Science 近 30 年的全球基准数据，便于与各国进行标杆比较。
② 基本科学指标（Essential Science Indicators，ESI）来自于 Web of Science 近 10 年的 22 个学科的滚动数据，排名包括了总引用次数全球前 1% 的科学家和机构，可以查询高被引论文和热点论文。最新更新时间为 2014 年 10 月 1 日。

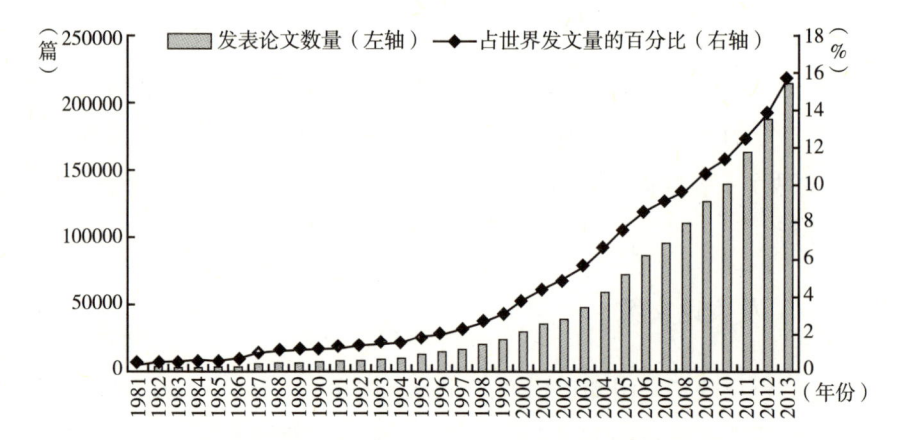

图 1　中国 1981～2013 年 WOS 论文发表数及占全球百分比

资料来源：据 WOS 数据库（http://www.webofknowledge.com/）和 Incites 数据库（http://incites.isiknowledge.com/）计算。

坏。考虑到引用率的高峰出现在论文发表后的 2～4 年，[①] 以及消除偶然波动因素的影响，这里采取 5 年一组的统计方式。图 2 显示，从中国论文的总被引次数来看，呈现快速增长趋势，2009～2013 年被引频次的平均数为 376 万次，比上一个五年增长 21%。中国 1985～2013 年论文引用频次变化趋势可以分为三个阶段：①1985～1995 年，停滞阶段；②1996～2000 年，缓慢发展阶段；③2000～2013 年快速发展阶段，这一阶段的特点是引用率增长速度加快，以年均 27.8% 的速度增长，并且高于同期 17.2% 的年均发文数量增长率，说明中国论文数量快速增长的同时，质量也得到相应的提升，中国科研论文正受到越来越多的国际关注和认可。

论文引用率是被引用一次以上的论文数量占论文发表总数的百分比。从图 2 来看，中国论文引用率一直稳步上升，说明中国论文的质量水平不断提升。2013 年的引用率为 63.12%，比 2012 年提升 1.2 个百分点。2009～2013 年，论文引用率的年均增长率为 2.9%，远远低于同期引用频次 27.8% 的增长率和论文发表量 17.2% 的增长率。论文发表总量的快速增加必然带来引用频次的增加，而引用率说明论文的相对引用情况，以此反映的论文质量情况更加客观。

---

① 马楠：《InCites——基于 Web of Science 权威数据的科研评估工具》，http://science.thomsonreuters.com.cn/InCites/，最后访问时间：2014 年 1 月 16 日。

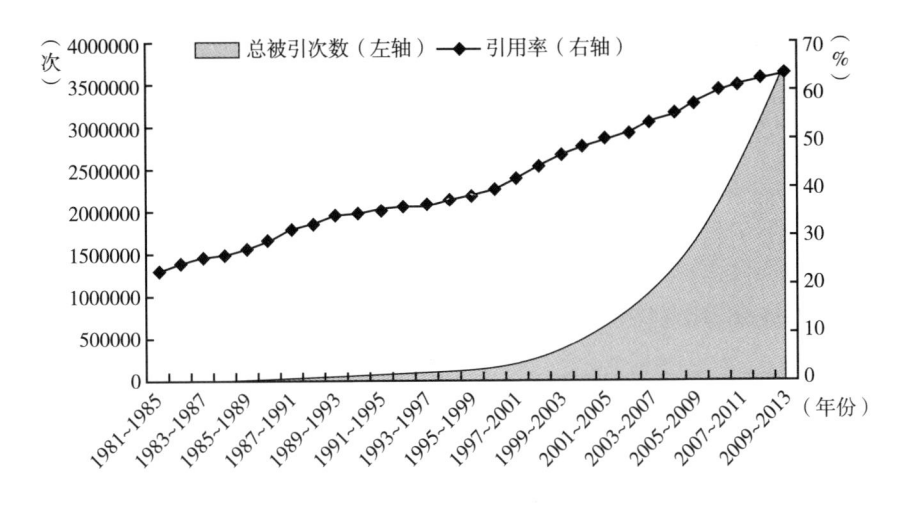

图 2　近 30 年中国 WOS 总被引次数和引用率

资料来源：据 WOS 数据库（http://www.webofknowledge.com/）和 Incites 数据库（http://incites.isiknowledge.com/）计算。

（三）相对影响力

可以通过一国发表论文的篇均被引频次与全球篇均被引频次的比值这一相对指标来反映一国科研产出的相对影响力。对中国论文的相对影响力进行计算，结果如图 3 所示。中国相对影响力与世界水平仍存在一定差距，1981～2000 年，相对影响力不足世界平均水平的一半，提升速度也十分缓慢；2000～2013 年，上升速度明显加快。2009～2013 年的相对影响力为 0.85，已逐步接近世界平均水平。虽然这一趋势与论文总量、被引频次、引用率呈现的较快增长相一致，但作为发表论文的数量大国，相对影响力仍达不到世界平均水平，反映出数量与影响力的不匹配。应该引导中国学者注重文章的前沿性和创新性，通过提高单篇论文的引用频次来提升国际影响力和缩短赶超世界水平的时间。

另外，美国《科学》杂志和英国《自然》杂志是世界上最具代表性和知名度的权威期刊，一国在这两种具有世界顶级影响力的杂志上发表论文的数量可以代表该国学术成果的最高水平和相应的影响力。经统计，中国 2013 年在《自然》杂志上发表论文 458 篇，首次超过日本的 450 篇，位居亚洲第一。而这一数据在 2010 年为 149 篇，三年增长了 2 倍，与 2000 年的 6 篇相比，增加了75倍。同样，中国学者近年来在《科学》杂志上的发文数量也迅速增加，如图4所示，2008年之前发表数量在30篇上下波动，2008年之后迅速上升，从32篇增加到2013年的98篇，年发文数量提高了2倍以上。综上可见，中国2009~2013年在这两种顶级期刊所发表的论文数量呈明显上升趋势，表明中国的科研实力和在国际上的影响力逐步提升。

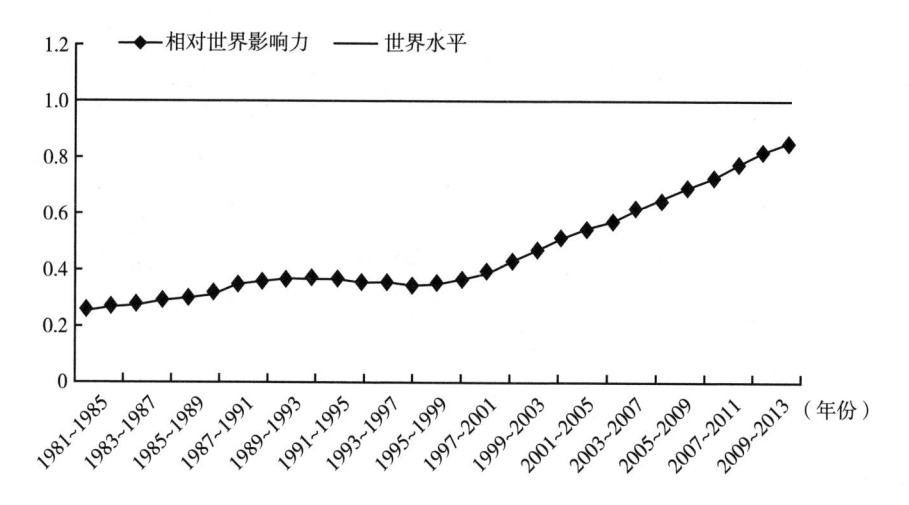

图3　中国WOS论文相对世界影响力

资料来源：据WOS数据库（http://www.webofknowledge.com/）和Incites数据库（http://incites.isiknowledge.com/）计算。

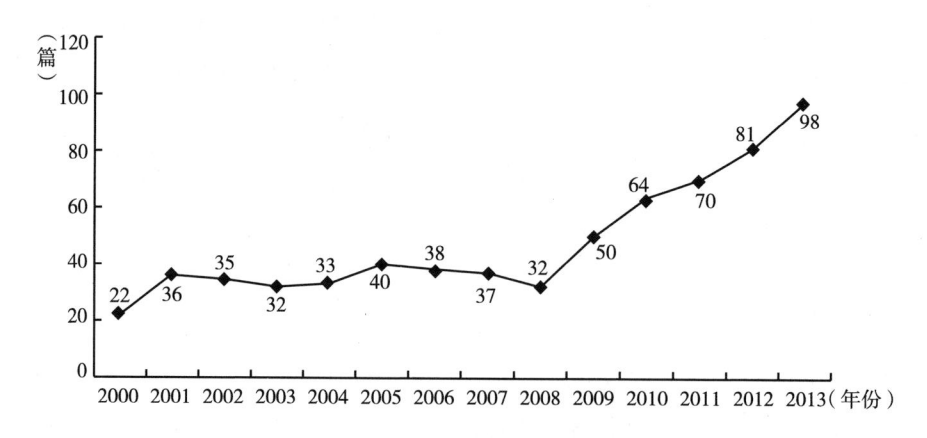

图4　中国在《科学》杂志上发表论文数量

资料来源：据WOS数据库（http://www.webofknowledge.com/）计算。

（四）决策影响力

世界各国的科研教学机构已成为现代国家决策链上不可或缺的一部分，随着国家决策范围越来越广以及决策难度的增加，政策决策的专家制以及定量的科学化方法逐渐取代了传统的"拍脑袋"决策方式。科研教学机构承担的政府课题、研究报告、各类内参简报、公开发表的论文及参与的政策咨询活动等都是对政策制定者产生影响的渠道。中国于2010年和2011年先后颁布的《国家中长期教育改革和发展规划纲要（2010～2020年）》和《高等学校哲学社会科学繁荣计划（2010～2020年）》均指出，高校要重视发挥思想库、智囊团的作用，主动开展前瞻性和对策性研究。这体现了科研与决策日益紧密的关系，同时也反映了世界各国政策制定越来越以包括大学在内的专家智库为支撑的趋势，科研成果特别是智库对公共决策的影响力成为衡量一个国家知识生产产业竞争力的重要尺度。

2013年中国拥有智库的数量为429个，排名世界第二，仅次于美国的1823个。虽然数量上领先于其他世界各国，但智库对决策的影响力与世界先进水平相比还有较大差距。近年来中国智库的地位明显提升，且进入全球顶级智库行列的数量明显增多。中国社会科学院、中国现代国际关系研究院、中国国际问题研究所、上海国际问题研究所、国务院发展研究中心等机构进入全球100个顶级智库排名，且名次呈现逐年提升趋势。除这些官方机构外，中国智库中依托大学的各类研究中心、政策中心以及一些民间研究机构的数量和影响力也在逐年提高。可见，中国智库不论是数量还是在全球的地位都有了较大的进步。

二 国际比较

根据2000～2013年WOS数据库资料，分别统计了美国、英国、德国、法国、日本等科研强国以及印度、巴西、俄罗斯、南非等"金砖国家"的科研机构和高校的发表论文数量、论文引用率、高被引、相对影响力等指标。通过比较，发现中国知识生产产业的差距和优势，以进一步推动中国知识生产产业的发展和国际竞争力的提升。

（一）发表论文数

如表1所示，2013年美国论文发表数量远远领先于其他国家，中国位居第二，其次是英国、德国、日本、法国。2000~2013年，美国发文数增长缓慢，英国、德国、法国和日本的发文数的增长速度近乎停滞，其中英国和德国的论文总量和增长速度非常接近。中国的发文数在2004年超过法国，2006年迅速超过英国、德国、日本，并且差距逐步拉大。2000~2013年中国与美国发表论文数量的差距逐步缩小，特别是2010年之后中国的追赶速度进一步提高，从2000年的239388篇减少至2010年的211406篇，2013年进一步减少为159344篇，虽然从发文增速来看，中国领先于美国，但从总量来看中国与美国仍有很大差距。

表1 论文发表数量国际比较

单位：篇

年份	美国	英国	德国	法国	日本	印度	巴西	俄罗斯	南非	中国
2000	269415	74884	69116	50319	74096	17177	11033	27606	3745	30027
2001	267545	72332	69453	49769	73613	18142	11664	25772	3925	35415
2002	271454	72399	70271	50344	75039	19360	13098	26199	4210	39710
2003	281293	74463	70802	51330	77178	21272	14057	25605	4176	47948
2004	292311	76874	73592	52435	77724	22857	16244	25466	4527	59451
2005	302225	79274	76793	54690	77513	24980	17355	25059	4800	71972
2006	312956	83316	78650	56715	77863	28183	19430	24480	5448	86003
2007	319090	87243	80929	57914	76608	33048	24145	25839	6126	95556
2008	333945	89743	84320	62547	77129	37781	29456	27783	6950	109405
2009	341528	92882	87955	64310	76609	39663	31577	28450	7639	126445
2010	350802	96452	91281	65403	75575	42860	33205	27593	8177	139396
2011	364548	100895	95935	67407	77453	46889	35779	29072	9477	162794
2012	373224	104714	100048	69316	77827	48685	38084	28317	10036	187766
2013	378625	109026	102271	70732	78447	51660	38523	29077	10402	219281

资料来源：据WOS数据库（http://www.webofknowledge.com/）和Incites数据库（http://incites.isiknowledge.com/）计算。

在"金砖国家"中，2000年各国的WOS论文发表数量相差不大，之后的13年中国论文发表数量增加了6.3倍，无论是总量还是增长速度都遥遥领先。

其他"金砖国家"中，印度 WOS 论文数量位居前列，其次是巴西、俄罗斯、南非。印度 WOS 论文发表数量和增长率均超过其他国家，2013 年其发文量为 51660 篇。俄罗斯 2000~2013 年的论文发表数量近乎停滞，而巴西和印度在 2007 年前后超越了俄罗斯，俄罗斯 2013 年论文发表数量相较于 2000 年仅增加 1471 篇。南非则一直保持着低速低位增长，论文数量在"金砖国家"中最少。综上所述，在论文发表总量上，中国仅次于美国，领先于其他科研强国和"金砖国家"，在论文增长速度上，中国是所有国家中最快的，可见中国知识生产产业在数量规模上具备一定的竞争优势，并且这种竞争优势有进一步强化的趋势。

（二）论文引用率

如表 2 所示，从中国、美国、英国、德国、法国、日本等国的比较来看，2000~2013 年美国的论文引用频次依然遥遥领先于其他国家，2009~2013 年为中国的 4 倍，并且增加速度较快。1996~2000 年中国的论文引用频次是这些国家中最少的，仅为 151141 次，而同期美国的论文引用频次为 7598812 次。2006~2010 年中国论文引用频次超过法国和日本，2009~2013 年中国的论文引用频次为 3762741 次，超过德国的 3567583 次，与英国的 3887348 次接近，这与近年来中国论文发表数量迅速增长有关。中国与美国的论文引用频次之差呈现"先上升、后下降"的变化趋势，2011 年之前由于美国的论文引用频次的快速增加，中国与之差距逐渐拉大，直到 2012 年该差距略微有所减小。从表 3 可以看到，2000~2013 年各国论文引用率均呈增长趋势，美国、英国、德国三国的论文引用率均从 1996~2000 年超过 60% 提升了到 2009~2013 年的 70% 以上。法国和日本的论文引用率也从 1996~2000 年的接近 60% 提高到 2009~2013 年的 70% 左右。中国 1996~2000 年论文引用率不到 40%，经过 10 多年的快速增长，2009~2013 年增加至 63.12%，但与其他科研强国相比仍有较大差距。

与其他"金砖国家"相比，中国论文引用频次呈现快速增长并与其他"金砖国家"的差距迅速拉大的趋势。1996~2000 年虽然俄罗斯论文被引频次位居"金砖国家"之首，但"金砖国家"之间的差距并不明显，2013 年中国

表2　论文被引频次国际比较

单位：次

年份	美国	英国	德国	法国	日本	印度	巴西	俄罗斯	南非	中国
1996~2000	7598812	1692753	1476509	1033655	1237111	124395	93380	225597	44569	151141
1997~2001	7855147	1809190	1598689	1101249	1344476	136002	109318	241083	49323	200944
1998~2002	8147655	1910560	1716332	1160520	1439309	155939	130611	252349	53571	267014
1999~2003	8432589	2001146	1816366	1205828	1519770	174080	148051	261879	57022	357624
2000~2004	8834240	2121620	1915095	1268121	1603129	204969	173582	273650	61711	480398
2001~2005	9252032	2210893	2029058	1325654	1665594	240135	198588	286940	68328	624822
2002~2006	9836047	2375030	2163911	1407619	1737648	288282	233266	301967	76939	814053
2003~2007	10447676	2539266	2320609	1511693	1826129	345170	269669	312430	91865	1059153
2004~2008	11098141	2756480	2518621	1642865	1898538	412799	321602	330535	109849	1347046
2005~2009	11642622	2980788	2727300	1794094	1935048	487585	378833	341909	127798	1690975
2006~2010	12168495	3201720	2896858	1925183	1974634	570912	432342	350844	147739	2059340
2007~2011	12780095	3453987	3137646	2086814	2025815	667012	501975	371213	170730	2534173
2008~2012	13447537	3690326	3381452	2241818	2075259	768420	570561	396564	202121	3106171
2009~2013	13925889	3887348	3567583	2371171	2110338	868408	616223	411124	225970	3762741

资料来源：据 WOS 数据库（http：//www.webofknowledge.com/）和 Incites 数据库（http：//incites.isiknowledge.com/）计算。

论文被引频次超过了位居第二的印度，其次是巴西、俄罗斯和南非。从论文引用率来看，"金砖国家"中俄罗斯引用率低于其他国家，引用率从1996~2000年36.63%上升至2009~2013年的49.73%；2009~2013年中国、南非、印度的论文引用率居"金砖国家"前列，分别为63.12%、62.22%、61.11%，南非的情况反映了该国发文数量较少但质量水平较高的特点。值得注意的是，印度论文引用率在2000~2013年增长速度明显，特别是2010年以来的年引用率增长速度均超过了中国。

从2000~2013年论文引用情况看，美国、英国、德国、法国、日本等国的水平最高。其中，美国论文引用频次和引用率均位居第一。"金砖国家"中，中国引用率最高为63.12%，但与南非、印度、巴西等国的引用率相差不大，俄罗斯最低，为49.73%。虽然近年来中国论文引用频次和引用率均有所提升，但与发达国家相比仍有差距，表明中国论文的质量优势不足，亟待进一步提升。

表3 论文引用率国际比较

单位：%

年份	美国	英国	德国	法国	日本	印度	巴西	俄罗斯	南非	中国
1996~2000	63.38	61.71	60.64	58.95	58.27	41.20	47.24	36.63	51.41	39.19
1997~2001	63.97	62.52	61.66	59.82	59.53	42.21	48.83	37.87	52.20	41.49
1998~2002	64.67	63.69	62.71	60.76	60.61	43.91	50.28	38.83	52.86	44.19
1999~2003	65.22	64.49	63.72	61.65	61.41	45.34	51.27	39.48	53.84	46.54
2000~2004	66.01	65.30	64.61	62.45	62.34	46.94	52.42	41.01	55.47	48.45
2001~2005	66.87	66.14	65.77	63.18	63.20	48.83	53.53	42.67	56.31	49.65
2002~2006	67.91	67.13	66.86	64.16	64.41	50.51	54.58	44.04	56.83	51.13
2003~2007	68.82	67.87	67.80	65.31	65.43	51.94	54.53	44.69	57.38	53.11
2004~2008	69.86	69.27	68.96	66.30	66.45	53.05	54.14	45.43	58.24	55.21
2005~2009	70.77	70.66	70.04	67.63	67.52	54.77	54.82	45.82	59.07	57.71
2006~2010	71.31	71.40	70.54	68.48	68.14	55.98	55.75	46.44	60.36	59.61
2007~2011	71.65	71.90	71.19	69.32	68.49	57.54	56.58	47.08	60.95	60.99
2008~2012	72.29	72.48	71.83	70.23	69.00	59.35	57.60	48.38	61.25	62.35
2009~2013	72.58	72.32	72.45	70.80	69.02	61.11	58.39	49.73	62.22	63.12

资料来源：据 WOS 数据库（http://www.webofknowledge.com/）和 Incites 数据库（http://incites.isiknowledge.com/）计算。

（三）相对影响力

如表4所示，2000~2013年，美国的相对影响力始终保持在1.44~1.45的水平，稳居世界第一。英国该指标呈逐年上升的趋势，2013年与美国持平，其次是德国和法国，其相对指标均有所提升，且都高于世界平均水平。日本相对影响力指标增长较慢，于2008年超过世界平均值1。中国的相对影响力指标由1996~2000年的0.36增加到2009~2013年的0.85，虽然有较快的提升，但仍小于世界平均水平（1），与美国、英国、德国、法国、日本等的差距十分明显。这表明中国论文总量庞大，以及基于数量基数的引用频次较高，但单篇引用频次水平较低，社会影响力有限。"金砖国家"的相对影响力均低于世界平均水平。其中，南非最高，为0.93；其次是中国0.85；印度和巴西位居其后；俄罗斯该比值最低，为0.54。从相对影响力的增长情况来看，中国和南非增长得较快，其次是印度，俄罗斯增长得最慢。可见，"金砖国家"的整体影响力不如美国等发达国家,以世界平均水平(1)为分水岭,前者不同程度地低于1,后者则高于世界平均水平。

表4 相对影响力国际比较

年份	美国	英国	德国	法国	日本	印度	巴西	俄罗斯	南非	中国
1996~2000	1.45	1.21	1.13	1.07	0.90	0.38	0.53	0.41	0.60	0.36
1997~2001	1.44	1.23	1.15	1.09	0.92	0.39	0.54	0.43	0.63	0.39
1998~2002	1.45	1.25	1.18	1.10	0.94	0.42	0.56	0.44	0.65	0.42
1999~2003	1.44	1.26	1.21	1.11	0.94	0.43	0.57	0.46	0.66	0.47
2000~2004	1.44	1.29	1.22	1.13	0.96	0.47	0.59	0.47	0.68	0.51
2001~2005	1.45	1.30	1.24	1.13	0.97	0.50	0.61	0.50	0.70	0.54
2002~2006	1.45	1.32	1.25	1.14	0.97	0.53	0.62	0.51	0.71	0.57
2003~2007	1.44	1.32	1.27	1.15	0.98	0.55	0.62	0.52	0.76	0.61
2004~2008	1.45	1.35	1.30	1.18	1.00	0.57	0.61	0.52	0.80	0.65
2005~2009	1.44	1.38	1.33	1.21	1.00	0.60	0.62	0.52	0.82	0.69
2006~2010	1.45	1.40	1.35	1.24	1.01	0.62	0.62	0.52	0.85	0.73
2007~2011	1.45	1.43	1.38	1.27	1.02	0.64	0.63	0.52	0.86	0.77
2008~2012	1.45	1.45	1.40	1.29	1.03	0.68	0.64	0.53	0.91	0.81
2009~2013	1.45	1.45	1.40	1.32	1.03	0.71	0.65	0.54	0.93	0.85

资料来源:据WOS数据库(http://www.webofknowledge.com/)和ESI数据库(http://incites.isiknowledge.com)计算。

高被引反映了一国论文引用频次进入全球前1%的论文数量。图5的结果显示,2013年中国的高被引数为12279篇,远远低于美国的62226篇,也低于英国的18360篇和德国的15324篇,但高于法国的10698篇和日本的6316篇。中国的高被引数在"金砖国家"中位居第一,但其他四国的高被引明显低于发达国家(印度2067篇、巴西1476篇、俄罗斯1208篇、南非925篇)。高被引体现了一国论文在国际上的影响力,从上述数据可以看到,中国与美国、英国等发达国家的差距显著,但在"金砖国家"中优势明显。

(四)决策影响力

2013年全球智库总数为6826个,比2012年增加223个。如图6所示,美国作为世界第一强国,2013年其智库数量达1823个,位居世界第一;中国排名第二,有429个。英国、德国、法国和日本分别排第三、第五、第六和第九

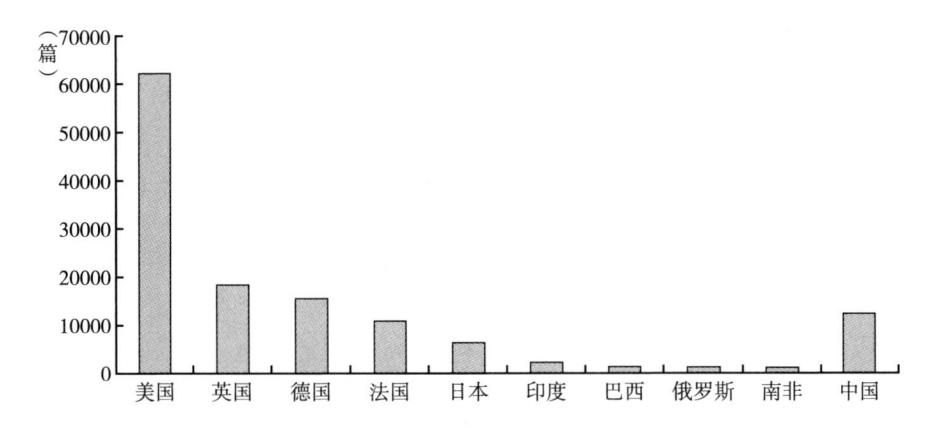

图5　2013年高被引国际比较

资料来源：据WOS数据库（http://www.webofknowledge.com/）与ESI数据库（http://esi.isiknowledge.com）计算。

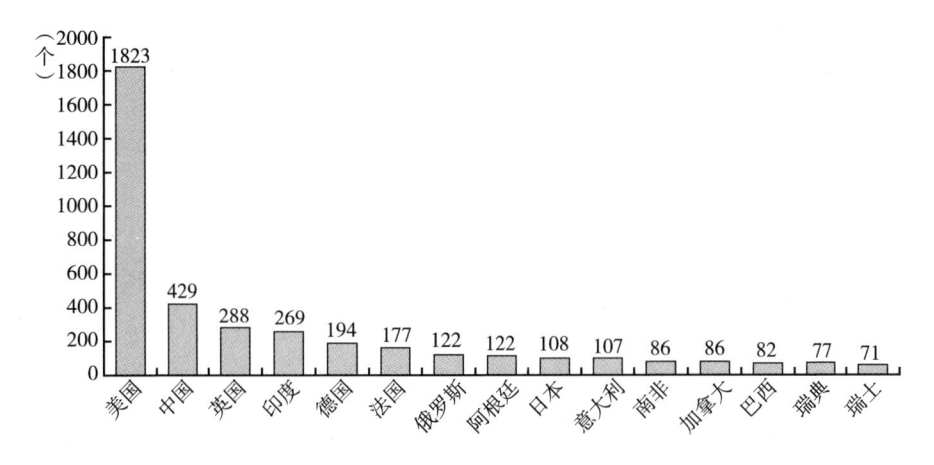

图6　2013年排名前15的国家智库数量

资料来源：《2013年全球智库报告》，上海社会科学出版社，2014。

位。从智库数量来看，不难发现，新兴国家全部挤进全球前15名，其中印度以269个排名第四，俄罗斯以122个排在第七位，南非和巴西分别以86个和82个排在第11和第13位。可见，"金砖国家"普遍重视本国智库的发展。从比较情况来看，"金砖国家"的智库总量为988个，中国占43%，印度占27%，其余三国共占30%。考虑到人口因素，即人均智库的比较，印度和中国排名下滑至最后两位，南非则排名第一。顶级智库对政策制定者的影响要远远超过一般智库,《2013年全球智库报告》[1]所列的100个世界顶级智库中,中国并不处于优势地位,仅有6个进入,比2012年减少4个,占中国智库总数的0.14%。日本和印度这一比例分别为11%和0.5%。所以,仅从数量上并不能说明中国研究团队对政策制定的影响力。以美国为例,美国的智库发展非常发达,特别是在经济与国家安全决策中的影响力越来越大,布鲁金斯、卡内基、美国兰德公司等的排名多年居世界前列。在美国,专门从事经济与防务安全问题研究的智库涵盖了政府内部、科研机构、大学及民间等多个层次。美国的智库专家与政府人员之间有着灵活畅通的"旋转门",这种机制保证了理论与实践型人才的培养,为智库对政策制定者实施影响提供了便利。

三 提升中国知识生产产业竞争力的对策建议

(一)建立以创新和质量为标准的科研评价体系

2000年以来,中国发文数量快速增长,年均增长率高达17.23%。中国科研论文的快速增长与中国大力发展知识生产产业的各类举措直接相关。论文数量高速增长的同时,应该看到反映论文质量水平的引用率指标并没有相应的增长速度。2013年中国63.12%的论文引用率,与美国、英国、德国、法国、日本等科研强国相比仍有较大差距。中国论文总体质量不高及创新不足是影响中国知识生产产业国际竞争力的首要原因。真正好的文章,凤毛麟角。只追求论文发表数量而忽视论文质量本身,不但浪费国家科研经费和研究者自身的时间、精力等资源,而且这种浮躁和功利之风还会对社会产生不良影响。在中国现行的职称评聘导向下,不少科研人员只注重数量指标而无暇顾及论文质量,违背了科研是解决现实问题的科学导向。提高论文质量需要正确的科研评价导向,科研机构和高校应调整以往只重视科研产出的考核

---

[1] 上海社会科学院智库研究中心:《2013年全球智库报告》,上海科学社会出版社,2014,第54~55页。

体系，建立以创新和质量为标准的科研评价体系，使中国真正从论文大国走向论文强国。

（二）集中优势资源、加强科研队伍能力建设，提高相对影响力

2000~2013年中国相对影响力指标增长缓慢并低于世界平均水平，与美国、英国等发达国家相比差距较大。单篇引用频次不及世界平均水平，反映了中国论文的国际影响力较小。高被引反映一国科研绩效的制高点，中国2013年高被引不到美国的1/5，体现了中国学术影响力和国际地位需继续提升。因此，有必要集中优势资源，跟踪研究前沿动态，发展强势学科。根据WOS数据库高被引和热门文章资料显示，生物医药、材料学、工程学是中国目前在国际上的优势学科，集中资源发展这些学科有利于快速提高中国知识生产产业的国际影响力。近年来中国科研经费投入年均增长20%，2012年突破万亿元大关，但以高被引为代表的突破性和原创性科研成果仍显不足，低水平和重复平庸研究数量多。应加强科研队伍的能力建设，让科研工作者潜心做研究，提高学术影响力。

（三）建立健全中国智库运行体制，提升决策影响力

从总量上看，中国的智库数量位居世界第二，但排第一位的美国的智库数量是中国的4.25倍。智库彰显一国的"软实力"，虽然中国经济发展迅速，但与之匹配的智库缺乏相应的影响力。在西方国家，智库的影响力越来越大，甚至开始致力于引领全球话语系，通过进言献策影响全球和他国。中共十八届三中全会提出，要"加强中国特色新型智库建设，建立健全决策咨询制度"。为此，应从以下三个方面予以重视：第一，确立智库参与政府决策咨询的制度性框架。通过法律、法规来规范政府决策中的咨询环节和程序，以及对智库在科研能力、社会责任等综合素质方面确立相应的责任约束制度。第二，营造"体制内"与"体制外"智库公平竞争的环境。第三，建立以决策服务为导向的研究项目互动合作机制。中国目前的"问题及对策"研究意识和能力比较薄弱，特别是在高校，影响了决策竞争力的提升。

四 知识生产产业竞争力未来趋势

(一) 论文发表数量进一步上升

中国论文发表数量增长速度世界第一，2013年美国发文增长速度为1.45%，中国为16.8%，两国发文量相差159344篇，以2010~2013为基准进行预测，估计中国论文发表数量将在2023年超过美国，成为全球第一大论文国。这一方法对处于论文发表稳定期的美国相对较准，而对处于高速增长期的中国发文数量的预测则较为保守。若以指数函数拟合论文发表数量趋势，则中国论文数量将在2021年超越美国。

(二) 论文引用率持续提升，与强国差距逐步缩小

2010年以来，中国论文发表数量急剧增加，这会使未来中国论文被引频次持续提升，同时引用率指标也将继续缓慢增加。按照2010年以来的数据推算，虽然中国与美国论文引用率差距将逐年缩小，但截至2025年中国论文引用率仍未超过美国，说明论文质量的提升要比数量的提升更加困难和漫长。值得注意的是，印度的论文引用率将呈现显著增长趋势，并有望在五年内超过中国。

(三) 影响力差距大，追赶时间长

中国知识生产产业社会影响力与世界科研强国相比有较大差距，且仍未到达世界平均水平。相较于其他绝对指标和百分比指标，对社会影响力这一相对指标的趋势预测较为困难，因为一国相对影响力的变化会影响世界平均水平，进而影响其他国家的相对影响力。仅从历史数据来看，美国近年来保持了1.44~1.45的相对水平，这里认为未来几年仍将维持在这一水平。而英国、德国、法国的影响力将有所提升，并会在个别学科领域超过美国，但这三个国家的整体影响力与美国相比仍有差距。中国影响力与世界水平相比仍有差距。在世界平均水平不变的前提下，可以预测中国将在2017年达到世界平均水平(1)，2025年达1.32，但仍与美国有较大差距。

（四）决策影响力提升空间较大

决策影响力的提升涉及中国科研教学机构发展模式的改革以及国家科学决策制度的建立。以智库发展为例，最重要的是解放思想、提高认识，确保创新体制的制度供给。对高校而言，要改革人才培养模式，避免专业学科的重复建设和人才的单一培养，积极参与到政策决策咨询中去，充分发挥思想库、智囊团的作用。应结合学校优势，形成学术特色和研究风格，发挥基础研究和跨学科研究优势。一方面兼顾学术的创新性和突破性研究；另一方面加强实证性研究，通过基于事实和数据的研究提出政策建议。

参考文献

[1] 马楠：《InCites——基于 Web of Science 权威数据的科研评估工具》，http：//science. thomsonresuters. com. cn/InCites/，最后访问时间：2014 年 1 月 16 日。

[2] 邱均平、赵蓉英、余以胜：《中国高校科研竞争力评价的理念与实践》，《高教发展与评估》2005 年第 1 期。

[3] 上海社会科学院智库研究中心：《2013 年全球智库报告》，上海社会科学出版社，2014。

[4] 叶伟萍、唐一鹏、胡咏梅：《中国科研实力距美国有多远——基于 InCites 数据库的比较研究》，《中国高教研究》2013 年第 10 期。

专题篇

Factors Issue

B.12
劳动力成本的国际比较

李晓华 严 欢[*]

摘 要：

丰富而廉价的劳动力资源为中国经济的腾飞做出了巨大贡献，也一直被认为是中国发展对外经济的比较优势。近年来，随着经济的快速发展和工资水平的不断提高，"劳工荒"、部分中小企业倒闭、劳动密集型产业的向外转移等现象引起了人们对中国制造业竞争优势的广泛关注与讨论。本文利用劳动力报酬、劳动生产率和单位劳动力成本三个指标，通过与主要竞争国家对比，对中国劳动力竞争优势的现状以及发展趋势进行深入分析。研究发现，2003年以来，中国劳动力报酬大幅度上涨，但是由于部分被劳动生产率的快速提高所弥补，中国单位产出劳动成本的上涨幅度并不大。但是劳动力成本的持续上涨已是大势所趋，中国制造业必须从单纯依靠低劳动力成本获得价格优势转移到新的竞争优势上来。

---

[*] 李晓华，中国社会科学院工业经济研究所研究员；严欢，中国社会科学院研究生院硕士研究生。

关键词：
制造业 劳动成本 劳动生产率 成本优势 竞争力

制造业的高速增长是改革开放以来中国经济奇迹的重要推动力，而制造业的高速增长又主要源于通过改革开放充分发挥了中国劳动力丰富和成本低廉的比较优势。然而近年来，中国劳动力的成本持续快速上涨、劳动力无限供给的局面发生了改变，中国的工资水平不但高于周边的缅甸、孟加拉国等国家，而且已超过印度、印尼、菲律宾、泰国甚至北美的墨西哥。中国的劳动密集型产业已经开始向周边国家转移，在国际金融危机后发达国家重振制造业政策的驱动下出现了发达国家制造业回流的现象。劳动密集型产业是中国经济的重要组成部分，对于促进经济增长、吸纳就业发挥着重要的作用。对于劳动力成本的快速上涨对劳动密集型产业国际竞争力的影响必须进行认真的研究和应对。

一 中国劳动力成本变化及其原因

根据国际劳工组织的界定，劳动力成本不仅包括以货币形式表现的工资和薪金，还包括以物质或非物质形式表现的福利，如实物发放、社会保障、技术培训等。[1]但是由于工资方面的统计数据更全面，我们主要对工资的上涨情况进行分析。

（一）改革开放以来，劳动力工资水平的变化

图1显示了1980~2012年中国劳动力平均工资（包括平均名义工资和平均实际工资）水平以及工资增长率（包括平均名义工资增长率和实际工资增长率）的变化情况。改革开放以来的前半阶段（1980~1997年的18年间），工资增长速度的起伏变化很大，名义工资年平均增长13.73%，远大于实际工资4.17%的增速，且在个别年份，如1987年、1988年和1989年，实际工资增长率甚至出现了负值。1998年以来，工资增速的波动幅度收窄，其中

1998~2006年，实际工资与名义工资增长率趋同，前者增长率平均值为12.23%，后者增长率平均值为12.91%。2007~2012年两者的增长率趋势又逐渐有所偏离，名义工资增长率的平均值为14.43%，实际工资增长率的平均值为10.68%。1980年的平均工资是762元/人，到2012年平均名义工资和平均实际工资分别增加到46769元/人和7636元/人，分别是1980年的61.4倍和10.0倍、2002年的3.8倍和2.9倍。

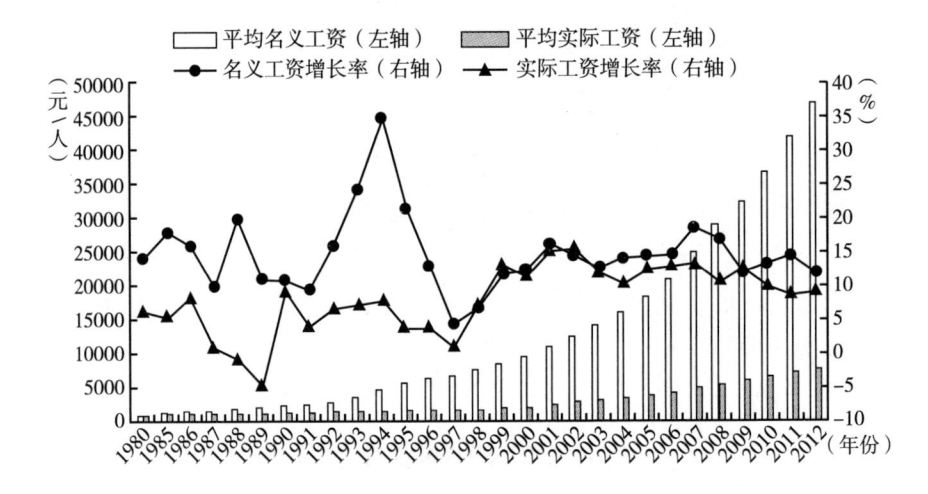

图1　1980~2012年中国劳动力工资水平及增长情况

资料来源：2005~2013年《中国劳动统计年鉴》。

制造业的工资水平展现出与整体工资水平类似的变化规律。图2显示了1980年以来制造业的劳动力工资（包括名义工资和实际工资）水平和工资增长率（包括名义工资增长率和实际工资增长率）。1980~1999年名义工资平均年增长率为15.1%，而实际工资平均年增长率为4.2%，两者存在较大的偏差；1999~2007年，两者的增长趋势大致趋同；2008~2012年两者的增长趋势逐渐有所偏离，且名义工资的平均增长率要大于实际工资的平均增长率，前者为14.6%，后者为10.18%。1980年制造业的平均工资是752元/人，到2012年制造业的平均名义工资和平均实际工资分别增加到41650元/人和6001元/人，分别是1980年的55.4倍和8.0倍、2002年的3.8倍和2.7倍。

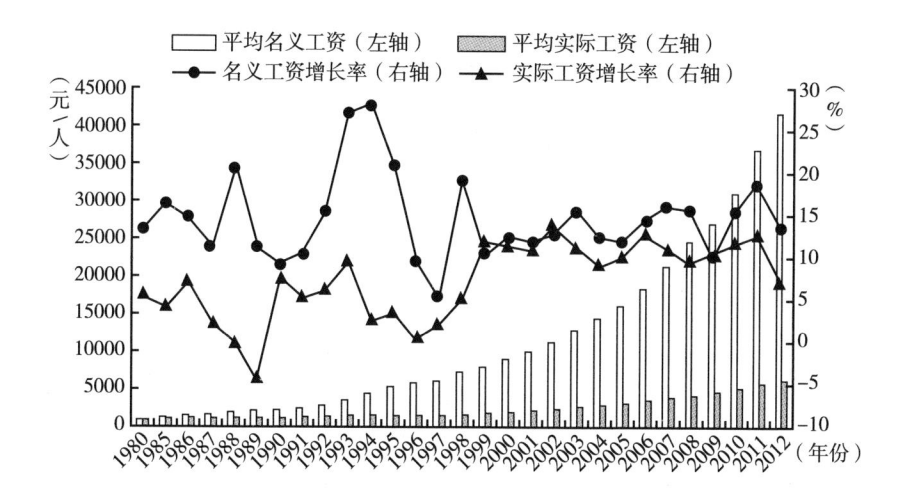

图2　1980~2012年中国制造业劳动力工资水平及增长情况

资料来源：2005~2013年《中国劳动统计年鉴》。

（二）影响劳动力成本上涨的因素

劳动者收入水平随着经济发展水平的提高而增加是经济增长的一般规律，也是经济发展的根本目的。但是近年来，我国工资水平的较快增长具有特殊性。例如，2002~2012年我国工资的年均增长速度为14.43%（名义工资），已经超过了GDP的增速。我们把中国工资水平上涨的原因概括为以下三类。

第一类是补偿型上涨。由于法律和政策体系不健全、片面追求经济增长，劳动者权益保护不到位、福利改善被忽视、收入增长慢的问题在我国长期存在。近年来，中国政府在改善民生、完善社会保障和社会福利方面做了大量工作。2004年，劳动保障部颁布新的《最低工资规定》，首度推行最低工资标准，并要求各地区最低工资标准每两年至少调整一次，以确保最低工资标准与经济发展水平相适应。全国各地最低工资标准调整频率加快、幅度加大。2013年，全国共有27个地区上调了工资最低标准，平均调整幅度为17%。同年国务院颁布《关于深化收入分配制度改革的若干意见》，明确指出"到2015年绝大多数地区最低工资标准达到当地城镇从业人员平均工资的40%以上"。目前我国的养老、医疗和失业保险的覆盖率还很低。全面建设社会主义小康社会的目标要求2020年基本社会养老保险覆盖率达到90%以上，这也会推动劳动成本的上涨。

第二类是结构型上涨。劳动力无限供给的特征使我国劳动力工资保持在一个较低水平,而廉价劳动力的比较优势又适应了全球生产网络的形成以及发达国家劳动密集型产业离岸外包的趋势,推动我国发展成为世界的制造中心,但是这种状况正在发生改变。2003年,我国东部沿海地区就已经出现"民工荒"、招工难。我国经济正在经历"刘易斯拐点",支持我国制造业高速增长的廉价劳动力无限供给的"人口红利"即将终结,劳动力绝对过剩和供过于求的状态将转变为供给不足,特别是数量工人的供给不足将更为严重。劳动力市场的供求关系的转变已经并将推动工资的持续上涨。

第三类是倒逼型上涨。劳动力价格即工资是劳动力价值的货币表现,而劳动力价值是由劳动者通常必需的生活资料的价值决定的,包括维持劳动者本人生活所必需的生活资料的价值、维持劳动者家属子女生活所必需的生活资料的价值以及劳动者的教育和培训费用。2013年,居民消费价格指数比2002年上涨了37.2%,其中城市居民消费价格指数上涨了34.6%,农村居民消费价格指数上涨了42.8%。在城市,特别是大城市的房价及房租上涨更为明显,2013年住房租金类居民消费价格指数比2002年上涨了44.4%,大幅度推高了城市的生活成本。人口生产和再生产的成本的大幅度上涨必然倒逼工资的上涨。

二 劳动力成本的国际比较

劳动报酬是劳动力成本的直接决定因素,从参与国际竞争的角度,相对于其他国家的劳动力成本与成本优势更为重要,因此我们选择包括美国、德国、日本、韩国4个工业化国家以及巴西、墨西哥、印度、菲律宾、印度尼西亚、越南6个与中国发展水平相近或收入水平更低的国家的劳动报酬与中国进行比较。

我们的数据来源于联合国工业发展组织(UNIDO)的Industrial Statistics Database(INDSTAT2)数据库及统计年鉴。平均劳动力报酬的计算公式为总工资收入除以制造业总就业人数。为了便于比较,以当年各国货币对美元的平均汇率统一换算为当年价格美元。从表1可以看出,中国的劳动力报酬是对比国家中增幅最大的。2003~2010年，中国的劳动力报酬增长了266.7%，不仅远高于工业化国家50%以下的增幅，而且超过其他进行对比的发展中国家。发展中国家中增幅最大的印度和巴西分别比2003年增长了100%和182.2%，印度尼西亚2000~2010年214.3%的增幅也低于中国。在经济衰退期的劳动报酬下降本是一国进行调整进而提高国际竞争力的良机，但中国的劳动报酬出现了逆势上涨。国际金融危机后，日本、德国、韩国乃至巴西、墨西哥的劳动报酬都出现了下降，而2007~2010年中国的劳动报酬则增长了83.3%。2010年，工业化国家的劳动报酬均接近或超过3万美元，而大部分发展中国家的劳动报酬在0.5万美元以下。随着劳动报酬的快速上涨，中国相对于其他国家的劳动报酬优势正在不断缩小甚至丧失。中国制造业的劳动报酬在2004年超过印度和印度尼西亚，2008年超过墨西哥和菲律宾。2010年，中国制造业的劳动报酬相当于日本的14.6%、德国的10.5%、韩国的20.4%、巴西的43.3%、墨西哥的2.2倍、越南的2.75倍和印度尼西亚的2.5倍。

表1 2000~2010年主要国家制造业劳动力报酬

单位：万美元

国别	美国	日本	德国	中国	印度	韩国	巴西	墨西哥	越南	印度尼西亚	菲律宾
2000年	3.71	3.08	3.08	—	0.14	1.59	—	0.80		0.07	
2001年	3.73	2.77	3.02	—	0.13	1.50	0.49	—	—	0.12	0.23
2002年	3.79	2.62	3.69	—	0.14	1.68	0.42			0.11	
2003年	—	2.80	4.75	0.15	0.15	1.89	0.45			0.16	0.25
2004年	4.24	3.07	4.95	0.18	0.16	2.13	0.49			0.12	
2005年	4.40	3.07	4.31	0.19	0.18	2.51	0.66			0.14	0.28
2006年	4.72	3.05	5.00	0.23	0.19	2.78	0.73			0.16	0.32
2007年	—	2.92	5.26	0.30	0.24	3.17	0.92	0.31		0.17	
2008年	4.76	3.29	5.37	0.39	0.25	2.84	1.08	0.29	0.17	—	0.34
2009年	—	3.44	5.19	0.49	0.25	2.47	1.04	0.23	0.19		
2010年	—	3.77	5.23	0.55	0.30	2.70	1.27	0.25	0.20	0.22	
2010年中国相当于其他国家	—	14.6	10.5	100.0	183.3	20.4	43.3	220.0	275.0	250.0	

注："—"表示缺少相应数据。

资料来源：UNIDO, Industrial Statistics Database (INDSTAT2); UNIDO, *International Yearbook of Industrial Statistics 2014*。

三 劳动力成本上涨对产业竞争力的影响

一个国家或企业的劳动力成本优势不仅取决于劳动力成本的绝对大小，还取决于劳动生产率的高低，二者共同决定了劳动成本竞争力。如果一个国家因劳动力素质低、自动化水平低、基础设施不完善、产业配套体系滞后而造成劳动生产率过低，即使具有很低的劳动报酬也仍然不具有劳动力成本优势；相反，劳动生产率的快速提高能够（部分）抵消劳动报酬的上涨，如果劳动生产率的提高快于劳动报酬的上涨，那么劳动力成本优势仍然是增强的。

（一）中国制造业劳动生产率和单位劳动成本的变化

劳动生产率是指在一定时期内的产出与相应的劳动消耗量的比值，用公式表示如下：

$$APL = \frac{Y}{L} \tag{1}$$

其中，APL 为平均劳动生产率；Y 为总产出，一般用增加值或总产值表示；L 为总就业人数。劳动生产率集中体现为劳动者自身素质，反映为劳动者生产速度的快慢、生产熟练程度和生产产品质量的优劣。由于数据的可获得性所限，本研究用制造业的总产值来衡量制造业的总产出，APL 就是制造业的年人均总产值。表2展示了中国制造业平均劳动报酬和平均劳动生产率的变化情况。2003~2010年既是中国制造业劳动报酬大幅度提高的阶段，也是劳动生产率快速提高的阶段。2003年中国制造业的平均劳动报酬为1.27万元，2010年增加到3.76万元，增长1.96倍；2003年中国制造业的平均劳动生产率是26.08万元/人，2010年为72.12万元/人，增长1.77倍。引起中国劳动生产率迅速提高的原因是：一方面，随着市场环境中的竞争，低效率产业不断被淘汰，劳动力逐渐向生产效率高的产业流动；另一方面，中国自加入世贸组织后，对外经济联系日益密切，生产过程中积累了丰富的经验，劳动力素质得以提高。高的劳动生产率也与中国劳工的勤奋息息相关。从图3可以看到，2008年之前，中国制造业的平均劳动生产率增速快于平均劳动报酬增速，2008年之后平均劳动报酬增速则快于平均劳动生产率增速。

表2 2003~2010年中国制造业的劳动力报酬和劳动生产率情况

年份	2003	2004	2005	2006	2007	2008	2009	2010
平均劳动报酬(万元)	1.27	1.47	1.57	1.81	2.21	2.68	3.36	3.76
平均劳动生产率(万元/人)	26.08	30.93	36.79	43.33	51.52	53.02	61.00	72.12
劳动报酬增长率(%)	—	16.08	6.71	15.61	21.53	21.41	25.42	11.92
平均劳动生产率增长率(%)	—	18.61	18.95	17.78	18.90	2.92	15.04	18.23

注："—"表示缺少相应数据。
资料来源：UNIDO, Industrial Statistics Database (INDSTAT2); UNIDO, *International Yearbook of Industrial Statistics 2014*。

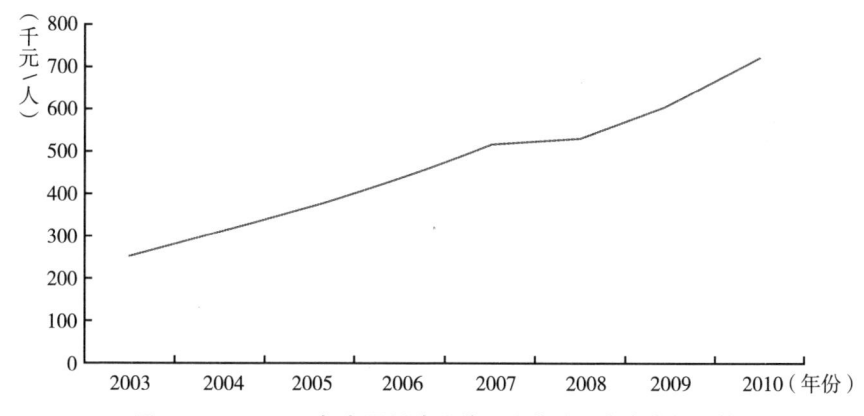

图3 2003~2010年中国制造业的平均劳动生产率变化趋势

资料来源：UNIDO, Industrial Statistics Database (INDSTAT2); UNIDO, *International Yearbook of Industrial Statistics 2014*。

单位劳动成本可以更好地衡量实际劳动成本优势的变化。单位劳动成本（ULC）可以定义为平均劳动报酬与平均劳动生产率的比值，计算公式如下：

$$ULC = \frac{LR}{APL} \tag{2}$$

其中，LR代表平均劳动报酬，APL代表平均劳动生产率。我们利用表2数据计算得到ULC，如表3所示。由于2003~2010年劳动报酬增长速度快于劳动生产率的增长速度，中国制造业单位劳动成本上涨。2003年，中国制造业单位劳动成本为0.0486，2010年增加到0.0521。其中，由于2009~2010年劳动生产率的增速快于劳动报酬的增速，单位产出劳动力成本从2009年的0.0550下降到2010年的0.0521。

表3　2003~2010年中国制造业单位产出劳动力成本变化情况（×10^{-2}）

年份	2003	2004	2005	2006	2007	2008	2009	2010
ULC	4.86	4.76	4.27	4.19	4.28	5.05	5.50	5.21

（二）劳动力成本优势的国际比较

为了考察中国制造业是否正在丧失劳动力成本优势，我们还需将中国的劳动生产率以及单位劳动成本与其他国家进行比较。

由表4可知，在参与对比的11个国家中，中国制造业的劳动生产率是提高最快的。2003年，中国制造业的劳动生产率仅分别相当于日本的10.31%和德国的12.65%，2010年提高到10.56万美元/人，分别相当于日本的24.85%和德国的34.03%，相当于巴西的份额也从2003年的62.01%提高到85.16%，是印度的1.33倍、墨西哥的6.29倍和印度尼西亚的2.03倍。

表4　中国与主要竞争国家的制造业劳动生产率比较

单位：万美元/人

国别	美国	日本	德国	中国	印度	韩国	巴西	墨西哥	越南	印度尼西亚	菲律宾
2000年	25.27	30.64	15.85	—	2.58	19.41	—	0.80	1.02	1.44	—
2001年	23.11	27.75	15.82	—	2.64	17.66	5.10	—	1.16	1.58	3.93
2002年	25.76	27.16	18.99	—	2.94	19.42	4.61	—	1.15	2.06	—
2003年	—	30.56	24.90	3.15	3.50	21.66	5.08	—	1.30	2.16	4.25
2004年	31.73	34.70	27.33	3.74	4.37	26.08	5.97	—	1.48	2.23	—
2005年	35.96	35.55	24.38	4.56	4.76	30.49	7.49	—	1.67	2.66	5.17
2006年	40.00	36.16	29.96	5.55	5.29	34.37	7.91	—	1.87	2.83	5.98
2007年	—	35.28	32.93	7.06	6.43	41.76	9.85	1.84	—	2.66	—
2008年	43.01	39.62	33.79	7.64	6.65	42.63	11.86	1.94	2.01	—	—
2009年	—	35.90	28.62	8.93	6.51	36.74	10.00	1.37	—	—	—
2010年	—	42.49	31.03	10.56	7.95	40.30	12.40	1.68	—	5.20	—
2010年中国相当于其他国家	—	24.85	34.03	100.00	132.83	26.20	85.16	628.57	—	203.08	—

注："—"表示缺少相应数据；劳动生产率均为人均制造业总产值。

资料来源：UNIDO, Industrial Statistics Database (INDSTAT2); UNIDO, *International Yearbook of Industrial Statistics 2014*。

中国制造业在劳动报酬快速上涨的同时劳动生产率也提高得很快，因此要判断制造业在国际上的劳动成本优势，需要将两者结合起来进行综合考虑，即计算单位劳动成本，具体结果如表5所示。由于越南数据缺乏较多，在计算单位劳动成本时将其剔除。

表5　中国与主要竞争国家制造业单位劳动成本对比（×10^{-2}）

年份	美国	日本	德国	中国	印度	韩国	巴西	墨西哥	印度尼西亚	菲律宾
2000	14.67	10.06	19.45	—	5.25	8.18	—	—	5.41	—
2001	16.16	9.98	19.10	—	5.09	8.48	9.65	—	7.78	5.85
2002	14.70	9.63	19.46	—	4.68	8.65	9.90	—	5.26	—
2003	—	9.16	19.09	4.86	4.36	8.74	8.76	—	7.22	5.90
2004	13.36	8.85	18.12	4.76	3.69	8.16	8.37	—	5.38	—
2005	12.25	8.58	17.68	4.27	3.74	8.23	8.83	—	5.34	5.41
2006	11.80	8.14	16.71	4.19	3.55	8.11	9.26	—	5.73	5.34
2007	—	8.28	15.97	4.28	3.66	7.60	9.34	16.89	4.55	—
2008	11.06	8.32	15.90	5.05	3.79	6.68	9.03	14.72	—	—
2009	—	9.58	18.13	5.50	3.78	6.73	10.42	16.88	—	—
2010	—	8.86	16.85	5.21	3.83	6.70	10.25	15.06	4.09	—

注："—"表示缺少相应数据。

资料来源：UNIDO, Industrial Statistics Database（INDSTAT2）；UNIDO, *International Yearbook of Industrial Statistics 2014*。

从表5可见，中国、巴西是少数制造业单位劳动成本上涨的国家。美国制造业单位劳动成本从2000年的0.15下降到2008年的0.11，日本、德国、韩国、印度、印度尼西亚分别从2000年的0.10、0.19、0.082、0.053、0.054下降到2010年的0.089、0.17、0.067、0.038和0.041，墨西哥从2007年的0.17下降到0.15，而中国、巴西分别从2003年的0.049、0.088提高到2010年的0.052和0.10。2010年，中国的单位劳动成本仍低于美国、日本、德国、韩国等工业化国家以及墨西哥，但差距在缩小；高于印度和印度尼西亚，且差距在拉大；只有相对于巴西的成本优势增强。总体上可以认为，中国制造业的劳动成本优势是在削弱的。

很多国际著名咨询公司的研究得出与此相同的结论。BCG的另一份报告预测，到2015年中国工资的年均增长将达到18%，届时中国的平均全部小时工资（average fully loaded hourly wage）将达到4.51美元，其中制造业的核心区长三角地区将达到6.31美元。这会使中国的劳动力薪酬将相当于美国低成本制造业州数量工人收入的25%。如果考虑到美国工人更高的生产率，长三角地区的工资将超过美国低成本制造业州劳动成本的60%。即使劳动生产率的年均增长能达到8.4%，也无法弥补工资近两倍的更快增长。到2015年，在中国制造的全部劳动成本节约只有10%~15%，如果再考虑到运输、风险以及扩展全球供应链的隐性成本，许多公司会发现在美国制造这些产品会更经济。[1] BCG预测，在5年内，计算机、电气和电子设备、机械、家具等七个产业会由于中国生产成本的上涨，在美国消费的产品转移到美国制造会更加经济。BCG一份最新的最大25个出口经济体的制造业成本比较显示，如果以2014年美国制造业成本为100并综合考虑劳动力、电力和天然气成本，中国制造业成本指数已达到96，接近美国的水平，略低于俄罗斯的99、中国台湾的97，高于墨西哥和泰国的91、印度尼西亚的83。[2]

四 应对劳动力成本上涨的对策

2003年以来，中国制造业的劳动报酬大幅度上涨，同时由于劳动生产率的快速提高，单位劳动成本的上涨幅度不大。但是中国制造业的单位劳动成本上涨幅度仍然处于最大的国家之列，中国相对于发达国家的制造业劳动力成本优势正在缩小，且单位劳动成本已超过印度、印度尼西亚等发展中国家，中国制造业传统上赖以依存的价格优势及其背后的最重要支撑——劳动成本优势正在逐步削弱。随着人口红利的终结和人民群众要求更充分地分享经济发展的成果，劳动力成本的持续上涨已是大势所趋，中国"世界工厂"的地位在未来将会遇到巨大挑战。随着原材料、能源、劳动力、土地等生产要素价格的不断

---

[1] Sirkin, H. L., Zinser, M., Hohner, D., Rose, J., "U. S. Manufacturing Nears the Tipping Point: Which Industries, Why, and How Much?", *The Boston Consulting Group*, March, 2012.

[2] Sirkin, H. L., Zinser, M., Rose, J. R., "Economics of Global Manufacturing: How Cost Competitiveness is Changing Worldwide", *The Boston Consulting Group*, August, 2014.

上涨，中国制造业的高成本时代已经到来，需要未雨绸缪加以应对，中国制造业必须从单纯依靠低劳动力成本（同时劳动生产率较低）获得价格优势转移到新的竞争优势上来。

第一，发挥"人口素质红利"。尽管我国的"人口数量红利"即将终结，但是我国仍有巨大的发挥"人口素质红利"的空间。一方面，我国拥有数以千万计的受过高等教育的劳动者和世界上数量最大的科研人员队伍，通过加强高等职业教育和在职培训，可以使高级技术人才的知识结构更加适应创新驱动的需要；另一方面，通过加强对制造业工人的培训，可以将农村转移人口转变为熟练工、将熟练工转变为高级技工，从而使他们适应技术要求更高的岗位，提高劳动生产率。

第二，推动以资本替代劳动。工业生产装备是工业生产的物质基础，直接决定着工业生产的效率和工业产品的质量。面对劳动力成本的快速上涨，我国企业应该加快推进装备升级，一方面，淘汰技术水平落后的生产能力，另一方面，用机器设备取代某些劳动密集型环节和提高新增产能的自动化水平，推动劳动生产力快速提高，通过劳动生产率的提高获得价格优势。特别要抓住新工业革命的契机，大力推进信息技术在制造业中的应用，实现制造业的信息化、智能化和网络化。

第三，抑制房价的过快上涨。工业的转型升级不是一蹴而就的，它需要创新能力提高、劳动者素质提升、企业管理能力的改善等作为支持，这需要花费较长的时间。如果因成本过快上涨使低成本优势丧失而新的竞争优势又无法形成，中国将落入"中等收入国家陷阱"。因此，通过坚决抑制房价过快上涨来控制中国工业综合生产成本的过快上涨，从而维持中国的低成本国际竞争优势，为工业的转型升级留住时间。

第四，促进产业的转型升级。通过增强创新能力、发展核心技术、打造品牌来减少对成本的依赖。产业的升级不仅包括从以劳动密集型产业为主向以资本技术密集型为主的转变以及从传统的成熟产业向战略性新兴产业的转变，还包括产业内部的升级特别是劳动密集型产业内部的升级。例如，如果能够提高服装产业的档次，增加附加价值，就能够更大限度地容忍劳动力成本的上涨。

参考文献

[1] 王燕武、李文溥、李晓静:《基于单位劳动力成本的中国制造业国际竞争力研究》,《统计研究》2011年第1期。

[2] 魏杰、董进:《高成本时代与中国经济转型——兼论节约型经济》,《中国工业经济》2005年第9期。

[3] Sirkin, H. L., Zinser, M., Hohner, D., Rose, J., "U. S. Manufacturing Nears the Tipping Point: Which Industries, Why, and How Much?", *The Boston Consulting Group*, March, 2012.

[4] Sirkin, H. L., Zinser, M., Rose, J. R., "Economics of Global Manufacturing: How Cost Competitiveness is Changing Worldwide", *The Boston Consulting Group*, August, 2014.

B.13 物流成本的国际比较

伍业君*

摘　要： 在物流绩效国际比较和对典型国家物流成本状况进行分析的基础上，本文对中国的物流成本进行了详细分析。物流业强国中，德国物流总体水平世界领先，日本在物流成本控制上表现更优，美国物流业发展迅猛。中国的物流成本虽呈现下降趋势，但是仍远高于发达国家。参考发达国家的物流发展情况，报告提出了降低中国物流成本的相应措施。

关键词： 物流绩效　物流绩效指数　物流成本

物流业作为复合型服务业，融合运输、仓储、货代、信息、咨询等众多产业，吸纳就业人口能力强；物流业的发展，对深化劳动分工、优化资源配置、提升制造业生产效率、推动区域经济协调发展有着十分重要的作用；作为新一轮经济增长点，物流业也成为现代企业或者国家竞相发展的重点产业。中国物流业自2000年以来，总体规模快速增长，服务水平显著提高，发展环境和条件不断改善，但是物流业总体水平仍然偏低，很多物流企业由传统的仓储、运输企业改制而来，专业化的物流供给能力不足，社会物流总成本居高不下。这不仅成为物流业自身发展的严重制约因素，而且关系到相关产业生产效率的提升，进而影响到中国产业的国际竞争力。在此背景下，对代表性国家的物流业进行分析比较，不仅有利于摸清中国

---

* 伍业君，铁路总公司党校助教，博士。

物流业在国际上所处的位置，通过对比找出中国物流业本身存在的问题，而且通过对典型国家物流业发展的剖析，能够为中国物流业的健康发展提出相关建议。

一 物流绩效国际比较

物流绩效指数是世界银行联合学术机构、国际机构、私人企业和从事国际物流的个人，合作进行的一项调查。该指数包括了影响物流绩效的六个核心维度，被调查者给各个指标打分，从1（最差）到5（最好），每个指标的最终得分为所有调查者给出分数的平均数。调查方法参照 Arvis 等。[1] 六个维度是通关效率、贸易和运输基础设施质量、货物追踪能力、安排有价格优势的货运量的便捷程度、物流服务能力及质量、货物按时送达收件人的频率。物流绩效总指数则是对以上六个维度的综合评价。被调查的市场主要包括最重要的进出口市场、随机选择市场、内陆国家、与国际市场相邻的国家等155个经济体。

（一）物流绩效指数比较

从物流绩效总指数看（见表1），2007~2012年，物流绩效总指数持续上升的国家有中国、韩国、美国；印度物流绩效总指数先上升、后下降，2012年比2007年略有上升；物流绩效总指数持续下降的国家有英国、日本；德国物流绩效总指数呈现出先上升、后下降的趋势。从物流绩效总指数的排名上看，这七个国家排名比较稳定。德国稳居第一位；日本紧随其后，排名靠后的是韩国、中国、印度；英国经历了排名和得分都下降的变化，美国则相反，排名和得分都稳步上升，2012年美国和日本物流绩效总指数并列第二位。

---

[1] Arvis et al., Connecting to Compete 2010, Trade Logistics in the Global Economy, www.worldbank.org/lpi.

表1　主要国家物流绩效总体指数比较

国　家	2007年	2010年	2012年
中　国	3.32	3.49	3.52
德　国	4.10	4.11	4.03
英　国	3.99	3.95	3.90
印　度	3.07	3.12	3.08
日　本	4.02	3.97	3.93
韩　国	3.52	3.64	3.70
美　国	3.84	3.86	3.93

资料来源：据World Bank & Turku School of Economics, Logistic Performance Index Surveys 整理。

为了更加详细地了解以上国家的物流绩效水平，对形成物流绩效总水平的六个核心维度的分解就显得十分必要。从货物追踪能力指数来看，七个国家基本都经历了先上升、后下降的过程，2012年得分高于2007年的国家有中国、印度、韩国、美国；其他三个国家的得分在经历上升之后都跌落到2007年以下的水平。从货物追踪能力指数的排名来看，德国排名下降，由2007年的第一位下降到2012年的第二位；英国由2007年的第二位下降到2012年的第四位，美国则由2007年的第四位上升至2012年的第一位。从这一指标看，德国、美国、日本、英国始终处于第一梯队，得分在4分以上；中国、韩国居中，印度位居最末（见表2）。

表2　主要国家物流绩效指数比较（1）

国　家	货物追踪能力 2007年	货物追踪能力 2010年	货物追踪能力 2012年	贸易和运输基础设施质量 2007年	贸易和运输基础设施质量 2010年	贸易和运输基础设施质量 2012年
中　国	3.37	3.55	3.52	3.20	3.54	3.61
德　国	4.12	4.18	4.05	4.19	4.34	4.26
英　国	4.10	4.13	4.00	4.05	3.95	3.95
印　度	3.03	3.14	3.09	2.90	2.91	2.87
日　本	4.08	4.13	4.03	4.11	4.19	4.11
韩　国	3.56	3.83	3.68	3.44	3.62	3.74
美　国	4.01	4.17	4.11	4.07	4.15	4.14

资料来源：据World Bank & Turku School of Economics, Logistic Performance Index Surveys 整理。

从贸易和运输基础设施质量指数来看,中国和韩国该指标的得分持续上升;德国、印度、美国、日本该指标的得分呈现先上升、后下降的趋势;英国该指标的得分降中趋稳。总体来看,2012 年得分低于 2007 年的有印度和英国;日本持平;美国、德国的得分虽较 2010 年有所下降,但是仍高于 2007 年的水平。从该指标的排名看,德国始终稳居第一位;日本由 2007 年的第二位下降至 2012 年的第三位;美国由 2007 年的第三位上升至 2012 年的第二位;英国虽得分有所下降,但是 2007 年和 2012 年的排名保持在第四位。从这一指标看,得分始终保持在 4 分以上的是德国、日本和美国;印度不仅得分不高,而且 2012 年的得分较 2007 年还有所下降。

表3 主要国家物流绩效指数比较(2)

国家	货物按时送达收件人的频率			物流服务能力及质量		
	2007 年	2010 年	2012 年	2007 年	2010 年	2012 年
中 国	3.68	3.91	3.80	3.40	3.49	3.47
德 国	4.33	4.48	4.32	4.21	4.14	4.09
英 国	4.25	4.37	4.19	4.02	3.92	3.93
印 度	3.47	3.61	3.58	3.27	3.16	3.14
日 本	4.34	4.26	4.21	4.12	4.00	3.97
韩 国	3.86	3.97	4.02	3.63	3.64	3.65
美 国	4.11	4.19	4.21	3.85	3.92	3.96

资料来源:据 World Bank & Turku School of Economics, Logistic Performance Index Surveys 整理。

从货物按时送达收件人的频率指数看,中国、德国、英国、印度得分均呈先上升、后下降的趋势,德国和英国 2012 年的得分甚至跌落于 2007 年之下;韩国和美国这一指标的得分保持持续上升趋势,韩国表现尤为突出,由 2007 年的 3.86 分上升至 2012 年的 4.02 分,进入 4 分以上的第一梯队。从排名看,日本排名下降,由 2007 年的第一位降到 2012 年与美国并列第二;德国由 2007 年的第二位上升至 2012 年的第一位;美国由 2007 年的第四位上升至 2012 年的第二位;英国由 2007 年的第三位下降到 2012 年的第四位;中国和印度这一指标得分较低。

从物流服务能力及质量指数看,韩国和美国的得分持续上升;德国、印度、日本的得分持续下降；中国的得分呈现先上升、后下降的趋势，但是2012年的得分仍高于2007年；英国的得分虽然呈现先下降、后上升的趋势，但是2012年的得分远低于2007年。从该指标的排名看，德国保持第一，始终处于第一梯队，得分保持在4分以上；日本虽排名保持第二位，但是得分大幅度下降；英国由2007年的第三位下降至2012年的第四位；美国由2007年的第四位上升至2012年的第三位；日本、美国、英国处于第二梯队，得分在3.8分以上；韩国、中国和印度排名比较稳定且靠后。

表4 主要国家物流绩效指数比较（3）

国家	安排有价格优势的货运量的便捷程度			通关效率		
	2007年	2010年	2012年	2007年	2010年	2012年
中　国	3.31	3.31	3.46	2.99	3.16	3.25
德　国	3.91	3.66	3.67	3.88	4.00	3.87
英　国	3.85	3.66	3.63	3.74	3.74	3.73
印　度	3.08	3.13	2.98	2.69	2.70	2.77
日　本	3.77	3.55	3.61	3.79	3.79	3.72
韩　国	3.44	3.47	3.67	3.22	3.33	3.42
美　国	3.58	3.21	3.56	3.52	3.68	3.67

资料来源：据World Bank & Turku School of Economics，Logistic Performance Index Surveys整理。

安排有价格优势的货运量的便捷程度指数的得分普遍不高，都在4分以下。中国、韩国的得分持续上升；德国、日本、美国的得分尽管呈现先下降、后上升的趋势，但2012年的得分都低于2007年的得分；英国的得分持续下降；印度的得分呈现先上升、后下降的趋势，2012年的得分低于2007年。从排名上看，2007年德国、英国、日本、美国占据了前四位。德国虽得分有所下降，但排名稳居第一位；韩国表现突出，得分持续上升，2012年排名与德国齐平，直接跻身第一位；中国这一指标虽排名靠后，但是得分与其他发达国家相比，并未相差太远；印度排位最后，得分在3分以下。

从通关效率指数看，七个国家的得分总体不高，都在4分以下，其中印度的得分长期在3分以下。中国、韩国、印度的得分持续上升，中国、韩国的得分上升幅度较大；德国、美国的得分呈先上升、后下降的趋势，德国2012年的得分低于2007年，美国2012年的得分较2010年有小幅度下降，但较2007年有一定程度的提升；英国和日本两国得分均稳中有降，降幅不大。从该指标的排名看，德国虽然得分有所下降，但是排名始终稳居第一位；日本排名从2007年的第二位降到2012年的第四位；英国排名保持在第三位；美国和韩国2012年的排名与2007年相比保持不变；中国、印度排名靠后。

纵观物流绩效指数的六个维度，德国总体绩效水平排名靠前，除了货物按时送达收件人的频率指标在2007年曾略低于日本、货物追踪能力在2012年得分略低于美国外，德国的其余各项指标均排名第一。日本的物流绩效指数比较稳定，维持第二；美国物流绩效指数的各方面发展得比较快；英国则处于下降态势，各项指标得分和排名均下降明显；韩国和中国发展态势良好，印度虽然也在急追猛进，但是由于基础薄弱，与其他国家还有很大差距。

（二）典型国家物流成本比较

社会物流总成本是指报告期内国民经济各方面用于社会物流活动的各项费用支出的总和，包括：支付给运输、储存、装卸搬运、包装、流通加工、配送、信息处理等各个物流环节的费用；应承担的物品在物流期间发生的损耗费用；社会物流活动中因资金占用而应承担的利息支出；社会物流活动中发生的管理费用；等等。总体而言，社会物流总成本可以划分为运输费用、保管费用、管理费用三部分。在第一部分物流绩效国际比较的基础上，第二部分拟对典型国家的物流成本进行比较分析，德国、日本物流绩效指数高且排名稳定，美国发展迅速，排名迅速上升，这些国家理应成为本文分析的重点，限于篇幅及数据的可得性，这里仅取日本和美国进行分析。

1. 日本的物流成本状况

从物流总成本占GDP的比重看，1995~2012年，日本物流总成本占GDP比重一直控制在10%以下，2000~2012年该指标更是降低到9%以下（除2008年金融危机以外），截至2012年，日本物流总成本占GDP的比重为7.5%；2000年以前，日本运输成本占GDP的比重较高，超过了6%；2000年以后，运输成本占GDP的比重得到了较好的控制，降低到6%以下，2012年该比重甚至降至5%以下，仅为4.3%（见图1）。日本物流成本中交通运输成本得到了较好的控制,得益于日本智能交通系统的不断完善。该系统不但推进了运输的合理化实施,也减轻了环境负荷,提高了运输便利性,降低了运输成本。

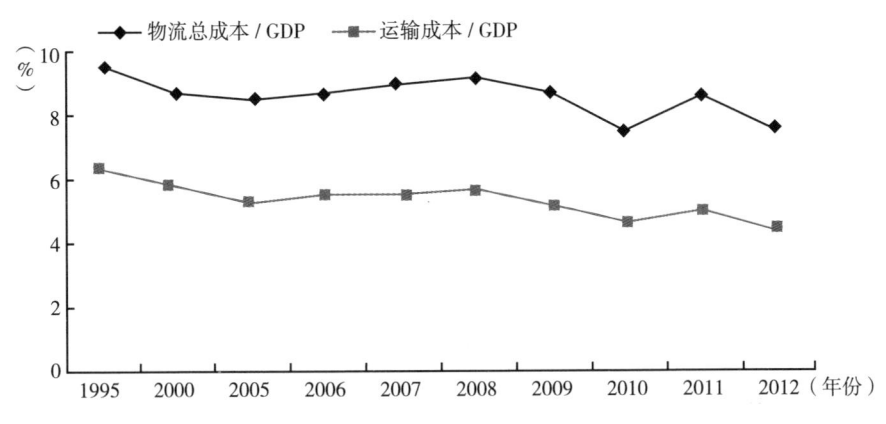

图1　1995~2012年日本物流总成本及运输成本占GDP的比重

资料来源:《日本统计年鉴2014》《日本物流统计年鉴2012》。

日本《综合物流施策大纲2001》提出,要创建一个能够减轻环境负荷的物流体系和循环型社会,所构建的能够减轻环境负荷的物流体系要对循环型社会做出贡献,因此,日本物流企业比较重视逆向物流的发展。截至2012年,逆向物流成本占物流总成本的比重不高,低于5%。日本的第三方物流发展得比较迅速,因此,在日本物流总成本中,第三方物流占比达到了相当份额。2000~2012年,第三方物流成本占物流总成本的比重在小幅波动中呈现上升态势,从2000年的51.8%上升至2012年的71.2%(见表5)。

表5　日本逆向物流和第三方物流成本占物流总成本的比重

单位:%

年份	2000	2005	2006	2007	2008	2009	2010	2011	2012
逆向物流/物流总成本	3.77	2.98	3.16	3.23	2.88	3.46	3.55	4.09	3.14
第三方物流/物流总成本	51.80	62.20	63.60	65.50	63.60	68.10	67.50	70.20	71.20

资料来源:《日本统计年鉴2014》《日本物流统计年鉴2012》。

日本物流企业也在不断更新经营理念,日本物流业经历了以生产为出发点考虑物流到以市场营销为出发点考虑物流,再到从消费者角度考虑物流等阶段的

不断升华。日本有效地将物流成本控制在较低的范围内，这归因于日本形成了全面的物流管理体系和运作流程，而且还制度化地实施了物流成本监控和管理。日本经济产业省和国土交通省每四年一次共同制定的《综合物流施策大纲》，不仅为物流业的发展做出规划，拟定出具体的目标，而且还会对所确定的目标进行全面的评估，这为日本物流业发展更加顺畅、有序，效率不断提高提供了制度保障。

2. 美国物流业发展状况

从20世纪50年代开始大力发展现代物流业以来，美国现代物流业先后经历了从强调运输效率到强调综合外包，到强调客户关系和企业延伸，再到强调供应链整合管理的新阶段。美国物流业发展迅速、实力强大、技术领先，在全球具有领先地位和优势，无论城市物流，还是物流基础设施的建设和运作，都堪为各国学习的典范。美国物流费用占GDP的比重从2003年以来一直低于10%的水平，2010年以来，美国物流费用有所上涨，主要是由金融危机、房地产危机、燃油价格高位震荡等美国经济不景气因素造成的。在美国物流总成本构成中，运输成本占据较大份额，2003年以来，运输成本在物流总成本中占60%~65%；其次是仓储成本，2003~2012年美国的仓储成本占GDP的比重虽波动较大，但是其在物流总成本中的比重始终保持在32%左右的水平。运输成本中最大的组成部分是公路运输成本，2012年，公路货运量增长2.3%，公路运输成本增加2.9%。2012年，美国铁路货运总量较2011年减少3.1%，运输成本增长4.9%。公路运输成本的增加，归因于货运从业人员的工资成本增加，以及为维持运力的设备更新投资。

表6 2003~2012年美国物流总成本

单位：十亿美元，%

年 份	2003	2004	2005	2006	2007	2008	2009	2010	2011	2012
物流总成本	947	1028	1175	1305	1394	1344	1100	1203	1282	1330
仓储成本	304	337	390	446	485	420	352	388	418	—
运输成本	607	652	739	809	855	872	705	768	815	—
管理成本	36	39	46	50.2	54	52	43	47	49	—
物流总成本/GDP	8.5	8.7	9.3	9.8	9.9	9.4	7.9	8.3	8.5	8.5
仓储成本/GDP	2.7	2.8	3.1	3.3	3.5	2.9	2.5	2.7	2.8	—
运输成本/GDP	5.4	5.5	5.8	6.0	6.1	6.1	5.1	5.3	5.4	—

资料来源：23rd Annual State of Logistics Report。

值得一提的是，美国的第三方物流发展迅速，在全球处于领先地位。2003年以来，美国的第三方物流市场规模整体呈现上升趋势（除2009年金融危机时期），截至2012年，规模达到1422亿美元，约为2003年的2倍（见图2）。在第三方物流市场上，美国涌现出了一些世界知名的跨国物流企业集团，如联合包裹、联邦快递、万络国际物流公司等，目前美国第三方物流市场规模占全球的23.1%。

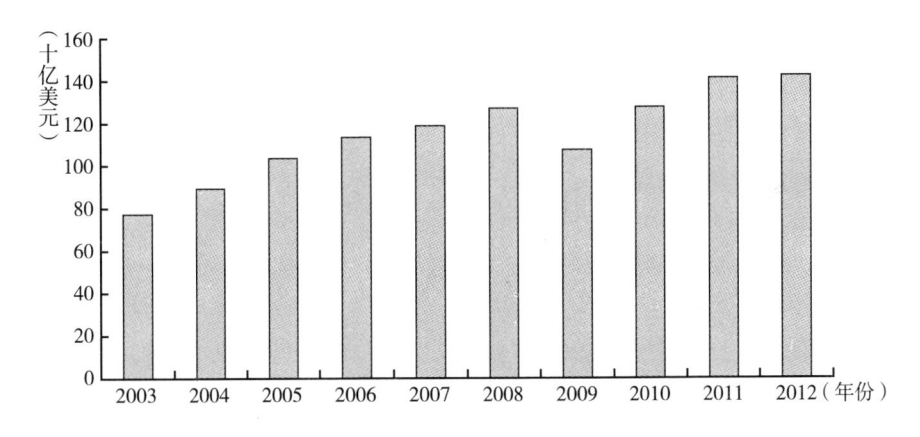

图2 2003~2012年美国第三方物流市场规模

资料来源：Armstrong & Associates, INC。

与日本相比，美国的物流总成本占GDP的比重略高，但是美国现代物流产业发展在规模总量、企业能力方面都代表了世界较高的水平，先进技术的应用更是代表了现代物流业的最高水平。在物流绩效指标的比较中也可以看出，美国的货物追踪能力指标得分很高，而且呈现出赶超日本、德国的趋势。该指标的得分2007年低于日本、德国，甚至英国，而2012年得分不仅上升，而且高于日本、德国。在贸易和运输基础设施质量指标方面，美国也非常重视，虽然截至2012年，美国该指标得分仍低于德国，但是已经超过日本。

美国物流业发展成功的经验较多，包括：放宽交通运输管制，鼓励市场竞争；建立密集发达的综合运输网络；重视培训物流人才；重视建设物流园区；加大扶持龙头企业的力度；等等。

二 中国物流成本状况

在经济平稳发展的基础上，中国物流发展形势良好，物流业增加值增长较快，2012年，中国社会物流总额为177.3万亿元，按可比价格计算，同比增长9.8%，增幅较上年同期回落2.5个百分点。近年来，中国物流总额增速逐步放缓，这表明，随着中国经济社会发展目标的调整，物流需求逐步由快速增长向平稳较快增长转变，中国物流业已经进入靠提升效率来提升竞争力的集约发展阶段。21世纪以来中国的物流效率有所提升，但是社会物流总成本增长较快，较发达国家而言，物流成本占GDP的比重高出发达国家一倍以上。

具体而言，2012年，中国物流总成本达到9.37万亿元，较上年增长11.4%，而同期物流总额仅增长9.8%，物流业增加值为3.5万亿元，同比增长9.1%，成本增长的速度快于物流总额与增加值的增长速度。物流成本中，运输和仓储成本占到了总成本的绝大部分份额，其中运输成本占到50%以上，仓储成本占到30%以上。从表7可以看出，运输成本占物流总成本的比重波动性较大，以2008年为节点，经历了两次先上升、后下降的过程，截至2012年，运输成本占物流总成本的比重虽降至2005年以来最低，达到52.5%，但仍

表7 2000~2012年中国物流总成本、物流成本结构及占GDP的比重

单位：亿元，%

年 份	2000	2005	2006	2007	2008	2009	2010	2011	2012
物流总成本	19230	33860	38414	46942	54542	60826	70984	84116	93705
仓储成本	5975	10631	12331	15540	18928	19955	24046	29480	32959
运输成本	10070	18639	21018	25326	28669	33628	38336	44431	49185
管理成本	3185	4590	5065	6076	6945	7243	8602	10205	11561
仓储成本/物流总成本	31.1	31.4	32.1	32.9	34.7	32.8	33.9	35.0	35.2
运输成本/物流总成本	52.4	55.0	54.7	54.4	52.6	55.3	54.0	52.8	52.5
管理成本/物流总成本	16.6	13.6	13.2	12.7	12.7	11.9	12.1	12.2	12.3
物流总成本/GDP	19.4	18.5	18.3	18.4	18.1	18.1	17.7	17.8	18.0
仓储成本/GDP	6.0	5.8	5.9	6.0	6.3	5.9	6.0	6.2	6.3
运输成本/GDP	10.1	10.2	10.0	10.0	9.5	10.0	9.6	9.4	9.5

资料来源：笔者据《中国物流统计年鉴2007~2013》计算整理。

比2000年高出0.1个百分点。从物流总成本占GDP的比重看,2000年以来,该比重整体呈下降的趋势,但是2010年后有上升的趋势,截至2012年,物流总成本占GDP的比重为18%,比日本高出140%,比美国高出112%。其中,运输成本占GDP的比重整体呈现下降趋势,由2000年的10.1%降低至2012年的9.5%,中国仅运输成本占GDP的比重就已经超过发达国家物流总成本占GDP的比重;仓储成本占GDP的比重呈先降后升的趋势,由2000年的6%下降到2005年的5.8%,之后上升至2012年的6.3%。

三 降低中国物流成本的相关措施

(一)加强先进信息技术的应用,提升物流信息化水平

信息化技术的应用贯穿于物流的各个环节,对降低物流成本、提高物流效率起到了至关重要的作用。从第一部分的分析可以看出,美国物流绩效指标能够有大幅度的提升,超过英国并追上日本,很大程度上依赖于信息化技术的应用,使得货物追踪能力、贸易和运输基础设施质量等指标的得分大幅度提升。在供应链全球一体化的环境下,中国物流企业的信息化水平还较低,远不能满足中国参与全球市场竞争的需要。目前,中国大中型物流企业的信息化建设已基本实现全覆盖,而小型民营物流企业则还有待加大信息化改造投入,很多行业用户信息化水平还处于初级阶段,而处于中级水平的行业用户信息化建设也常存在管理系统分散、业务流程不畅通、集成度不够高等现象。物流行业进入全面信息化时代还需要不断提升和完善信息化水平。先进的管理信息系统是现代物流企业拓展市场、提升核心竞争力的最重要的利器,也是第三方物流发展必不可少的技术支持,尤其是传统信息集成技术。因此,提高信息技术在物流行业的应用,是中国物流业的发展、降低物流成本、参与国际竞争必不可少的环节。

(二)加强物流基础设施建设,提高运输效率

物流基础设施是影响物流绩效水平的重要维度。从第一部分物流绩效指数

分析来看，中国的物流基础设施虽然呈现良好的发展态势，但是综合交通运输体系、多式联运、智能交通系统等还远没有达到现代物流所需的水平。中国地域广阔，区域物流发展极不平衡，中西部地区的基础设施水平需要大幅度提高，农村物流建设作为现代物流体系中极其薄弱的环节，也需要给予重视，只有这样，才能建成统筹城乡、互促共进的现代一体化物流格局。加强不同运输方式间的连接，合理选择运输方式，才能降低运输成本。日本的智能交通系统（ITS）的不断完善，不但推进了日本合理化运输的实施，而且减轻了环境负荷，提高了运输便利性，降低了运输成本，2000年后日本的运输成本占GDP的比重得到了良好的控制，2012年该比重降低至4.3%。中国仅运输成本占GDP的比重就已经超过发达国家物流总成本占GDP的比重，因此，加强这方面的建设，运输效率便会有很大的提升空间，同时，运输成本会得到极大的节约。

（三）加强库存成本控制，降低仓储成本

仓储成本是物流成本中第二大构成部分，有效控制仓储成本是降低物流成本的途径之一。库存成本是仓储成本中很重要的组成部分，库存增加，会造成库存相关费用，如库存占用资金及利息、税收、折旧、报废、保险和库存费用增加。美国2012年仓储成本增加了7.6%，是物流总成本占GDP比重维持较高的原因之一。日本非常重视物流中心和仓储设施的有效利用，这成为日本继智能交通系统后降低物流成本的主要来源。从上文数据看，日本不仅提供优质的物流服务，还通过物流成本的边际效用，如逆向物流、降低物流费用构成比，进一步减少库存成本，加快资金周转、压缩库存，提高库存周转率，降低物流费用。

（四）大力发展第三方物流，降低物流成本

随着分工的进一步细化和竞争的日益激烈，跨国企业为了降低供应链成本，产生了外包物流的需求；中国企业也逐渐放弃大而全的思想，更加关心核心业务的竞争力提升，从而增加了物流外包的需求，但是，中国第三方物流发展现状是比重很低，而且供应商规模小、功能单一、信息化水平低、增值服务

能力薄弱。第三方物流作为新的利润增长点,成为大型跨国物流集团的必争之地,美国第三方物流市场规模逐渐扩大,日本2012年第三方物流成本占到物流总成本支出的71.2%。因此,大力发展第三方物流,不仅是中国提升物流业行业竞争力的必然要求,也是提升中国制造业国际竞争力的间接方式。具体来说,可以加大对大型物流企业的扶持力度;同时,通过立法促使制造业与物流企业节能,加强制造业与物流企业的联合,加速第三方物流的发展,进一步降低物流成本。

B.14
环境管制的影响：以中韩钢铁业为例

常少观　李　钢*

摘　要：

本文主要通过计算中国、韩国两国1990~2013年的最新钢铁出口数据得出了两国钢铁产业国际竞争力的变化情况，并且分析了在过去几十年内各国环境管制力度逐渐加大的背景下，环境管制力度对中韩两国钢铁产业国际竞争力的影响。从数据分析所得到的结果来看，中国钢铁产业国际竞争力增长迅速，韩国钢铁产业国际竞争力增长较快。最后得出结论，环境管制力度与国际产业竞争力长期存在正相关关系。

关键词：

国际产业竞争力　钢铁行业　WTO

一　中韩两国钢铁产业历史

（一）韩国钢铁产业简述

钢铁产业一直以来都是韩国经济的主导产业。在过去的五十年里，韩国的钢铁行业一直保持着持续快速的增长，并且为韩国的经济增长带来了极大的动力，对促使韩国成为发达国家做出了极大的贡献。2012年，韩国成为世界第六大钢铁生产国，仅次于中国、日本、美国、印度和俄罗斯，是亚洲第三大钢铁生产国。

---

* 常少观，中国社会科学院研究生院博士；李钢，中国社会科学院工业经济研究所研究员。

韩国钢铁产业以浦项钢铁公司为代表，具备世界最高的竞争能力。世界钢铁咨询公司 WSD 和日本钢铁新闻发布的资料显示，在制造成本、收益性、财务结构、扩充设备、内需成长潜力、技术革新等指标的综合评价结果中，浦项钢铁公司位居第一。韩国产业研究院的研究报告指出，韩国钢铁业在普通钢领域具有世界最强的竞争力，同时在确保设备高效率运转、拥有高素质的从业人员方面占据优势。但是，韩国钢铁业受到基础原料（铁矿石、废铁等）短缺的制约，以及高级钢铁制品领域技术脆弱和部分产品供应过剩等不利因素的影响。

韩国钢铁业经历了从低端产品到高级产品的发展历程。20 世纪 80 年代后期至 1997 年金融危机前，棒型钢、钢筋、线材等普通钢铁制品增长迅速，1991~1997 年，钢筋年均增长 11% 以上，线材产量年均增长 5.5% 以上。进入 21 世纪，前述低附加值产品的产量增幅减小，直至出现负增长，而船用钢板、汽车用钢板等高附加值产品的产量增长较快。

金融危机后，韩国钢铁企业致力于发展新技术。早在 20 世纪 90 年代初，POSCO 就专注于 FINEX 处理方式的发展。POSCO 现已成功地实现了设备的商用化，领先于发达工业国家的钢铁企业。FINEX 处理方式的优势在于不再依靠无黏结特性的焦炭和煤的使用，原材料的处理被简化，处理过程更加环保，且生产成本下降。此外，企业开始致力于汽车薄钢板相关技术的研发，如 hydrofoaming 和 TWB 技术。2014 年 6 月，现代制铁通过电炉制钢方式，用废铁成功生产出 210 毫米厚的汽车用钢板平板。为应对新的环境规则，韩国企业正在努力地开发各种环保型产品，如无铬钢板等。

近年来，冷热轧产品普遍出现了供过于求的局面，韩国钢铁界也面临着同样的市场形势。其主要出口市场近期也都出现了低迷的形势，导致价格波动。欧洲用户受汇率制约迟迟不下订单，美洲用户苦于居高不下的库存一再推迟订单，东南亚则由于经济复苏缓慢而影响进口，中国这另一大市场则因国家政策导向而加大了对进口钢材的限制，此外欧美等国的贸易保护主义已经日益抬头，韩国厂商巨大的产能在受到外界反倾销指控时将难以有效地进行市场资源分配的平衡。该市场的二次轧制厂在采购进口半成品时也不得不认真地测算下游产品价格与进口成本之间的利润空间，从而进一步抑制了东亚钢材市场的良性发展势头。

下面将列出韩国 1990~2013 年钢铁出口产量变化情况，及其在亚洲和世

界市场上占有率的变化情况。

从图1可看出，1990~2013年韩国钢铁出口额一直保持增长的势头，出口额减少的情况极少发生，基本呈现整体上行的趋势，并且在2002年后呈现快速增长的趋势。2009年的金融危机对钢铁出口造成了较大影响，但是在危机后恢复速度显著，呈现高速增长的趋势。由图2可见，韩国的钢铁出口额占亚洲钢铁出口额的比例基本上保持不变，并且随着亚洲钢铁出口额的增加其也保持了增长的趋势。这体现了韩国在亚洲钢铁产业中的重要地位。由图3可

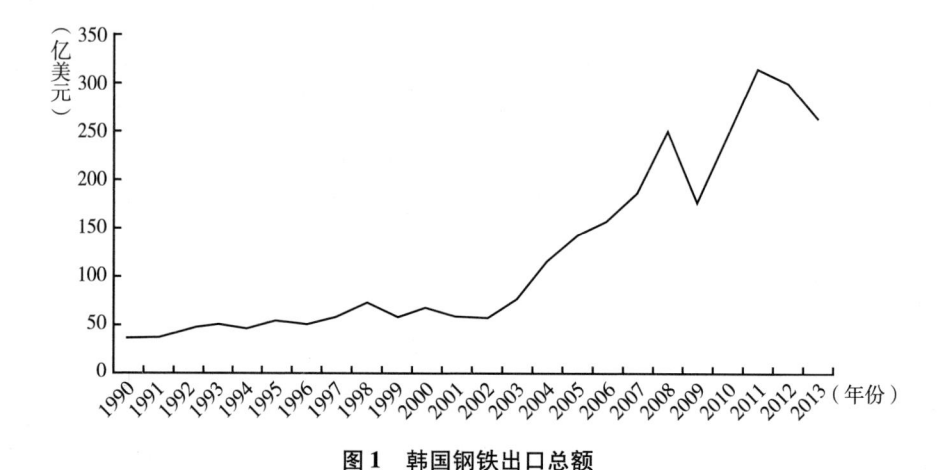

图1　韩国钢铁出口总额

资料来源：WTO International Trade and Market Access Data, 1990-2013。

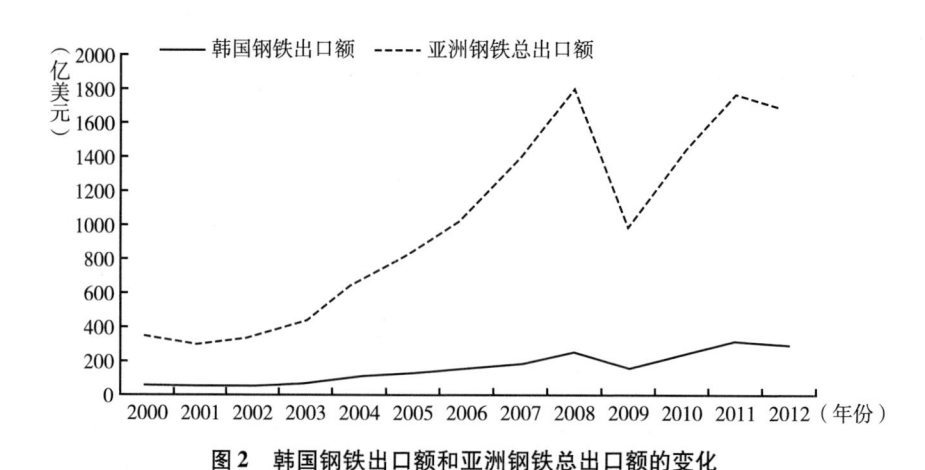

图2　韩国钢铁出口额和亚洲钢铁总出口额的变化

资料来源：WTO International Trade and Market Access Data, 2000-2012。

知,韩国在2003年后增长趋势更加明显。这体现了韩国钢铁产业在世界钢铁产业中的重要性,以及韩国钢铁产业较强的国际竞争力。

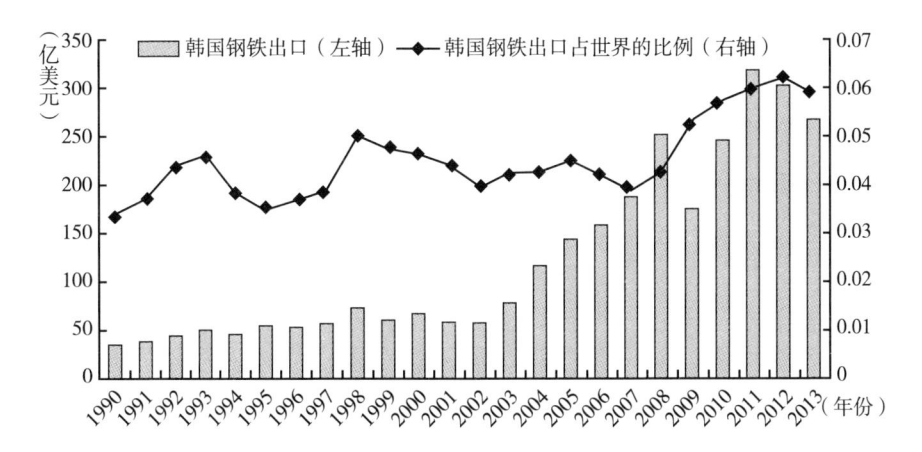

图3 韩国钢铁出口及其占世界钢铁总出口额的比例的变化

资料来源:WTO International Trade and Market Access Data,1990-2013。

(二)中国钢铁产业简述

自从新中国建立初期,中国以重工业为主要发展产业来带动并且实现社会主义工业化时,中国钢铁产业作为重工业的主力军得到了党中央的高度重视。中国的钢铁产业基本上是白手起家,却担任着艰巨的成长和发展任务。钢铁作为重要的基础原材料之一,与中国改革开放、经济增长、社会进步息息相关。

1949年,中国钢产量仅为15万吨。从第一个五年计划开始,中国的钢铁产业发展迅速并取得了长足的进步。从范围来看,中国实现了全国范围的钢铁制造,实现了十八个省市的钢铁产业布局。在技术上,中国钢铁产业也取得了重大的突破和进展。在第一个五年计划期间可冶炼钢的品种从170个增长到1352个,可制钢的品种也从300个增长到4000多个。同时,中国在此期间钢铁产值也取得了长足的进步,每年平均以30%的速率增长。

在"大跃进"时期,中国因为制定了不现实的钢铁产业发展目标,造成了中国钢铁产业的粗放式发展。在这段时间,中国只注重钢铁产量、产值的增长,却忽视了质量上的监督,使得大量浪费的现象出现,造出的钢铁质量不过关，大量产品成为废铁废钢。在"大跃进"时期制定的目标下，中国广造高炉，最后因质量不过关而不得不进行拆除，无端又造成了极度浪费。所以，中国的钢铁行业在"大跃进"时期没有能够继续第一个五年计划的增长势头，中国钢铁产业反而受到了重挫。"大跃进"后中国又经历了"文化大革命"时期。"文化大革命"对中国经济建设带来了灾难性打击，中国钢铁行业停滞不前，甚至出现了倒退。

直到1978年改革开放后，中国实行了对外开放的政策，使得中国的钢铁产业可以充分地利用外资以及外国的先进技术和资源。以1978年邓小平访问日本，参观日本钢铁企业，并买入大量外国的先进设备为序幕，中国的钢铁产业开始进入高速增长期。1986年，中国的钢产量突破了5000万吨大关，1996年突破亿吨大关，中国的钢产量至今仍保持着世界第一的位置。

中国钢铁产业的现状可从以下三个部分来描述。①中国的产能现状。过去几十年的时间里，钢铁产能的快速增长是中国钢铁产业的最大特点，中国的生产能力一直保持着世界第一的水平。同时中国钢铁产业集中度较低是另外一个特点。相较于其他国家，中国钢铁企业数量较多，中国排前十的钢铁企业生产的粗钢产量是中国总产量的42.5%，而美国仅前四大钢铁企业的产量就能达到全国产量的50%。②贸易现状。中国钢铁出口量一直以来名列前茅。2006年中国成功超越日本，成为世界第一大钢铁出口国。③资源现状。中国铁矿石品位平均为33.3%。相较于其他国家，如澳大利亚、巴西等，此数值更是低了一半。而日渐增长的钢铁产能使中国对外国铁矿石的需求越来越大。中国需求量增加的同时也推动了铁矿石价格的上涨，高昂的铁矿石价格已成为中国钢铁行业提高国竞争力的重要阻碍。

下面将列出中国1990~2012年钢铁出口产量的变化情况，及其在亚洲和世界市场上占有率的变化情况。

从图4可看出，中国钢铁行业与韩国钢铁行业的发展历程极为相似，即：在2003年以前一直保持着平稳缓慢的增长，而在2003年以后出现井喷式增长。相较于韩国，2003年以后中国的钢铁出口额的增长率更高。2009年金融危机对中国钢铁出口造成的打击比韩国的更大，相比2008年巅峰时期的出口额，2009年的出口额只能达到2008年的2/7左右。这说明中国钢铁行业对外需的弹性非常大。从图 5 可观察到，中国是亚洲钢铁产业的重要出口国。2003年以前，中国占亚洲钢铁出口额的比重较稳定，而在 2003 年以后，中国钢铁出口额的增长率超过了其他亚洲国家，这可以从中国占亚洲钢铁出口额的比例的显著提高中看到。从 2007 年起，中国的钢铁出口额大概占亚洲的三分之一。这表明中国钢铁产业在亚洲钢铁产业中处于举足轻重的位置，同时也表明中国钢铁产业的国际竞争力在亚洲国家中处于优势。

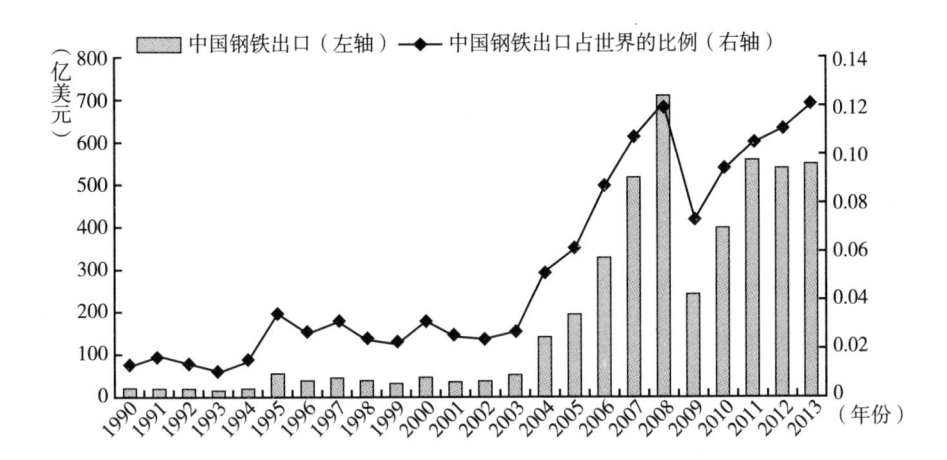

图 4　中国钢铁出口和占世界钢铁总出口份额的变化

资料来源：WTO International Trade and Market Access Data，1990－2013。

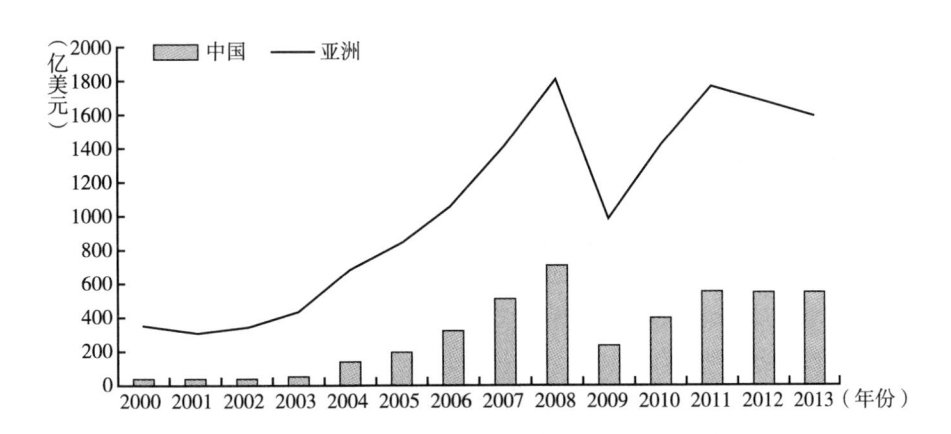

图 5　中国钢铁出口和亚洲钢铁总出口额的变化

资料来源：WTO International Trade and Market Access Data，2000－2013。

213

二 中韩两国钢铁产业国际竞争力分析

（一）中韩两国出口总额情况

中韩两国 1990 年至今出口总额总体呈上升趋势。但是两国的出口总额在 2009 年均遭受了金融危机的打击从而出现大幅下降。不过 2010 年中国和韩国出口总额强势反弹，且均超过了 2008 年金融危机前的出口额。

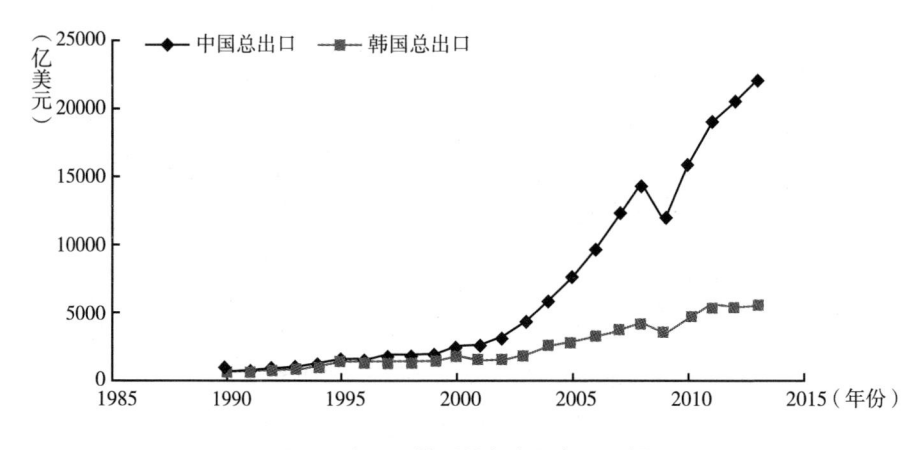

图 6 中国、韩国所有产品出口总额

资料来源：WTO International Trade and Market Access Data，1990－2012。

中国在 2001 年加入世贸组织（WTO）后，出口额突飞猛进。这说明亚洲国家经济（尤其中国）发展速度快，在某些经济指标方面对老牌西方发达国家实现了超越，其在世界经济中的地位越来越重要。

（二）中韩钢铁行业出口占全部商品总出口的比重

一国某产业出口额占全国出口总额的比例直接体现了该产业的比较优势。而该产业出口额如果占据总出口额的较大比例，那么说明该产业相较于其他产业具有较强的比较优势。从表 1 可以看出，1990~2013 年中国钢铁产业的出口额剧增，年均增长率达到 33%，但是钢铁产业出口额占总出口额的比重变化不大。韩国钢铁产业出口额占总出口额的比重也基本保持不变，而出口额则增长了约7.4倍，年均增长率达到了12%。

表1 中韩钢铁产业出口额占总出口额比例、1990~2013年总增长率及年均增长率

单位：%

项目	1990年占总出口额比例	2013年占总出口额比例	1990~2013年总增长率	年均增长率
中国钢铁出口	2.1	2.6	4100	33
韩国钢铁出口	5.5	5.5	739	12

资料来源：WTO, International Trade Statistics。

（三）中韩两国钢铁产业出口增长率优势指数分析（The index of export rise advantage）

在此我们将计算出各国钢铁行业的出口增长率优势指数，以判断各国钢铁行业产品的出口竞争力。出口增长率优势指数是指某国的某种产品或服务的出口额与该国家总出口额的增长率之差，反映该国该产品或服务出口优势的变化，即：某国某种产品或服务出口额增长率与该国全部产品出口额增长率之差。该指数大于0时，说明该国的这种产品或服务拥有上升的国际竞争力；该指数小于0时，说明该国的这种产品或服务的国际竞争力处于下降期。从表2可看出，中国钢铁行业总出口额增速大于中国总出口额增速，2000年以前，两者基本持平，在2001年中国加入WTO后，钢铁行业出口额增速基本比总出口额增速快，尤其在2004年，中国钢铁出口额急剧上升。韩国钢铁出口额增速在2000年以前基本上是小于总出口额的，而从2001年起，韩国钢铁出口额增速加快，超过了韩国总出口额的增速。这说明中国、韩国钢铁行业国际竞争力优势在2000年后都逐渐变大。

（四）显示比较优势指数 （相对出口优势指数）

由表3可看出，中国钢铁产业在2005年以前显示比较优势指数基本上都处于1以下，钢铁产业国际竞争力较弱；2006年以后（除2009年金融危机外），

表2 中韩钢铁产品出口增长率优势指数

年份	中国	韩国	年份	中国	韩国
1991	0.14	0.01	2003	0.10	0.11
1992	-0.39	-0.22	2004	1.53	-0.04
1993	-0.28	-0.15	2005	0.10	0.05
1994	0.24	-0.07	2006	0.42	0.20
1995	1.93	0.04	2007	0.33	-0.16
1996	-0.32	0.29	2008	0.20	0.12
1997	0.02	-0.26	2009	-0.51	0.11
1998	-0.27	-0.07	2010	0.36	-0.04
1999	-0.25	-0.00	2011	0.20	0.01
2000	0.37	-0.10	2012	-0.11	-0.22
2001	-0.35	0.17	2013	-0.06	-0.14
2002	-0.17	0.18			

资料来源：WTO, International Trade and Market Access Data。

显示比较优势指数都超过1或者渐进于1，说明中国钢铁产业的国际竞争力在2005年以后转强。而1990~2013年韩国钢铁产业显示比较优势指数都在1以上，说明韩国钢铁产业国际竞争力强。就中韩两国而言，韩国的钢铁产业国际竞争力更强。

表3 1990~2013年中韩钢铁产业显示比较优势指数

年份	中国	韩国	年份	中国	韩国
1990	0.68	1.83	2002	0.46	1.58
1991	0.79	1.83	2003	0.46	1.67
1992	0.57	2.16	2004	0.80	1.56
1993	0.41	2.12	2005	0.84	1.67
1994	0.48	1.73	2006	1.09	1.57
1995	1.17	1.44	2007	1.24	1.48
1996	0.92	1.54	2008	1.36	1.63
1997	0.93	1.60	2009	0.76	1.85
1998	0.68	2.07	2010	0.90	1.89
1999	0.63	1.89	2011	1.01	1.98
2000	0.79	1.75	2012	0.99	2.10
2001	0.56	1.82	2013	1.03	1.97

资料来源：WTO, International Trade and Market Access Data。

（五）国际市场占有率

产业的竞争优势有别于比较优势。波特在 1980 年发表的《竞争战略》一书中对竞争优势作了分析。他的菱形理论说明了竞争优势的内容，"企业获得竞争优势的三种战略，即成本领先优势、差别化优势和目标集聚优势"。而程恩富在北大题为《比较优势、竞争优势与知识产权优势》的演讲中也指出，"比较优势是在自由贸易条件下，通过充分发挥市场价格机制的作用以实现稀缺资源在国际范围内的最优配置"。比较优势主要体现为对价格的竞争能力的比较，而竞争优势则考量的是产业的综合优势。比较优势是竞争优势的基础。

许多国内外经济学家认为，市场占有率也是衡量一国产业竞争力的工具。表 4 是中韩两国钢铁出口额国际占有率情况，可以看出，中国钢铁出口额国际占有率从 1990 年的 1.2% 上升到 2013 年的 12%。中国钢铁出口取得了长足的进步，也说明中国钢铁行业的国际竞争力有了质的飞跃。韩国钢铁出口额国际占有率从 1990 年的 3.4% 上升到 2013 年的 6%。1990~2013 年，韩国钢铁行业的国际竞争力也得到了加强。从国际占有率来分析某一国钢铁行业的国际竞争力得到的结果和上述方法及指数得到的结果相同。中国、韩国钢铁行业的国际竞争力从 1990 年开始一直处于上升期。

表 4 1990 年和 2013 年中韩两国钢铁出口额国际占有率

年份	1990	2013
中国钢铁出口额国际占有率	0.012	0.12
韩国钢铁出口额国际占有率	0.034	0.06

资料来源：根据 WTO International Trade and Market Access Data 计算得出。

（六）贸易竞争优势指数

表 5 显示，1990~2013 年中国钢铁产业的国际竞争力出现大幅提升，贸易竞争优势指数由 1990 年的 -0.38（缺少国际竞争力）上升到 2013 年的

0.44（具有较强的国际竞争力）。同期，韩国钢铁产业的国际竞争力也有小幅度上扬，贸易竞争优势指数由1990年的0.05上升到2013年的0.16，说明韩国钢铁行业一直都具有较强的国际竞争力。

表5　中韩钢铁贸易竞争优势指数

年份	1990	2013
中国钢铁贸易竞争优势指数	-0.38	0.44
韩国钢铁贸易竞争优势指数	0.05	0.16

资料来源：根据WTO International Trade and Market Access Data 计算得出。

三　环境管制对钢铁产业竞争力带来的影响

（一）韩国环境管制对钢铁行业的影响

20世纪90年代，韩国是世界上污染较为严重的国家之一。由于首尔糟糕的空气质量，世界卫生组织曾把其列为世界三大大气污染严重城市之一。韩国为了改变其环境质量，出台了环境管制的有关法律。在90年代之前，韩国奉承的是"先发展工业、后治理污染"的原则，在90年代中期，韩国改变了对环境治理的方式和手段，实行"谁污染、谁负担"的政策。通过采取经济措施实现了工业经济与环境的协调发展。由于钢铁行业造成的最大污染是空气污染，以下分析集中在大气污染的数据上。自1993年韩国采取经济措施起，共有225家企业需缴纳环境改善负担金，而这个数字在1999年上升到了6279家。截至2011年，韩国大气被管制的企业数量达到34493家。在环境管制日益严格的背景下，韩国也实行了大力发展钢铁产业的政策，韩国钢铁行业的创新和生产率得到了长足的发展。浦项钢铁作为韩国最重要的钢铁厂，在生产的各个方面都取得了进步。从20世纪90年代起，浦项就专注于研发炼铁的新工艺。并且为了应对新的环境政策，浦项钢铁业致力于开发无铅、无铬钢板等无害型产品，生产效率提升明显。这也验证了上文所作的分析。如今韩国钢铁产业的国际竞争力在环境管制的背景下取得了长足的发展。

（二）中国环境管制对钢铁行业的影响

中国早在 80 年代就实行了钢铁行业节能减排政策。而中国大中型钢铁企业吨钢综合消耗也从 2000 年的 920 千克标准煤/吨下降到了 2005 年的 741 千克标准煤/吨，说明中国钢铁行业的生产率取得了长足的进步，技术实现了飞跃。这是中国节能减排、环境管制所带来的钢铁行业竞争力提升的正面因素。近年来，中国环境管制的力度明显加大，而中国商品的出口贸易模式并未随着环境管制强度的增加而发生改变，这说明环境管制对中国产业的国际竞争力并没有造成明显的影响。中国 2013 年钢铁行业的国际竞争力远远高于 1990 年钢铁行业的国际竞争力。日益严格的环境管制，并没有造成中国钢铁产业国际竞争力下降，反而有很大的提升。可见，环境管制与产业竞争力并没有明显的负相关关系。虽然环境管制会使企业的短期成本增加，但是从长期的角度来看，环境管制所带来的创新效应会平衡其所带来的成本增加，而显现出长期正相关。

参考文献

[1] 金碚、李钢、陈志：《中国制造业国际竞争力现状分析及提升对策》，《财贸经济》2007 年第 3 期。

[2] 金碚、李钢、陈志：《加入 WTO 以来中国制造业国际竞争力的实证分析》，《中国工业经济》2006 年第 6 期。

[3] 金碚：《资源环境管制与工业竞争力关系的理论研究》，《中国工业经济》2009 年第 3 期。

[4] 傅京燕：《论环境管制与产业国际竞争力的协调》，《财贸研究》2004 年第 2 期。

B.15
汇率制度与产业竞争力

王秀丽 *

摘　要：

中国目前的汇率制度是软盯住的固定汇率制，而选择何种汇率制度取决于国内诸多因素。中国的汇率制度基本符合当前经济发展的需要，但是未来浮动汇率制成为中国汇率制度的可能方向。尽管目前的汇率制度符合当前发展需要，但是仍对中国出口竞争力造成很多影响，然而汇率制度的改革依赖于国内金融系统的改革，进一步深化金融系统改革是克服当前不利影响的根本举措。

关键词：

固定汇率　浮动汇率　产业竞争力

1978年以来，中国实施了两次重要的汇率制度改革：一次是1994年的汇率"并轨"制度改革，另一次是2005年的"浮动"汇率制度改革。前者将两种并行的汇率，并为单一的汇率，后者将单一的盯住美元的汇率制度，变为盯住一篮子货币。根据 IMF 的研究，世界上共有4类：硬盯住的固定汇率制、软盯住的固定汇率制、浮动汇率制和其他类型的汇率制。其中，欧盟和日本是硬盯住的固定汇率制，美国是浮动汇率制的代表性国家，中国属于软盯住的固定汇率制。由于中国目前国家经济规模很大、贸易依存度很高、贸易伙伴的集中度较低、金融发展程度不高、资本的流动性很高，整体情况比较复杂，选择软盯住的固定汇率制度符合当前发展需要。而根据蒙代尔三角理论，角点解的稳定性和适宜性更强，随着金融改革的深化发展，中国的汇率制度最终选择浮

---

* 王秀丽，中国社会科学院工业经济研究所博士后。

动汇率制的可能性较大。当前汇率安排对产业竞争力的积极影响是为培育和发展国内实体经济营造稳定的国际环境。消极影响为贸易摩擦频发,提高了对外贸易的交易成本;资本项目可自由兑换限制行业企业优化配置资金的规模和范围;货币政策受制于外汇结售汇制度,不利于国内产业发展。

一 中国汇率制度改革

自1978年改革开放以来,中国的汇率制度经历了多次改革,其中有两次重要的改革:1994年是将双重汇率制度并轨为单一的、盯住美元的固定汇率制度;2005年,盯住美元的固定汇率制度难以为继,在资本项目制度改革尚未完成的情况下,实施了盯住一篮子货币的汇率制度。

(一)1994年汇率制度改革

改革开放以后,外贸体制逐渐从计划经济体制走向市场经济体制,为适应外贸发展的需求,外汇体制也逐渐从"以收定支,以出定进"的外汇计划管理体制转变为计划管理和市场调节双重汇率体制,易纲将之称为"官方汇价和外汇调剂价格并存的双重汇率体制"。[①] 计划管理体制延续了改革开放以前国家集中管理、统一平衡的管理思维;而外汇调剂市场则是由国家为鼓励企业出口创汇积极性而特批的外汇留成制度演化而来。为方便出口创汇企业的进出口,政府规定,企业可按一定比例留取外汇;与此同时,企业的留成如果多余,可通过外汇调剂市场进行调节。1980年,国营及集体企事业单位开始在沿海开放城市办理外汇调节业务,1981年,外汇调剂市场雏形基本形成,1985年第一家外汇调剂中心在深圳成立,随后各地相继成立外汇调剂中心。随着外汇调剂市场的发展,市场调节部分的规模逐渐超过国家计划管理的规模。

双重汇率体制在市场培育过程中起到了关键的作用。然而,双重汇率体制形成了天然的套利机制,也是腐败天然的场所。另外,由于国内经历了一轮通货膨胀,国内市场秩序较为混乱,双重汇率体制也成为争议的对象。与此同

---

① 易纲:《中国金融改革思考录》,商务印书馆,2009。

时，为了适应加入国际贸易组织的要求，统一的汇率体制改革成为国家的重要任务。1993年12月28日，中国人民银行发布了《关于进一步改革外汇管理体制的公告》，宣布1994年1月1日起，汇率并轨，实行"以市场供求为基础的、单一的、有管理的浮动汇率制度"。改革规定了汇率价格，取消了外汇留成和上缴制度，同时实施银行结售汇制度，并成立银行间外汇交易市场。

此次改革，实际上将企业自主使用外汇的权利转移出去，但是将外汇的使用权从政府部门转移至银行系统，是一种市场制度代替另一种市场制度。另外随着银行改革的推进，外汇市场的市场力量逐渐增强。但是毫无疑问的是，这次浮动汇率制度改革主要完成的是汇率并轨的任务，而不是真正意义上的浮动汇率制度。易纲指出，只要资本项目不可兑换，所有的外汇制度终究会收敛于固定汇率制度，自1996年以来中国汇率实际上一直盯住美元的固定汇率，汇率为1美元兑8.2765元人民币（见图1）。

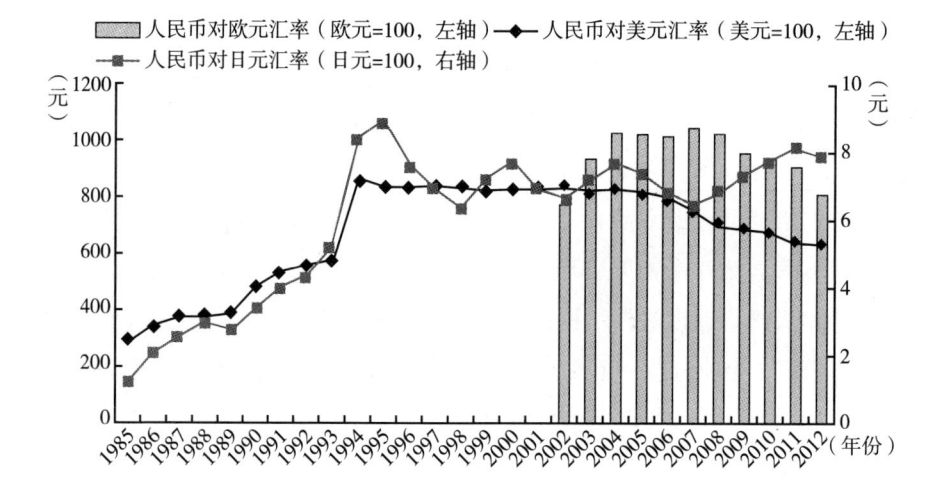

图1 人民币对主要主权货币汇率

注：主坐标轴为人民币对美元平均汇率和人民币对欧元平均汇率，次坐标轴为人民币对日元平均汇率。

资料来源：国家统计局网站。

（二）2005年汇率制度改革

1994年形成的单一的固定汇率制度为国内营造了稳定的国际环境，随着国内市场化改革的完善，国际贸易逐步繁荣起来。2001年中国加入WTO以后，中国凭借低成本优势，逐渐成为国际市场上一股重要的力量。然而，伴随着中国贸易大国地位的确立，贸易争端逐渐增多，盯住美元的固定汇率制度成为美国及欧洲攻击中国的"靶子"。

2005年，中国政府结合国内外经济形势，开始实施新的汇率制度，中国人民银行称这种制度是"以市场供求为基础、参考一篮子货币进行调节、有管理的浮动汇率制度"。更为详细的内容包括三部分："一是以市场供求为基础的汇率浮动，发挥汇率的价格信号作用；二是根据经常项目主要是贸易平衡状况动态调节汇率浮动幅度，发挥'有管理'的优势；三是参考一篮子货币，即从一篮子货币的角度看汇率，不片面地关注人民币与某个单一货币的双边汇率。"[①]

正如前文指出的那样，一国只要资本项目不可兑换，任何浮动汇率制度终将收敛于固定汇率制度，不同之处在于中国的外汇价格开始与美元脱钩，参考盯住一篮子货币。由于外汇管理局没有公布货币篮子，以及各种货币的权重，人民币汇率的具体运行机制难以精确度量。

伴随本轮外汇制度的改革，政府积极发展和探索外汇交易制度，大力发展基期市场，积极培育远期和掉期市场；不断扩大人民币浮动区间，增强人民币弹性。市场反应较为积极，逐步开始扩大对金融产品的运用、改变贸易结算方式等达到规避外汇风险目的。

二　汇率制度安排的国际比较

（一）汇率制度分类

根据蒙代尔三角理论，独立的货币政策、固定汇率制度和资本项目可兑换三者不可同时存在，也就是国际经济学里著名的"三元冲突"（见图2）。角点解为：①浮动汇率制度安排（浮动汇率、货币完全独立、资本项目完全自

[①] 中国人民银行网站。

由流动）；②硬盯住的固定汇率制度安排（固定汇率制、货币不独立、资本完全自由流动）；③资本控制的汇率制度安排（汇率可以稳定在合意的任何位置、货币独立、资本控制）。

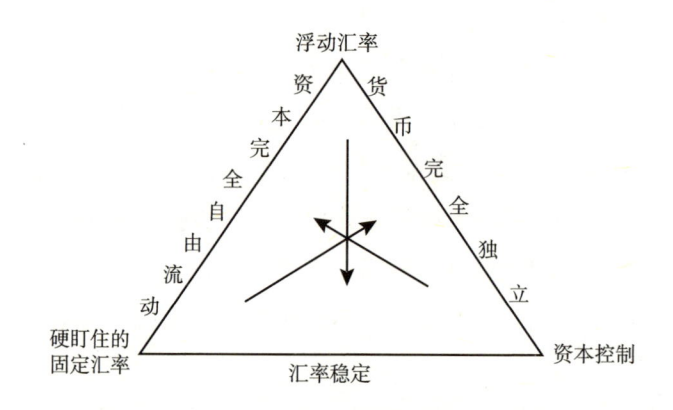

图 2　蒙代尔不可能三角

资料来源：根据蒙代尔理论和易纲撰《中国金融改革思考录》整理。

而货币基金组织将汇率制度分成了 4 个大类 10 个小类（见表 1）。分类的方式不是按名义上（de jure）称谓定义，而是按观察到的结果（de facto）分类。比如，1996~2005 年中国的汇率制度名义上称为有管理的浮动汇率制，按观察到的结果来看属于传统的盯住制。

表 1　汇率制度分类

汇率制度	Exchange Rate Arrangement	2008 年	2009 年	2010 年	2011 年	2012 年
硬盯住	Hard pegs	12.2	12.2	13.2	13.2	13.2
无独立法定货币的汇率安排	No separate legal tender	5.3	5.3	6.3	6.8	6.8
货币局制度	Currency board	6.9	6.9	6.9	6.3	6.3
软盯住	Soft pegs	39.9	34.6	39.7	43.2	39.5
传统的盯住制	Conventional peg	22.3	22.3	23.3	22.6	22.6
稳定化安排	stabilized arrangement	12.8	6.9	12.7	12.1	8.4
爬行盯住	Crawling peg	2.7	2.7	1.6	1.6	1.6
爬行带内浮动	Crawling-like arrangement	1.1	0.5	1.1	6.3	6.3
水平调整的盯住制	Pegged exchange rate within horizontal bands	1.1	2.1	1.1	0.5	0.5

续表

汇率制度	Exchange Rate Arrangement	2008年	2009年	2010年	2011年	2012年
浮动	Floating	39.9	42	36	34.7	34.7
浮动汇率制度	Floating	20.2	24.5	20.1	18.9	18.4
自由浮动汇率制	Free floating	19.7	17.6	15.9	15.8	16.3
其他[4]	Residual					
其他有管理的汇率安排	Other managed arrangement	8	11.2	11.1	8.9	12.6

注：①数据是货币基金组织成员国家（或地区）中选择该种汇率制度的国家（或地区）数量占总成员国家（和地区）数量的比重。成员国家包括187个国家和3个地区。②2008年和2009年中不包括2009年6月9日加入货币基金组织的科索沃和2010年6月24日加入的图瓦卢；2010年不包括2010年6月24日加入货币基金组织的图瓦卢。③无法分类或者透露的信息不够。

资料来源：*Annual Report on Exchange Arrangements and Exchange Restrictions*, 2012。

偏爱资本项目可兑换的国家，会在独立的货币制度和固定汇率制度之间权衡。比如，美国拥有独立的货币制度和资本项目可兑换，汇率是自由浮动的；欧盟是资本项目可兑换和固定汇率制度，不存在独立的货币制度，同属于硬盯住汇率制度的中国香港也是如此。浮动汇率制度的国家的汇率安排从属于货币政策，固定汇率制度的国家的货币政策从属于汇率安排。

目前很多国家，尤其是发展中国家选择资本项目不可兑换或者资本项目部分可兑换，导致最后的汇率制度演变成介于浮动汇率和固定汇率之间的中间汇率制度。而实际上，在资本项目不可兑换的前提下，政府或者中央银行对汇率起着决定性作用，基本上选择了独立的货币政策和固定汇率制度。

资本项目不可兑换下的汇率安排可以盯住单一货币，也可以盯住一篮子货币，甚至是从盯住一种货币转变到另一种货币；为避免成员国恶意操纵汇率，促进国际贸易的公平竞争，货币基金组织往往要求成员国公布盯住的货币，或者货币篮子及权重来增加制度的透明度。

（二）以美国为代表的浮动汇率制

美国的汇率制度是典型的从属于货币政策的浮动汇率制度。由于贸易项目

和资本项目可兑换，美国的外汇交易规模和价格大部分由市场供需决定。除了贸易规模和国际投资之外，美元的特殊地位也是影响美元汇率的重要因素。历史上美元是唯一的国际储备货币，尽管随着布雷顿森林体系的崩溃，美元的地位降低，但依然是全球重要的计价单位；美元是直接与石油挂钩的主权货币，这两方面增加了美国实施固定汇率制度的难度。

但是美国政府也是美元外汇市场的重要力量。《黄金储备法》和《布雷顿森林协议法》授予美国财政部在某些情况下干预外汇市场的权力；而《联邦储备法》授权美国联邦储备系统对外汇市场的干预。这种体系下，美国财政部和美联储都有权对外汇市场进行干预。

（三）以中国香港为代表的货币局制度

中国香港的外汇制度被称为货币局制度，是开放经济体中最典型的固定汇率制度，对应的是资本项目自由兑换和放弃货币政策执行权。

发行制度：政府设立外汇基金；规定汇丰银行、渣打银行和中国银行为货币发行行；货币发行以美元换取"负债证明书"以发行港元；负债证明书赋予发行行发行权力：1美元可发行7.8港币。其他银行向发行行获得港元时也需要以美元兑换。

外汇的其他市场，如银行间同业市场，以及公众在银行开设的外汇账户，原则上是可以按任何价格买卖的。也就是说，港币对美元是浮动的。

运行机制：当公众或者是银行对美元的需求过旺时，外汇市场上美元价格上涨，发行行则乐意归还负债，以7.8港币兑换成1美元，市场上美元供给增加，美元价格下降；当市场流动性不足、港币价格上涨时，发行行乐意购买美元，再以1美元发行7.8港币，以满足市场流动性。

（四）以欧盟成员国为代表的无独立法定货币的汇率安排

欧盟作为一个整体是浮动汇率制度，而对欧盟中非欧元区国家实施欧洲第二汇率机制，即水平调整的软盯住制。欧洲中央银行是欧元区国家的发行银行，欧元区使用统一的货币——欧元。

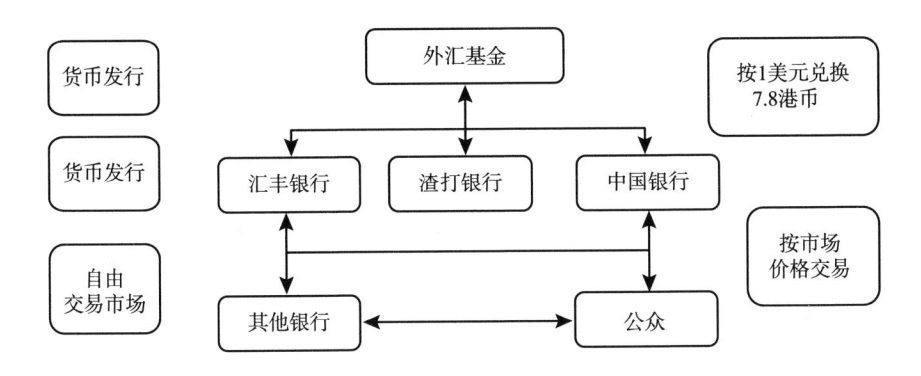

图3 香港的货币局制度运行示意

注：根据中国人民银行网站资料汇总而得。

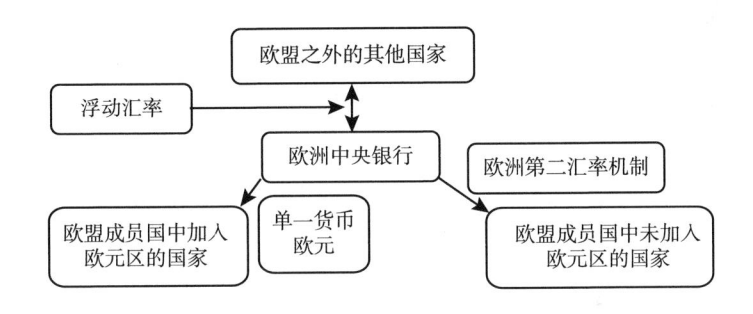

图4 欧盟的汇率制度

注：欧洲第二汇率机制是指欧元与尚未加入欧元区的欧盟成员国货币间的波动幅度保持在15%以内。

资料来源：根据中国人民银行网站资料汇总而得。

（五）金砖国家的汇率制度

汇率制度的决定是内生的结果。当拥有独立的货币政策和资本项目可兑换时，汇率制度的可选项只能是浮动汇率制度，任何试图固定住汇率的企图，都易受到国际资本的冲击，以致无法坚守既定的汇率。金砖五国中，巴西、印度和南非选择了资本项目可自由兑换和独立的货币政策，其汇率制度则是浮动汇率制度。中国和俄罗斯资本项目逐步放开，导致其货币政策形成半独立状态。中国的汇率制度实际上是盯住美元的爬行带内浮动的汇率制度，为最终资本项目可自由兑换、独立的货币政策和浮动汇率制度组合打基础。而俄罗斯的汇率制度的锚没有对外公布，所以其汇率制度被 IMF 认定为其他。

表2 金砖五国的汇率制度

国 家	汇率制度	货币政策	资本项目
巴 西	浮动汇率制度	独立	可自由兑换
印 度	浮动汇率制度	独立	可自由兑换
南 非	浮动汇率制度	独立	可自由兑换
中 国	爬行带内浮动的固定汇率制	半独立	部分可自由兑换
俄罗斯	其他	半独立	部分可自由兑换

注：货币政策独立意味着该国政府（无论是财政部门还是中央银行）有能力根据情况自由地制定货币政策。

资料来源：Annual Report on Exchange Arrangements and Exchange Restrictions，2012。

三 中国当前的汇率安排对产业竞争力的影响

由于中国的资本项目不完全自由兑换，资本无法完全流动，中国的汇率制度既可以选择固定汇率制度也可以选择浮动汇率制度。易纲研究指出，① 在资本项目不可兑换的前提下，政府的最优汇率制度最终收敛为软盯住的固定汇率制度。

根据蒙代尔三角原理，汇率制度安排应该包括货币政策安排、资本项目安排和汇率安排三部分。本部也在该系统框架下考虑汇率安排的现实意义、未来发展和对产业竞争力的影响。

（一）中国当前汇率安排的现实意义

对于选择资本可自由流动的国家而言，选择固定制度还是浮动制度取决于一国的经济规模、贸易伙伴的集中度、贸易依存度、金融发展程度、资本流动

---

① 易纲：《中国金融改革思考录》，商务印书馆，2009。

性等因素。一个国家经济规模越大、贸易依存度越低、贸易伙伴集中度越低、金融发展程度越高、资本流动性越高越倾向于选择浮动汇率制,如美国、英国;相反,则倾向于选择固定汇率制度。由于中国目前国家经济规模很大、贸易依存度很高、贸易伙伴的集中度较低、金融发展程度不高、资本的流动性很高,整体情况比较复杂,浮动汇率制度并不是最优的选择。首先需要明确资本的流动性高低和资本项目不可兑换是两个概念。资本的流动性受市场力量驱使,受制度安排约束,资本项目不可兑换约束了资本的流动性,由于受到利润驱动,资本流动性依然很高。另外,中国处在改革阶段,经济形势、金融发展程度日新月异,稳定的汇率能为国内培育幼稚产业提供适宜的环境,故选择固定汇率较为适宜。

目前中国正在逐步放开资本项目的流动性限制。资本项目开放稳步进行:①直接投资项已基本实现可自由兑换;②证券投资项目逐步放开;③跨境债权债务业务和其他投资开始启动。各种项目审批程序更加简化。

(二)中国当前汇率安排对中国产业竞争力的积极作用

由于中国实际上是盯住美国的固定汇率制度,而对其他国家是浮动汇率,当中国的主要贸易国是美国或者盯住美国为主的国家时,固定的汇率制度为中国企业营造了稳定的销售预期,可以让企业集中精力进行生产和经营活动。然而,随着对外贸易规模的日益扩大,中国的贸易集中度越来越分散,日本和欧盟相继成为中国的最大贸易国,危机以来美元总体对欧元和日元贬值,人民币相对美元升值,但是依然相对欧元和日元贬值,实际上提高了中国的国际竞争力。

(三)中国当前汇率安排对产业竞争力的消极影响

贸易摩擦频发,固定汇率成为争议的焦点。随着升值预期的加剧,国际社会经常以汇率偏低为理由,指责中国政府有操纵货币之嫌,加剧了国际贸易摩擦。资本项目不可自由兑换限制各产业优化配置资金的规模和范围。固定汇率制度将公众的资产配置范围限制在了国内,营造了一个局部的、封闭的投资环境,使得企业无法在全球范围内获得资金的融通。

参考文献

［1］易纲、汤弦：《汇率制度"角点解假设"的一个理论基础》,《金融研究》2001年第8期。
［2］易纲：《中国金融改革思考录》,商务印书馆,2009。
［3］麦金农：《经济自由化的顺序——向市场经济过度中的金融控制》,中国金融出版社,1993。
［4］IMF, *Annual Report on Exchange Arrangements and Exchange Restrictions*, 2012.

B.16 贸易政策与产业竞争力

杨晓琰 郭朝先[*]

摘 要： 在经济全球化的背景下，随着中国企业的持续发展，"走出去"成为更多企业不可避免的选择。投入全球化的市场中，中国各产业将面临更多的竞争。对此，如何通过贸易政策来保护本国的产业安全，提高各产业的竞争力，成为政府、产业界和理论界十分关注的问题。本文首先阐述了贸易政策和产业政策的含义及其协同关系，以更好地联系贸易政策与产业竞争力；其次分析了中国贸易政策在贸易便利化、出口退税等方面的调整，同时简要分析了欧盟、美国、日本等的促进出口政策并对其进行比较；最后从直接性贸易政策和间接性贸易政策两个角度来分析了贸易政策对产业竞争力的影响。

关键词： 贸易政策 产业竞争力 国际比较

改革开放以来，中国的对外贸易发展迅速。2012年对外贸易总额达38667.6亿美元，贸易总额首次超过美国，成为世界上贸易规模最大的国家。2013年中国对外贸易保持增长，贸易总额从1978年的206亿美元上升至4.2万亿美元，增长了203倍。对外贸易成为国民经济高速增长的重要动力之一。但是，贸易方面的开放性意味着中国产业竞争力面临着更大的挑战。如何制定

---

[*] 杨晓琰，中国社会科学院研究生院硕士研究生；郭朝先，中国社会科学院工业经济研究所副研究员。

并协调贸易政策和产业政策,成为应对日益剧烈的贸易竞争并在竞争中不断提高产业竞争力的关键。

一 贸易政策与产业政策的协调

贸易政策与其他经济政策一样是政府干预经济活动的一种方式。政府通过贸易政策来调节外贸活动,辅助总体经济目标的实现;调整对外经济关系,避免过度的国际经济摩擦和政策冲突。而对于产业政策的定义,不同的学者从不同的角度有不同的理解。但普遍认为,产业政策是政府为了实现一定的经济和社会目标而对产业的形成和发展进行干预的各种政策的总和。产业政策的功能主要是弥补市场缺陷,有效配置资源;保护幼稚民族产业的成长;熨平经济震荡;发挥后发优势,增强适应能力。可见,产业政策更倾向于国家或政府对本国产业所进行的政策性干预,一般不直接涉及其他国家。相对而言,贸易政策则是针对一国与其他国家间的经济活动,受其他国家的影响较大。所以,贸易政策并不等同于产业政策,它们各自都存在一定的边界。

在全球化的浪潮冲击下,各国的产业经济融入到全球市场中,这就导致产业政策功能对国内协调作用的弱化,增强了对外作用,使产业竞争力成为产业国际竞争力,产业政策演变为产业国际政策。同时,贸易政策的实施是建立在国内经济的基础上,也就是说贸易政策也在一定程度上受制于产业政策。从而,贸易政策和产业政策在各自的边界或规则的基础上,因全球化而产生紧密的联系。国家和政府考虑到在全球经济竞争中本国产业的利益,在制定政策时也开始关注贸易政策和产业政策之间的协调关系。

经济学家克鲁格曼认为,政府对能够产生巨大外部经济的产业给予适当保护并制定促进政策,能够迅速形成国际竞争力并带动相关产业的发展。这就是战略性贸易政策理论——最先明确将贸易政策与产业政策协调的理论。

二 中国现行贸易政策分析

加入 WTO 以来,中国参与经济全球化进程,开放型经济获得迅猛发展,但在目前贸易保护主义明显抬头及贸易摩擦政治化倾向日益突出等大背景下，中国涉外国际贸易摩擦数量和规模呈大幅增长态势，中国出口产品和服务遭遇的反倾销、反补贴、美国"337调查"以及技术性贸易壁垒等越来越多。为客观反映中国遭受贸易摩擦的情况，我们整理了2005~2013年国外发起的对华贸易救济调查情况（见表1）。可以看出，2013年中国贸易摩擦的形势并未趋缓，在调查数量上反而有所增加，中国仍然是贸易保护主义的最大受害国。2013年共有19个国家和地区对中国发起了贸易救济调查，共有92起，比2012年增长9.5%。92起中反倾销调查71起，反补贴调查14起，保障措施7起。此外，美国还对中国发起了"337调查"19起。中国连续18年成为遭遇反倾销调查最多的国家，连续8年成为遭遇反补贴调查最多的国家，中国抵制贸易保护主义之路依旧任重而道远。对此，除不断完善中国的贸易救济体系和贸易摩擦预警体制外，中国也采取了各种措施来促进中国产品的出口，不断提升产业竞争力，以应对国际贸易摩擦的挑战。

表1 国外对华贸易救济调查情况

单位：起

年份	2005	2008	2009	2010	2011	2012	2013
反倾销	49	80	76	45	45	58	71
反补贴	0	11	13	6	9	9	14
涉华保障措施	7	14	23	23	14	15	7
特别保障措施	36	3	7	1	1	2	0
国外对华贸易救济调查案件总数	92	108	119	75	69	84	92

资料来源：根据商务部的中国贸易救济信息网相关报道整理而得。

（一）贸易便利化

如何加快货物流通、降低贸易成本、提供贸易便利，成为世界各国共同面临的一个问题。《国务院办公厅关于支持外贸稳定增长的若干意见》（国办发〔2014〕19号）提出，为了进一步改善外贸环境，要求海关、质检总局等相关部门进一步优化监管方法，简化行政审批项目，提高贸易便利化水平，为企业减负。

1. 京津冀区域海关通关一体化

京津冀地区背靠三北，面向东亚，经济腹地广阔，包括天津、北京两大直辖市和河北、山西、内蒙古、陕西、甘肃、青海、新疆、宁夏八省区及河南、山东两省的部分地区，总面积达 450 万平方公里，占全国面积的 46.9%，腹地人口超过 2 亿。特别是近年来，京津冀地区对外贸易和招商引资呈快速发展的态势。2013 年，京津冀地区进出口贸易总额达到 6125 亿美元，约占全国进出口贸易总额的 14.7%，三地实际利用外资共计 320.2 亿美元，平均增幅高于全国增幅 4.32 个百分点。拥有环渤海区域与华北、西北等内陆地区距离最短的港口——天津港，拥有国际大型航空港、中国民用航空辐射中心——首都机场，拥有世界最大能源输出港——秦皇岛港，还拥有保税港区、综合保税区、出口加工区、保税物流园区等各种类型的海关特殊监管区域。为了进一步提升区域贸易便利化水平，促进区域辐射带动作用的发挥，2014 年 5 月，海关总署出台了《京津冀海关区域通关一体化改革方案》，明确提出以海关通关改革落实京津冀协同发展重大国家战略的时间表和路线图。

2014 年 9 月 22 日，石家庄海关正式启动京津冀海关区域通关一体化改革。随着河北省首票跨区域报关单在石家庄海关顺利通关，自 7 月 1 日率先在京津两地开始的京津冀区域通关一体化改革最终全面启动。三地海关，如同一关。京津冀三地企业无论从北京空运还是从天津和河北海运港口进出境时，都可以自由选择货物申报、纳税、放行的地点，无须再奔波于属地和港口之间。一体化改革将大幅度减少海关审批手续和通关环节，降低京津冀地区进出口企业办理跨关区货物通关的成本。在一体化改革启动之前，如果企业的属地和货物进口港口不是同一地点，企业采取的都是转关模式。企业需要先向进口港海关申请转关，之后在海关监管车辆运送下将货物运抵企业属地海关监管区域内，完成接单、征税等通关手续后，货物才能正式到达企业手中。京津冀区域通关一体化启动后，企业在属地海关完成申报、缴税等手续后，如果海关依据风险系数确认货物无须现场查验，就可以直接把放行指令传输到进口港海关海运用的现场卡口，卡口会立即将货物放行，这样整个通关过程就能缩短在 2 天内完成，能节省一多半的时间。过去三地海关三个系统，现在京津冀三地海关 43 个通关业务现场全部整合在一个通关审单平台，企业无论在哪一个口岸申报，电子数据都会传输到这个平台，然后系统自动分配给相关海关，进行审核验放。国家新政策的实施，不仅节约了三地进出口企业的报关时间和成本，而且在提高企业的生产效率方面也有很大的帮助。海关总署根据海关一体化推行以来的数据，估计在一体化模式下，可以为企业节省通关成本20%～30%，节省物流成本20%～30%。

2. 中国（上海）自由贸易试验区

中国（上海）自由贸易试验区建设是国家战略，是顺应全球经贸发展的新趋势，是先行先试、深化改革、扩大开放的重大举措，意义深远。其主要任务是探索中国对外开放的新路径和新模式，推动加快政府职能转变和行政体制改革，促进转变经济增长方式和优化经济结构，实现以开放促发展、促改革、促创新，形成可复制、可推广的经验，服务全国的发展。建设中国（上海）自由贸易试验区有利于培育中国面向全球的竞争新优势，构建与各国合作发展的新平台，拓展经济增长的新空间，打造中国经济"升级版"。

2013年以来，中国外贸大幅回落，对国内经济造成了巨大冲击。在经济全球化的大背景下，国际经济合作显得更加重要，而加速资源要素的流通也势在必行。建立自贸区有助于提振外贸，稳定经济发展，为中国经济转型升级营造良好的发展环境。在政策的设定上，也采取了一系列的措施来简化企业在自贸区的程序。例如，先进区、后报关，区内自行运输，批次进出、集中申报，以及简化作业随附单证等。海关自贸区的创新不仅大幅缩短了企业进出关的时间，而且更好地为企业的自由贸易提供了保证。

（二）出口退税政策

出口退税政策作为国家调整外贸结构、提高产业竞争力的有力举措，往往会根据国家经济形势即外贸环境的变化而不断调整。中国的出口退税政策从1994年的税制改革开始，历经7次大幅调整和多次部分调整，中国的出口退税由最初的零税率不断调整到分为5%、9%、11%、13%、14%和17%。2012年9月12日，国务院发布《关于促进外贸稳定增长的若干意见》，提出了八项政策，涉及外贸企业最为关心的出口退税、融资、出口信保、贸易便利化等方面。这其中企业最关注的是出口退税政策，"加快出口退税进度，确保准确及时退税"使企业办理手续的时间缩短，可更快地取得退税，加速了企业资本的流转。

（三）外贸转型升级示范基地

2011年2月，为加快转变外贸发展方式、巩固贸易大国地位、推进贸易强国进程、提升外贸发展质量和水平，商务部决定在全国开展外贸转型升级示范基地培育工作。截至2014年1月第三批示范基地名单公布，国家外贸转型省级示范基地数量从首批的59处增加到179处，涉及农产品、轻工产品、纺织服装、医药产品、新型材料、专业化工、五金建材七个大类。国家通过对这些有实力、有特色的产业聚集区进行培育，建设一批国家级外贸转型升级示范基地，将其打造成中国外贸出口的新增长点。同时，国家会通过公共服务平台，对相关企业在研发设计、标准制定、品牌推广、渠道建设、信息服务等方面予以支持。

三 贸易政策的国际比较

一个国家的贸易政策是这个国家的经济政策和对外政策的重要组成部分，随着世界政治、经济形势的变化和国际政治、经济关系的发展而改变。同时它也反映各国经济发展的不同水平，反映各国在世界市场上的力量和地位。另外，它也受一国内部不同利益集团的影响。中国对外开放的时间还不算长，所以研究其他国家的贸易政策，结合本国基本国情，取长补短，总结经验和教训，对中国贸易政策的修订有着诸多借鉴意义。如表2所示，各个国家制定的促进出口的政策有相同之处，但也因各国的实际情况而存在差异。

比如，在贸易便利化政策的实施方面，欧盟所强调的是海关与商界的关系。欧盟《海关方案》指出，"发展和实施贸易便利机制，减少成本、所需数据和文件，缩短贸易中为完成海关和其他边境措施所必需的时间，增强供应链安全"。欧盟强调建立海关与贸易商之间紧密的伙伴关系。海关与贸易商之间建立起良好的伙伴关系，可以有效地缩短货物的通关时间，从而也在一定程度上减少了贸易商的贸易成本。反过来说，正因为贸易商与海关之间的良好伙伴

表2 贸易政策的国际比较

国 家	出口促进政策
中 国	①优化口岸环境,推进"京津冀海关区域一体化"等贸易便利化政策 ②进一步完善出口退税制度 ③努力解决企业融资难的问题,保障外贸持续稳定增长
欧 盟	①实行"统一清关""单一窗口""电子海关系统"制度 ②提供发展援助,使贸易为发展服务 ③建立在线帮助平台,提供贸易信息 ④实施普惠制,降低关税准入门槛 ⑤积极参与国际贸易自由化谈判,主张贸易自由化 ⑥各国根据本国情况制定政策
美 国	①对外贸易区内实行直通程序和周报关、海关审计核查、货物分类监管 ②加大对中小企业的贷款力度,大力扶持中小企业开拓国际市场 ③通过研究开发性补贴、行业性补贴、地区性补贴和扶持中小企业补贴,扶持出口企业
日 本	①强化海关风险管理理念,推进提前审批制度 ②对国内的重点支柱产业和中小企业提供税收减免和现金补贴
印 度	①政府为出口企业提供关税信用单据,可用来抵扣进口关税,也可以用来抵扣消费税,且在出口商出具装船单后,即可签发免税信用单据 ②加大资金投入,提高对出口商的贷款额度
巴 西	①40%的产品用于出口的公司即划为出口公司,可享受税收豁免政策 ②简化海关手续,加快通关速度
东 盟	①对自贸区内90%以上的产品实行"零关税"政策 ②简化各海关进出口手续 ③各国根据本国情况制定促进政策,如越南建议财政部和央行解决出口企业融资难的问题等

资料来源:笔者整理。

关系,海关会有更加详细的企业资料及其信用水平等级,可以在最短的时间内检测贸易商的货物,避免一些手续重复办理。欧盟早在2008年3月就通过了《共同体现代化海关法典》,为其贸易便利化提供了法制保障。欧盟的成功经验对推进中国的贸易便利化实践提供了有益启示。

贸易便利化程度加深在一定程度上说明市场更加开放,产业安全问题必然受到威胁。制定政策时,是便利化优于产业保护还是产业保护优于便利化,是需要根据国家的发展实际认真抉择的问题。美国在"9·11"事件以后,考虑到本国的贸易现状和国家安全问题,在制定贸易政策时优先考虑产业安全。美国提出贸易的便利化必须要在产业和国家安全的前提下进行，而不是建立在牺牲贸易安全的基础之上。当然，美国作出这样的选择，是建立在国家贸易便利化已经达到了一个相当高的水平的基础上，加上"9·11"事件将国家安全问题摆在了首位，使得美国将工作的重点转移到贸易安全上来。

日本在便利化领域也根据本国的国情和贸易状况制定了相应的政策，强调基于海关的经验、信息及指标分析，运用风险管理理念来决定通关检查的繁简程度。如果分析可能走私的风险低，就马上允许通关。此外，日本还推行提前审批制度，即在货物抵达之前提前审批文件。这项制度对所有贸易商来讲是非常有用的，因为它不仅使得通关的时间变得可预测，而且也大大有助于加快货物的运送。

四 贸易政策对产业竞争力的影响

本文根据贸易政策是否直接作用到产业本身将贸易政策分为直接性贸易政策和间接性贸易政策。两种类型的贸易政策对产业竞争力的影响也有所不同，下面将分别从两个类型来分析贸易政策对产业竞争力的影响。

（一）直接性贸易政策与产业竞争力

直接性贸易政策便是国家制定的针对某个产业的政策，以鼓励或限制该产业的进出口，起到保护产业安全或者规范市场的作用。以有色金属为例，中国有色金属行业产能过剩，矿山资源保障能力不足，成品以简单加工品为主，缺乏高附加值产品，近年来国家不断出台政策措施以促使有色金属全产业链健康发展，加大海外找矿力度，推进行业整合。这导致中国有色金属进口以资源类矿产为主，出口以简单加工制成品为主导，且进出口呈现快速增长的态势。据海关数据显示，2013年中国有色金属进出口1.9亿吨，增长27.4%。其中，进口1.8亿吨，增长28%，出口795.1万吨，增长16.1%，进口量远大于出口量，贸易竞争力指数为负。鉴于此，有色金属产业需要根据国家的政策要求进行产业升级，完善产业结构，同时进行技术创新，增加加工产品的技术含量，解决出口制成品价格与进口原料价格差额小的问题。针对有色金属行业产能过剩的问题，国务院出台了《关于化解产能严重过剩矛盾的指导意见》（国发〔2013〕41号）等，严控新增总量，实施阶梯电价，促进建立公平用电机制，引导企业"走出去"。

虽然，有色金属产业产能严重过剩的问题集中难治，但是2014年1~8月的数据显示，全国十种有色金属产量2814万吨，同比增长6.4%，增速同比减缓3.3个百分点。电解铝产量1555万吨，增长7.7%，增速同比减缓0.5个百分点；铜产量增长11.2%，增速同比减缓1.1个百分点；铅产量下降5.1%，上年同期为增长8.4%；锌产量增长3.8%，增速同比减缓7个百分点；氧化铝产量增长5.3%，增速同比减缓5.1个百分点，政策效果开始显现。在贸易政策的引导下，有色金属行业在进出口贸易正常进行的同时，产能严重过剩的问题逐渐得到缓解，贸易逆差的形势也逐渐改观。

（二）间接性贸易政策与产业竞争力

间接性贸易政策，即贸易政策并不是直接作用到某产业本身，而是为保障国家的贸易顺利进行而制定的较为宏观的政策措施。国家为了保证产业安全和贸易的顺利进行，通常都会制定一些相关的政策来为贸易的进行提供方便，参与进出口贸易的所有产业可以在政策的指导下进行贸易往来。例如，国家通过采用与一个或者多个国家签订协议的形式，形成单边、双边或者多边的自由贸易区，使本国的产业能够在一个更加自由的市场进行贸易，在保障产业安全的同时有效提高产业的国际竞争力。中国—东盟自由贸易区、北美自由贸易区等都是国家在保证贸易持续协调进行的政策条件下所设立的，从而使产业的国际贸易进一步便利化。国家对在自由贸易区内进行的贸易活动采取不干涉或少干涉的基本立场，取消对进出口贸易的限制和障碍，关税税率逐步降低，从而使自由贸易区形成后，各国家之间的贸易往来会在较低的关税甚至是零关税的政策下进行，促进贸易区成员国之间的经济往来。

自2002年11月签署以中国—东盟自贸区为主要内容的《中国—东盟全面经济合作框架协议》开始至2010年1月1日，中国对东盟93%的产品的贸易关税降为零。这极大地促进了自贸区成员国之间的贸易往来。据统计资料显示，中国同东盟国家的贸易额占中国进出口贸易总额的比重呈不断增长的趋势。如图1所示，除了受2001~2002年国际外贸环境不景气以及2008年金融危机的影响，中国同东盟国家的贸易额占中国进出口贸易总额的比重出现下降外，其他年份该比重均持续增长，且比重从2000年的8.3%增长到2013年10.3%。2014年1~5月，中国进出口贸易总额为16791亿美元，同比增长0.2%，其中中国同东盟国家的进出口贸易额为1828.2亿美元，同比增长3.6%，占总额的比重为10.9%，可见，中国与东盟国家的贸易往来日益密切。中国—东盟自由贸易区的正式建立，有利于双方贸易额的进一步增长和贸易结构的进一步合理化。中国的机械电子设备、精密仪器、钟表手表、车辆、金属产品和化工产品具有潜在优势，且东盟国家对这些产品的需求在不断增长，这会刺激中国此类行业对东盟国家的出口，增加产业的国际竞争力。总之，间接性贸易政策的实施，既可以在营造良好的贸易环境的同时有效地促进经济发展，优化贸易结构，也可以在一定程度上增强中国具有比较优势和潜在优势的产业的国际竞争力，促进产业的优化升级，增加产业的国际市场占有率。

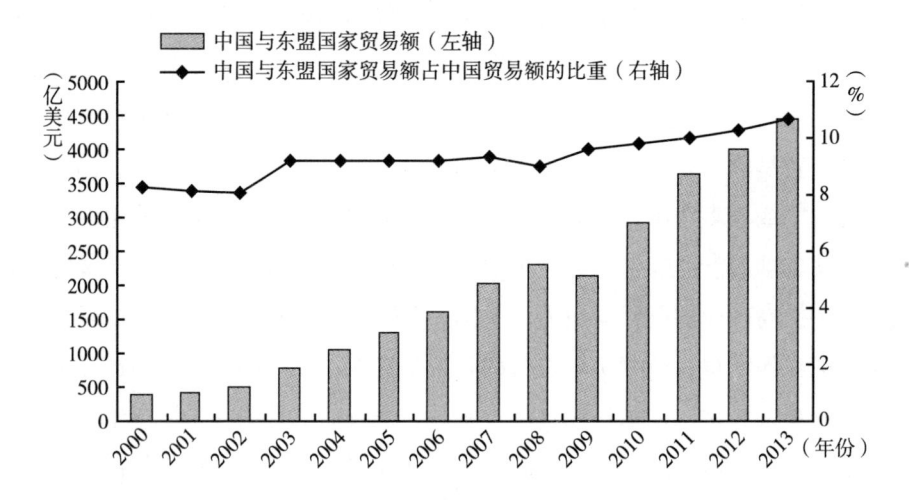

图1 中国与东盟国家贸易情况

资料来源：根据《中国统计年鉴》数据计算。

国际经验篇

International Experience in Manufacturing

B.17 未来的制造业

邓 洲[*]

摘　要： 新工业革命正在重塑全球制造业，中国也步入工业化后期的发展阶段。在新的环境下，未来的制造企业必须具备全球视野，满足可持续发展要求，适应人口结构的改变，应对各种不确定因素，满足变化的市场需求。产业和企业的竞争优势来源也将发生变化，快速响应能力、复杂制造能力、定制化生产能力、可持续能力和适应创新变化的能力将成为制造业新的核心竞争力。光子学技术、生物技术、纳米技术、增式制造技术将在未来与传统工业基础技术共同构成制造业新的技术体系，生态产业、新能源产业、生命科学产业和电动汽车产业将成为增长最快的新兴产业。

关键词： 制造业　工业革命　新兴产业

---

[*] 邓洲，中国社会科学院副研究员。

从第一次工业革命开始，工厂制的制造业已经发展了200多年。在这200多年里，工业社会所创造的物质文明和精神文明是人类在农业社会根本无法想象的，而制造业的出现和发展无疑是工业社会的根基。随着人类的工业文明进入新世纪，以信息技术为代表的新工业革命兴起，制造业在未来的发展将面临新的环境，出现新的发展理念。制造业的竞争优势也将发生演变，新技术、新产业和新市场将伴随新的工业革命而出现。

一 未来制造业发展理念

制造业发展的环境、条件和要求正在发生巨变，未来制造业的发展不仅要应对这些巨变带来的挑战，还应当利用巨变带来的机遇，改变发展模式，接受新的发展理念。

（一）全球视野

全球化无疑是当前全球经济和各个国家及地区制造业发展最基本的环境，也是未来制造业发展、转型和升级所必须具备的理念。从全球贸易情况看，1980年，全球货物贸易量为13.5百万标准货柜，2000年增长到88.7百万货柜，2010年进一步增长到138.9百万货柜；同时，全球贸易的中心也在发生改变，1980年的国际贸易中心主要是美欧、美亚和欧亚贸易，而到2010年，亚洲内贸易已经超过跨太平洋贸易成为全球贸易比重最高的部分；据联合国工业发展组织的预测，到2030年，亚洲内贸易的规模将达到美欧贸易的9倍之多。当然，仅从贸易规模看并不能完全反映经济全球化的发展，全球化的真正意义在于将全球的制造企业关联在一起。在离岸生产和外包的推动下，目前已经很难判断某一特定商品的国籍，一部最简单电子产品的零部件可能来自十余个国家和地区，使用几十个国家和地区提供的专利和技术，在复杂的供应链关系和销售网络中，任何一个制造业工厂都能够成为全球制造产品的参与者。

虽然发达国家在全球分工体系中仍然占据霸权地位，但总体上看全球化是向着更加公平、更有利于发展中国家和相对落后国家的方向发展的，任何新兴的市场经济地区都能够以最快的速度融入全球经济，各个国家和地区的比较优势得到最好的发挥，并且以越来越宽松的条件进行海外投资和布局，利用全球资源和全球市场发展本国制造业。世界各国制造业的发展都必须具备全球化的视野，利用全球资源，面向全球市场。

（二）可持续发展

工业社会为人类带来物质和精神享受的同时，也对人类的生存环境造成巨大的伤害。从20世纪80年代开始，工业生产和不断提高的生活水平对生态环境造成的破坏越来越严重，世界自然保护联盟（IUCN）、联合国环境规划署（UNEP）、野生动物基金会（WWF）共同提出的"可持续发展"理念迅速成为人类工业社会新的主题。随后，各个国家的制造业都在努力适应可持续发展的要求，降低污染物的排放，提高能源和资源的使用效率，并不断开发新的更加清洁的能源和更加环境友好的新材料。但是，总体上看，制造业仍然是目前造成环境破坏的最重要的原因，未来制造业的发展还需要进一步贯彻"可持续发展"的理念。一方面，通过环保设备、工艺的使用，将制造业的生产活动对环境的破坏降低至"趋近于零"，最大限度地利用能源和资源。另一方面，环保本身也成为发展最快的新兴产业，制造业对环保的投资将不仅仅是生产制造的成本，同时也成为利润的来源。

（三）人口结构变化

在相当长的一段时期，制造业的发展几乎有一个无限的劳动力市场，新兴经济体制造业的竞争力也首先表现在更加低廉的劳动力成本上，世界制造中心也几乎是按照向低劳动力成本地区转移的趋势发生变化。农业生产效率的提高进而产生大量农村剩余劳动力，是世界制造业，特别是发展中国家制造业高速发展的重要条件。但是，全球人口结构正在发生改变。一方面，农村剩余劳动力的增长已经有限，发达国家有超过95%以上的人口居住在城市并从事与工业和服务业相关的劳动。另一方面，虽然全球人口数量还在增长，但劳动力人口数量已经出现下降的趋势。欧洲的劳动力人口（15~64岁）在2012~2014年已经达到顶峰，随着"婴儿潮"一代相继进入退休年龄，欧洲的劳动力总数将会减少，日本和北欧国家已经进入老龄化社会。进入21世纪后，原来只存在于发达国家的人口问题开始向全球扩散。例如，中国作为最大的发展中国家，其经济发达的东部地区已经出现劳动力短缺和工资水平过高的问题。因此，劳动集约也将成为未来制造业发展的要求，特别是劳动密集程度较高的组装加工业将采用更多的机器人和先进装备，以减少对劳动力的需求。

（四）不确定因素

首先，由于人类生产生活对地球的影响越来越大，近年来全球自然灾害发生的频率增大，危害增强。根据联合国的统计，2000年以后全球每年发生的特大型自然灾害在130~140次，而20世纪70年代每年仅有40次左右。2011年，日本东北部发生大地震并引发海啸，多家企业停产减产，直接导致全球汽车、电子产业的零部件短缺。其次，武装冲突不断。与世界经济联系最紧密的资源能源产地、资源能源运输通道往往最容易爆发冲突。最后，恐怖活动成为威胁全球安全的重要因素。美国在"9·11"事件后投入了超过1万亿美元用于全球反恐和保护国土安全，中国等发展中国家也正在受到恐怖活动的挑战。恐怖主义的抬头不仅消耗大量经济资源，同时还对制造业的投资环境造成巨大影响，提高了制造业的成本。未来制造业的发展必须面对包括自然灾害、武装冲突和恐怖主义等在内的不确定因素的挑战，需在优化供应链体系、强化安全保障方面进行投资。

（五）市场变化

从消费者自身看，随着教育水平的提高和可支配收入的增加，消费者的消费能力在提高，能够购买并使用具有更高科技含量的产品、奢侈品。近年来具有高附加值的制造业产品的销售量增长明显快于低附加值的制造业产品，这将刺激高端制造业的发展，并迫使传统制造业加速改造和升级。从产品生命周期看，制造业产品的生命周期不断缩短，电子信息产品的发展速度已经突破了摩尔定律，某些产品甚至还没有达到具有规模效应的销售数量就停止增长了。产品生命周期的缩短反映了技术进步的加快以及市场竞争的激烈，这无疑会刺激制造企业提高研发投入，以保持竞争力。从消费者的地域分布看，城市化正在发展中国家高速推进，据联合国预测，到2050年，全球将有72%的人口居住在城市，未来制造业的发展也必须满足日益增多的城市人口和日益扩大的城市面积的需要，为人们提供交通、住房和环境改善等方面的产品。

二 制造业竞争优势的演变

20世纪，制造业的优势主要体现在规模和成本上，而目前，制造业的竞争优势正在发生改变，未来制造业的竞争优势将主要来自快速响应能力、制造复杂产品系统的能力、满足定制化要求的能力、可持续发展的能力和适应创新变化的能力。

（一）快速响应能力

技术进步和信息流通的加快使得制造业不得不面对市场需求不断变化和产品生命周期缩短的挑战，能够对技术和市场的变化实现快速响应并生产包含新技术、满足新要求的产品将成为未来制造业一项重要的竞争力。要实现快速响应制造，必须满足三个条件：第一，对于一个国家和地区而言，要具有敏捷的、适应性强的强大制造体系。要能够对不可预知的市场变化、较短的"市场窗口"和"技术窗口"、突然增加的研发投入和市场宣传投入快速聚集足够的资源，这不仅要求制造业具有较大规模，还要能够在短期内实现结构的变化。第二，对于产业而言，要具有灵活的生产体系和供应链体系。面对技术进步的加快和突然兴起的市场需求，一个产业要能够迅速选择并组成供应链系统，形成生产制造能力。例如，深圳的手机产业能够在不到一周的时间里完成从设计图纸到产品上市的过程，这主要依赖于强大而灵活的供应链系统。第三，对于企业而言，要能够将新技术和新创意迅速变为实际的产品。许多产品目前从概念到全规模生产所需的时间只是十年前的三分之一，甚至更少。企业应利用新兴技术和理念，使其成为从最初概念至最终产品过程中各因素互相作用的催化剂，以最快的速度推出新产品。

（二）复杂制造能力

在技术进步的推动下，为了满足消费者和使用者越来越多样化和综合性的需求，制造产品的设计、生产、工艺将越来越复杂。例如，高速铁路、大飞机、大轮船、火箭、航天飞机等产品集合数以千万计的零部件，需要一个巨大的生产体系配合才能够被生产。能够生产复杂产品的国家都是在制造业领域领先的工业强国，能够总装复杂产品的企业都是具有较高竞争力的企业。能够生产具有竞争性的复杂产品，需要具备两个基本条件：第一，具有高效、高精度的生产装备。当前，复杂产品的零部件往往来自全球各地的工厂，外包在复杂产品系统的生产中也是最常见的形式，因此，作为总装企业，不仅自己要安装高效、先进的设备，还需要开发相关零部件企业能够负担并准确操作使用的设备，这其实对总装企业提出了更高的要求。第二，具有整合能力。复杂产品的设计、制造需要机械工程、材料科学、计算机学等多种技术和工艺的紧密结合，复杂产品生产企业不仅要能够掌握各种渠道资源，还需要整合这些资源以使得最终整机产品能够有效工作，通常情况下，总装企业不一定需要具备制造复杂产品所需的全部资源，但必须能够整合资源并在生产过程中处于主导地位。

（三）定制化制造能力

无论是最终消费者，还是生产企业，对制造产品的需求都呈多样化发展趋势，这对制造企业提出了巨大的挑战。20世纪初，福特式生产制产生之后，制造业生产的经济性和多样性一直是此消彼长的关系，但信息技术的发展和普及也使得生产企业能够更快、更方便地获得用户个性化的需求信息，再依靠模块化的产品设计，以及柔性的生产线、智能化的物流系统为消费者和用户提供个性化的产品。近年来，不仅在计算机、手机等高度模块化的电子产品上实现定制化生产和服务，而且大家电、快消品甚至工业中间品都出现定制化的发展趋势。未来，一个地区的制造业或制造企业要在以下四个方面获得满足个性化需求的竞争力：一是能够在合理的成本范围内实现定制化生产，过高价格的定制产品市场范围小，不能作为大规模发展的形式；二是同时针对本地和全球市场的定制化生产，接近市场能够更好地了解消费者的特定需求，因此目前大多数定制化的生产都针对本地和周边市场,但随着技术进步和业态创新,制造企业能够向国际市场提供定制化产品;三是向特殊群体提供定制化产品,满足特殊行业、特殊人群(老人、残疾人)的需要,为他们设计并生产具有特殊功能的产品,这些产品通常具有更高的科技含量和附加值。这种定制化产品并不是减少标准化产品的主要功能(如所谓"老人机"其实只是减少了手机的辅助功能),而是让特殊使用者能够方便地使用产品。例如,针对残疾人定制生产的外骨骼产品能够协助残疾人像正常人一样生活和工作。

(四)可持续能力

"可持续发展"的理念提出之后,制造业的发展开始逐渐由粗放式的发展方式向兼顾环境的环境友好型转型。制造业必须在保证获得经济利益的同时保护环境,甚至要承担修复之前粗放式发展造成环境损伤的责任。在过去,对于制造企业而言,满足可持续发展要求需要承担额外的成本,但随着世界各国对环境保护要求的提高、法规的完善、消费者对环境保护的重视,一个国家和地区制造业或某个企业可持续发展的能力也成为重要的竞争力。目前,可持续发展的重要驱动是使用新技术,以提高生产率、循环和重复使用原材料,以及提高制造流程的效率来尽可能地减少对生态和环境的影响。当然,制造业可持续竞争力还不仅仅反映为生产过程的环境友好性,也反映在人力资源的可持续性上。一些工业化国家提出了"以人为中心"的制造业发展方式,企业从生产活动中获得经济收益实现发展,同时也通过培训和操作实践提高职工的人力资本,新产品在市场的投放还能增进消费者的知识和能力,产品的制造和使用过程对企业、职工和消费者的利益都具有很好的促进作用,这样的制造业才是可持续的。

(五)适应创新变化能力

技术进步无疑是推动未来制造业发展的最重要的力量,而创新活动的变化也将影响制造业的组织方式。目前,即便是最优秀的企业,如果仅仅依靠内部的资源进行高成本的创新活动,也难以适应快速发展的市场需求以及日益激烈的企业竞争,在这种背景下,"开放式创新"逐渐成为企业创新的主导模式。

相应的，制造环节的组织方式也应发生变化，供应链将更加灵活和多元化，且对供应链的选择和维护将更多地依据产品所需的技术组合。用户参与创新也正在成为电子信息及相关产业非常流行的方式，"众包"的生产组织方式除了在互联网行业中得到广泛运用，未来在传统制造部门也将出现越来越多的"众包"参与者。虽然研发、设计与制造的关系将更加紧密，但制造本身可能出现分散化，一大批社区工厂将成为个性化、小批量产品的主要生产者。

三 新技术和新产业

在新工业革命的冲击下，制造业的技术体系正在发生巨变，众多新兴技术将成为推动制造业发展的重要力量。同时，在技术进步和需求变化的影响下，一大批新兴制造业将出现并快速成长，成为世界各国新的支柱产业。

（一）全新的技术体系

技术进步无疑将是推动未来制造业转型升级的最重要的力量，技术进步已经为未来制造业的发展方向和重点勾画出蓝图。如表1所示，光子学技术、生物技术、纳米技术、增式制造技术、微技术、信息和通信技术、新材料技术、环境与能源技术是目前进步最快且已经刚开始大量产业化的技术，这些技术将在未来与传统工业基础技术共同构成制造业新的技术体系。

表1 制造业新兴技术领域

技术	使用领域	前景和挑战
光子学技术	工业激光、消费电子、通信、数据储存、生物、医药、照明及国防	光子集成电路可弥补传统技术的不足，在不增加能耗和热释放的前提下增加带宽
生物技术	食品、化学产品、能源、制药、纺织业	通过净化一种自然生物资源来生产满意的产品，或通过对一种生物进行工程改造来生产新的产品
纳米技术	汽车、电子、高级诊断、手术、先进医疗、组织和骨骼替代品	纳米产品的价格将下降到大多数用户能够接受的范围，纳米工艺将大范围融合到传统制造工艺中
增式制造技术	消费产品、医学植入人体及工具、牙移植及航空航天事业	现有的增量技术的知识产权将在5~10年内过期。目前中国在该技术上投入巨大，因此这些产权过期之后中国将成为有力的竞争者

续表

技术	使用领域	前景和挑战
微技术	微电子、微加工	微技术在未来的应用中最大的障碍是规章和标准的缺失
信息和通信技术	几乎应用于所有的制造业部门	信息通信技术（ICT）目前已广泛应用于现代制造体系中，新型ICT的应用将继续改变制造业
新材料技术	高级金属、高级聚合物、先进陶瓷和超导体、新型复合材料、先进生物材料	新材料由于具备功能高、重量轻、能耗少等优点，将越来越多地被应用于制造业中
环境与能源技术	资源回收与再利用、可再生原材料、电力储存燃料电池、可再生能源、核裂变和聚变、新能源汽车	将彻底改变人类生产生活的用能结构，并减小工业发展对生态环境的影响

（二）新兴产业

世界各国几乎都制定了在未来5～10年，甚至更长时期内重点发展的制造业部门的规划，虽然各个国家和地区强调的发展方向不同，但其所选择的新兴产业都具备以下特点：能够促进经济增长，实现资本增值；具有全球竞争力水平；能够增进人类的福利和健康，对生态和环境友好，能源消耗较少，原材料使用率高；能够为就业者提供更好的工作。

1. 生态产业

人类工业文明已经进入可持续发展的阶段，无论是生产还是生活都需要尽可能地减小对生态环境的影响，并且还需要对以往造成的损伤进行修补，而这些都将刺激生态产业的发展。水管理、再生能源循环及废物管理等新兴产业正在发达国家和一些发展中国家兴起，根据相关统计，欧盟的生态产业在过去5年中的年增长率为8%，预计20年后，全球生态产业市场将达到7万亿欧元。

2. 风能产业

自2001年开始，全球风能产业开始呈现爆发式增长，2009年的增长率高达31.7%。2011年，全球风能装机超过237GW，中国、德国、印度、西班牙、美国等国家的风能装机占到全球装机总量的74%。

3. 太阳能产业

随着全球太阳能装机的增多，太阳能已经成为继水能、风能之后第三大可再生能源。太阳能产业包括上游的多晶硅、变频器、晶片、电池、光伏电池、安装和跟踪系统的生产,以及下游的项目开发、批发渠道、设计与工程、施工与维修,根据欧洲太阳能产业协会的统计,2011年,全球有75个公司从事多晶硅的生产,其中超过90%的产量来自于欧洲、美国和日本的7家企业。变频器的生产也大抵如此,十大公司生产了市场上80%以上的在售变频器。相比较而言,电池和薄膜组件的生产则非常分散。但是,这种格局正在发生改变,中国正在成为新的多晶硅生产大国。目前,只有四个国家的太阳能装机超过1GW,即:德国(5.3GW)、西班牙(3.4GW)、日本(2.1GW)、美国(1.2GW),中国则是太阳能装机增长最快的国家。

4. 生命科学产业

生命科学产业有三大板块:生物制造、生物燃料和医药设备。生物制造方面,过去三十年,由于对DNA的了解增多,农业生物技术得到了快速发展,遗传工程这一现代农业生物技术工具的使用实现了对个体基因的调控,并能够在物种之间转换基因,这促进了生物制造的发展和成本的降低。生物燃料方面,据预测,到2020年,将生物质能转化为燃料、能源和化学品将使全球经济产生2300亿美元的收益,而发展中国家85%的乙醇将由巴西、印度和中国生产。医药设备方面,随着全球人口老龄化,且发展中国家尤其中国和印度等人口大国出现较富裕的中产阶级,医药设备将面临全面升级的需求。

5. 电动汽车

无论是混合动力汽车还是纯电动汽车都将得到更快的发展,电池作为最关键的部件将成为未来汽车产业供应链的关键。值得注意的是,南美洲的智利、阿根廷、玻利维亚的锂储量占全球总量的57%,这些国家有可能成为世界各大汽车企业投资的热点。2011年,智利与阿根廷已经成为全球最大的锂供应商,其锂生产占据了全球总量的46%。

B.18 美国的制造业

伍业君*

摘　要： 美国是世界制造业强国，但近年来，美国制造业的国际地位及其在国民经济中的地位呈现出双双下降的趋势。为提高美国制造业的竞争力，奥巴马政府提出了再工业化战略，试图抢占世界制造业竞争的制高点。随着新战略的实施和全球制造业竞争格局的调整，美国制造业正在发生新的变化。

关键词： 美国制造业　再工业化战略　制造业内包　国际竞争力

一　美国制造业的地位变化

20世纪50年代，美国已经完成工业化进程，开始步入后工业化时代，而产业结构也在这一发展过程中不断调整，其中最为重要的特征是服务业占国民经济的比重不断上升，制造业占国民经济的比重则开始下降。随着日本、亚洲"四小龙"以及中国、印度等发展中国家制造业的崛起，特别是2000年以来，美国制造业占国内生产总值的比重和就业比重逐步下降，制造业的国际竞争力有所削弱，其长期以来作为世界制造业引领者的地位开始动摇。

（一）美国制造业对外贸易总体情况

美国制造业对外贸易规模长期雄踞世界首位。第二次世界大战以来，美国

---

* 伍业君，铁路总公司党校助教，博士。

始终保持着世界第一大贸易国的地位。制造业,特别是先进制造业是美国产业竞争力与经济增长的源泉,制造业对外贸易规模也长期位居世界前列。2013年,美国制造业出口总额为11239.32亿美元,进口总额为16514.29亿美元,均居世界前列。

美国制造业对外贸易长期稳步增长。1980~2013年,美国制造业出口年均增长6.8%,进口年增长8.54%,除了2000年美国互联网泡沫破灭以及2008年国际金融危机爆发,制造业出口与进口曾出现下降以外,制造业对外贸易总体保持增长态势。国际金融危机以来,美国制造业对外贸易呈现"V"字形增长态势,2009年制造业出口与进口均有所下滑,出现负增长,2010年和2011年,制造业出口与进口均强势复苏,其中,出口增速分别为17.96%和11.17%,进口增速则分别为22.10%和11.24%。2012年以来,制造业出口与进口增速均有所减缓,但总体保持增长态势。

(二)美国制造业在世界制造业中的地位变化

美国制造业在世界制造业中的地位不断衰落。2008年以前,美国作为世界最大的经济体,拥有世界规模第一、最先进的制造业,但随着以中国为代表的新兴经济体制造业在世界市场上的崛起,美国制造业增加值占世界制造业增加值的比重呈持续下降的态势,由2000年的29.56%下降到2008年的18.84%。国际金融危机以后,美国制造业增加值的份额略有提升,但很快在2010年被中国超越,在世界制造业中的地位呈持续削弱态势。2012年,美国制造业增加值占世界制造业增加值的比重下降到17.45%,远低于同期中国的22.37%,与中国制造业在世界制造业中的份额差距逐步拉大。

表1 主要国家制造业增加值占世界制造业增加值的比重

单位:%

年份	中国	法国	德国	日本	英国	美国
2000	—	3.39	7.09	17.93	3.87	29.56
2001	—	3.53	7.48	15.84	3.93	30.00
2002	—	3.59	7.64	14.66	3.93	30.09
2003	—	3.85	8.39	14.57	3.88	27.73

续表

年份	中国	法国	德国	日本	英国	美国
2004	8.97	3.45	7.75	12.92	3.49	24.24
2005	9.81	3.23	7.35	12.09	3.32	23.96
2006	11.09	3.00	7.40	10.70	3.19	23.07
2007	12.68	3.03	7.58	9.70	3.10	21.20
2008	15.14	2.94	7.40	9.80	2.69	18.84
2009	18.02	2.80	6.42	9.96	2.30	19.39
2010	18.93	2.33	6.37	10.57	2.10	18.06
2011	20.65	2.26	6.53	9.67	2.00	17.22
2012	22.37	2.04	6.01	9.69	1.92	17.45

资料来源：根据联合国国民收入账户数据库数据计算，http://unstats.un.org。

与制造业地位衰落相对应的是，美国高技术工业制成品出口在世界市场上的份额也呈不断下降的趋势。2000~2013年，美国高技术工业制成品出口份额由2000年的17.02%下降到2011年的7.51%，下降了9.51个百分点，表明美国高技术工业制成品的国际竞争力在持续减弱。同期，中国与德国高技术工业制成品出口份额则在不断上升，分别由2000年的3.6%和7.37%提升到2011年的23.64%和9.48%，表明中国与德国高技术工业制成品的国际竞争力显著增强，中国的表现尤为惊艳。

表2 主要国家高技术工业制成品出口占世界高技术工业制成品出口的份额

单位：%

年份	中国	德国	法国	英国	日本	美国
2000	3.60	7.37	5.07	6.08	11.11	17.02
2001	4.70	8.61	5.28	6.78	9.46	16.75
2002	6.48	8.76	4.99	6.54	8.98	15.18
2003	9.12	8.91	4.79	5.25	8.98	13.45
2004	11.39	9.48	4.62	4.57	8.82	12.32
2005	13.60	9.22	4.44	5.27	7.90	12.01
2006	14.96	8.94	4.47	6.37	7.08	12.00
2007	17.14	8.68	4.46	3.46	6.67	12.34
2008	18.48	8.68	5.00	3.23	6.52	12.00
2009	19.69	8.90	5.25	3.51	6.05	8.42
2010	22.83	8.91	5.61	3.36	6.86	8.18
2011	23.64	9.48	5.44	3.58	6.54	7.51

资料来源：根据世界银行发展指标数据库统计数据计算，http://data.worldbank.org。

（三）国际市场占有率

美国制造业的国际市场占有率呈现出阶段性变化特征，总体保持平稳下降的趋势。1980年至21世纪初，美国制造业的国际市场占有率基本保持在13%的水平。2002年以后，随着美国产业结构转型以及中国等新兴市场国家制造业出口的迅速增加，美国制造业的国际市场占有率开始下降，在9.5%的水平上下波动。

与制造业的国际市场占有率变化趋势相似，1980年以来，美国主要工业制成品的国际市场占有率也整体呈稳步下降态势。特别是21世纪以来，纺织、服装、机械与运输设备、化学工业等的国际市场占有率基本保持稳定，但整体仍呈现出下降的趋势。近年来，美国钢铁产业开始扭转颓势，其国际市场占有率有所提升。

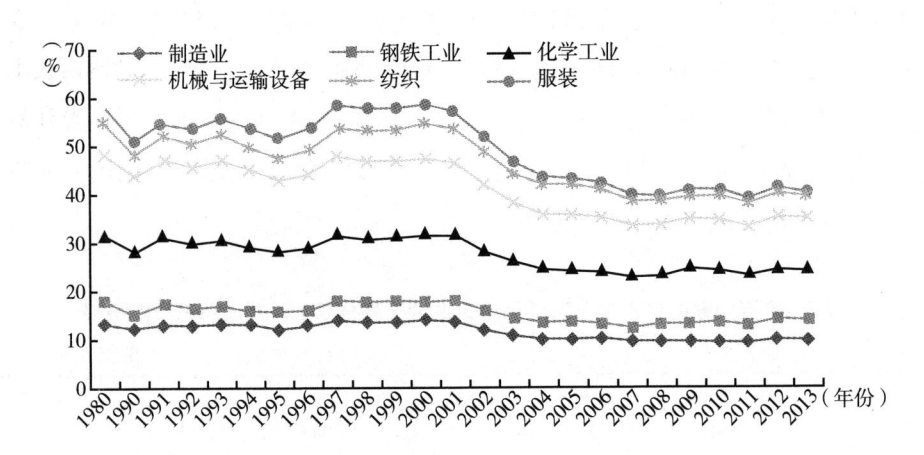

图1 美国制造业及主要工业制成品国际市场占有率

资料来源：根据WTO商品贸易数据库相关数据计算。

美国主要高技术工业制成品，特别是电子电信类高技术产品的国际市场占有率呈下降趋势，但国际金融危机以后，保持相对稳定状态。2013年，主要高技术工业制成品的国际市场占有率保持在7.42%~9.98%。2000~2013年，集成电路及电子元器件的国际市场占有率大幅下降，由2000年的20.48%下滑到2013年的7.72%；电子数据处理和办公设备、电信设备则分别由2000年的15.52%和11.51%下降到2013年的9.14%和7.42%；汽车和制药的国际市场占有率也略有下降。2000年以来，电子电信类高技术产品的国际市场占有率的大幅下降是造成美国制造业国际竞争力下降的重要原因。

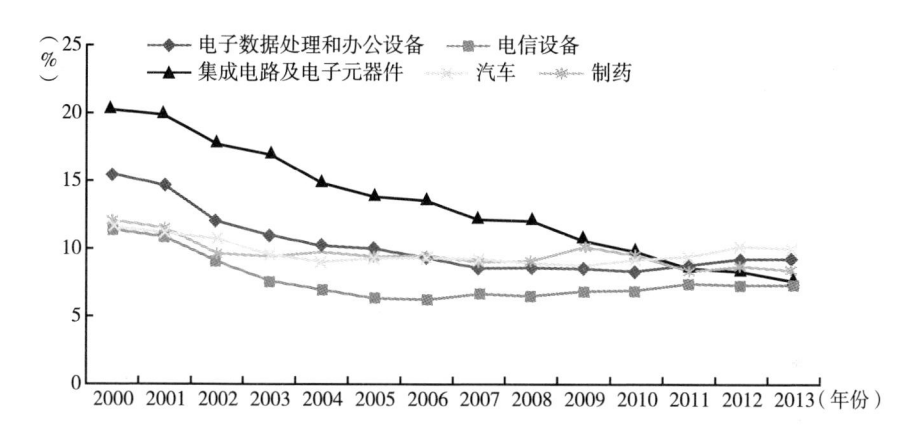

图2　美国主要高技术工业制成品国际市场占有率

资料来源：根据WTO商品贸易数据库相关数据计算。

（四）贸易竞争力指数

美国制造业整体贸易竞争力指数始终为负数，处于比较低的水平，表明美国制造业整体竞争力相对较弱，长期存在贸易逆差。国际金融危机爆发之前，美国制造业整体贸易竞争指数呈"U"字形发展态势，从2000年的-0.20下降到2004年的-0.26，然后到2008年回升到-0.19。2008年以来，美国制造业整体贸易竞争力指数小幅降低，但总体保持平稳水平，在-0.18的水平上下波动。

主要工业制成品的贸易竞争力指数呈现出分化特征，但各自变动趋势相对稳定。2000年以来，美国集成电路及电子元器件贸易竞争力指数始终大于零，这表明美国在这一产品上具有较强的国际竞争力，处于净出口国的地位。然而，国际金融危机以后，集成电路及电子元器件贸易竞争力指数有所下降，说明受国际金融危机影响，国际市场对这类产品的需求相对萎缩，从而使美国该产品的国际竞争力相对减弱。美国化学工业的贸易竞争力指数呈"U"字形走

255

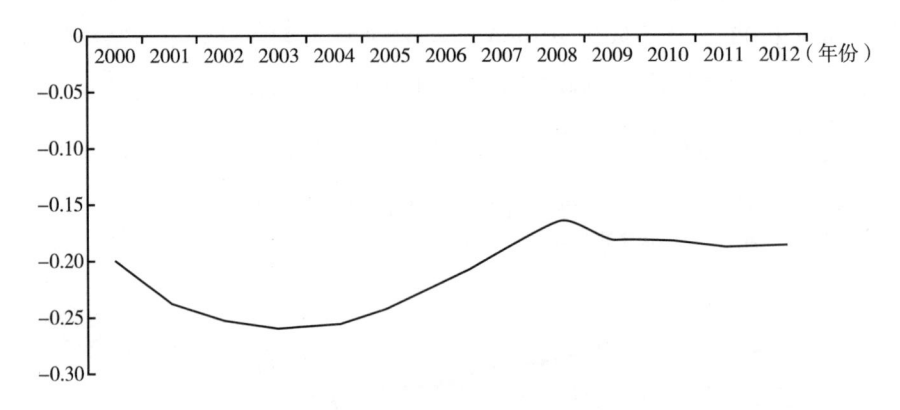

图 3　美国制造业贸易竞争力指数

资料来源：根据 WTO 商品贸易数据库相关数据计算。

势，从 2000 年的 0.02 下降到 2003 年的 -0.05，国际金融危机以后，美国化学工业的贸易竞争力迅速走强，逐步回升到 0.02 的水平。2000 年以来，钢铁工业、机械与运输设备、办公与电信设备、制药、电信设备、运输设备、汽车、纺织、服装等行业的贸易竞争力指数始终为负值，这意味着美国在这些行业存在贸易逆差，处于净进口国的地位，值得注意的是，服装的贸易竞争力指数始终处于 -1～-0.5 的区间，产业竞争力处于绝对劣势地位；钢铁工业、机械与运输设备、办公与电信设备、制药、电信设备、运输设备、汽车、纺织等的贸易竞争力指数始终处于 -0.5～1 的区间，表明这些产业的国际竞争力仅处于相对较弱的水平。

（五）显示比较优势指数

美国传统制造业显示比较优势指数处于相对较低的水平。2000 年以来，钢铁等行业显示比较优势指数一直处于 0.5 以下，在国际市场竞争中，处于比较劣势的地位。值得注意的是，钢铁工业的显示比较优势指数呈现出稳步上升的态势，由 2000 年的 0.32 上升到 2008 年的 0.37，国际金融危机以后，迅速上升到 2013 年的 0.42，表明尽管钢铁工业处于比较劣势地位，但其国际竞争力处于上升通道，这与钢铁工业国际市场占有率的变化趋势类似。而服装显示比较优势指数则呈现出逐步走弱的态势，由 2000 年的 0.32 缓慢下降到 2013

年的0.14。纺织显示比较优势指数变动趋势较为稳定，始终在0.5的水平上下波动，2013年为0.48，这与服装贸易竞争力指数和国际市场占有率的变动趋势比较一致。

化学工业与运输设备显示比较优势指数均处于相对较高的水平，机电产品显示比较优势指数则呈现出下降趋势。化学工业是美国重要的优势产业，与其较高的国际市场占有率相对应，其显示比较优势指数也始终处于较高的水平，并且与前者的变化趋势比较一致。2000年以来，美国化学工业显示比较优势指数处于稳步上升的趋势，2013年上升到1.13，表明化学工业仍是美国重要的具有比较优势的产业。制药业作为化学工业的重要组成部分，其显示比较优势指数则在波动中上行，由2000年的0.88上升到2007年的0.96，国际金融危机以后则迅速上升到2012年的1.02，2013年小幅下滑为0.93，总体来看，制药业仍是美国具有比较优势的行业。机械与运输设备显示比较优势指数一直高于1，表明其始终是支撑美国制造业国际竞争力的重要力量。之所以机械与运输设备显示比较优势指数处于较高的水平，是因为在机械与运输设备内部，运输设备显示比较优势指数始终处于大于1，并呈上升趋势，2000～2013年，运输设备显示比较优势指数由1.04上升到1.28，与此趋势相对应的是，美国汽车行业也呈逐步复苏态势，汽车业显示比较优势指数由2000年的0.85上升

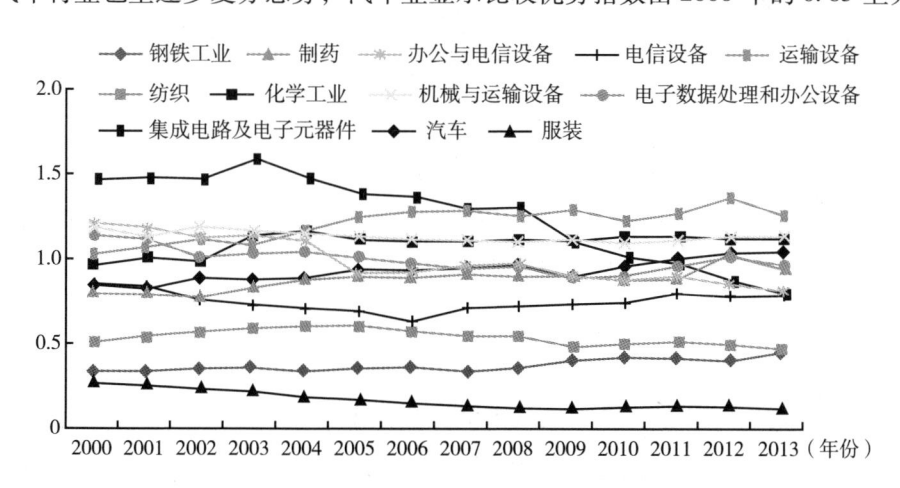

图4　美国制造业主要工业制成品显示比较优势指数

资料来源：根据WTO商品贸易数据库相关数据计算。

到2013年的1.02，逐渐从具有比较劣势的行业转变为具有比较优势的行业。办公与电信设备、电子数据处理和办公设备以及集成电路及电子元器件的显示比较优势指数则展现出另一番情景，分别从比较优势转变为比较劣势，特别是集成电路及电子元器件的显示比较优势指数尽管在2010年之前始终大于1，但一直呈持续下降趋势，由2000年的1.49最终下降到2013年的0.81。电信设备的显示比较优势指数始终小于1，表明该产业一直是美国的比较劣势行业，国际竞争力相对较弱。

二 美国制造业的现状及特征

美国是世界上制造业最先进的国家，然而，2000年以来，制造业在国民经济中的地位不断下降。2008年爆发的源于美国的国际金融危机对美国的经济造成巨大冲击，经济出现了大面积下滑。为应对危机，奥巴马政府提出了重振美国制造业的"再工业化"战略，美国制造业开始出现了一些新的变化。

（一）制造业在国民经济中的地位

美国制造业规模总体上保持不断扩张的趋势，但也呈现出一定的波动性。20世纪90年代以来，随着美国克林顿政府信息高速公路战略的实施，在信息技术浪潮的推动下，美国制造业规模持续扩大，2000年达到峰值，然而，受互联网泡沫等外生技术冲击的影响，制造业规模出现暂时萎缩的局面。2003年起，制造业开始复苏且持续增长，直到2008年，受国际金融危机的冲击，制造业规模有所萎缩。随后，奥巴马政府提出重振制造业的发展战略，2010年起，制造业开始稳步复苏，截至2013年，制造业增加值达到2.1万亿美元（见图5）。

制造业在国民经济中的地位呈现出典型的阶段性特征。2009年之前，制造业增加值占GDP的比重稳步下降，表明制造业在国民经济中的地位有所削弱。国际金融危机以后，随着美国政府提出"先进制造业国家战略规划"和"先进制造伙伴计划"等再工业化战略，制造业增加值占GDP的比重略有回升并保持稳定，在12.4%的水平上下波动。横向来看，相较于中

美国的制造业

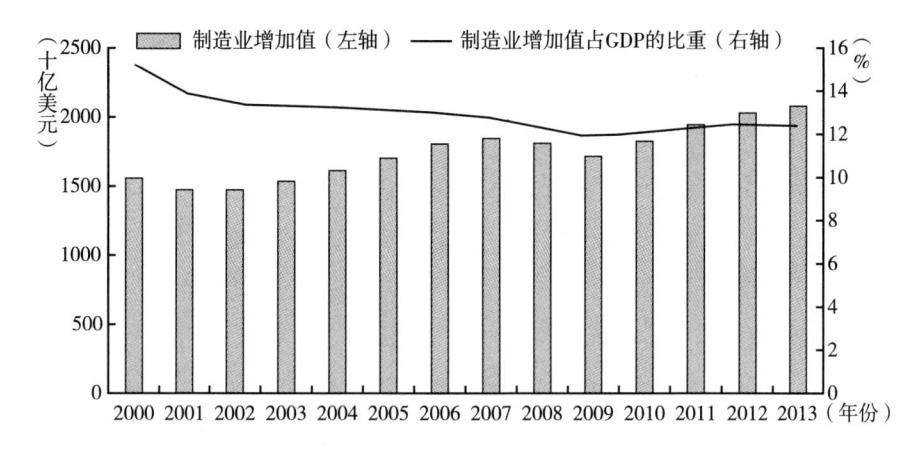

图5　美国制造业增加值及其在国民经济中的地位

资料来源：根据美国经济分析局GDP统计数据计算，http://www.bea.gov。

国和世界平均水平，美国制造业增加值占GDP的比重相对较低。在工业化国家中，美国制造业增加值在国民经济中的份额仅低于德国和日本，高于法国和英国（见表3）。

表3　制造业增加值占GDP比重的横向国际比较

单位：%

年份	中国	法国	德国	日本	英国	美国	世界
2000		15.22	22.27	20.49	15.60	15.31	17.00
2001		14.69	22.05	19.37	14.87	14.11	16.02
2002		14.02	21.49	19.00	13.86	13.95	15.70
2003		13.42	21.64	19.34	13.04	13.54	15.51
2004	32.52	13.02	21.93	19.64	12.30	13.74	17.10
2005	32.51	12.63	22.02	19.92	11.99	13.67	16.95
2006	32.92	11.98	22.77	19.92	11.59	13.39	16.89
2007	32.91	11.90	23.08	20.32	11.01	13.28	16.92
2008	32.65	11.28	22.20	19.86	10.86	12.47	16.56
2009	32.30	10.59	19.51	17.84	10.30	12.03	15.98
2010	32.46	10.30	21.89	19.70	10.40	12.28	16.62
2011	31.83	10.23	22.69	18.59	10.33	12.51	16.70
2012	31.09	9.96	23.83	18.71	10.03	12.27	16.60

资料来源：根据联合国国民收入账户数据库数据计算，http://unstats.un.org。

制造业就业吸纳能力不断萎缩，在全部就业结构中贡献度不断下降。全球化和技术进步，特别是先进通信技术的进步，把美国工人史无前例地推向了与工资水平较低的同行以及世界范围内不断壮大的顶尖人才的直接竞争之中。总体来看，2000年以来，美国制造业就业吸纳能力持续萎缩，制造业全职与兼职就业人数由2000年的1760.6万人下降到2012年的1194.6万人，减少566万人。与此同时，制造业全职与兼职就业人数占全部就业人数的比重也持续下降，由2000年的13.3%下降到2012年的8.55%，减少了4.75个百分点，美国制造业企业对就业的贡献能力不断减弱（见图6）。值得注意的是，制造业劳动力市场结构开始发生根本性变化，制造业发展对较低教育程度的劳动力需求在不断减少，而对教育程度较高的劳动力需求则在不断增长，2012年，高中以上学历的劳动力占制造业就业的55%，而高中以下学历的劳动力则占45%（见图7）。

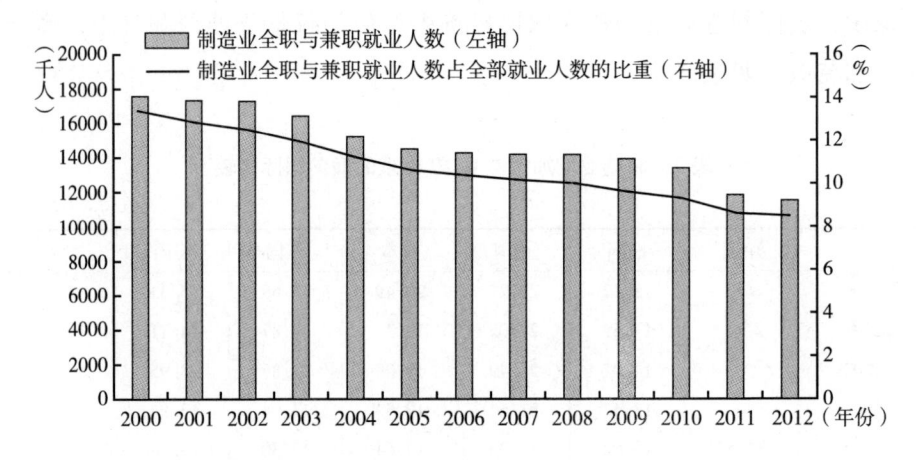

图6　美国制造业就业规模及其在全部就业中的地位

资料来源：根据美国经济分析局统计数据计算，http://www.bea.gov。

（二）制造业内部结构

美国制造业分为耐用品和非耐用品制造业。与美国制造业变动趋势相同，耐用品制造业规模也呈现出周期性扩张的发展特征。2000年以来，耐用品制造业规模经历了"下降—上升—下降—上升"的周期性过程。截至2013年，

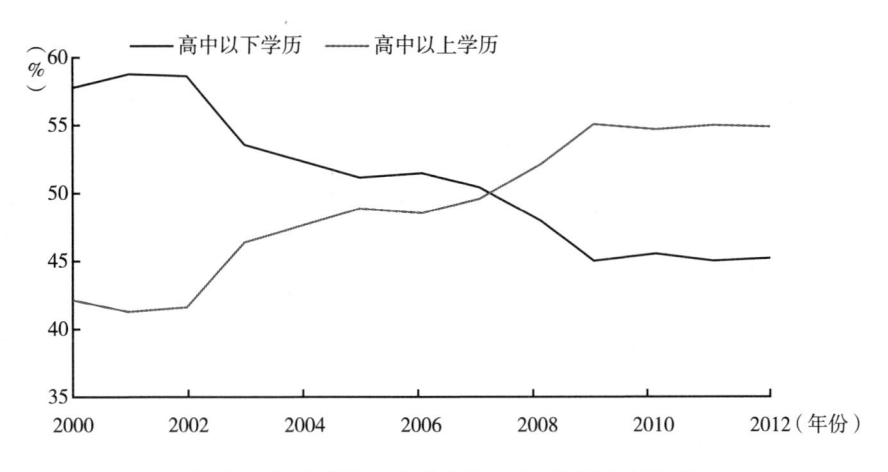

图 7　不同教育程度劳动力进入美国制造业的比重

资料来源：美国经济分析局统计数据库，http：//www.bea.gov。

耐用品制造业增加值达到 10964 亿美元。在耐用品制造业内部，除其他运输设备和其他耐用品制造规模持续扩大以外，木材制品，非金属矿物制品，初级金属产品制造，金属制品，机械设备，计算机与电子产品，电气设备、家用电器及组件，机动车辆、车身、拖车及配件，家具及相关产品等产业规模变动趋势与耐用品制造业以及制造业相似，表现出较强的同周期性。

非耐用品制造业规模呈现出明显的不断扩张态势。相比耐用品制造业，非耐用品制造业受经济周期性波动因素的影响较弱，2000 年以来，非耐用品制造业增加值不断增加，2013 年达到 9831 亿美元。在非耐用品制造业内部，2000 年以来，食物、饮料和烟草制品与化工产品产业规模持续扩张，2012 年增加值分别达到 2333 亿美元和 3701 亿美元；而纺织机械及纺织产品与服装及皮革产品等产业规模则呈现出明显的波动式萎缩态势；纸制品与印刷和相关支持类产品等产业增加值呈现出一定的波动性，但总体保持稳定；石油与煤炭等产业规模总体保持不断扩张的趋势，但在国际金融危机的冲击下，曾出现下滑，此后恢复扩张。

总体来看，在制造业内部，耐用品制造业增加值份额不断萎缩，而非耐用品制造业增加值份额则持续提升。2000~2013 年，耐用品制造业与非耐用品制造业增加值份额分别从 59.6% 和 40.4% 调整到 52.7% 和 47.3%。在耐用品制造业内部，除其他运输设备和其他耐用品以外，木材制品，非金属矿物制品，金属制品，机械设备，计算机与电子产品，电气设备、家用电器及组件，机动车辆、车身、拖车及配件，家具及相关产品等产业增加值份额均呈现出不断萎缩的局面；在非耐用品制造业内部，食物、饮料和烟草制品，石油与煤炭，化工产品等产业增加值份额不断提升。2012年，在整个制造业内部，化工产品，计算机与电子产品，食物、饮料和烟草制品以及石油与煤炭的增加值份额位居前四，分别为18.2%、12.4%、11.5%、8.8%，这四类产业为美国制造业四大支柱产业（见表4）。

表4 制造业内部各产业增加值份额

单位：%

年份	2000	2005	2009	2010	2012	2013
制造业	100	100	100	100	100	100
耐用品制造业	59.6	56.3	50.7	52.4	52.4	52.7
木材制品	1.8	2.0	1.2	1.2	1.2	
非金属矿物制品	2.7	2.9	2.2	2.0	1.9	
初级金属产品制造	3.0	3.3	2.3	2.7	3.2	
金属制品	7.8	7.2	6.9	6.6	6.6	
机械设备	7.3	6.7	6.7	6.6	7.2	
计算机与电子产品	14.5	12.4	13.2	13.5	12.4	
电气设备、家用电器及组件	2.9	2.5	2.9	2.7	2.6	
机动车辆、车身、拖车及配件	8.9	8.0	2.8	5.3	6.0	
其他运输设备	4.6	5.3	6.5	6.0	6.0	
家具及相关产品	2.2	2.0	1.3	1.2	1.2	
其他耐用品	3.8	3.9	4.6	4.5	4.2	
非耐用品制造业	40.4	43.7	49.3	47.6	47.6	47.3
食物、饮料和烟草制品	10.6	10.6	14.2	12.6	11.5	
纺织机械及纺织产品	1.8	1.2	0.9	0.9	0.8	
服装及皮革产品	1.4	0.8	0.6	0.6	0.5	
纸制品	4.0	3.1	3.4	3.0	2.6	
印刷和相关支持类产品	2.8	2.6	2.3	2.1	1.8	
石油与煤炭	3.4	8.4	6.7	7.1	8.8	
化工产品	12.2	13.3	17.8	17.8	18.2	
塑料与橡胶制品	4.2	3.7	3.6	3.5	3.4	

资料来源：根据美国经济分析局统计数据库数据计算，http://www.bea.gov。

（三）制造业技术进步

美国制造业全要素生产率增长率仍保持较高的水平，这是支撑美国制造业世界强国地位的基础，然而，增速波动性比较大，在个别年份甚至为负增长。根据美国劳动部的统计数据，2000年，美国制造业全要素生产率增长率达到3.6%，在经历2001年短期下滑后，迅速反弹到2003年的峰值，达到5.3%的高位，此后增速有所下降，2008年国际金融危机爆发后，增长率下降为负数，到2010年，美国提出再工业化战略后，制造业全要素生产率增长率达到了4.9%的高位，此后迅速回落，2012年仍保持缓慢增长的趋势（见图8）。长期来看，美国制造业全要素生产率增长率仍保持增长态势，但增速有所减缓。2002~2007年制造业全要素生产率增长率年均增速为1.9%，2007~2012年则为0.4%。

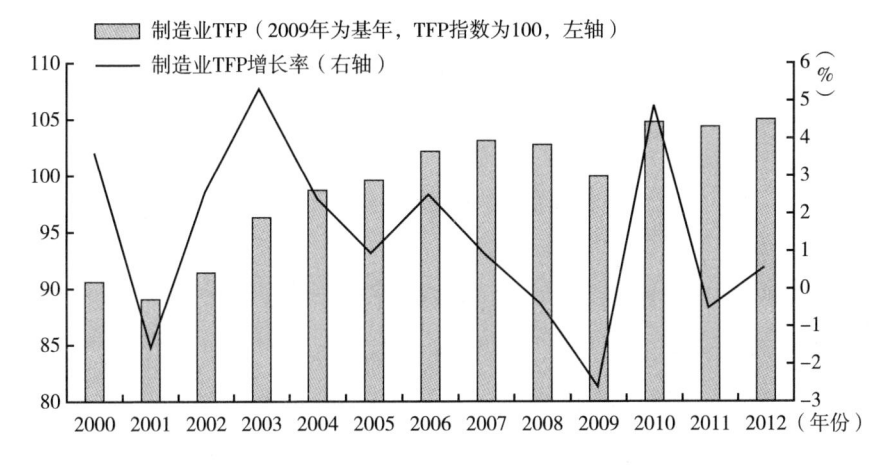

图8 美国制造业全要素生产率指数及其增长率

资料来源：美国劳动部统计数据库，http://www.bls.gov。

美国制造业出口技术含量相对降低，高技术产业的全球地位已开始衰落。高技术产品出口占制造业出口的比重是反映制造业技术水平的重要指标。纵向来看，美国高技术产品出口对本国制造业出口的贡献度在持续下降，由2000年的33.79%下降到2012年的17.83%，表明美国制造业出口结构在发生重大转变，制造业出口的技术含量相对降低。横向来看，2012年，美国高技术产品出口占制造业出口的份额，不仅低于中国的26.27%，还低于法国的

25.41%和英国的21.74%，仅略高于日本的17.41%和德国的15.80%以及世界平均水平17.57%（见图9）。

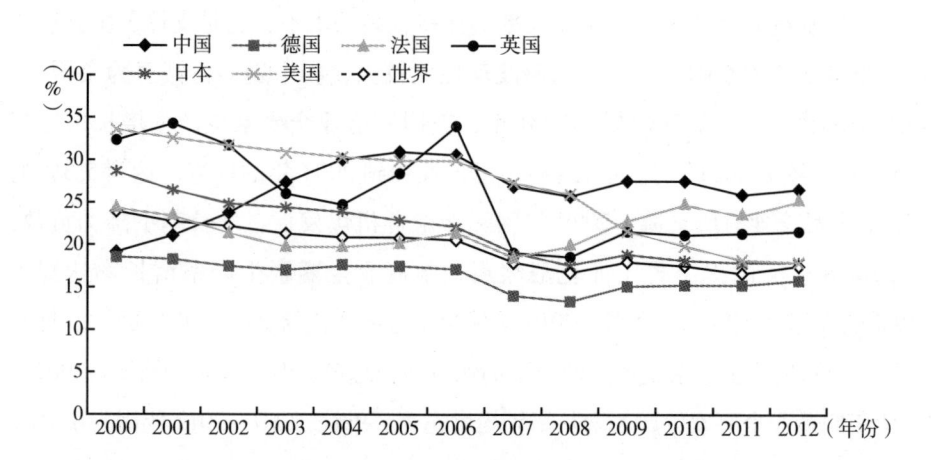

图9 高技术产品出口占本国制造业出口份额的国际比较

资料来源：世界银行发展指标数据库，http://data.worldbank.org。

三 美国制造业发展的未来趋势

2008年，国际金融危机爆发以后，奥巴马政府提出了一揽子应对策略，如量化宽松政策、加强金融监管和再工业化战略等，试图扭转美国经济下滑的局面。作为应对策略的重要组成部分，重振制造业蕴含着美国政府扭转制造业持续走弱或衰退的局面、增强经济增长动力、创造更多就业岗位、恢复国际竞争地位、抢占世界经济与科技发展制高点的战略图谋。在全球制造业竞争格局不断变化以及美国制造业发展战略进行重大调整的背景下，未来美国制造业发展将面临新形势、新特征和新趋势。

（一）制造业发展的政策环境不断优化

鉴于美国社会各界对先进制造业发展的认识和重视程度，美国政府提出了一系列促进先进制造业发展的战略和计划，随着这些战略和计划的贯彻落实，美国制造业发展的政策环境得到持续优化，这也必将为美国制造业重振霸主雄风和确保国际竞争优势提供强有力的支持,有利于鼓励和吸引制造业企业在美国投资。早在20世纪90年代,美国政府就先后于1990年、1993年、1997年、1998年发布《先进技术计划》《先进制造技术计划》和《下一代制造——行动框架》《集成制造技术路线图计划》。2004年2月,小布什总统签发了"鼓励制造业创新"的行政令,同年5月,美国国会通过了《2004年制造技术竞争能力法》,强调要通过财政支持发展新的制造技术,提高美国的制造能力。国际金融危机爆发以后,奥巴马政府从国家战略的层面,推出了《重振美国制造业政策框架》《竞争再授权法案》《制造业促进法案》《先进制造伙伴(AMP)计划》《先进制造业国家战略规划》等支持先进制造业发展的战略举措,并创建国家制造业创新网络(NNMI),以帮助消除本土研发活动和制造技术创新发展之间的割裂,该网络由国会立法,发展周期超过十年,最多由45家公私合作的地方中心组成。在国家制造业创新网络的支持下,美国政府在俄亥俄州杨斯顿成立了原国家增量制造创新研究院(National Additive Manufacturing Innovation Institute,NAMII;现名为"美国制造",America Makes),这吸引了美国苹果公司苹果智能手机亚洲最大的代工企业——富士康公司在宾夕法尼亚投资300亿美元,兴建一个新的机器人工厂,并向NNMII和卡内基·梅隆世界机器人联合项目投资了100亿美元。

(二)制造业发展仍面临严峻的政治不确定性和要素约束

美国制造业未来发展仍将面临诸多挑战。一是美国制造业发展仍将面临较强的政治不确定性,这有可能减缓先进制造业的发展步伐。联邦预算危机接连不断、国防部门预算削减、医改计划前景不明等政治环境的不确定性,将影响企业的投资决策,从而对制造业未来的发展产生不利影响。二是劳动力市场结构失衡,特别是高素质人才储备不足将从长期上制约先进制造业的发展。一方面,制造业就业份额长期来看仍将呈下滑趋势,制造业就业吸纳能力还会保持不断削弱的态势,据美国劳动部预测,2012~2022年美国制造业将丧失54.95万个就业机会。[①]

---

① US Bureau of Labor Statistics (BLS), "Industry Employment and Output Projections to 2022", http://www.bls.gov, 2013.

另一方面，先进制造业发展所需的受过高等教育的高素质人才存在较大的缺口。[1] 美国国内的制造业企业和外资企业均抱怨美国制造业劳动力的技能相对较弱，缺乏与先进制造业技能需求相匹配的高素质人才，与加拿大、日本和韩国等相比，美国年轻的制造业工人的教育参与率更低。[2] 普华永道公司于2014年发布的《制造业晴雨表》季度调查结果显示，有四分之三的美国制造业企业存在用人缺口，其中一半的公司在重要岗位招聘上面临困难。出现制造业劳动力市场失衡的主要原因有：制造业劳动力比其他经济部门劳动力的老龄化速度更快，约一半的制造业劳动力年龄在45岁以上，"婴儿潮"出生的员工正步入退休年龄；现代制造业应用的技术日益复杂和精深，对工人的知识技术要求越来越高，能够适应产业发展需求的技术工人在长期内依旧短缺。三是美国制造业发展的基础设施日益老化，增加了制造业发展的生产和交易成本，限制了企业投资区位的选择，不利于制造业资源在全国范围内的优化配置。美国政府紧缩的财政预算以及经济增长复苏步伐的减缓，限制了基础设施的公共投资规模，不能为制造业发展所需的基础设施建设提供足够的资金支持，这将给美国制造业的竞争力带来负面影响，并给全球跨国公司在美国的供应链网络布局带来严重阻碍。四是制造业研发创新存在较大的风险，从而制约美国制造业技术进步的步伐。一方面，研发创新存在显著的正外部性，具有较强的公共产品特征，制造业企业缺乏足够的经济激励来从事创新活动；另一方面，美国拥有世界上最先进的制造业，处于全球制造业技术前沿，要进一步实现技术上的重大突破甚至革命存在较大难度，并且全球产业界与学术界尚未对新技术革命的发展方向与新一轮经济周期的支柱产业形成统一看法，企业也很难把握制造业技术未来的发展方向，这减缓了美国制造业技术创新的步伐。

（三）制造业向智能化、清洁化和高端化发展，制造业内包（Insourcing）业务逐渐兴起

在第三次工业革命浪潮席卷全球之际，美国实施再工业化战略，不是简单

---

[1] Goldin, Claudia, and Lawrence F. Katz, *The Race Between Education and Technology*, Belknap Press, 2008.

[2] Martin Neil Baily and Barry P. Bosworth, "US Manufacturing: Understanding Its Past and Its Potential Future", *Journal of Economic Perspectives*, 2014（28）.

地回归传统制造业领域，而是致力于制造业中最高端、附加价值最高的领域，全力强化技术优势，重点制造别国无法制造的产品，尤其是大型、复杂、精密、高度系统整合的产品，与新兴工业化国家形成错位发展，并在制造业的研发、设计、技术、工艺、品牌、营销等关键环节抢占制高点。在未来制造业面临的全球化市场竞争、环境保护和资源有限、科学技术发展加速、信息大量广泛分布、用户需求高及个性化、产品与技术的知识含量高六大特征的背景下，奥巴马政府提出的《先进制造业国家战略规划》中，将高端制造业技术、能源生产革命以及清洁生产技术等列为重大技术攻关方向，通过工业机器人与自动化、增材制造、物联网、云计算、大数据等通用技术来全面提升美国制造业的技术层次，拉开与别国在制造业，特别是先进制造业方面的技术差距，推动美国制造业向智能化、清洁化和高端化方向发展。

先进制造业国家战略与页岩气革命，将极大地缓解美国制造业发展面临的资源环境约束和要素成本约束，降低美国发展先进制造业的成本，[1]增强其对企业、资本、人才的吸引力，吸引美国制造业企业回流，美国制造业企业内包业务逐渐兴起。[2] 通用电气首席执行官伊梅尔特于2012年3月在《哈佛商业评论》上发表声明指出，"对通用电气来说，外包（Outsourcing）的商业模式大多即将过时"。通用电气2012年将其节能的GeoSpring牌热水器生产线从中国迁回美国路易斯维尔市通用电气电器工业园。伴随这一趋势的还有美国众多知名的制造企业，如福特、苹果、卡特彼勒等，将其生产线转移到美国国内。

四 美国制造业发展的主要政策措施

国际金融危机以后，奥巴马政府先后发布了《重振美国制造业政策框架》

---

[1] Martin Neil Baily and Barry P. Bosworth, "US Manufacturing: Understanding Its Past and Its Potential Future", *Journal of Economic Perspectives*, 2014 (28).

[2] BCG, "Made in American, Again: Why Manufacturing will Return to the U. S.", http://www.bcg.com/documents/file84471.pdf, 2014. Charles Fishman, "The Insourcing Boom", *The Atlantic*, http://www.theatlantic.com/magazine/archive/2012/12/the-insourcing-boom/309166/.pdf, 2012.

《先进制造伙伴（AMP）计划》，此后，根据美国国会通过的《竞争力再授权法案》，2012年2月22日美国国家科技委员会发布了《先进制造业国家战略规划》，在国家战略层面从投资、劳动力和创新等方面提出了促进美国先进制造业发展的对策措施。

（一）加强制造业发展的顶层政策设计，将发展先进制造业提升到重要的国家战略层次

一是加强先进制造业立法，以法规的形式确立先进制造业在经济发展中的战略性地位和作用。2010年8月11日，奥巴马正式签署《制造业促进法案》，同年12月21日，美国国会通过了《竞争力再授权法案》，正式从法律层面将发展制造业作为美国经济发展战略的核心。二是在国家层面成立促进先进制造业发展的组织机构，制定并出台了一系列促进先进制造业发展的政策和战略规划，建立促进先进制造业发展的长效机制。根据《先进制造业国家战略规划》，奥巴马提出创建国家制造业创新网络，由跨部门先进制造业项目办公室管理，主要参与部门有美国国防部、商务部、教育部、国家标准与技术研究所、美国航空航天局、国家科学基金会等。

（二）完善先进制造业创新政策，提升企业创新能力，鼓励制造业内包

2011年以来，奥巴马政府提出了一揽子收益中性的税收改革方案以支持美国制造业发展。例如，降低向海外输出就业机会的税收削减收益，提升税收成本，为制造业回流提供新的激励；加大对本国制造业企业，尤其是先进制造业企业的税收减免力度；引入一个新的60亿美元的补偿就业损失社区的制造业社区税收信贷基金；设定推动清洁能源发展的50亿美元临时性税收信贷支持政策；为工厂和设备投资提供40亿美元100%授权的信贷资金、制定永久性的研发投资税收减免政策；等等。通过税收减免和信贷政策，加大先进制造业研发创新投入力度，加快美国中小企业投资步伐，提高企业原始创新能力，推动具有核心自主知识产权的成果应用和产业化，提升制造业的总体创新水平，并激励美国制造业企业内包，充分获取制造业创新的收益。

（三）加强"产业公地"建设，完善产业集群创新政策

一是通过联邦投资，构建包括学术机构、制造商、行业协会以及支持组织的合作伙伴关系，形成先进制造业发展的"产业公地"，促进产业协同创新和集群创新。例如，在美国商务部经济发展局资助下，成立了国家工程设计和制造协会（NDEMC），为中小企业采用之前仅提供给大公司的先进建模与仿真工具来开发和测试自己的产品搭建了重要的技术平台，提升了中小企业的技术水平和创新积极性。二是联邦政府通过集群投资，将教育和研究机构汇集，将国家、区域经济发展职权部门和进行概念设计与商业化活动的私营部门聚集在一起，提升制造业集群创新能力。奥巴马在2014年的财政预算中提出，一次性投资10亿美元，创建15个地区"国家制造业创新研究院"，力图充分利用并扩展当地产业、科研以及政策优势，促进合作，最大限度地共享基础设施资源，打造其核心竞争力。截至2014年底，美国政府将成立7家国家制造业创新研究院。

（四）调整优化政府投资，统筹政府和社会各方投资资源

加强先进制造业投资组合，推动联邦投资广泛应用于商业化发展以及能够满足国家质检总局（DPAC）所确定的国家安全需要的先进材料、生产技术平台、先进制造工艺及设计与数据基础设施四类新兴技术领域。鼓励跨领域的机构投资，增加公共和私人对美国先进制造业研发投资的总量。着力加强中小企业投资，扩大对重点行业领域中小企业产品的政府采购，鼓励中小企业对应用研究和示范设施进行投资，参与标准制定并加快应用。

（五）加强服务于先进制造业的高素质人才的培养，壮大先进制造业人才队伍

及时更新制造业劳动力，针对先进制造业雇主的技能需求制定差别化的响应性教育培训方案，在短期内提高劳动力技能。强化先进制造业工人培训，建议为教育和劳动部门提供80亿美元用以支持国家和社区学院与企业的伙伴关系，并以此来提升增长性行业（如先进制造业）的工人技能，为先进制造业

开发和维护提供有竞争力的劳动力。通过国家与地方的由联邦政府提供支持的职业教育和学徒培训计划来增强工人的技能。加强对下一代的教育，鼓励私营部门、非营利组织、基金会和有熟练技巧的志愿者合作，同时通过联邦政府新型的制造业前期学徒计划、加强现有的社区学院和当地产业之间的教育合作等措施来帮助国家和地方普及应用性专业知识，转变社会各界对制造业的传统认识和观念。

参考文献

［1］刘戒骄：《美国再工业化及其思考》，《中共中央党校学报》2011年第2期。

［2］Goldin, Claudia, and Lawrence F. Katz, *The Race Between Education and Technology*, Belknap Press, 2008.

［3］Martin Neil Baily and Barry P. Bosworth, "US Manufacturing: Understanding Its Past and Its Potential Future", *Journal of Economic Perspectives*, 2014 (28).

［4］US Bureau of Labor Statistics (BLS), "Industry Employment and Output Projections to 2022", http://www.bls.gov, 2013.

［5］Charles Fishman, "The Insourcing Boom", *The Atlantic*, http://www.theatlantic.com/magazine/archive/2012/12/the-insourcing-boom/309166/.pdf, 2012.

［6］BCG, "Made in American, Again: Why Manufacturing will Return to the U.S.", http://www.bcg.com/documents/file84471.pdf, 2014.

［7］National Science and Technology Council, "National Strategic Plan for Advanced Manufacturing", http://www.whitehouse.gov/sites/default/files/microsites/ostp/iam_advancedmanufacturing_strategicplan_2012.pdf, 2012.

B.19 英国的制造业

王 磊*

摘　要： 英国制造业在国民经济中占有相对稳定的地位且拥有较高的技术进步水平，这是支撑英国制造业国际竞争力的基础。近年来，英国制造业在全球制造业竞争格局中的地位相对稳定，但表现出相对下滑的趋势。随着英国政府"高价值制造"经济发展战略的实施，英国制造业未来将发生深刻变革。

关键词： 英国制造业　高价值制造　国际竞争力

一　英国制造业的国际地位变化

英国是世界上最早发起工业革命的国家，曾有"现代工业革命的摇篮"和"世界工厂"的美誉，工业为英国带来了国家现代化和诸多社会财富。然而，随着金融业和第三产业的崛起，以制造业为主的工业开始走下坡路，特别是20世纪80年代中后期，受英国学者托夫勒的"第三次浪潮"、奈比斯特的"大趋势"、贝尔的"后工业化社会"等后工业化社会思想的影响，英国政府开始推行去工业化战略，制造业在国民经济中的地位和世界制造业的竞争格局发生了新的变化。

（一）英国制造业对外贸易总体情况

制造业是英国对外商品贸易的主要贡献力量。英国是世界第六大经济体、

---

* 王磊，国家发展和改革委员会宏观经济研究院经济研究所助理研究员，博士。

世界第七大商品贸易国。2013年，英国对外商品贸易总额为12069.13亿美元，居世界第七位，其中商品出口总额为5415.94亿美元，占世界商品出口总额的2.88%，位于世界第8；商品进口总额为6553.20亿美元，占世界商品进口份额的3.49%，位居世界第6。制造业是英国对外商品贸易的主要贡献力量。2013年，英国制造业对外贸易总额为7859.00亿美元，占英国对外商品贸易的65.12%，其中制造业出口为3400.60亿美元，为商品出口贡献了62.79%；制造业进口为4458.40亿美元，为商品进口贡献了68.03%。

制造业对外贸易呈波动上升趋势。2008~2013年，英国制造业对外贸易年均增长5.18%，出口年均增长4.53%，进口年均增长5.78%。在此期间，除了2003年和国际金融危机期间，制造业出口与进口曾出现暂时性萎缩以外，制造业对外贸易总体上保持稳步增长态势。在国际金融危机的冲击下，英国制造业对外贸易遭受重创。与美国类似，2006年以来，英国制造业对外贸易也呈现出典型的"V"字形增长趋势，制造业出口与进口分别于2008年和2009年出现下滑，2010年起，制造业出口与进口开始复苏，但增长步伐减缓，出现短期震荡，在2012年，均转为负增长（见图1），随后于2013年双双反弹。短期来看，英国制造业的对外贸易增长的根基并不太稳固，仍存在较大的波动性风险。

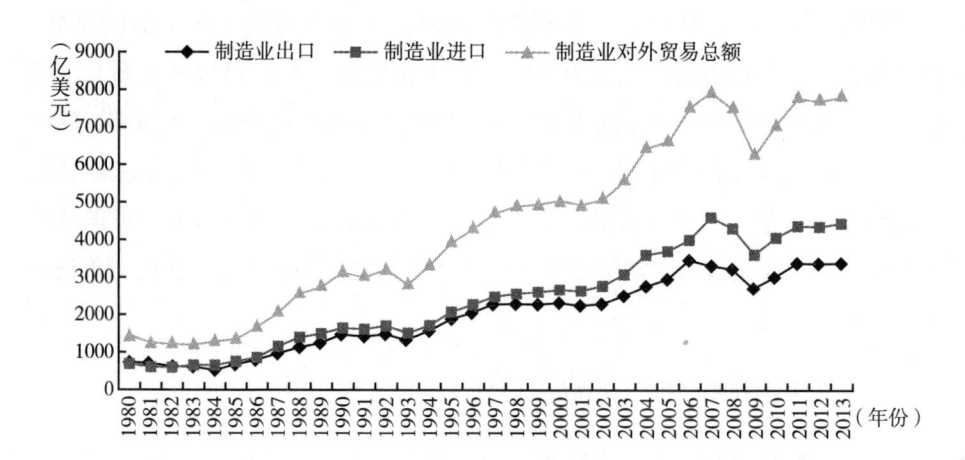

图1 英国制造业对外贸易

资料来源：根据WTO商品贸易数据库数据计算。

制造业对外贸易结构总体保持相对稳定。1980~2000年，制造业出口在制造业对外贸易中的份额呈逐步下降的态势，而制造业进口的份额则呈缓慢上升态势，前者由52.96%下降到48.05%，后者由47.04%上升到51.95%。此后，出口与进口保持相对稳定的状态，分别围绕着44%和56%上下波动，2013年制造业出口与进口份额分别为43.27%和56.73%（见图2）。

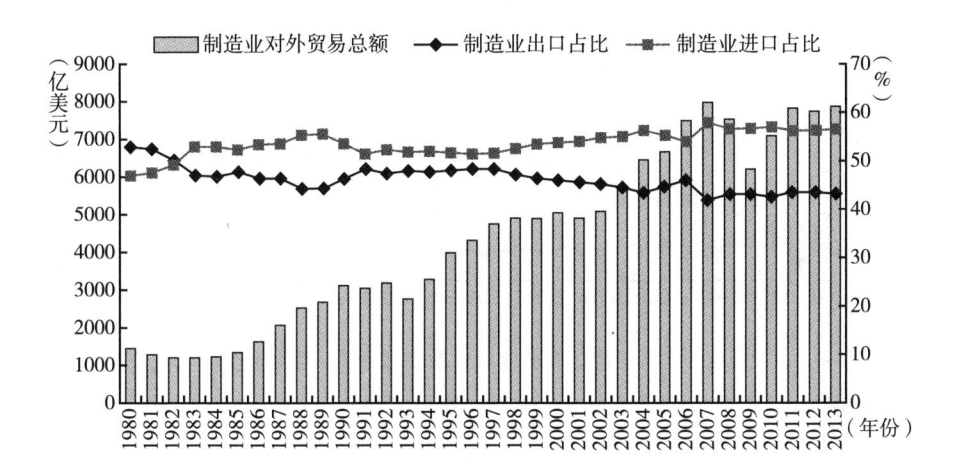

图2　英国制造业对外贸易结构

资料来源：根据WTO商品贸易数据库数据计算。

（二）英国制造业在世界制造业中的地位变化

英国制造业在世界制造业中的地位相对稳定，但也表现出相对衰落的趋势。2008年之前，英国作为世界第五大经济体，其制造业规模位居世界第五，仅次于美国、日本、中国和德国，较法国略有优势。在吸引外资方面，英国制造业吸收外商直接投资的规模位居西欧第一，在发达国家中仅次于美国，众多制造业跨国公司将英国视为重要的投资目的地。然而，英国社会各界对制造业在经济发展中的战略作用重视不够，过度重视金融与第三产业等虚拟经济的发展，导致英国制造业在世界制造业竞争格局中的地位不断弱化。在世界制造业增加值构成中，英国制造业的比重持续下降，2012年，英国制造业增加值占世界制造业增加值的比重下降到1.92%，远低于中国的22.37%和美国的17.45%，落后于日本的9.69%和德国的6.01%，甚至低于

法国的2.04%，屈居世界制造业的第六位（见图3）。尤其值得注意的是，国际金融危机以来，法国迅速超越了英国在世界制造业中的地位，并继续保持了竞争优势。

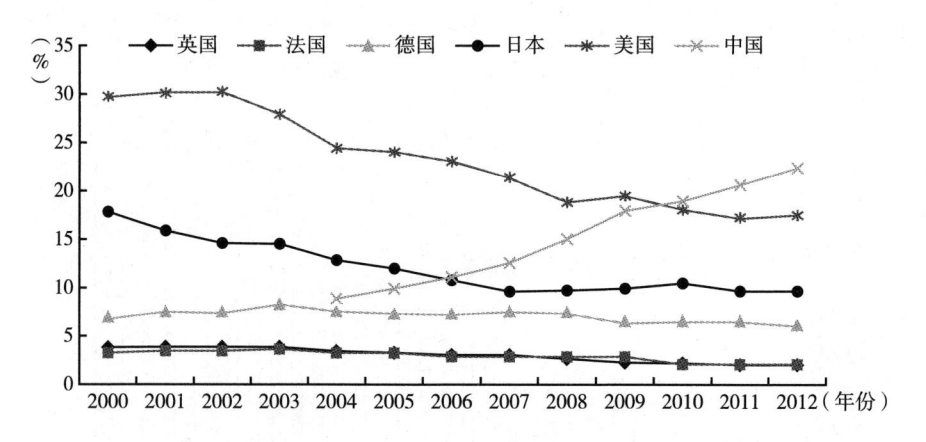

图3　英国制造业增加值占世界制造业增加值的份额

资料来源：根据联合国国民收入账户数据库数据计算，http://unstats.un.org。

英国高技术工业制成品出口在世界市场上的份额也呈现出下降的态势，近年来保持相对稳定的状态。2000～2013年，英国高技术工业制成品出口份额由2000年的6.08%下降到2011年的3.58%，下降了2.5个百分点，表明英国高技术工业制成品的国际竞争力在持续削弱。然而，2007年以来，英国高技术工业制成品出口份额在3.5%的水平上小幅波动，表现出相对稳定的特征。同期，中国与德国的高技术工业制成品出口份额则在不断上升，分别由2000年的3.6%和7.37%提升到2011年的23.64%和9.48%，表明中国与德国高技术工业制成品的国际竞争力显著增强（见图4）。

尽管英国制造业增加值与出口在世界市场上所占份额不断下降，但英国制造业的个别企业以及航空航天、汽车、制药等重要领域仍表现出较强的竞争力。优势产业方面，2013年英国航空航天产业的国际排名仅次于美国，并且英国拥有世界六大制药企业中的两家。此外，英国还是欧洲排第4、世界排第14的汽车生产国，包括阿斯顿·马丁、劳斯莱斯、莲花汽车、名爵、捷豹、路虎、宾利、迈凯伦、摩根摩托等世界知名的英国本土汽车品牌。生产效率方

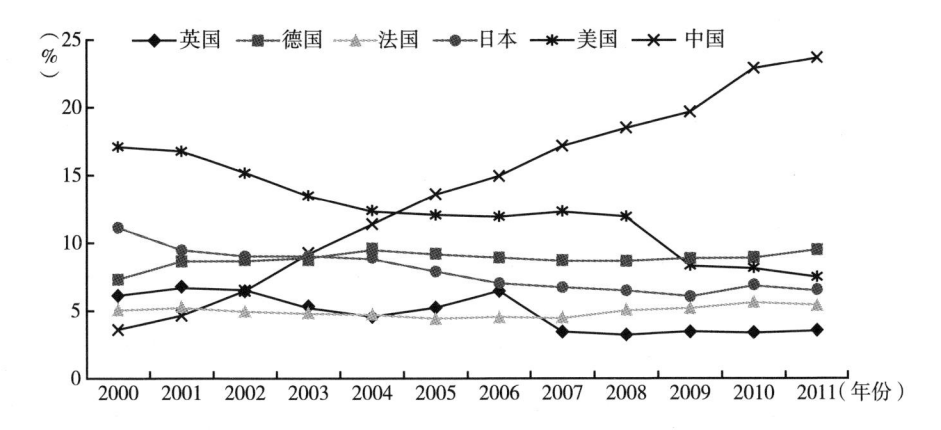

图4 英国高技术工业制成品出口占世界高技术工业制成品出口的份额

资料来源：根据世界银行发展指标数据库统计数据计算，http://data.worldbank.org。

面，1980~2009年，英国制造业的全要素生产率年均增长率为2.3%，高于1980年的水平，并高于同期荷兰、西班牙、法国和德国的水平。

（三）国际市场占有率

英国制造业的国际市场占有率呈现出不断下降的趋势。20世纪80年代起，受去工业化政策的影响，英国制造业的国际市场占有率持续下降，由1980年的7.21%下降到2013年的2.87%，减少了近4.34个百分点。与此同时，英国主要工业制成品的国际市场占有率也呈现出持续下降态势。其中，随着英国私有化进程的推进和国际钢铁市场需求的扩张，英国钢铁的国际市场占有率由1980年的2.87%迅速上升到1990年的5.14%，此后随着中国等新兴市场经济体在国际钢铁市场上的崛起以及英国去工业化战略的影响，英国钢铁的国际市场占有率开始不断下降，2012年为1.87%，并于2013年达到2.08%，逐渐恢复并接近到20世纪80年代初的水平。在此期间，化工产品、纺织、机械与运输设备、服装的国际市场份额均不断萎缩，但随着英国政府实行新的制造业发展战略，2013年英国机械与运输设备和服装的国际市场份额均开始小幅提升（见图5）。

制药是英国制造业中国际市场占有率最高的产品。英国的高技术工业制成品，特别是电信设备、制药等高技术产品的国际市场占有率均有所下降。制造

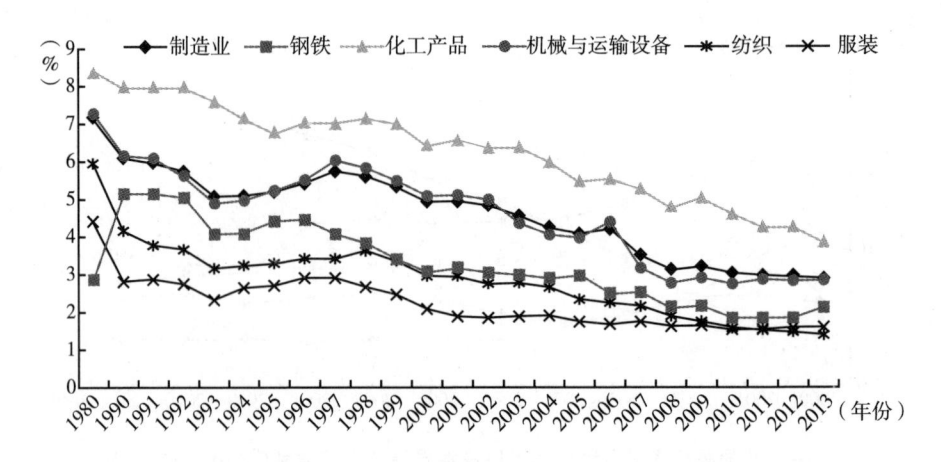

图5 英国制造业及主要工业制成品国际市场占有率

资料来源：根据WTO商品贸易数据库数据计算。

业正持续向技术复杂度更高的产品转移，高技术产品是英国制造业出口的重要贡献力量，从全球来看，高技术产品占全球制造业增加值的比重由2002年的43.2%上升到2011年的47.8%，高技术产品出口份额也持续提升，然而，与这一趋势相悖的是，2000~2013年英国集成电路及电子元器件、电子数据处理和办公设备、电信设备、汽车和制药等高技术产品的国际市场占有率整体上呈不断下降趋势。其中，降幅最大的为电信设备，由6.56%下降到1.56%，下降近5个百分点。同期全球电信设备需求随着互联网与移动互联网的迅猛发展而激增，英国电信行业并没有很好地把握这一互联网革命的机会。值得注意的是，英国的电信设备出口在2004~2006年出现短期的爆发式增长，国际市场占有率在2006年达到10.23%的高位，但此后迅速回落。下降幅度第二大的是电子数据处理和办公设备，从5.94%下降到1.40%，减少4.54个百分点。下降幅度最小的是汽车，由4.45%下降到3.77%，减少0.68个百分点。2013年，制药是英国高技术工业制成品出口的最大贡献者，国际市场占有率为6.35%，整体表现相对稳定。

（四）贸易竞争力指数

与绝大部分工业化国家的制造业贸易竞争指数变动趋势类似，英国制造业整体贸易竞争力指数始终为负值，在制造业方面属于净进口国，存在长期贸易

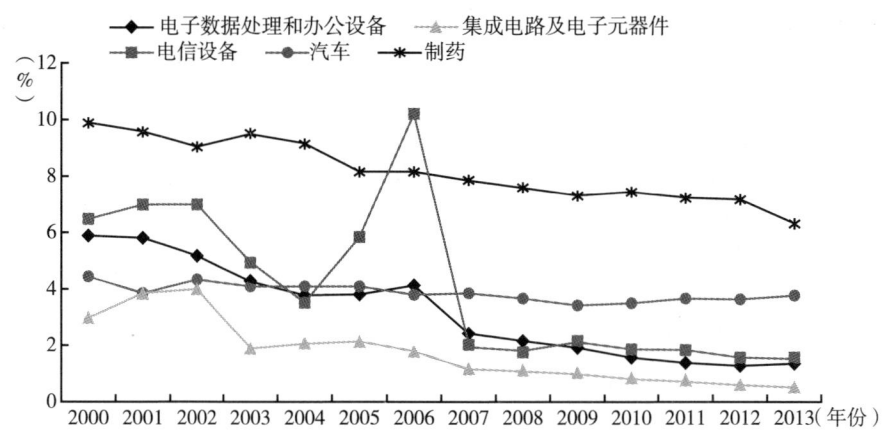

图 6 英国主要高技术工业制成品国际市场占有率

资料来源：根据 WTO 商品贸易数据库数据计算。

逆差，制造业国际竞争力相对较弱。2000 年以来，英国制造业贸易竞争力指数一直小于零，并且波动性比较大，呈现出阶段性变化特征，这与英国电信设备国际市场占有率和贸易竞争力指数的变化趋势比较类似。2004 年以前，制造业贸易竞争力指数持续下降，此后出现短期反弹，上升到 2006 年 - 0.07 的局部高位，制造业贸易逆差有所缩小，2007 年下降到 - 0.16 的低位，2008 年回升到 - 0.13，此后保持相对稳定的状态，在 - 0.13 的水平上下波动，英国制造业竞争力总体表现较弱。

不同工业制成品贸易竞争力指数呈现出阶段性分化特征，变动趋势也存在较大的差异。英国拥有世界上规模最大、技术最先进的石化与制药企业，如壳牌石油与阿什利康制药等。完善的研发创新体系与监管体系、先进的职业教育与培训，使得英国在化工产品和制药方面具有较强的国际竞争力，始终处于净出口国的地位。2000 年以来，英国化工产品和制药业的贸易竞争力指数始终大于零，它们是英国在世界制造业竞争格局最强的拳头产品。2008 年之前，化工产品与制药的贸易竞争力指数分别在 0.1 和 0.2 的水平小幅波动，变化趋势相对稳定，国际金融危机以来，两者双双下降，呈不断下降的趋势，表明这两个产业的国际竞争力有所削弱。2000 年以来，机械与运输设备、办公与电信设备、运输设备、汽车、纺织、服装等行业的贸易竞争力指数始终为负值，这意味着英国在这些行业存在贸易逆差，处于净进口国的地位，其中，服装贸易竞争力指数始终处于 -1~-0.5 的区间，产业竞争力处于绝对劣势地位；钢铁、机械与运输设备、办公与电信设备、电信设备、运输设备、汽车、纺织等的贸易竞争力指数在绝大部分年份终处于 -0.5~0 的区间，表明这些产业国际竞争力仅处于相对较弱的水平。2000年以来，机械与运输设备、纺织、电信设备、办公与电信设备的贸易逆差呈现出不断扩大的趋势，而服装的贸易逆差相对稳定。同期集成电路及电子元器件的贸易竞争力指数的波动性较大，呈现出周期性特征，在贸易逆差和顺差之间来回转换，国际金融危机以来，贸易逆差的规模进一步扩大，产业竞争力不断削弱（见图7）。

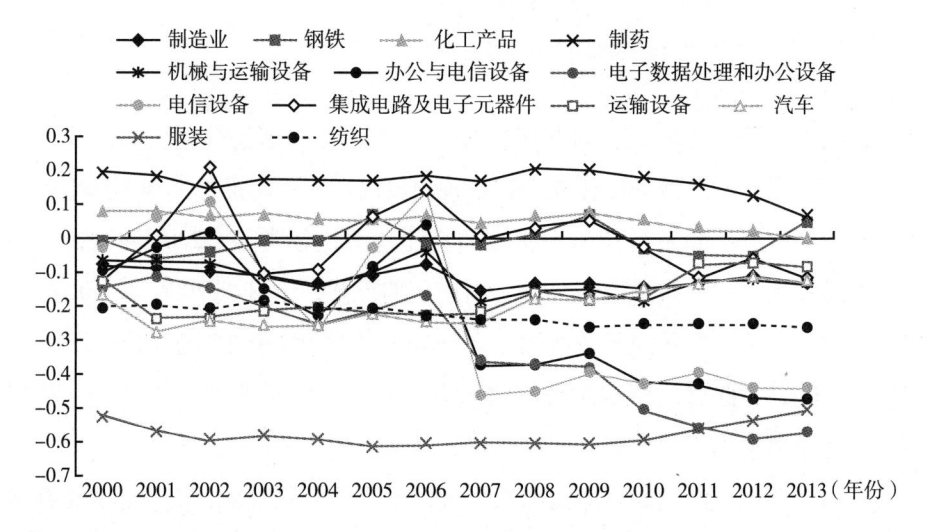

图7 英国制造业及主要工业制成品贸易竞争力指数

资料来源：根据WTO商品贸易数据库数据计算。

（五）显示比较优势指数

英国具有显示比较优势的产业种类变化相对稳定，然而仍呈相对减少的态势。整体来看，2000年以来，英国制造业具有比较优势的产业有所减少，由6种产业逐渐下降到2013年的4种。化工产品、制药的显示比较优势指数始终大于1，特别是在2003年以后，制药的显示比较优势指数甚至超过了2，表明英国在化工产品和制药方面具有显著的比较优势，产业国际竞争力比较强，这也与其国际市场占有率和贸易竞争力指数的表现相一致,体现了英国在世界制药业和化工产业的优势地位。机械与运输设备、办公与电信设备、电子数据处理和办公设备、电信设备由比较优势逐渐转变为比较劣势,分别由2000年的1.03、1.05、1.20、1.32下降到2013年的1、0.42、0.48、0.20,产业比较优势相对缩小,竞争力有所削弱。运输设备和汽车的显示比较优势指数则呈逐步上升的趋势,由比较劣势转换为比较优势,产业竞争力有所增强,分别由2000年的0.96和0.90上升到2013年的1.30和1.23。纺织、服装、钢铁的显示比较优势指数变化相对稳定,分别围绕0.5、0.45和0.6的水平波动,其中,钢铁与服装的显示比较优势指数呈现出小幅上升的趋势,但是钢铁、纺织和服装的显示比较优势指数一直小于1,表明英国在这三个产业一直处于比较劣势地位,产业竞争力也相对较弱。

二 英国制造业的现状及特征

2008年以来,在工业化国家中,英国制造业保持着较高的增长速度,在此期间,制造业规模也得以缓慢扩张,此后,发源于美国的国际金融危机给英国经济特别是制造业造成重创,经济增速下滑,制造业规模萎缩,经济如同霜打陷入深度困境。为应对危机并为长期增长注入动力,英国政府提出了"高价值制造"战略,鼓励英国企业在本土生产更多世界级的高附加值产品,以加大制造业在促进英国经济增长中的作用。近年来,英国经济开始了艰难的复苏历程,在此过程中,英国制造业也出现了新的变化,表现出新的特征。

(一)制造业在国民经济中的地位

英国制造业呈倒"V"字形的发展趋势,扩张动力相对不足。2008年之前,英国制造业规模缓慢扩张,制造业增加值由2000年的2064.88亿美元上升到2007年的2808.88亿美元,受国际金融危机影响,英国制造业规模严重萎缩,2009年下降到2054.96亿美元的历史低位,此后随着"高价值制造"战略逐渐实施,英国制造业开始反弹,但复苏步伐比较缓慢,增长动力不足,基本上仍不是很稳健。尤其是英国制造业企业外包业务的快速发展,造成国内生产能力的减弱和就业的岗位流失，制造业扩张相对缓慢，2013年制造业增加值为2205.33亿美元（见图8）。

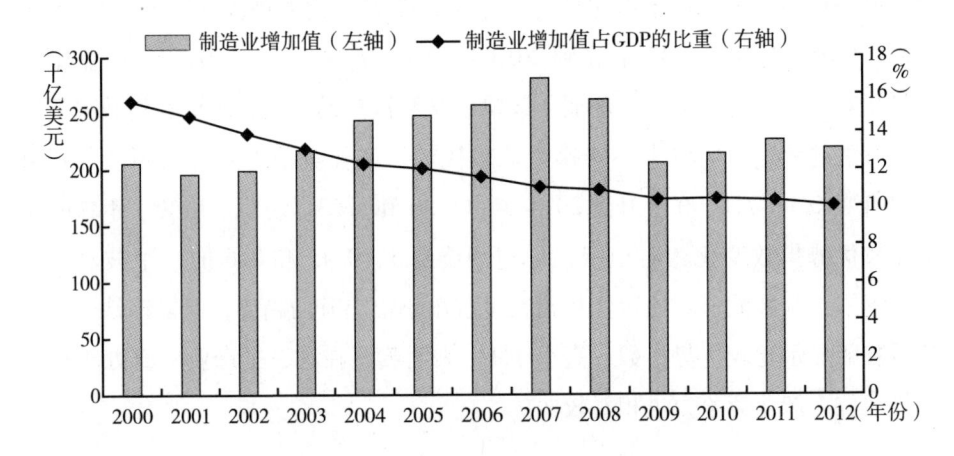

图8 英国制造业增加值及其在国民经济中的地位

资料来源：根据联合国国民收入账户数据库数据计算，http://unstats.un.org。

制造业在国民经济中的地位相对削弱，但近年来地位相对稳定。作为传统的制造业大国，在去工业化思潮的影响下，英国制造业不断向亚洲等地区转移，据英国工程雇主联合会调查数据显示，英国500家被调查的制造公司中有200家将生产转移到了中国及其他亚洲国家，而把研发力量留在国内，这使得英国产业结构软化和服务化，制造业对GDP的贡献缓慢下降。国际金融危机以后，制造业的地位相对稳定，占GDP的比重基本维持在10%的水平。从国际来看，英国制造业增加值在GDP构成中的份额要远远低于中国的31.09%和世界平均水平16.60%，在工业化国家中，略高于法国的9.96%，分别落后于德国、日本和美国的23.83%、18.71%和12.27%（见图9）。

制造业直接就业吸纳能力不断萎缩，在全部就业结构中贡献度相对下降。随着现代信息技术的快速发展，制造业与服务业融合已经成为英国产业发展的主流趋势，这也推动英国产业结构和就业结构发生重大转型。制造业相关的服务业的发展提供了更多的就业岗位，而制造业的就业吸纳能力则相对萎缩，在就业结构中的份额不断下降，事实上，这也是其他工业化国家制造业发展的普遍趋势和共同特征。与美国制造业内包业务兴起、制造业回流的趋势不同的

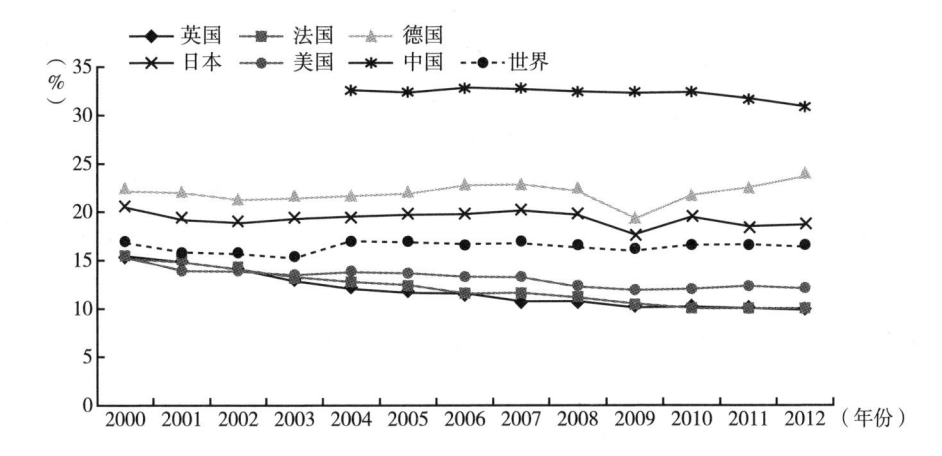

图 9　英国制造业增加值占 GDP 比重的国际比较

资料来源：根据联合国国民收入账户数据库数据计算，http://unstats.un.org。

是，英国制造业企业外包业务增长迅速，这也造成英国制造业就业机会的流失。2000年以来，英国服务业就业人数规模不断扩张，截至2013年，服务业就业人数达到9472.19万人，占全部就业的79.12%，同期，制造业就业人数逐步下降，制造业直接就业人数为1167.07万人，占全部就业的9.76%，与其在国民经济中的地位相匹配。很明显，制造业就业规模的缩小，一方面是由于制造业企业外包，就业转移到海外；另一方面是由于制造业就业在向相关的服务业转移，就业结构质量也得以提升。事实上，制造业就业人数是一个全球现象，是工业化进程中的普遍现象，仅制造业吸纳就业人数这一指标并不能充分反映制造业在国民经济中的地位，而是从侧面反映了英国制造业就业结构发生了重要变化，因此，对制造业在英国国民经济中地位的变化，还需要从更全面的视角来观察。

（二）制造业结构

在制造业内部，食品、饮料与烟草，木材制品、纸制品、印刷以及录音设备再生产等消费类制造业的份额呈小幅提升态势，化工产品与制药等传统优势产业的规模也在不断扩大，对制造业的贡献度在提高，其他机器和设备所占的份额也略有提升，2000~2010年这四大类产业的增加值份额分别提高了2.7

个、0.8个、4.4个和0.2个百分点。食品、饮料与烟草，化工产品与制药已经成为英国最大的两大类制造业部门。纺织机械、纺织及皮革产品，焦炭与精炼油生产，塑料、橡胶及非金属矿物制品，初级金属产品与金属制品，电气和光学设备，运输设备等制造业部门的规模都有不同程度的缩小。其中，电气和光学设备的下降幅度最大，2000～2010年，其占制造业的份额下降了2.2个百分点。总的来看，规模较大的食品、饮料与烟草，化工产品与制药，初级金属产品与金属制品等的份额比较接近，英国制造业的内部结构相对比较稳定。

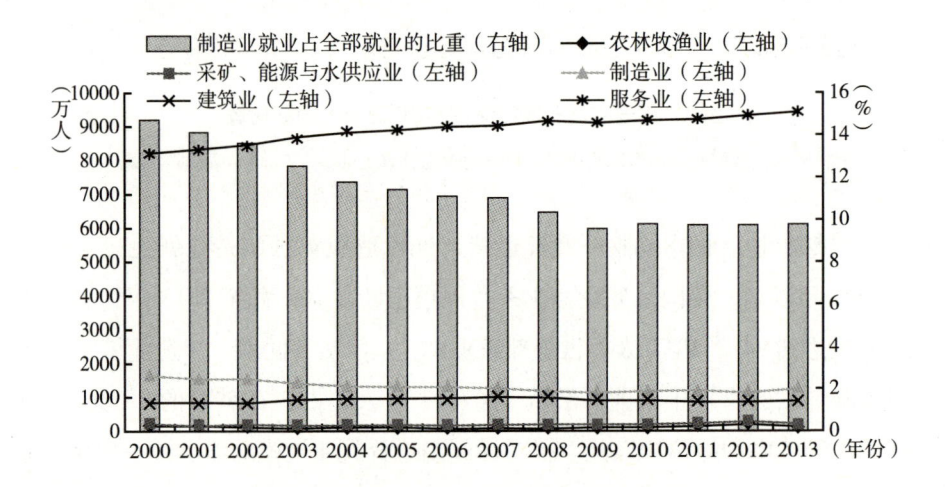

图10 英国制造业就业规模及其在全部就业中的地位

资料来源：根据英国国家统计办公室统计数据计算，http://www.ons.gov.uk。

（三）制造业技术进步

英国制造业全要素生产率保持长期增长，然而，国际金融危机以后，英国制造业全要素生产率增长率首次出现负增长，相比其他工业化国家，英国制造业全要素生产率增速仅小幅下降。根据EUKLEMS的统计数据，1980年以来，英国制造业全要素生产率表现惊艳，保持长期增长态势，1980～2009年年均增速为2.3%，高于同期的法国、德国、意大利、荷兰、西班牙等国，远高于英国经济全要素生产率0.7%的增速。在国际金融危机的冲击下，工业化国家的制造业全要素增长率均出现下滑，2008年美国、德国、瑞典、荷兰、西班

牙分别降到 -1.8%、-5.1%、-6.0%、-2.2%、-2.5%，而英国仅下降到 -0.4%，降幅最小，表明英国制造业发展的技术基础相对较强，这也是英国制造业国际竞争力的最重要的根基。

在英国全部产业中，1980~2009年全要素生产率增长最快的十个产业是化学产品与制药，电信，电气和光学设备，运输设备，初级金属产品与金属制品，塑料、橡胶及非金属矿物制品，纺织机械、纺织及皮革产品，其他机器和设备，木材制品、纸制品、印刷以及录音设备再生产，农林牧渔业，各自年均增速分别为4.6%、4.0%、3.4%、3.3%、2.6%、2.0%、1.8%、1.7%、1.7%和1.5%，可以看到，制造业是英国技术的主力。就全要素生产率的变化而言，制造业在英国国民经济中的地位并没有下降，相反，制造业依旧在英国经济发展的过程中发挥着重要作用。

三 英国制造业发展的未来趋势

20世纪90年代起，英国政府通过国家创新战略和去工业化战略，力图通过高素质的人力资源、宽松的法律与完善的商业环境来推动英国先进制造业和制造业服务化发展，实现经济结构成功转型，英国在世界制造业竞争格局中也成功维持其地位。在国际金融危机的冲击下，英国政府于2008年提出了"高价值制造"的经济发展战略，目标是通过重振制造业，提高制造业对经济增长的带动作用，抢占世界制造业的制高点。这些战略和政策的实施，必将对英国制造业的发展趋势产生深远的影响。

（一）制造业服务化发展，制造业与服务业融合深化

制造业服务化是指制造商为客户提供服务，这些服务对制造商的产品进行支持和互补，帮助制造商与客户建立长期的关系。[1] 英国在实施去工业化与再工业化战略的过程，始终重视推动制造业服务化发展，实现制造业与服务业的

---

[1] Neely, A., Benedetinni, O. and Visnjic, I., "The Servitization of Manufacturing: Further Evidence", http://www.cambridgeservicealliance.org/uploads/downloadfiles/2011-The%20servitization%20of%20manufacturing.pdf, 2011.

深度融合。研究显示，英国制造业服务化程度显著加深，2007～2011年，拥有100个雇员的英国制造业企业提供服务的比例由24%上升到39%，80%的制造商通过提供服务来获得收益。2009年，英国著名的汽车制造商劳斯莱斯利用资本设备提供保修服务获得的收益占公司全部收益的49%。[1] 越来越多的英国制造商通过提供系统解决方案、研发设计、零售和分销、财务、物流、外包、运营等服务来向价值链高端攀升，通过全产业链的发展战略来攫取更高的利润。此外，随着英国制造业结构向高价值制造和先进制造转型，制造商中间投入的服务化程度也在不断提高，制造业生产工艺和技术越来越复杂，需要投入更多带有服务性的中间投入来完成产品的生产，研究表明，服务中间投入占制造企业中间投入的成本达到70%左右，对生产性服务的有效需求近70%来自于第二产业，其中研发、金融、租赁和商务服务、邮政等行业的中间需求较高。[2] 2010年以来，发达国家生产性服务业占全部服务业的比重普遍在60%～70%，生产性服务业占GDP的比重在43%左右。制造业服务化使得产业价值链重构为一条既包含制造业价值链增值环节，又包含服务业价值链增值环节的融合型产业价值链，与原有单纯的服务业价值链和制造业价值链相比，具有更广阔的利润空间和增长潜力，在产业层次上表现出明显的结构升级效应。此外，英国制造业服务化的另一个表现就是制造业工作性质发生重要变化。英国国家统计办公室的数据显示，相比管理和研发职能，英国制造业企业从事传统的站在生产线上进行生产的蓝领工作大大减少，之所以如此，一是英国制造业劳动生产率的提升，使得传统以生产为主的工种被更多新的生产服务类的工种所替代，二是制造业服务化，促使英国制造业企业大量向新兴市场外包低附加值的生产环节，伴随而来的是制造业服务类工作内容的增加，推动制造业与服务业深度融合。

（二）制造业向高价值制造转型，制造业外包业务持续增加

一方面，当今制造业不再是在同一地点完成所有工序，而是生产要素全球

---

[1] Neely, A., Benedetinni, O. and Visnjic, I., "The Servitization of Manufacturing: Further Evidence", http://www.cambridgeservicealliance.org/uploads/downloadfiles/2011-The%20servitization%20of%20manufacturing.pdf, 2011.

[2] Ibid.

配置，制造业产业链已形成从研究、设计开发、生产、后勤及分销、销售及推广到售后服务的六大环节产业价值链条；另一方面，制造业服务化和生产性服务业的出现，给现代制造业注入更多服务的内容，制造商需要在一个整合的全球供应链、金融网络、贸易框架下配置资源，这也增加了制造业价值链的复杂性，导致产品生产前后的服务环节的增加值的贡献度不断提升。长期以来，英国政府就推行以高价值制造为核心的制造业转型战略，鼓励英国制造商应用先进的技术和专业知识，创造能为英国带来持续增长和高经济价值潜力的产品、生产过程和相关服务，充分发挥高价值制造对英国经济增长和综合实力提升的积极作用。英国在利用新市场方面处于有利位置，拥有灵活的劳动力市场、卓越的科学发现基础、高水平的大学毕业生、开放的经济体以及国际视野，英国制造业企业也充分利用本国资源，把握制造业价值链变革的新机遇，在政府制造业发展战略的指引下，推动制造业向高价值制造转型。伴随这一趋势的是，英国制造业外包业务持续增加。根据英国咨询公司 Arvato 提供的数据，由于商业流程外包业务的发展，2014 年前两个季度，英国外包业务交易额上涨 132%。外包服务的比例首次同比增长了 1 倍，达到 66%。私人企业所展示的 34 份外包合同总金额达到 7.34 亿英镑。电信媒体、金融服务和能源应用是最吸引外包服务的产业部门，占外包业务总量的 70%，金额高达 5.13 亿英镑。从长期趋势来看，随着英国制造业向高价值制造转型，英国企业外包业务规模将进一步增加。

（三）制造业发展可持续性增强，对高技能劳动力需求不断增加

随着全球人口的持续增长与发展中国家城市化进程的加快，对制造业产品的需求将增加，进而对自然资源的需求也会增加。由于绝大部分自然资源是不可再生的，为充分满足人们的需求，制造商必须增加其对新的、日益增长的、不断变化的市场的适应能力，生产出更多满足用户需求的产品，而这会对资源环境造成较大的压力。与此同时，全球气候变化也将对制造业企业的全球价值链产生一些消极作用，社会各界特别是消费者将更加关注制造业的清洁和低碳程度，制造业面临的环境标准也必将随之提升。英国已经成为绿色产品以及绿色服务的出口商，每年产生 250 亿英镑的总收入。到 2015

年，这个数据将有望超过450亿英镑；2030年，将能提供100万个工作机会。同时，英国拥有欧洲最大的绿色技术市场，从2001年起，英国对此技术投资累计1.86亿欧元，占全欧洲的30%。要把握制造业向高值化和可持续发展转型带来的机遇，熟练的高技能劳动力是不可或缺的，它是制造业企业成功转型的基础，也是未来英国制造业参与全球竞争以及吸引和保持高附加值商业活动的关键因素。研究表明，为适应制造业高值化和可持续发展的需求，英国制造业仍需培养更多高素质的劳动力，这也意味着英国高技能劳动力需求将持续增长。

四 英国制造业发展的主要政策措施

推动制造业高值化转型，提升制造业对英国经济增长的贡献度，说易行难，为此，英国政府在战略规划、研发创新、人才等方面制定了一系列政策，试图多管齐下，通过政府产业政策引导来实现制造业可持续、高值化的发展。

（一）将发展制造业提升为国家战略，制定制造业发展的战略规划和蓝图

英国政府2008年发布《制造业：新挑战、新机遇》战略报告，2009年又公布新的制造业发展战略，提出占据全球高端产业价值链、抢得低碳经济发展先机等战略构想，"高价值制造"的经济发展战略正式上升为国家战略。2010年英国发布《向增长前进》战略报告，概述在经济复苏中起到发动机作用的产业和企业的未来发展方向，再次指出充满活力的制造业对英国而言十分重要。2010年12月，英国商务、创新与技能部发布了《先进制造业增长评估框架》，提出未来10年英国制造企业要成长为欧洲领先的高价值产品和相关服务的出口商，推动英国制造业的可持续发展。2011年，英国财政部和商务、创新与技能部共同发布了《增长计划》战略报告，提出要将英国发展为欧洲最具吸引力的生产、融资和投资目的地，鼓励制造业投资和出口，构建更加平衡的经济战略目标。

（二）加大科技创新支持力度，推动制造业向智能化和高附加值化转型

为推动制造业向智能化和高值化方向发展，英国确立了创新立国的战略，并通过增加研发投入、财税政策、构建技术平台等举措来加大对制造业科技创新的支持力度。科研投入方面，2008 年 3 月发布的《创新国家》白皮书指出，英国政府将继续支援"10 年科学和创新投资框架计划"，增加技术战略委员会经费。2008 年 5 月，英国在《联系与催化：2008~2011 年企业创新战略》中宣布，技术战略委员会将连同相关部门在未来三年内共投资 10 亿英镑，并吸引同等金额的私人投资。同年，英国在《制造业：新挑战、新机遇》中提出，为支持制造业技术进步，政府对科研的支持经费增加至 2010~2011 年度的近 40 亿英镑。英国技术战略委员会继续投入 2400 万英镑用于对高端制造业的研究。2009 年 6 月底，英国在高价值制造创新方面的直接投资翻番，英国政府投资 1.5 亿英镑设立英国创新投资基金（每年约 5000 万英镑），并以此带动私人资本，为初创企业和处于成长期的高技术企业提供 10 亿英镑的风险资本。财税政策方面，2009 年，英国政府发起了企业融资担保计划（EFG），英国财政部、税务局和企业委员会还联合推出社区投资税额减免（CITR），规定所有在英企业研发投入超过 1 万英镑时均可享受税收减免，同时对中小企业制定了更为优惠的税收减免标准。技术平台构建方面，英国政府投资建设高价值制造弹射创新中心（HVM Catapult），并在 2013~2014 年度资助了 14 个创新中心、特殊兴趣小组等机构的建设，帮助企业整合最佳创新技术。

（三）提高先进制造技能，加强适应先进制造业发展需求的高素质人才培养

高价值先进制造业需要一套复杂、灵活的技能，包括高科技以及协同工作所需要的灵活的跨学科技能，为此英国政府出台了一系列提高制造业技能的重要政策措施：一是全面普及人才图谱（Talentmap），帮助雇主快速获取教育、就业和技能信息；二是英国政府于 2009 年公布的高等教育框架阐述了培养适应制造业发展需求的新产业、新工作战略（New Industry, New Jobs）；三是发

布国家技能战略,支持那些有助于推动经济增长的先进制造技术的开发;四是制订高等教育科学、技术、工程和数学计划(Higher Education Science, Technology, Engineering and Mathematics,简称STEM),鼓励从幼年开始培养对STEM科目的兴趣;五是增设制造与产品设计(Manufacturing and Product Design)学位,引领14~19岁的年轻人进入制造业部门,传授给他们就业或进一步学习所需的知识和技能。

参考文献

[1] Neely, A., Benedetinni, O. and Visnjic, I., "The Servitization of Manufacturing: Further Evidence", http://www.cambridgeservicealliance.org/uploads/downloadfiles/2011-The%20servitization%20of%20manufacturing.pdf, 2011.

[2] Baldwin, R. and Evenett, S., "Value Creation and Trade in 21st Century Manufacturing: What Policies for UK Manufacturing?", "Innovation and Skills, The UK in a Global World, How can the UK Focus on Steps in Global Value Chains that Really add Value?", ed. Department of Business, http://www.voxeu.org/sites/default/files/file/UK_in_a_global_world.pdf, 2011.

B.20 德国的制造业

张航燕 江飞涛*

摘 要： 1980年以来，德国制造业的国际市场占有率总体呈现出波动中走低的趋势，但整体国际竞争力小幅提升。德国制造业在充分发挥其自身已有产业优势的基础上，通过科技创新来不断提高产品的性能和质量，从而保持德国在国际上的领先地位。随着德国工业4.0的实施，德国制造业高端化、智能化和集成化的趋势日渐明显。为推进德国制造业发展，德国政府长期致力于完善市场制度框架，完善科技公共服务体系，支持创新联盟与创新集群发展，加强职业技术教育，并且注重发挥非政府组织的作用。

关键词： 制造业 德国 国际竞争力 产业政策

一 德国制造业的地位变化

（一）国际市场占有率

1980～2013年，德国制造业的国际市场占有率总体呈现出波动中走低的趋势（见图1）。特别是2008年以来，德国制造业的国际市场占有率呈现小幅

---

* 张航燕，中国社会科学院工业经济研究所助理研究员；江飞涛，中国社会科学院工业经济研究所副研究员。

回落的态势。2008年德国制造业的国际市场占有率为11.81%，之后下降至2010年的10.84%，2011年略有回升至10.91%，2013年又降至10.44%。

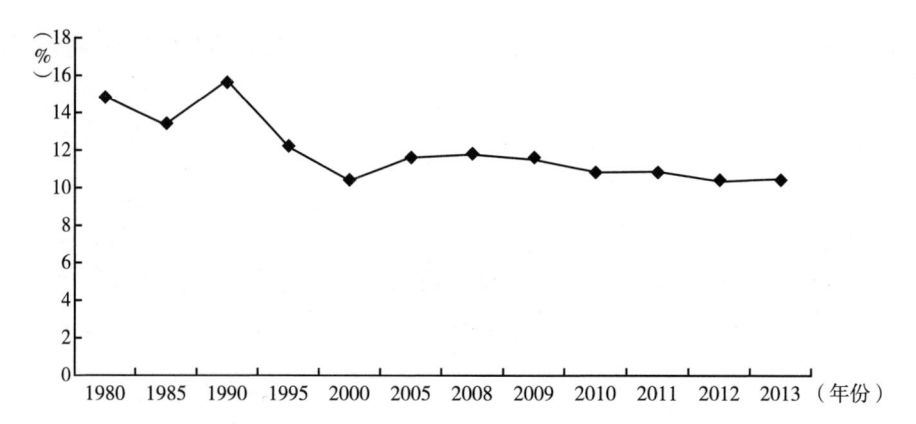

图1 1980~2013年德国制造业国际市场占有率变化

资料来源：依据WTO数据库计算。

（二）贸易竞争力指数

1980~2013年，德国制造业贸易竞争力指数大致呈现"N"形的发展态势（见图2）。1985~2000年，德国制造业贸易竞争力指数从0.28降至0.14，之后进入回升通道；2005~2013年，德国制造业贸易竞争力指数维持在0.18~0.20。

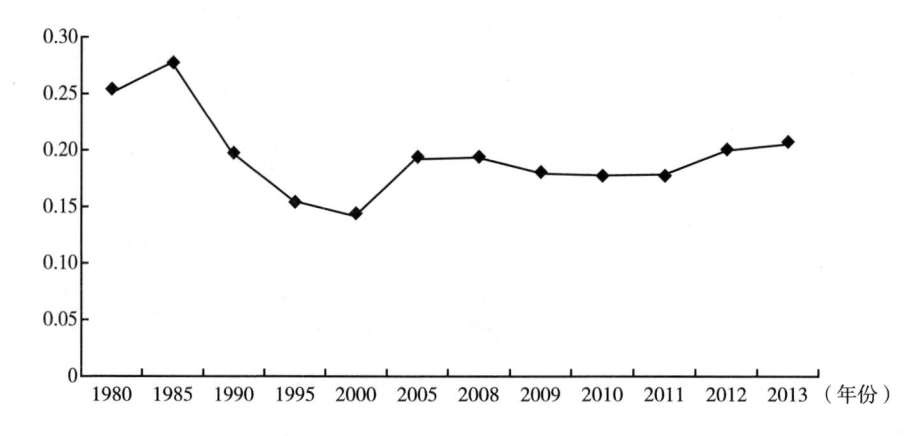

图2 1980~2013年德国制造业贸易竞争力指数变化

资料来源：依据WTO数据库计算。

（三）显示比较优势指数

1980~2013年，德国制造业显示比较优势指数大致呈现"L"形的发展态势（见图3）。1980年，德国制造业显示比较优势指数为0.6，之后开始下降，2000年降至0.2，随后小幅回升至2008年的0.24，2009年微降至0.22，自2010年开始，再次出现小幅回升，2013年升至0.3。

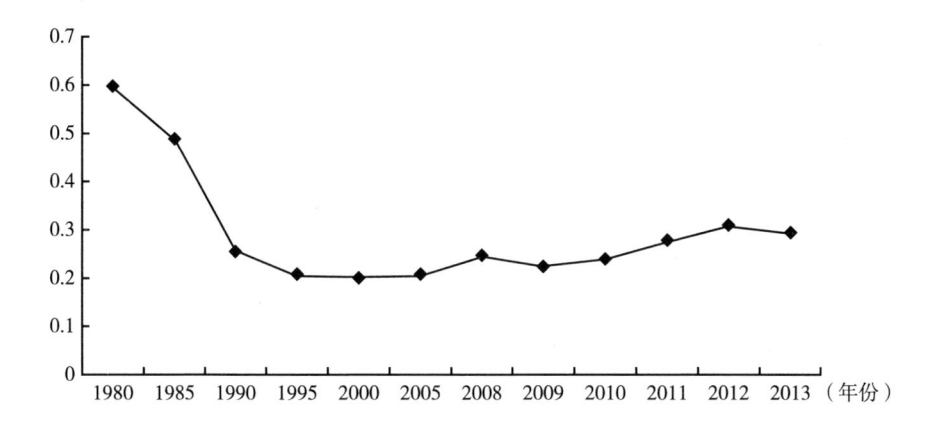

图3 1980~2013年德国制造业显示比较优势指数变化

资料来源：依据WTO数据库计算。

近年来，德国制造业出口占世界出口的比重超过1/10，并且贸易竞争力指数和显示比较优势指数呈现小幅上升的趋势，表明德国制造业具有明显的比较优势，国际竞争力呈现提升的态势。

二 德国制造业的特点

2013年，德国制造业占GDP的比重高达22%。德国制造业在充分发挥其自身已有产业优势的基础上，通过科技创新来不断提高产品的性能和质量，从而保持德国在国际上的领先地位。

（一）"隐形冠军"与细分市场

事实上，德国制造业的发展离不开一大批极具发展活力的行业"隐形冠军"，这与美国致力于发展大企业截然不同。这些"隐形冠军"一般只生产单一且相对专业化的产品。例如，一家产品主要是螺丝、螺母等的小企业，却在全球80多个国家和地区有近300家销售网点。诸如此类的小企业在德国至少有1200家；并且这些小企业一般都是极具历史的家族企业，不但技术精良，而且对市场的应变能力较强，因而长期在细分市场上保持全球领先地位。

细分行业的工艺和技术非常复杂。虽然日本企业经过长达数十年的积累，但是也只能达到德国企业效率的80%~90%，"最后一公里"的差距很难突破。拿缝制设备行业来说，虽然低档缝纫机制造早在半个世纪之前就已经转移到亚洲，但德国依然保留着高端缝制设备的制造。绝大多数中国企业只能制造出4000转至多4500转水平的设备；只有德国的高档机才能达到5000转的水平。虽然只有500转的差别，但整个零部件的要求和匹配程度完全不一样。

（二）创新传统与创新聚集

德国作为欧盟的创新领导者，在技术创新及创新驱动经济发展方面成绩斐然。目前，德国在汽车及其他机动车、仪器设备、复合材料、纳米技术、环保技术、可再生能源等领域的技术创新均处于领先地位。德国的企业不仅有自己的研发团队，而且还具有相当的开放性。例如西门子公司，除了在全球有近3万名研究员、每年与千家大学（科研机构）进行合作之外，还与其他企业、科研院所以及政府部门共同出资，为中小企业搭建研发平台，帮助中小企业拓展研发资金的申请渠道。事实上，这种合作不仅提升了市场的整体研发业态，而且给大企业提供了一条在供应链上获得更多更好的创新技术的有效途径。

德国的创新政策经历了两个阶段：第一个阶段是20世纪90年代之前，这一阶段的创新政策是扶持国家性的研究中心，以核能、航天科技等重大项目进行推进；第二个阶段是20世纪90年代以后，创新政策体现在创新聚集带上。这是因为当时经济增长乏力、技术应用速度不断加快，德国也看到合作的必要性，故将创新聚集带作为高科技战略中的重要内容。许多中小企业从国家的创新政策中获益颇丰。

所谓创新聚集带，是指相关各类型企业、大学以及研究机构所组成的开放的创新网络,并根据各自的优势在链条上的不同阶段工作。[①] 创新聚集带提供了纵横相错的信息共享平台。这种共享既可以是纵向共享(即顾客和供应商之间的共享),也可以是横向共享(即处于同一个产业企业之间的共享)。创新聚集带也降低了进入的门槛,溢出效应非常显著。创新聚集带是一座桥梁,联结着实验室和市场。企业可以选择与研究院所共同完成研究任务,也可以选择外包,将研发任务交给研究院所。德国四大研究所中,厄姆霍兹国家研究中心和马克思·普朗克研究所以基础研究闻名于世,莱布尼兹协会和弗劳恩霍夫应用研究促进协会则是以应用研究为主并在产品商业化研究中起着举足轻重的作用。这四大研究所在88个创新聚集带设立了240家分支机构,有6.6万名研究员供职。

(三)高品质、高标准与多元化发展

德国企业普遍执行严格的技术标准,这为德国品牌带来了良好的口碑。德国企业正是依靠严格的质量标准和完备的监督体系,将"品质"打造成"德国制造"的核心竞争力,"德国制造"也是对精准和品质最好的诠释。例如,德国诺沃泰克公司直线位移传感器的线性精度可达0.01%,分辨率高于0.01mm,其内部的导电塑料电阻及多指贵金属电刷可保证1亿次以上的寿命。[②] 同样,德国汽车的安全性和耐用性也大大高于日本、韩国汽车。

德国企业同样进行着有限相关多元化发展。比如,冶炼和能源企业拥有丰富的环境保护方面的技术经验,它们着重发展技术密集型环保产业,逐步培育出有竞争优势的环保产业链;钢铁企业从钢铁生产这样一个单一的业务领域拓展到机械工程、零部件加工,甚至汽车、轮船、航空工业等价值链的高端环节。

三 德国制造业发展的未来趋势

(一)工业4.0的提出

2013年4月,德国发布了《保障德国制造业的未来:关于实施工业4.0

[①] 《德国启示》,http://magazine.caijing.com.cn/caijing/lists/369.html,最后访问时间:2013年9月23日。
[②] 孟祺:《德国制造业产业升级对中国的启示》,《国际经济合作》2013年第3期。

战略的建议》。将工业4.0项目正式列入《高技术战略2020》十大未来项目之中。德国机械及制造商协会等社会团体共同建立了"工业4.0平台"。德国电气电子和信息技术协会发布了德国第一个工业4.0标准化路线图。德国总理默克尔将工业4.0称作是"一个里程碑"。

德国作为世界上最具竞争力的制造业强国,在自动化工程和嵌入式系统领域更是独树一帜。而机械设备领域的全球竞争日趋激烈,不仅美国在全球金融危机后大力推进"再工业化"战略与措施,大力发展先进制造业,亚洲的机械设备制造商也正奋起直追,对德国制造商构成威胁。

因此,为了保持已有的产业优势,迎接新一轮技术革命的挑战,德国提出工业4.0战略,其最终目的是充分挖掘和发挥德国的传统产业优势,克服不利于德国产业升级的劣势,确保德国在新一轮产业革命中占据一席之地。

(二)德国制造业的未来发展趋势

随着德国工业4.0的实施,德国制造业高端化、智能化和集成化的趋势日渐明显。

1. 产业高端化

目前,德国制造业R&D、精益求精制造技术和对复杂工业流程的专业化管理都属于世界领先。德国IT产业同样具有全球领先优势,特别是在嵌入式系统和产业管理方面积累了丰富的经验。随着物联网(internet of things)和务联网(internet of services)的迅速发展,并加速向制造业领域渗透,欧盟、美国、印度和中国正在加紧布局互联网与制造业的相互融合。德国希望通过在制造业领域大力应用物联网以及服务互联网技术,先发制人,在新一轮技术与产业革命中立于不败之地。

2. 制造智能化

德国工业4.0计划的核心在于构建信息物理系统,即将迅速发展的物联网和务联网引入工厂,不仅使用更为先进的新型制造技术,而且彻底改变工业生产的组织方式和人机关系。信息物理系统向工业领域全面渗透,推动工业从自动化升级为智能化。一方面,制造业将变得更为灵活、智能和个性化,生产效率得以大幅提升,同时生产系统还能够尽量避免外界的干扰,具备自我维持和调整的功能。另一方面，新型生产组织方式的建立过程也是制造业工艺流程复杂化的过程，从管理实践看，管理能力也必须配套地进行升级，才能充分发挥信息物理系统的潜在优势。因此，工业4.0计划不仅包括生产组织方式的演进，还包括了与之相适应的管理复杂工艺的能力提升。德国工业4.0计划包括以下三方面的基本内容：第一，工业智能化水平将达到全新的高度。第二，以嵌入式制造系统推动智能社会发展。第三，实施"双领先"战略部署和推广信息物理系统。

3. 生产集成化

德国工业4.0计划将实现三大集成，即价值链上企业间的横向集成、网络化制造系统的纵向集成，以及端对端工程数字化集成。

在生产、自动化工程以及IT领域，价值链上企业间的横向集成是指将使用于不同生产阶段及商业规划过程的IT系统集成在一起，这包括了发生在公司内部以及不同公司之间的材料、能源以及信息的交换（如入站物流、生产过程、出站物流、市场营销）。横向集成的目的是提供端对端的解决方案。与此相对应，网络化制造系统的纵向集成是指将处于不同层级的IT系统进行集成（如执行器和传感器、控制、生产管理、制造和企业规划执行等不同层面），其目的同样是提供一种端对端的解决方案。所谓端对端工程数字化集成，是指贯穿整个价值链的工程化数字集成，是在所有终端实现数字化的前提下所实现的基于价值链与不同公司之间的一种整合。① 这将在最大程度上实现个性化定制，在此模式下，客户从产品设计阶段就参与到整条生产链，并贯穿加工制造、销售物流等环节，可实现随时参与和决策并自由配置各个功能组件。

四 德国制造业发展的主要政策措施

（一）为技术创新提供完善的市场制度框架

在德国的创新体系中，政府的第一任务是为科技创新提供制度保障，这包

---

① 刘长春：《借鉴德国"工业4.0"推进我国工业转型升级》，《中国证券报》2014年8月11日。

括严格的知识产权保护制度、公平竞争的市场环境与制度。德国不但具有完备的知识产权法律体系，而且知识产权法律执行机制严格高效。特别值得一提的是，德国的《雇员发明法》不仅解决了机构（包括企业、大学和科研机构）与雇员之间就发明权归属方面的纠纷，而且还明确了雇员和机构在知识产权保护、技术创新应用及收益分配等方面的权利、责任和义务以及补偿方式。

德国将公平竞争的市场环境视作推动创新的决定性力量，将维护市场秩序视作政府的主要责任，先后制定并完善了《反对不正当竞争法》《反垄断法》《反对限制竞争法》《关于提高中小企业的新行动纲领》《中小企业组织原则》等，禁止大企业限制竞争行为，禁止企业不正当竞争行为，并维护中小企业的发展权益和平等竞争的市场地位。其中，最为重要的是《反对限制竞争法》与《反对不正当竞争法》。《反对限制竞争法》为企业界做出了有关市场竞争的原则性规定与具体行为规范；《反对不正当竞争法》则一直在维护市场秩序方面发挥着重要作用，该法对于企业开展竞争有详细的规范，对商业欺诈、行贿、诽谤、出卖商业秘密等不正当竞争行为都列有非常详细严厉的惩戒性条款，这些法令条款通过清廉、高效的司法体系得到严格执行。这些法律和其他相关法律一起构成系统、完善且行之有效的公平竞争法律体系。

（二）致力于建设完善科技公共服务体系

德国政府在大力支持基础性研究的同时，还致力于建设完善的科技公共服务体系。以德国联邦政府为主导，建立了德国技术转移中心。德国技术转移中心不仅仅是全国性的技术交易平台，还是综合性科技服务公共平台。它分布在德国各地，与德国商标专利局、德国技术联盟、德国技术与创新协会、德国工商总会、ADT协会、欧洲专利局等机构紧密联系，并在各州均有一个伙伴机构，负责开展技术供需信息的收集和咨询、技术咨询和服务、交易项目的受理与评估、寻找合作伙伴、专利保护咨询等服务，并且上述服务是无偿提供给企业的。此外，分中心还担负着本地区产业和科学技术发展的前沿性研究，探索对未来经济社会具有重要影响的科研课题，包括从政府相关部门、科技基金会和欧盟组织中为企业谋求创新资金资助。

此外，德国政府也主持或参与建设各类技术交易平台和技术转移中心。对于这些技术转移中心，政府一般只开展发起、组织和协调等行动，不直接提供主要经费，如巴伐利亚州研究基金会、弗朗霍夫协会以及柏林市 TSB 技术基金会等。在州这一层面的技术转移平台中，成效显著和比较著名的是巴符州"史太白"技术转移中心，史太白经济促进基金会（以公益性为目的）和史太白技术转移有限公司（以赢利为目标）是其核心的两个部门。而弗朗霍夫协会，具有半官方、半私人机构性质，主要从事应用研究领域的技术开发和技术转移等活动。

（三）积极支持创新联盟与创新集群的发展

以创新为焦点的全球竞争正演化为创新链与创新生态之间的竞争，产业链之间、企业之间、企业与研究机构之间围绕创新活动展开的合作与协调日趋重要。德国为增强市场协调经济主体合作创新与协同创新的能力，积极推动创新联盟与创新集群的发展。

德国政府积极推动产业技术创新联盟的发展，相继制订实施了联邦经济技术部支持的创新联盟计划、国家高技术战略框架中的创新联盟促进计划、支持中小企业研究联盟的创新网络计划，对产业技术创新联盟给予多方位的支持和资助，还建立合作联盟网站为联盟的合作、交流、发展和服务提供平台，推动创新主体积极合作建立产业技术创新联盟。在支持创新联盟发展政策中，德国政府的主要角色是为创新联盟的形成、发展及创新活动创造良好的外部环境，提供必要的资金支持，以及提供必要的协助和协调。

联邦教育与研究部与科技界、产业界紧密协作，2007 年组建 6 个创新联盟并启动相应行动计划，2008 年又组建了 3 个创新联盟。到 2012 年底，德国联邦政府向 9 个创新联盟投入资金总计 6 亿欧元。此外，联邦政府还积极促进学术界、科技界和产业界形成各种形式的战略伙伴关系。2011 年 8 月，德国政府在高科技战略框架下发起"科技校园：公司创新伙伴联盟"行动计划，目的在于深化产学研之间的合作，使企业与科研院所之间形成长期的伙伴关系，从而推动科研成果的顺利转化。

自 1995 年开始，德国联邦和州政府出台了系列支持创新集群的政策，目的是想让同处在集群中的不同类型的企业，以互通有无、取长补短的互动方式

对能力和知识进行重新组合,实现合作创新。其中,最重要的项目是2007年德国教研部在《德国高技术战略》的框架下发起的"德国尖端集群项目"。该项目拟订了3期计划,每期计划为5年。每期资助5个从全国范围内遴选出优胜集群,并对每个优胜集群提供4000万欧元的资助。

(四)重视教育体制对产业发展的支撑作用

德国非常重视教育体制对产业发展的支撑作用。长期以来,德国公立学校学费实行全免政策。早在2006年德国联邦政府的预算中,就有一项名为"精英大学"的专项基金,金额高达1亿欧元。这个专项基金用来资助"精英大学"建设,第一批入选的大学有慕尼黑大学、卡尔斯鲁厄技术大学和慕尼黑技术大学等。在开展教学科研的同时,德国也高度重视专业技术人才培养,颁布了《职业技术培训法》。该法规定企业有义务为青年员工提供技术培训,青年员工必须参加相关技术培训。事实上,"德国制造"能在全球激烈竞争中始终保持长盛不衰的重要原因之一,正是这种教育体制为德国培养出了一大批高素质产业工人。

(五)注重发挥非政府组织的作用

非政府组织在德国制造业发展中表现尤为显著。德国约有30万个社团组织。这些社团组织与企业联系密切。比如,德国工业联合会,设有35个全国性的成员协会,344个专业协会,153个州代表处,同8万多个企业保持着联系。再如,德国工业研究协会工作联合会(AIF),是德国经济界自主管理机构,负责经济技术部资助的"中小企业创新能力规划""资助东部地区中小企业研究、开发及创新活动规划"等项目的具体实施。这些非政府组织帮助企业拓展国内外市场、筹措企业发展资金、发布政府和市场信息,并为企业提供技术和人员培训等相关服务。

此外,德国长期实施区域财政转移支付制度,包括区域财政平衡制度和对问题地区的财政补贴制度。区域财政转移支付制度能很好地解决老工业基地的技术、资金等问题。比如,在老工业基地为优化投资结构,北威州规定凡是投资于生物技术等新兴产业的大企业可以获得投资额28%的补贴,小企业获得18%的补贴。

参考文献

[1] 中国社会科学院工业经济研究所课题组：《主要工业化国家促进工业发展的历史经验、最新动态及其对我国的启示》，2014。

[2] 孟祺：《德国制造业产业升级对中国的启示》，《国际经济合作》2013年第3期。

[3] 刘长春：《借鉴德国"工业4.0"推进我国工业转型升级》，《中国证券报》2014年8月11日。

[4] 《德国启示》，http：//magazine.caijing.com.cn/caijing/lists/369.html，最后访问时间：2013年9月23日。

B.21 日本的制造业

王燕梅*

摘　要：

日本目前仍然保持了世界主要制造业大国的地位，但是，国内制造业发展十分缓慢，已经形成了国内和海外两个生产地域分工生产的格局。从贸易角度来看，日本制造业的竞争力确实出现了下降，国际市场占有率、贸易竞争力指标都呈现出明显的降幅，一些传统的出口优势产品甚至逐步丧失了竞争优势。日本具有贸易竞争优势的产品，已经转向了高附加值产品及其材料和部件；伴随着大量的加工型产品的海外投资的发展，日本来自海外的投资收入也快速增长。面对愈演愈烈的产业空心化问题，日本制造业曾经赖以创造奇迹的生产模式也面临着巨大的转型压力，为此，日本政府推出了一系列旨在重振日本制造业的政策措施。

关键词：

日本制造业　竞争力　产业空心化

日本是世界上最主要的制造业强国，战后日本经济的强大就得益于制造业的发达。20世纪90年代以来，日本进入了经济低速增长的"失去的二十年"，GDP年均增速仅为1.1%，从贸易角度看，制造业的竞争力也出现了明显下滑，战后以来形成的出口导向的制造业立国模式受到了严重动摇。尽管如此，日本制造业仍然在许多领域保持了世界最为先进的水平，并且，在国内制造业

---

* 王燕梅，中国社会科学院工业经济研究所副研究员。

增长缓慢的情况下,日本制造业加快了向海外发展的步伐,海外企业生产比重快速上升,因此,如果考虑到海外生产,日本制造业竞争力的下降并没有贸易数据反映的那样严重。

一 日本制造业竞争力走势

20世纪90年代以来,日本经济脱离了惊人的高速增长,开始了漫长的"失去的二十年"。在这20余年间,日本仍然保持了世界主要制造业大国的地位,2013年日本制造业出口占全部出口的比重为87.61%,高于德国的82.41%,低于中国的94.04%。但是,从传统的贸易角度衡量的竞争力指标来看,日本制造业的竞争力确实出现了下降,国际市场占有率、贸易竞争力指标都呈现出明显的降幅,一些传统的出口优势产品甚至逐步丧失了竞争优势。

(一)国际市场占有率

图1为1990~2013年日本制造业出口额及国际市场占有率。可以看到,在日本制造业尚处于顶峰时期的1990年,其国际市场占有率达到12.43%,其后持续下降,2013年下降到5.61%。从出口额变动来看,1990~2009年,日本制造业出口额处于持续上升之中,2009年出现了大幅下降,其后虽有恢复,但2013年的出口额仍低于2008年的水平。目前,日本制造业的国际市场占有率不仅低于中国、德国,也低于美国3个多百分点。

日本制造业的出口产品中,机械和运输设备占较大比重,2013年机械和运输设备出口额为4144亿美元,占全部制造业出口额6265亿美元的66%,这一比例高出德国近10个百分点,也高于后起的机械装备出口大国韩国,是主要制造业出口国家(地区)中最高的。

(二)贸易竞争力指数(TCI)

日本制造业的贸易竞争力指数呈现出持续下降的态势,从1990年的0.4655下降到2008年的0.3404。国际金融危机对日本制造业造成了较大的冲击,2009年贸易竞争力指数出现了深度下探,其后虽有短暂恢复,但仍处于

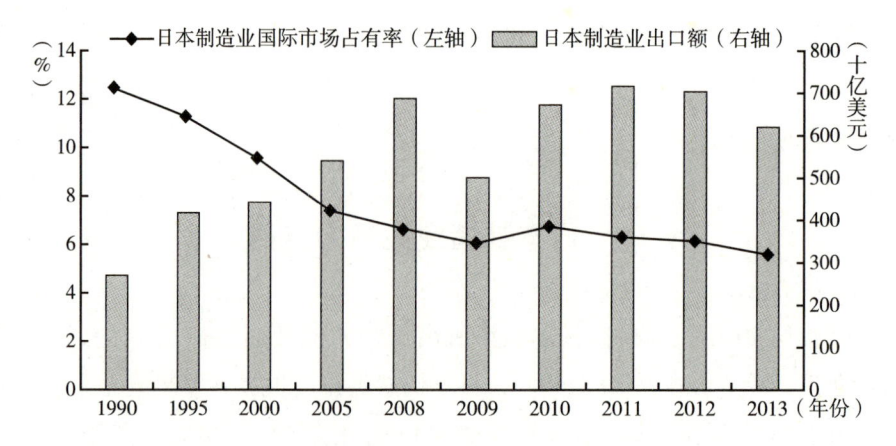

图1　1990～2013年日本制造业出口额及国际市场占有率

注：①制造业商品包括国际贸易标准分类（SITC）中的第5部分（化工产品）、第6部分（基础制造业产品）、第7部分（机械和运输设备），以及第8部分（其他制造业产品）中的商品，其中不包括第68类（有色金属）商品。②日本制造业的国际市场占有率＝日本制造业出口总额/世界制造业出口总额。

资料来源：根据联合国贸易数据库（http：//comtrade.un.org）的数据计算。

持续下降之中。尽管经历了长期的下滑，但在主要制造业出口国家中，日本制造业的贸易竞争力指数仍处于较高水平，不仅远高于长期处于贸易逆差的美国，也长期高于德国，仅是在最近两年才被中国超过。

图2　1990～2013年日本制造业贸易竞争力指数

注：日本制造业贸易竞争力指数＝（日本制造业出口总额－日本制造业进口总额）/（日本制造业出口总额＋日本制造业进口总额）。

资料来源：根据联合国贸易数据库（http：//comtrade.un.org）的数据计算。

（三）显示比较优势指数（RCA）

日本制造业的显示比较优势指数变动比较平稳，1990年为1.2564，2013年为1.2616，反映出制造业在日本出口中所占的相对位置一直没有改变，制造业仍然是日本的出口优势产业。从国别比较来看，与贸易竞争力指数相似，日本制造业的显示比较优势指数不仅高于美国，也一直高于德国，但低于已经成长为新的世界制造业基地的中国。

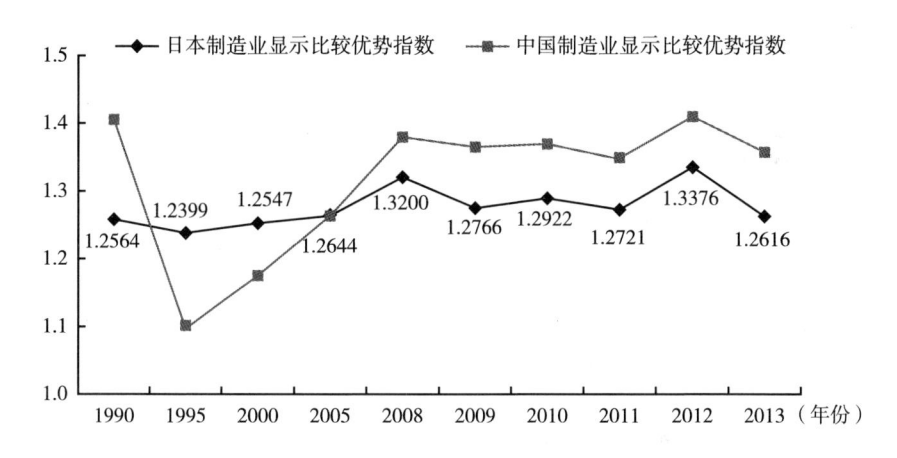

图3 1990~2013年日本制造业显示比较优势指数

注：日本制造业显示比较优势指数＝日本制造业出口额占日本出口总额的比重/世界制造业出口额占世界出口总额的比重。
资料来源：根据联合国贸易数据库（http://comtrade.un.org）的数据计算。

（四）出口优势产品的竞争力

2013年日本出口额前5位商品分别为汽车、一般机械、电气机器、精密机器和钢铁（见表1），合计出口额占日本制造业出口总额6265亿美元的74.62%。其中，汽车和钢铁的出口额排名均为全球第二，占全球出口的比重分别为11.16%和9.62%，贸易竞争力指数分别高达0.7506和0.6542。钢铁的贸易竞争力指数超过了主要竞争对手中国、德国和韩国；汽车的贸易竞争力指数超过德国，但与韩国不相上下。

通过与2000年对比可以看出，2013年在日本最重要的5种出口商品中，除了

表1　2013年日本出口额前5位商品（基于HS的2位码）

排名	品目	出口额（亿美元）	占日本制造业出口额比重(%)	全球市场占有率(%)	全球出口排名	贸易竞争力指数
2013年						
1	汽车（HS87）	1485.49	23.71	11.16	2	0.7506
2	一般机械（HS84）	1352.11	21.58	6.87	4	0.3690
3	电气机器（HS85）	1082.70	17.28	5.46	7	0.0560
4	精密机器（HS90）	401.14	6.40	7.48	4	0.2408
5	钢铁（HS72）	353.21	5.64	9.62	2	0.6542
2000年						
1	电气机器（HS85）	1202.58	26.73	12.15	2	0.4106
2	一般机械（HS84）	1020.65	22.68	10.99	2	0.4159
3	汽车（HS87）	893.49	19.86	15.98	2	0.7923
4	精密机器（HS90）	336.35	7.48	17.28	2	0.4184
5	钢铁（HS72）	129.60	2.88	10.35	1	0.5801

资料来源：根据联合国贸易数据库（http://comtrade.un.org）数据计算。

钢铁以外，汽车、一般机械、电气机器、精密机器的竞争力都出现了下降。其中，虽然汽车仍具有很强的竞争力，但其全球市场占有率明显下降；一般机械、精密机器的出口额增长幅度较小，不仅占日本制造业出口总额的比重有所降低，而且在国际市场上的地位也明显下降，精密机器的贸易竞争力指数降幅较大；电气机器是日本近十余年来竞争力下降最大的出口商品，尽管出口额目前仍在日本各出口商品中排名第三，但绝对额较2000年降低了近一成，在全球市场上的地位也被更多的国家和地区超越，其贸易竞争力指数从具有较强竞争力的0.4106下降到了仅有微弱优势的0.0560。

二　日本制造业的现状

目前日本国内制造业发展十分缓慢，已经形成了国内和海外两个生产地域分工生产的格局。大量加工型产品在海外企业生产，直接供应当地市场，而高附加值产品及其材料和部件在日本国内生产并供应海内外市场。一些传统的优势产品正在迅速衰落,电子产品中的计算机、电视等已经转为净进口,手机大量在海外生产,而数码相机的市场则随着智能手机的兴起而迅速萎缩。

(一)国内制造业增长停滞

日本近 20 年一直处于通货紧缩之中,从名义增长率来看,日本这一时期无论是 GDP 增长率还是制造业增长率都处于极低的水平。1995 年,日本制造业增加值为 110 万亿日元,2012 年为 86 万亿日元。除了恢复性增长的 2010 年以外,制造业增长率最高的 2007 年也仅为 3.3%(见图 4)。制造业就业人数也出现了持续减少,从 2012 年的 1202 万人下降到 2009 年的 1082 万人,之后虽然制造业生产有所恢复,但就业人数仍然持续下降,2013 年下降到 1039 万人。而在 2009 年之前是日本制造业出口的一个阶段性高峰时期,也是海外转移的停滞期,但就业人数下滑的趋势并没有转变。

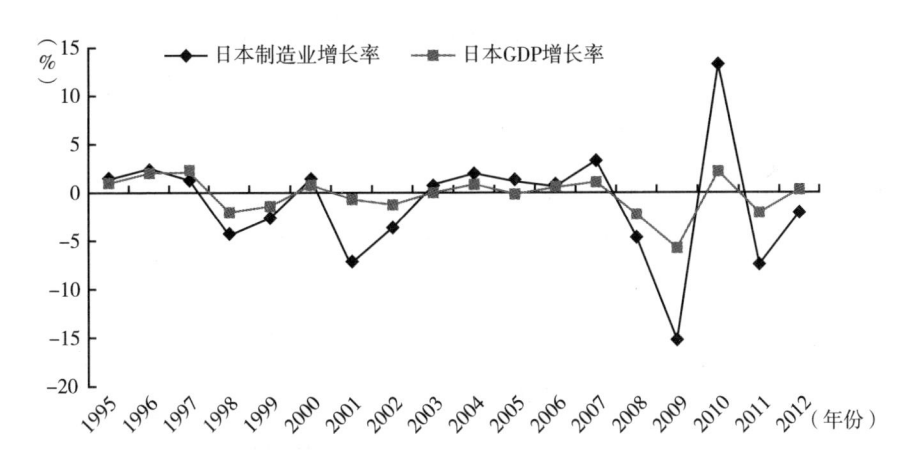

图 4　1995~2012 年日本制造业增加值名义增长率

资料来源:参见日本内阁府《国民经济计算确报》。

制造业增长缓慢导致其在日本经济中所占比重也逐步降低。从就业比重来看,制造业就业人数占全部就业的比重逐年下降,从 2002 年的 19.0% 下降到 2013 年的 16.5%;从制造业增加值占 GDP 的比重来看,从 1995 年的 21.9% 下降到 2012 年的 18.1%,2009 年更低至 17.7%。

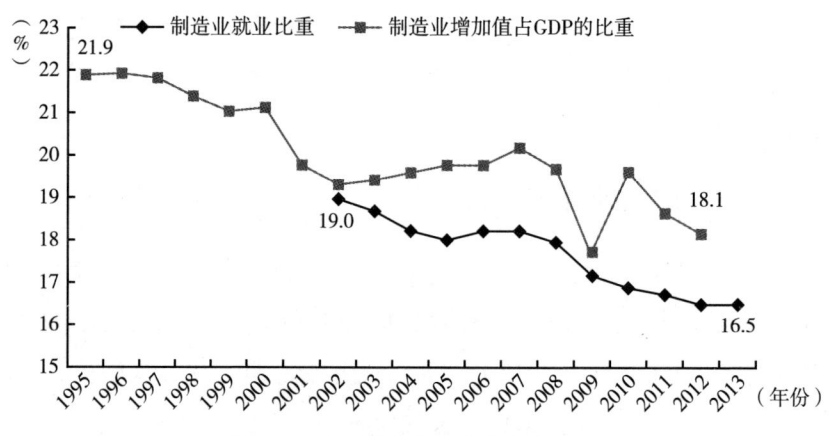

图 5 日本制造业在经济中所占比重

资料来源：参见日本内阁府《国民经济计算确报》和日本总务省《日本标准产业分类别就业者数》。

（二）劳动生产率增势趋缓

日本制造业的劳动生产率虽然一直处于持续提升之中，但20世纪90年代后半期以来，增长幅度逐步趋缓。而美国制造业的劳动生产率进入20世纪以后急剧增长，如果以美国制造业的劳动生产率为基准来考察，日本1992年相当于美国的90.2%，2009年则相当于美国的69.9%。不仅低于美国，还低于德国和法国，但高于英国和韩国（见图6）。

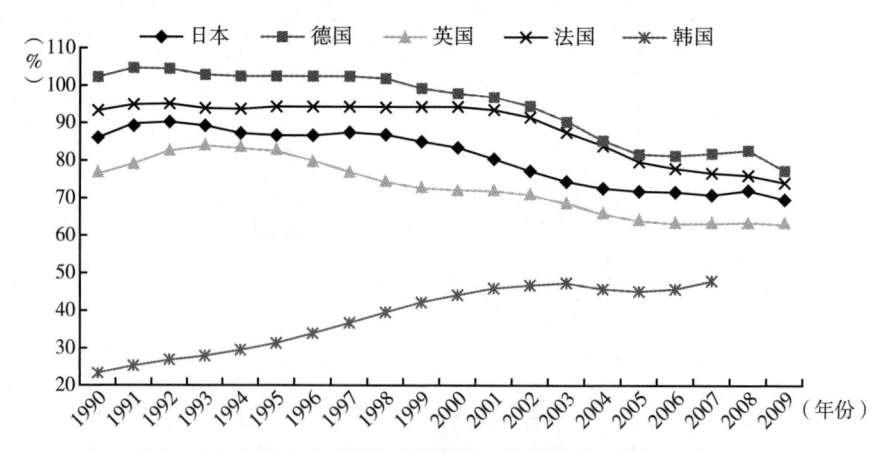

图 6 制造业的劳动生产率（美国=100）

资料来源：参见日本经济产业省《通商白皮书》，2013。

由表2可见，日本主要制造业行业劳动生产率对美国的相对值都出现了下降，其中电器机械的降幅最大。尽管如此，到目前为止，在包括机床在内的一般机械、以汽车为主体的运输机械等行业，日本仍然保持了高于美国的劳动生产率。

表2　日本主要制造业行业劳动生产率对美国的相对值

行　业	2009年的对美相对值	最高时期的对美相对值	2009年与最高时期差值
化　学	92.6	128.5(1999年)	-35.9
金　属	80.1	106.3(1991年)	-26.2
一般机械	114.1	124.8(1993年)	-10.7
电器机械	47.7	163.0(1991年)	-115.3
运输机械	100.5	109.2(1990年)	-8.7

资料来源：参见日本经济产业省《通商白皮书》，2013。

（三）产业结构趋于稳定

日本制造业习惯上被分为三大产业：化工、非金属矿物制品、钢铁、非铁金属等原材料制造业，一般机械、电器机械、运输机械、精密机械等加工制造业，以及食品、纺织、造纸、服装等消费品制造业；这三大产业占制造业增加值的比重变化不大，1994年分别为24.5%、37.9%和37.6%，2012年分别为26.1%、44.9%和34.1%。但是，其中一些行业占比变动较大，1994~2012年，比重提高幅度最大的四个行业是运输机械、食品、一般机械和钢铁；比重下降幅度最大的三个行业是电器机械、服装、非金属矿物制品（见图7）。

（四）海外生产和收益快速增长

日本制造业的海外投资始于20世纪80年代后期，90年代以后出现了快速发展。根据日本内阁府的《平成24年度企业活动调查》，1990年进行海外生产的企业占全部日本制造业企业的40.3%，2012年上升到68.0%。其中，以电子和汽车为代表的加工制造业的海外生产比重最先上升，其后原材料制造业也开始了大规模的海外生产。1990~2012年，加工制造业的海外生产企业

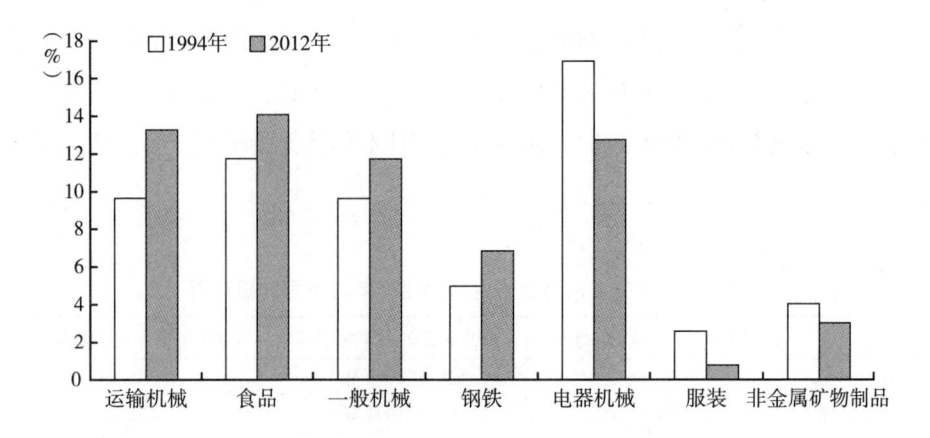

图7 增加值占制造业比重变动最大的几个行业

资料来源：参见日本内阁府《国民经济计算确报》。

比重从53.9%上升到73.1%，原材料制造业从32.0%上升到71.2%。

2000年以后，伴随着海外投资的发展，日本来自海外的投资收入也快速增长。从日本20世纪以来国际收支中的所得收支和贸易收支来看，2000年所得收支就达到7.7兆日元，当年贸易收支为所得收支的1.6倍；2008年以后贸易收支大幅萎缩，2011年转为贸易赤字，而投资收入略有下降后2013年再次回归历史最高水平，目前所得收支为贸易逆差额的2倍（见图8）。

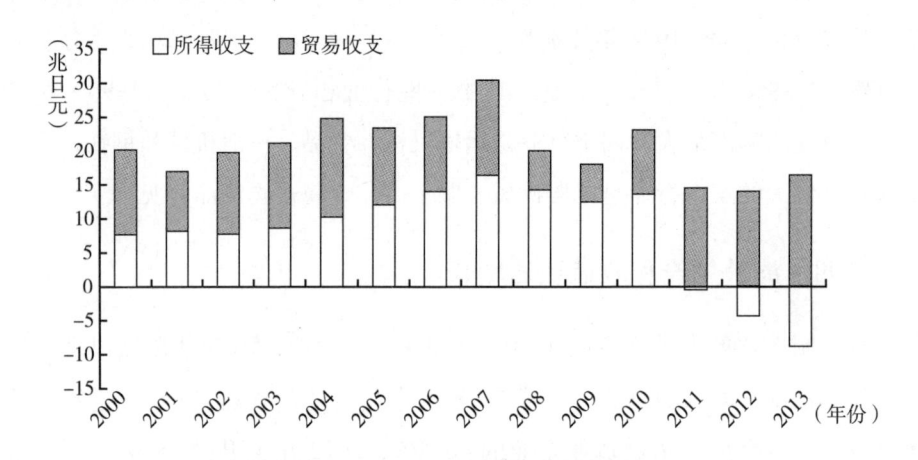

图8 日本国际收支中的所得收支和贸易收支

资料来源：参见日本财务省、日本银行《国际收支统计》。

日本的海外投资是与产业链分工相伴随的,从海外投资规模最大的汽车和电子行业来看,最终产品的生产更多地向海外转移,而零部件生产目前尚以国内生产为主。因此,表现在贸易上就是日本在制造业的全球产业分工中,其角色正从最终产品供应国转向关键元器件供应国。在汽车整车制造领域,国内设备投资在2008年后出现了明显的下降,近期海外设备投资额已经达到国内设备投资额的2倍以上;电子产品最终产品领域,海内外投资均出现了全面下降,其中国内投资下降得更为严重,2010年设备投资额仅为1995年的1/3。与最终产品相比,零部件的投资无论在海内外都处于扩张之中,但目前仍以国内投资为主。电子零部件领域,近期国内设备投资额仍保持在海外投资额的2倍以上,而海外投资虽然在2009年出现大幅下降,但到2010年仍是1995年的1.8倍;汽车零部件海外投资的主体是一级供应商,目前其海内外投资均处于上升之中,但国内投资接近于海外投资的2倍。

三 日本制造业的主要问题和未来趋势

(一)主要问题

1. 产业空心化导致一系列问题

日本制造业面临的最大问题就是势不可挡的"产业空心化"所带来的一系列问题,其竞争力走势的变化、产业的兴衰以及劳动者收入和国内市场无不与此紧密关联。时至今日,产业空心化不仅导致了制造业出口绝对额以及贸易顺差的连续下降,也是引发日本一般贸易由连续30多年的顺差转为逆差的最重要诱因;更深远的影响还在于制造业的生产能力可以转移,而劳动力无法转移,大企业有能力进行海外投资,而大量的中小企业作为底层的分包商却没有能力跟随转移;社会的劳动力技能结构无法快速调整,由此引发了对于劳动者收入和社会就业的一系列影响。这实际上撼动了长期以来依靠"制造业立国"和"贸易立国"的日本国力根本。

2. 原有制造业业态下的供应链管理缺乏灵活性,不适应激烈的价格竞争力和个性化生产要求

更进一步,国内生产的衰落还导致日本赖以形成制造业竞争优势的生产模式也受到了质疑。长期以来，日本产品是以较高的性价比赢得国际市场青睐的，但是中国、韩国等国家和地区制造业的兴起，导致了日本建立在"高品质、高性能"基础上的竞争优势遭遇了来自"够用品质"的激烈的价格竞争。而日本产品的"高品质、高性能"来自于其供应链管理（Supply Chain Management，SCM）能力。日本制造业的供应链涉及企业内部各部门以及上下游关联企业，就是通过这样的产业层面和企业层面的紧密配合，形成了关联企业的集聚，具备了高度的中间品生产和供给能力。在这个价值链中，为提高产品进入壁垒，经常的方法包括：使用最好的功能性材料，关键设计、关键部件等内部化。但是，在强有力的价格竞争，尤其是更看重性价比的中低技术产品领域，以及快速发展起来的个性化生产要求面前，紧密联系而灵活性不足的供应链管理的劣势尽显。

3. 产业创新路径僵化

日本战后作为经济追赶型国家，其制造业几乎都是从对欧美产品的仿制开始，依靠持续不断的"改良式创新"——强调实用、集成和成本控制，逐步登上了世界制造业的最高峰。其后欧美企业积极寻找新的科技和产业突破点，"熊彼特式创新"令日本企业的"改良式创新"相形见绌。以日本竞争力快速衰落的消费电子产业为例，日本企业的创新能力主要体现在硬件和设备创新，但目前消费电子产品的全球创新主要动力已经从硬件转移到了软件、系统和解决方案等领域。

（二）竞争力未来趋势

从贸易角度评价的日本制造业竞争力仍然存在继续下降的可能，尤其是国际市场占有率和贸易竞争力指数等指标。

首先，由于产业空心化难以逆转，日本企业的海外生产比重将继续提高，制造业出口下降而进口增加。日本制造业产业空心化的成因可以分为国内因素和国外因素。一方面，从国内因素来看，主要来源于国内市场缩小和成本高企。由于"少子高龄化"，日本人口已经连续4年减少，不仅导致国内市场萎缩而且劳动力成本居高不下；日元升值、震后电力成本上升、国内法人税率提高等因素进一步导致制造业成本的刚性提高。另一方面，从国外因素来看，靠近主要市场和作为出口基地、利用当地低成本要素、获取当地的零部件和原材料等则构成了海外生产的主要诱因。无论是国内因素还是国外因素都是长期性且难以转变的,因此,产业空心化将持续下去,其对于制造业竞争力的影响也难以逆转。

其次,主要出口支柱产业的支撑力不足。随着曾经作为日本出口第一支柱的电器机械产业的衰落,以汽车为主体的运输机械产业成为日本制造业出口的最重要支撑,2013年,仅汽车出口就占日本制造业出口额的23.71%,日本制造业贸易顺差的维持呈现出对于汽车出口的高度依赖。但是,这一日本出口的支柱并不坚实。近年来汽车产业呈现出以下趋势:一方面,为了更好地响应当地消费偏好,在消费国当地进行本土化生产的"地产地消"模式日益盛行;另一方面,为了降低国内生产成本,对于进口零部件的使用也持续增加。这些都会导致从中长期来看日本汽车较高的贸易顺差有缩小的趋势,从而进一步消减日本制造业的贸易顺差,减弱日本制造业的竞争力。

客观来看,我们对于日本制造业竞争力未来趋势的判断很可能是有偏的。由于数据的限制,建立在传统产业间分工基础上的竞争力评价指标,不足以完全反映海外生产不断扩大的日本制造业的竞争力,从贸易角度评价竞争力可能会对日本制造业竞争力存在低估。但同时,曾经被视为世界第一制造大国的日本,其竞争力确实出现了下降,在当今产业创新快速发展的时代,日本制造业尽管在许多领域仍保持了世界最为先进的水平,但其曾经赖以推动制造快速发展的生产模式也面临着调整的压力,对此日本产业界和政府都给予了高度关注,日本政府推出了一系列旨在重振日本制造业的政策措施。

四 日本重振制造业的政策措施

面对日本制造业竞争力的下降,日本一些学者认为,建立在制造业出口基础上的"出口立国"经济成长模式正在崩溃,日本要做的不是拯救制造业而是脱离制造业,发展以生产率更高的服务业为核心的产业模式。但是,无论是出于保护就业还是扩大内需的目的,日本政府一直在努力重振制造业:在金融政策方面通过金融缓和、日元贬值等促进制造业的投资和出口,在国际经贸环境方面构筑更广泛的贸易合作伙伴关系，在产业层面优化国内产业环境、促进国内投资和商业模式再造，以及加强人才培养和教育、研发活动。2013年6月，安倍内阁推出了《日本再兴战略》（2014年6月修订），提出要以"日本产业再兴计划""战略市场创造计划""国际开拓战略"为三大支柱，重新激发日本经济活力。

根据"日本产业再兴计划"，日本政府将设定5年期（到2017年）的"紧急结构改革期"和3年期的"集中投资促进期"，具体举措包括：制定《产业竞争力强化法》、促进先进设备投资，推进电力、医药等领域的规制改革，改革雇用制度促进劳动力流动，推进科技创新，设立吸引国内外企业投资的"国家战略特区"，向民间企业开放机场等公共设施运营权，改革大学教育以培养全球化人才，等等。

"战略市场创造计划"旨在创出新的内需市场，如培育医疗、护理、医药品领域的信息市场和电子商务市场，推动蓄电池技术、电力新设备新材料等新能源和节能技术的研发和推广，基础设施智能化、新型材料等技术和产品的研发普及，扩大"六次产业"①、农产品出口的规模等。

"国际开拓战略"目的在于通过扩大自由贸易化程度来开拓国际市场，引进海外优秀人才和技术以推进日本的国际化进程，具体目标包括：加快TPP等自贸协定谈判进程，争取在2018年将日本与自贸区伙伴之间的贸易比重从现在占日本外贸总量的19%提高到70%；将新兴经济体分成三类，分别设立日本的"市场开拓目标"；等等。

---

① 所谓"六次产业"是由日本学者今村奈良臣提出的，即对农业、水产业（第一产业）的产品进行制造加工（第二产业）和流通销售（第三产业），形成农产品基础上的三次产业融合发展。"6"即由第三产业的"3"、第一产业的"1"、第二产业的"2"相加而得。

B.22 法国的制造业

刘昶 原磊*

摘　要： 本文分析了法国制造业的国际竞争力。法国制造业的国际市场占有率自1995年以来呈现逐年下降的趋势。法国最具有国际竞争力的产品是非公路运输设备，其国际市场占有率在近10年都平稳地保持在较高水平，特别是在2008年以后竞争力明显提升。曾经是法国最大的出口行业的香精油、香料及清洁制剂，近20年其国际竞争力明显下降，目前是法国第二大出口行业。法国制造业的贸易为逆差，贸易逆差规模相对于贸易总额的比例近几年来有所下降，贸易竞争力较强的行业远少于竞争力弱的行业。法国制造业具有一定的显示比较优势，而且近年来显示比较优势指数逐年提高。法国制造业在高技术水平领域具有国际竞争力，且在国际金融危机期间仍比较稳定，贸易目的地由发达国家向发展中国家拓展。

关键词： 制造业　竞争力　比较优势　国际比较

通过分析法国制造业的国际竞争力，我们发现法国制造业的国际市场占有率自1995年以来呈现逐年下降的趋势，法国最具有国际竞争力的产品是非公路运输设备，其国际市场占有率在近10年都平稳地保持在较高水平，特别是

---

* 刘昶，中国社会科学院工业经济研究所助理研究员；原磊，中国社会科学院工业经济研究所副研究员。

在2008年以后竞争力明显提升。曾经是法国最大的出口行业的香精油、香料及清洁制剂，近20年其国际竞争力明显下降，目前是法国第二大出口行业。法国制造业的贸易为逆差，贸易逆差规模相对于贸易总额的比例近几年来有所下降，贸易竞争力较强的行业远少于竞争力弱的行业。法国制造业具有一定的显示比较优势，而且近年来显示比较优势指数逐年提高。法国制造业在高技术水平领域具有国际竞争力，且在国际金融危机期间仍比较稳定，贸易目的地由发达国家向发展中国家拓展。

一 国际市场占有率

法国制造业的国际市场占有率在2013年为3.6%。自1995年以来，呈现逐年下降的趋势。在2010年，有一个明显的下降，约0.4个百分点。2010年之后继续下降（见图1）。法国制造业的国际市场占有率在发达国家中并不算高，而且下降速度也比较明显。这说明法国制造业的国际竞争力在不断减弱。

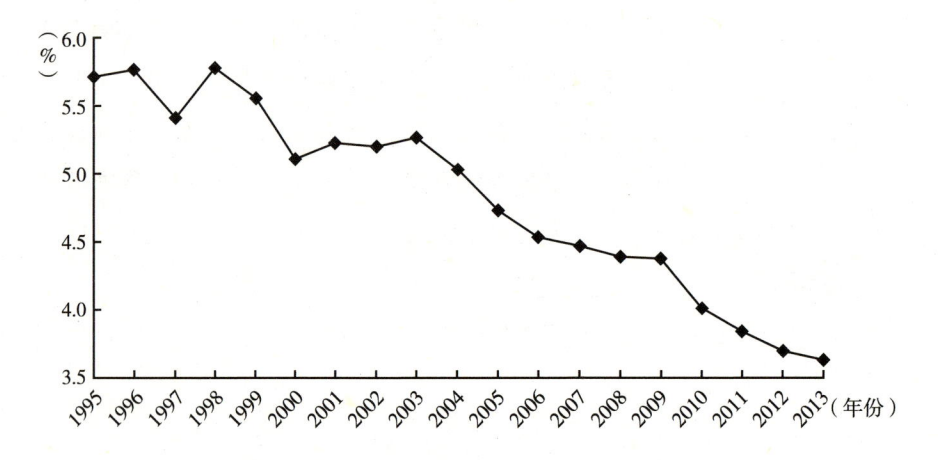

图1 法国制造业的出口额占世界的比例

资料来源：联合国贸易数据库。

法国最具有国际竞争力的出口产品是其他运输设备，在2013年其国际市场份额达到了16.6%（见表1）。与1995年相比，其他运输设备的国际市场份额从1995年的12.7%上升到2013年的16.6%，提升了近4个百分点。

表1 法国出口产品的国际市场份额

单位：%

年份	1995	2000	2005	2008	2009	2010	2011	2012	2013
全部	5.4	4.6	4.2	3.7	3.7	3.4	3.2	3.0	3.0
0 食品和活动物	8.4	6.9	6.1	5.7	5.4	5.0	5.0	4.6	4.7
1 饮料及烟草	14.2	14.6	14.3	14.0	12.1	12.6	12.6	12.5	12.4
2 非食用原料,燃料除外	3.2	2.8	2.5	2.3	2.0	1.9	1.8	1.8	1.6
3 矿物燃料、润滑油及相关材料	1.8	1.2	1.2	1.1	0.9	0.8	0.8	0.7	0.7
4 动植物油、脂和蜡	2.8	2.2	2.3	1.9	2.0	1.7	1.7	1.8	1.7
5 化学品和相关产品	7.5	7.1	6.3	5.9	6.0	5.4	5.0	5.0	4.9
有机化学品	5.2	5.2	3.2	3.0	2.7	2.5	2.4	2.4	2.2
无机化学品	6.9	5.5	4.7	5.7	6.0	4.7	3.6	3.0	2.3
染、鞣及着色的材料	6.1	5.2	4.9	4.7	4.2	3.8	3.8	3.5	3.6
医用和药用产品	9.1	9.4	8.3	7.9	7.9	7.5	6.8	7.2	7.1
香精油、香料及清洁制剂	20.6	17.1	15.7	15.2	14.1	13.3	13.3	12.6	12.4
肥料,天然肥料除外	1.6	1.4	1.0	0.7	0.8	0.5	0.5	0.5	0.5
原始形态的塑料	6.1	5.1	4.5	4.5	4.0	3.6	3.6	3.5	3.5
非原始形态的塑料	4.1	3.8	3.6	3.4	3.2	2.9	2.8	2.7	2.7
化学材料和产品	9.2	8.1	8.4	7.3	7.3	6.7	6.8	6.7	6.7
6 主要按原料分类的制成品	5.5	4.7	4.1	3.6	3.5	3.1	2.9	2.8	2.6
皮革、皮革制品、裘皮	2.5	2.7	2.6	2.6	3.2	2.9	2.7	2.9	2.4
橡胶制品	9.9	8.5	7.1	6.7	6.0	5.4	4.9	4.6	4.4
软木和木材制品,家具除外	4.2	4.0	3.6	4.0	3.7	3.3	3.2	3.1	3.0
纸和纸制品	6.3	5.7	5.6	5.1	4.9	4.5	4.3	4.0	3.9
纺织纱丝及相关产品	4.6	4.0	3.2	2.8	2.6	2.2	2.0	1.8	1.6
非金属矿制品	4.7	3.4	2.8	2.6	2.5	2.0	1.9	1.9	1.7
钢铁	6.5	6.2	4.8	3.9	4.4	3.8	3.7	3.5	3.4
有色金属	4.4	3.3	2.8	2.4	2.2	1.9	2.0	1.8	1.8
金属制品	5.8	5.0	4.4	4.1	3.8	3.6	3.3	2.9	2.8
7 机械及运输设备	5.6	5.1	4.6	4.2	4.2	3.9	3.8	3.6	3.6
动力机械及设备	7.6	6.4	6.1	6.4	6.8	6.5	6.0	6.0	6.1
特种工业专用机械	4.8	4.3	4.2	3.7	3.6	3.0	3.0	3.1	3.0
金属加工机械	3.5	2.7	2.6	2.7	2.8	2.2	2.1	1.9	1.9
通用工业机械设备及机器零件	5.9	5.6	5.4	5.0	4.7	4.2	4.0	3.9	3.9
办公用机器及自动数据处理机	3.6	2.6	1.5	1.5	1.3	1.0	1.0	0.8	0.8
电信、录音设备	3.3	4.6	2.5	1.4	1.5	1.3	1.3	1.3	1.2
电动机械、设备、装置	4.5	3.5	3.2	3.1	2.9	2.6	2.6	2.4	2.3

续表

年份	1995	2000	2005	2008	2009	2010	2011	2012	2013
公路车辆	7.1	6.7	6.5	5.0	5.0	4.3	4.1	3.5	3.4
其他运输设备	12.7	12.8	12.5	11.7	12.9	15.3	14.2	15.9	16.6
8 杂类制成品	4.3	3.6	3.8	3.8	3.7	3.3	3.3	3.0	3.1
预制建筑、卫生、供暖、照明装置	7.1	5.4	4.4	4.1	3.9	3.6	3.5	2.8	2.8
家具及零件	4.3	3.8	3.0	3.0	2.8	2.1	2.0	1.7	1.7
旅行用具、手提包及类似容器	8.0	8.1	11.2	10.5	10.8	10.0	10.2	10.2	9.4
各种服装和服饰品	3.3	2.5	2.8	3.0	3.0	2.7	2.5	2.4	2.3
鞋类	2.3	2.0	2.3	2.3	2.3	2.2	2.2	2.3	2.1
专业、科学及控制用仪器设备	5.1	4.0	3.9	3.8	3.5	3.1	3.1	2.8	2.9
摄影仪器、光学制品、表、钟	3.9	3.4	3.3	3.7	3.4	2.9	2.9	2.8	2.7
杂类制成品	4.9	4.3	4.7	4.3	4.3	4.0	3.9	3.5	3.7

资料来源：联合国贸易数据库。

从近年的变化趋势来看，该行业在20世纪90年代末期曾有两年经历了短暂的下降，下降到10%左右，而后在2000~2008年都平稳地保持在11.7%~12.8%。竞争力发生明显的提升主要是在2008年以后，仅2010年一年市场份额就提升了2.4个百分点，至15.3%。随后几年仍保持逐步提升的态势。在其他运输设备领域，法国的国际市场份额上升的同时，美国的市场份额出现大幅下降，美国在同时期从24.7%下降到4.4%，下降约20个百分点。美国飞机业明显地衰落了。

法国具有国际竞争力的行业还有香精油、香料及清洁制剂，2013年其国际市场份额为12.4%，是法国第二大出口行业。香精油、香料及清洁制剂曾经是法国最大的出口行业，1995年的国际市场份额是20.6%，远高于其他行业。1995年以来法国该行业的国际竞争力逐渐下降，近20年内下降约8个百分点，是法国所有优势行业中竞争力下降幅度最大的行业。法国具有国际竞争力的行业还有饮料及烟草，2013年其国际市场份额是12.4%。旅行用具、手提包及类似容器，医用和药用产品，化学材料和产品，2013年的国际市场份额在6.7%~9.4%。与1995年相比，旅行用具、手提包及类似容器的国际市场份额提升了1.4个百分点，而饮料及烟草等优势产业的国际竞争力有所下降。

二 贸易竞争力

出口的国际市场份额只反映了一个国家出口贸易的竞争力状况，没有反映进口贸易的状况。而一个国家的某产业可能同时有大量出口和进口，而净出口的规模并不大，其竞争力就不如出口的国际市场份额所显示的那么高。本文用贸易竞争力指数来衡量法国制造业的国际竞争力。

法国制造业的贸易竞争力指数在2013年为-0.039。自1995年以来，贸易竞争力指数呈现总体下降的趋势。在2005年，贸易竞争力指数从正值转为负值，说明国际贸易由顺差转为逆差。在2011年贸易竞争力指数达到近年的最低值-0.06，2012年开始，又出现了回升（见图2）。

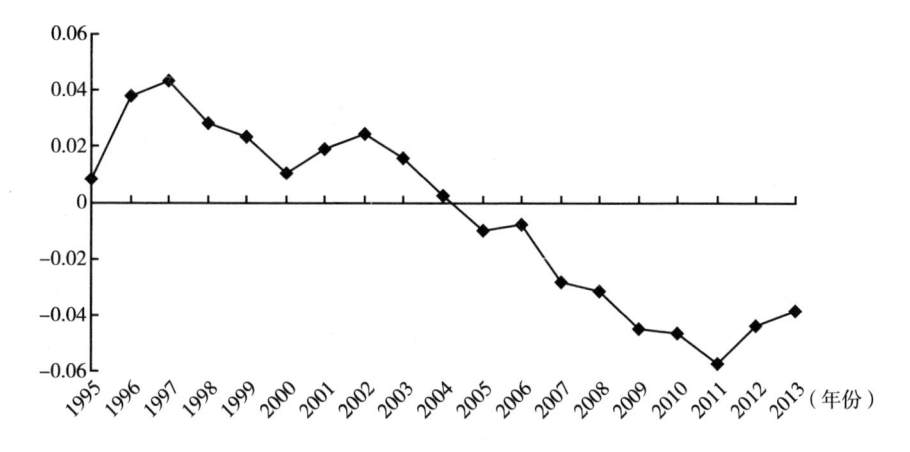

图2 法国制造业的贸易竞争力指数

资料来源：联合国贸易数据库。

法国贸易竞争力较强的行业远少于竞争力弱的行业，指数为正值的行业个数远小于为负值的行业个数（见表2）。法国贸易竞争力最强的行业是饮料及烟草（0.48），香精油、香料及清洁制剂（0.42），其他运输设备（0.31），旅行用具、手提包及类似容器（0.26），化学材料和产品（0.18）。这些行业的贸易竞争力在1995年以来一直保持稳定。贸易竞争力很弱的行业是肥料，天然肥料除外（-0.74）；矿物燃料、润滑油及相关材料（-0.66）；办公用机器及自动数据处理机（-0.54）；家具及零件（-0.47）；鞋类（-0.43）；电信、录音设备（-0.38）；各种服装和服饰品（-0.36），这些行业基本依靠进口。而且近年来法国贸易逆差加大的行业数目在增加。

表2 法国的贸易竞争力指数

年份	1995	2000	2005	2008	2009	2010	2011	2012	2013
全部	0.00	-0.01	-0.05	-0.08	-0.08	-0.08	-0.09	-0.09	-0.08
0 食品和活动物	0.10	0.07	0.04	0.04	0.00	0.02	0.04	0.03	0.03
1 饮料及烟草	0.43	0.48	0.43	0.47	0.41	0.46	0.46	0.47	0.48
2 非食用原料,燃料除外	-0.20	-0.20	-0.14	-0.11	-0.13	-0.11	-0.09	-0.06	-0.09
3 矿物燃料、润滑油及相关材料	-0.48	-0.57	-0.56	-0.59	-0.63	-0.63	-0.62	-0.64	-0.66
4 动植物油、脂和蜡	-0.20	-0.30	-0.23	-0.34	-0.27	-0.20	-0.09	-0.15	-0.20
5 化学品和相关产品	0.02	0.04	0.05	0.06	0.05	0.04	0.01	0.02	0.04
有机化学品	-0.14	-0.12	-0.25	-0.22	-0.26	-0.24	-0.26	-0.28	-0.24
无机化学品	-0.10	-0.11	-0.23	-0.02	-0.16	-0.17	-0.17	-0.35	-0.44
染、鞣及着色的材料	-0.05	-0.03	0.01	0.03	-0.03	-0.05	-0.06	-0.07	-0.06
医用和药用产品	0.07	0.13	0.14	0.14	0.11	0.10	0.06	0.09	0.12
香精油、香料及清洁制剂	0.51	0.42	0.43	0.44	0.42	0.41	0.41	0.41	0.42
肥料,天然肥料除外	-0.64	-0.68	-0.71	-0.77	-0.66	-0.77	-0.79	-0.77	-0.74
原始形态的塑料	-0.02	-0.01	0.01	0.00	-0.02	-0.04	-0.01	0.01	0.02
非原始形态的塑料	-0.33	-0.27	-0.25	-0.25	-0.26	-0.27	-0.29	-0.28	-0.26
化学材料和产品	0.06	0.11	0.16	0.15	0.16	0.19	0.17	0.18	0.18
6 主要按原料分类的制成品	-0.01	-0.04	-0.05	-0.07	-0.09	-0.11	-0.12	-0.12	-0.12
皮革、皮革制品、裘皮	-0.17	0.02	0.11	0.06	0.13	0.12	0.01	0.04	0.02
橡胶制品	0.27	0.24	0.15	0.09	0.05	0.04	0.02	0.02	-0.01
软木和木材制品,家具除外	-0.04	-0.07	-0.11	-0.17	-0.23	-0.26	-0.24	-0.23	-0.21
纸和纸制品	-0.09	-0.08	-0.08	-0.13	-0.15	-0.13	-0.15	-0.16	-0.16
纺织纱丝及相关产品	-0.01	0.00	-0.04	-0.08	-0.11	-0.14	-0.15	-0.15	-0.15
非金属矿制品	0.02	-0.05	-0.11	-0.18	-0.19	-0.20	-0.19	-0.19	-0.20
钢铁	0.04	0.06	0.03	0.00	0.05	0.03	0.01	0.04	0.03
有色金属	-0.18	-0.25	-0.21	-0.25	-0.19	-0.24	-0.24	-0.24	-0.25
金属制品	-0.03	-0.04	-0.10	-0.12	-0.15	-0.17	-0.19	-0.20	-0.18
7 机械及运输设备	0.06	0.06	0.03	0.00	-0.02	-0.01	-0.02	0.00	-0.01
动力机械及设备	0.14	0.02	0.06	0.07	0.07	0.11	0.11	0.12	0.12
特种工业专用机械	0.01	-0.05	0.03	0.00	-0.01	0.00	-0.02	-0.01	-0.04
金属加工机械	-0.13	-0.28	-0.14	-0.07	-0.03	-0.03	-0.11	-0.07	-0.10
通用工业机械设备及机器零件	0.04	0.01	0.03	0.03	0.04	0.01	-0.01	0.01	0.01

续表

年份	1995	2000	2005	2008	2009	2010	2011	2012	2013
办公用机器及自动数据处理机	-0.20	-0.23	-0.43	-0.38	-0.44	-0.48	-0.48	-0.53	-0.54
电信、录音设备	-0.03	0.12	-0.14	-0.39	-0.40	-0.42	-0.39	-0.35	-0.38
电动机械、设备、装置	0.05	-0.02	0.01	0.01	0.00	-0.04	-0.04	-0.03	-0.03
公路车辆	0.05	0.11	0.07	-0.07	-0.11	-0.09	-0.10	-0.08	-0.12
其他运输设备	0.46	0.43	0.35	0.41	0.34	0.31	0.28	0.26	0.31
8 杂类制成品	-0.17	-0.18	-0.18	-0.19	-0.22	-0.20	-0.20	-0.20	-0.18
预制建筑,卫生、供暖、照明装置	0.11	-0.06	-0.17	-0.19	-0.25	-0.26	-0.25	-0.27	-0.27
家具及零件	-0.25	-0.21	-0.38	-0.39	-0.42	-0.50	-0.50	-0.52	-0.47
旅行用具、手提包及类似容器	0.18	0.18	0.24	0.20	0.23	0.24	0.27	0.24	0.26
各种服装和服饰品	-0.31	-0.36	-0.36	-0.34	-0.35	-0.37	-0.38	-0.36	-0.36
鞋类	-0.43	-0.50	-0.51	-0.49	-0.48	-0.45	-0.42	-0.43	
专业、科学及控制用仪器设备	-0.07	-0.04	-0.01	0.03	0.01	-0.01	0.01	0.00	0.01
摄影仪器、光学制品、表、钟	-0.12	-0.14	-0.07	-0.18	-0.18	-0.18	-0.19	-0.19	
杂类制成品	-0.11	-0.10	-0.10	-0.14	-0.15	-0.15	-0.14	-0.13	-0.12

资料来源：联合国贸易数据库。

与1995年相比，贸易竞争力明显减弱的行业是预制建筑,卫生、供暖、照明装置；电信、录音设备；无机化学品；办公用机器及自动数据处理机器；橡胶制品，这些行业的贸易竞争力指数都下降了0.28以上。其中，橡胶制品业曾是法国具有明显优势的行业，其贸易竞争力指数在1995年高达0.27，而2013年则接近于0。贸易竞争力增强的行业寥寥无几，包括：皮革、皮革制品、裘皮；化学材料和产品；非食用原料,燃料除外；专业、科学及控制用仪器设备；旅行用具、手提包及类似容器，这些行业的贸易竞争力指数提升了0.08~0.21。

三 显示比较优势

法国制造业的显示比较优势指数在2013年为1.21，具有一定的比较优势。而且与国际市场占有率和贸易竞争力指数不同的是，自1995年以来，法国制造业的显示比较优势指数呈现总体上升的趋势，比较优势在提高（见图3）。

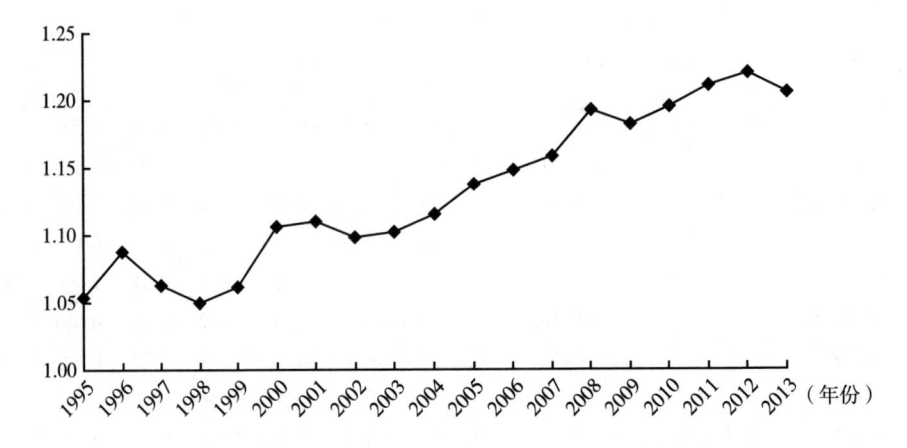

图3　法国制造业的显示比较优势指数

法国具有显示比较优势的行业是饮料及烟草（4.1），其他运输设备（5.5），香精油、香料及清洁制剂（4.1），旅行用具、手提包及类似容器（3.1），医用和药用产品（2.4），化学材料和产品（2.2），动力机械及设备（2.0）等（见表3）。这些优势行业的显示比较优势指数在近20年保持稳定或缓慢增长。其中，含飞机制造在内的其他运输设备业是近20年来竞争力增长最迅速的行业，1995年其显示比较优势指数为2.3，已具有较强的比较优势，2005年逐步增长到3，2010年达到4.6，2013年增长到5.3。

表3　法国的显示比较优势指数

年份	1995	2000	2005	2008	2009	2010	2011	2012	2013
全部	1	1	1	1	1	1	1	1	1
0 食品和活动物	1.5	1.5	1.5	1.5	1.4	1.5	1.6	1.5	1.6
1 饮料及烟草	2.6	3.2	3.5	3.8	3.3	3.8	4.0	4.1	4.1
2 非食用原料,燃料除外	0.6	0.6	0.6	0.6	0.5	0.6	0.6	0.6	0.5
3 矿物燃料、润滑油及相关材料	0.3	0.3	0.3	0.3	0.2	0.2	0.3	0.2	0.2
4 动植物油、脂和蜡	0.5	0.5	0.6	0.5	0.6	0.5	0.7	0.6	0.6
5 化学品和相关产品	1.4	1.5	1.5	1.6	1.6	1.6	1.6	1.7	1.6
有机化学品	1.0	1.1	0.8	0.8	0.7	0.7	0.8	0.8	0.7
无机化学品	1.3	1.2	1.1	1.5	1.6	1.4	1.1	1.0	0.7
染、鞣及着色的材料	1.1	1.1	1.2	1.3	1.1	1.1	1.2	1.2	1.2

续表

年份	1995	2000	2005	2008	2009	2010	2011	2012	2013
医用和药用产品	1.7	2.0	2.0	2.1	2.1	2.2	2.2	2.4	2.4
香精油、香料及清洁制剂	3.8	3.7	3.8	4.1	3.8	4.0	4.2	4.1	4.1
肥料,天然肥料除外	0.3	0.3	0.2	0.2	0.2	0.2	0.1	0.2	0.2
原始形态的塑料	1.1	1.1	1.1	1.1	1.2	1.1	1.1	1.2	1.2
非原始形态的塑料	0.8	0.8	0.9	0.9	0.9	0.9	0.9	0.9	0.9
化学材料和产品	1.7	1.8	2.0	2.0	2.0	2.0	2.2	2.2	2.2
6 主要按原料分类的制成品	1.0	1.0	1.0	1.0	1.0	0.9	0.9	0.9	0.9
皮革、皮革制品、裘皮	0.5	0.6	0.6	0.7	0.9	0.9	0.8	1.0	0.8
橡胶制品	1.8	1.8	1.7	1.8	1.6	1.6	1.6	1.5	1.4
软木和木材制品,家具除外	0.8	0.9	1.0	1.1	1.0	1.0	1.0	1.0	1.0
纸和纸制品	1.2	1.2	1.3	1.4	1.3	1.3	1.4	1.3	1.3
纺织纱丝及相关产品	0.8	0.9	0.8	0.8	0.7	0.7	0.6	0.6	0.5
非金属矿制品	0.9	0.7	0.7	0.7	0.7	0.6	0.6	0.6	0.6
钢铁	1.2	1.3	1.2	1.1	1.2	1.1	1.2	1.1	1.1
有色金属	0.8	0.7	0.7	0.7	0.6	0.6	0.6	0.6	0.6
金属制品	1.1	1.1	1.1	1.1	1.0	1.1	1.0	1.0	0.9
7 机械及运输设备	1.0	1.1	1.1	1.1	1.1	1.2	1.2	1.2	1.2
动力机械及设备	1.4	1.4	1.5	1.7	1.8	1.9	1.9	2.0	2.0
特种工业专用机械	0.9	0.9	1.0	1.0	1.0	0.9	0.9	0.9	1.0
金属加工机械	0.6	0.6	0.6	0.7	0.7	0.6	0.7	0.6	0.6
通用工业机械设备及机器零件	1.1	1.2	1.3	1.3	1.3	1.3	1.3	1.3	1.3
办公用机器及自动数据处理机	0.7	0.6	0.3	0.4	0.4	0.3	0.3	0.3	0.3
电信、录音设备	0.6	1.0	0.6	0.4	0.4	0.4	0.4	0.4	0.4
电动机械、设备、装置	0.8	0.8	0.8	0.8	0.8	0.8	0.8	0.8	0.8
公路车辆	1.3	1.4	1.6	1.3	1.4	1.3	1.3	1.2	1.1
其他运输设备	2.3	2.8	3.0	3.2	3.5	4.6	4.5	5.3	5.5
8 杂类制成品	0.8	0.8	0.9	1.0	1.0	1.0	1.0	1.0	1.0
预制建筑,卫生、供暖、照明装置	1.3	1.2	1.1	1.1	1.1	1.1	1.1	0.9	0.9
家具及零件	0.8	0.8	0.7	0.7	0.8	0.6	0.6	0.6	0.6
旅行用具、手提包及类似容器	1.5	1.7	2.7	2.9	2.9	3.0	3.2	3.4	3.1
各种服装和服饰品	0.6	0.5	0.7	0.8	0.8	0.8	0.8	0.8	0.8
鞋类	0.4	0.4	0.5	0.6	0.6	0.6	0.6	0.7	0.7
专业、科学及控制用仪器设备	0.9	0.9	0.9	1.0	1.0	0.9	1.0	1.0	1.0
摄影仪器、光学制品、表、钟	0.7	0.7	0.8	1.0	0.9	0.9	0.9	0.9	0.9
杂类制成品	0.9	0.9	1.1	1.2	1.1	1.2	1.2	1.2	1.2

资料来源:联合国贸易数据库。

四 法国制造业的特点

（一）在高技术产业中具有较强的国际竞争力

近年来，法国制造业在国民经济中的地位呈下降趋势。虽然制造业的比重下降了，但其结构向高技术水平转化，先进制造业的比重提高。法国在核电、高速列车等领域拥有全套核心技术。法国在核电装备领域拥有世界最为先进的技术，法国的高速轮轨技术是全球运用最广泛的。为了进一步考察法国在细分行业的竞争力变化，本研究选取了按照SITC3分类的157个工业行业的国际竞争力作为样本，其数据来源于联合国贸易数据库。表4列示了法国2013年出口额占世界比例最大的20个工业行业。飞机和相关设备、航天飞机等（31.2%）；香料、化妆品或盥洗用品（肥皂除外）（17.1%）；矿物油用精制添加剂、润滑油、防冻液（14.1%）；非电动的发动机及零件（11.8%）；杀虫剂及类似产品（零售用）（11.3%）；行李箱、手包及类似容器（9.4%）；香精油、香料及调味香料（9.3%）；放射性材料及相关材料（8.9%）；皮革或合成革制品，鞍具及挽具（8.8%）；艺术品、珍藏品及古董（8.6%）是法国2013年国际市场竞争力最强的10个工业行业。与2008年相比，飞机和相关设备、航天飞机等的国际竞争力有非常明显的上升，约12个百分点，是法国目前最具竞争力的工业行业。而放射性材料及相关材料在2008年曾是法国国际竞争力最强的工业行业，出口占世界的近30%，5年间下降了20.7个百分点，竞争优势不再突出了。香料、化妆品或盥洗用品（肥皂除外）的国际市场份额也有所下降，从2008年的21.6%降至2013年的17.1%，下降了4.5个百分点。其他优势行业的竞争力变化不大。

（二）国际金融危机期间高技术产业竞争力保持了相对稳定

联合国贸易和发展会议将157个工业行业按照制造技术水平分为劳动密集型和资源型制造行业、低等技能和技术制造行业、中等技能和技术制造行业、高等技能和技术制造行业4类。图4显示了法国1995~2013年各技术水平制造

表4　法国2013年出口额占世界比例最大的20个行业

行业	技术水平	2013年出口额占世界比例(%)	2008年出口额占世界比例(%)	2013~2008年的变化(个百分点)
飞机和相关设备、航天飞机等	4	31.2	19.4	11.8
香料、化妆品或盥洗用品(肥皂除外)	4	17.1	21.6	-4.5
矿物油用精制添加剂、润滑油、防冻液	4	14.1	15.7	-1.6
非电动的发动机及零件	3	11.8	10.5	1.3
杀虫剂及类似产品(零售用)	4	11.3	12.1	-0.8
行李箱、手包及类似容器	1	9.4	10.5	-1.1
香精油、香料及调味香料	4	9.3	9.5	-0.2
放射性材料及相关材料	4	8.9	29.6	-20.7
皮革或合成革制品、鞍具及挽具	1	8.8	9.4	-0.6
艺术品、珍藏品及古董	0	8.6	7.2	1.4
药物(包括兽医用药物)	4	8.1	9.2	-1.1
拖拉机	3	6.8	6.3	0.5
玻璃制品	1	6.6	9.7	-3.1
染料和鞣料提取物,合成鞣料	4	6.4	7.1	-0.7
淀粉、麦谷肮、蛋白状物质	4	6.3	8.4	-2.1
办公用品和文具	0	6.3	5.7	0.6
滚珠轴承或滚柱轴承	3	6.0	7.9	-1.9
造纸厂和制浆厂机械、制造纸制品的机械	3	5.5	5.5	0.0
肥皂、清洁和抛光制剂	4	5.3	6.5	-1.2
医用和药用产品(第542组的药物除外)	4	5.3	4.3	1.0

注：技术水平中，"1"为劳动密集型和资源型制造，"2"为低等技能和技术制造，"3"为中等技能和技术制造，"4"为高等技能和技术制造，"0"为未分类。

资料来源：联合国贸易数据库。

业出口额占世界的比例。可以看出，法国具有国际竞争力的行业大多属于中等与高等技能和技术制造行业，低等技能和技术制造行业与劳动密集型和资源型制造行业没有竞争力。从近20年的变化情况来看，法国制造业整体的国际竞争力在下降，从1995年的5.7%下降到2013年的3.6%。而且各技术水平的国际竞争力都呈总体下降的趋势，高等技能和技术制造行业19年间下降了1.5个百分点，明显低于中等、低等技能和技术制造行业及劳动密集型和资源型制造行业（分别下降2.7个、2.8个、1.9个百分点）。2008年国际金融危机发生后，法国在中等、低等技能和技术制造行业及劳动密集型和资源型制造行业的竞争力下降速度加快了，2009~2013年的下降幅度几乎接近于1995~2008年的下降幅度，说明法国在高等技能和技术制造行业的竞争力保持稳定，低等技能和技术制造行业、劳动密集型和资源型制造行业被中国等新兴经济体所取代。如前文所述，飞机和相关设备、航天飞机等，香料、化妆品或盥洗用品（肥皂除外），矿物油用精制添加剂、润滑油、防冻液是法国2013年出口额占世界比例最大的3个工业行业，它们都属于高等技能和技术制造行业，这些工业行业的增长是法国工业保持竞争优势的原因。

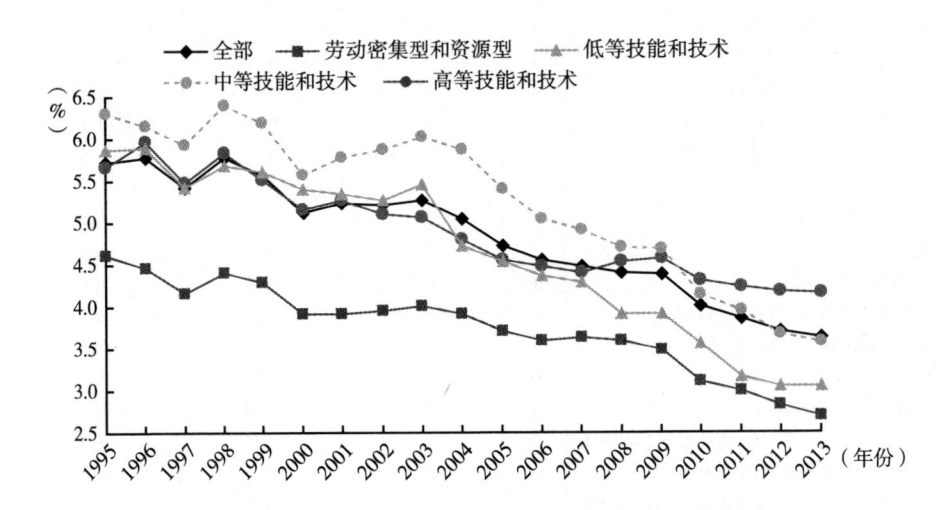

图4　法国各技术水平制造业出口额占世界的比例

资料来源：联合国贸易数据库。

（三）国际竞争力在发达国家中并不突出

与其他发达国家相比，法国的国际竞争力并不突出。例如，德国在2013年中等和高等技术水平制造行业的出口市场份额分别是14.4%和8%。德国的中等和高等技术水平制造行业的国际竞争力很强，在2008年金融危机前一直保持稳定，分别为16%和9.3%。金融危机对德国中等技术水平制造行业的竞争力影响很大，尤其是属于中等技术水平的电子行业，2009～2013年下降了2.7个百分点，超过1995～2008年下降1.7个百分点的幅度。德国中等技术水平中除电子行业外的其他行业、高等技术水平制造行业的竞争力受金融危机影响稍小，金融危机后的5年下降了1.3～1.4个百分点。美国在2013年中等和高等技术水平制造行业的出口市场份额分别是9.7%和9.3%。金融危机对美国高等技术水平中除电子行业外的其他行业的国际竞争力影响较大，5年间下降了3个百分点，与金融危机发生前的14年的下降幅度基本相当。而美国的中等、低等技术水平制造行业和劳动密集型和资源型制造行业的国际竞争力受金融危机的影响较小。

发达国家在劳动密集型和资源型制造行业和低等技术水平制造行业、中等和高等技术水平的电子行业的国际市场份额的下降伴随着中国在这些行业的快速发展。近年来，随着发达国家的劳动力成本上升、环境要求日趋严格，发达国家将一些劳动密集、高污染、低附加值的制造业转移到中国。中国承接了发达工业国家转移来的高能耗、高污染、低附加值的制造环节。考察中国1995～2013年各技术水平制造业出口份额可以发现，中国最具竞争力的是劳动密集型和资源型、低等技术水平制造行业，2013年的出口份额分别占世界的30.3%、18.3%，而中等和高等技术水平制造行业的出口份额明显低于劳动密集型和资源型、低等技术水平制造行业，分别占12.1%、16.9%。从近20年的变化情况看，中国制造业整体的国际竞争力在快速上升，各技术水平的国际竞争力都在上升，而劳动密集型和资源型是各技术水平中上升幅度和速度最高的，19年间提升了22个百分点。属于高等技术水平的电子行业（除零部件之外）和属于中等技术水平的电子行业（除零部件之外）分别是在高等、中等技能和技术水平制造行业中最具竞争力的，也是近20年发展最快的，两者在2013年的出口份额分别占世界的42.9%、32.6%，19年间分别提升了39.4个、28.2个百分点。

（四）贸易目的地向发展中国家拓展

飞机制造业是法国制造业中最具竞争力的行业，下面将以法国的飞机制造业为例，深入考察法国飞机制造业的贸易目的地的变化。为此，本文计算了法国飞机制造业对某一地区的出口额占世界对该地区的出口额的比例。出口目的地按照联合国贸易数据库的标准分为发达国家、发展中国家、转型国家3类。由于转型国家很少，此处没有单独列示。对于发展中国家，进一步按照收入水平划分为高收入、中等收入、低收入水平3类。图5显示法国飞机制造业在不同地区的竞争力，从出口目的地的国际市场竞争力看，法国飞机制造业在发达国家和发展中国家的国际市场竞争力都有明显的提升，特别是在2008年以后，法国飞机制造业加速增长。对于出口目的地中的发展中国家，再按照国家的收入水平划分，法国飞机制造业在中等收入水平的发展中国家的国际市场竞争力提升得最明显，在2002年以后一直呈增长趋势。法国飞机制造业在中国的市场份额在2002年以后呈快速增长趋势，2011年高达49%，随后两年有小幅下降。

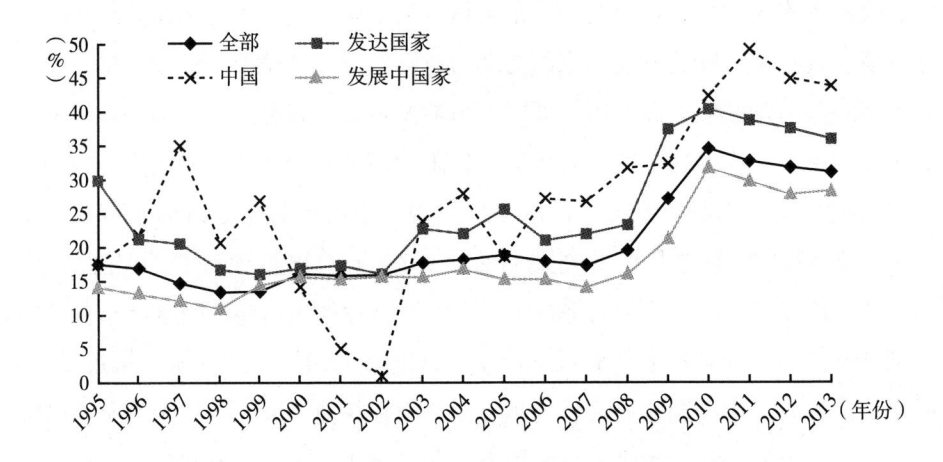

图5　法国飞机制造业在不同目的地的国际市场竞争力

资料来源：联合国贸易数据库。

图6为法国飞机制造业出口目的地的结构，即法国飞机制造业对某一地区的出口额占世界出口额的比例。可以看出，法国飞机制造业出口目的地结构中，对发展中国家的出口比例在2008年以后显著提升，同期对发达国家的出口比例下降，2013年两者分别为55%、42%。金融危机使得法国飞机制造业的出口目的地由发达国家部分转移到了发展中国家。如果对发展中国家再按照收入水平进行划分，法国飞机制造业出口目的地结构中，对中等收入水平的发展中国家的出口比例在2003年以后显著提升，而对高收入水平的发展中国家的出口比例在2006年以后呈现逐步下降的趋势。2013年对高收入和中等收入水平的发展中国家的出口比例分别为20%、19%。对中国的出口比例在2002~2007年经历了快速的增长，2007年达到11.5%，金融危机后则迅速下降到5%，而后有所回升，但仍未达到危机前的水平，2013年对中国的出口占法国飞机制造业总出口的8%。这一变化趋势与金融危机对宏观经济的影响相似。

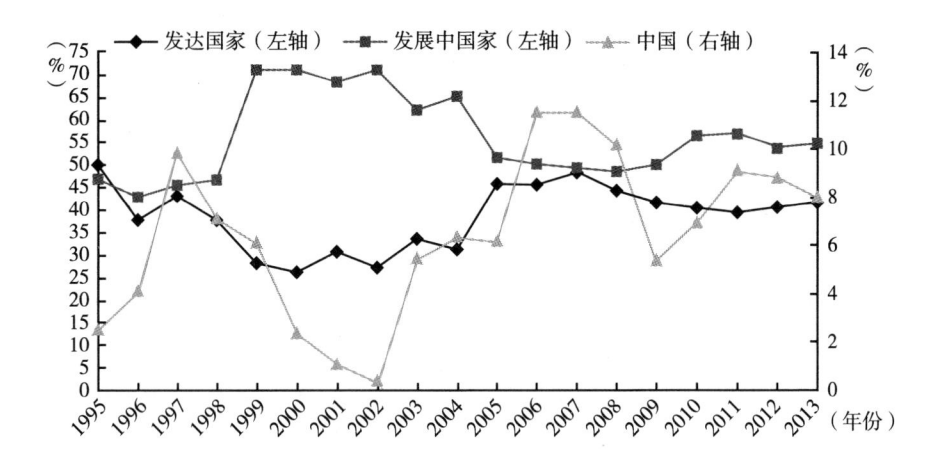

图 6　法国飞机制造业出口目的地的结构

资料来源：联合国贸易数据库。

如果再进一步分析出口目的地的区域，可以发现，法国飞机制造业对亚洲发展中国家的出口所占比例在 2002 年以后快速增长，对欧洲发达国家的出口所占比例在 2005 年以后快速增长，而同期对美洲发达国家的出口比例明显降低了（见图 7）。

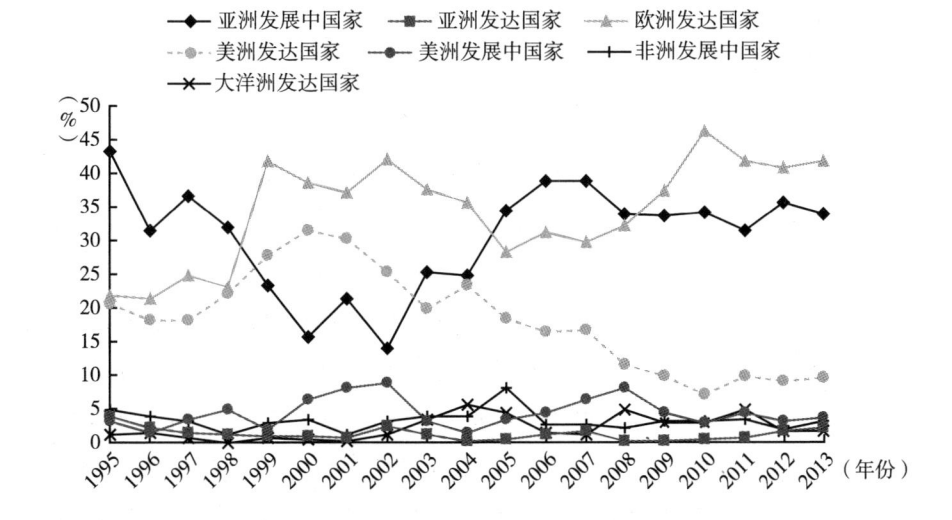

图 7　法国飞机制造业出口市场的结构

资料来源：联合国贸易数据库。

五 法国制造业发展的政策和经验

（一）重视发展高新技术行业

法国在近几十年推出了大量促进高新技术行业发展的政策，加强技术创新的立法和基础设施建设，运用财政、税收、信贷等多种政策构建技术创新支持体系。20世纪中期，法国实施了核电、高速铁路、发电站等大型战略工业发展计划，直接对这些高技术产业项目进行投资，这些领域的发展不仅促使高技术制造业快速增长，奠定了法国目前在先进制造业领域的竞争优势，还进一步带动了相关行业的发展。20世纪末期，法国政府推动传统制造业的技术改造，制定并实施了促进高新技术产业发展的中长期计划。21世纪以来，法国推出了光电子技术发展计划、国家创新计划、国际合作创新计划等。2005年法国发布《法国新工业政策及革新的基本方针》并成立工业创新署，以加快推进高新技术产业的发展。法国总统在2013年宣布了未来十年振兴工业行动计划，提出要建设"新的工业法国"，通过工业创新和增长促进就业，推动法国企业竞争力提升，使国家竞争力跻身世界最前列。

（二）重视科技成果产业化

法国政府以法令形式规定各种研究机构必须向企业推广科研成果，在基础研究领域，实力雄厚的科研机构开展以产业升级为导向的创新工作，在大学增设"成果转化服务中心"，促进产学研相互结合和研究成果转化。政府近年来积极推动促进高新技术发展的科技体制改革，鼓励企业成为技术创新主体，鼓励企业与科研机构及高等院校长期合作，鼓励科研人员创业或者到私人企业工作，加强对全国科研机构的统一管理，创立能够孵化先进技术的科技园区等。2005年法国政府要求在特定的地理范围内的一些企业、培训中心和研究机构以合作伙伴的形式联合起来，共同进行创新性开发，政府将向这些联合体提供资金资助。政府制定了适用于大型骨干企业的"技术振兴（飞跃）计划"和适用于中小企业的"研究税收信贷计划",通过资金支持、优惠的税收和信贷政策来促进科技成果在企业的应用。

(三)独立自主研发核心技术

独立自主的技术创新发展模式是法国制造业在高技术领域具有国际竞争优势的重要原因。法国政府和企业重视在高技术领域的研发和创新。法国航空航天领域的研发投入约占销售额的15%,大型医药集团的研发费用占销售收入的15%~20%,汽车与高速列车领域的研发投入占销售额的6%。法国政府在发展制造业的过程中不仅重视自主开发,也要求对外来引进的技术采取消化吸收、再开发创新的模式,以摆脱外国在技术上的控制和垄断。法国在核电、高速列车领域拥有世界领先的核心技术就是因为政府和企业重视自主创新。

参考文献

[1] 赵彦云、侯晓霞:《法国产业结构高端化作用及影响研究》,《现代产业经济》2013年第1期。

[2] 陈宝明、李东红:《法国先进制造业发展经验与启示》,《科技情报开发与经济》2006年第16期。

[3] 国务院发展研究中心"发达国家再制造业化战略及对我国的影响"课题组:《发达国家再制造业化战略及对我国的影响》,《管理世界》2013年第2期。

Abstract

"Industrial Blue Book: Industrial Competitiveness of China (2014) No. 4", the fourth one of "Industrial Blue Book Series", focuses on manufacturers development of China and some other economies, which is composed of General Report, Industrial Analysis , Factors Analysis and International Experience for the development of the manufacturing.

General Report analyses the role of manufacturers in the international trade, the China manufacturing advantage has been evaluated, and proposed strategy to enhance the competitiveness of themanufacturers of China. Next ten chapters constitute Part Two and assess the competitiveness of ten industries such as new energy industry, textile and apprel industry, chemical industry, automobile industry, electronic and information industry, machinery industry, shipbuilding industry, creative industry, the financial industry and knowledge creative industry etc. Part three makes analysis of factors influencing on industrial competitiveness of China, which are composed of labor cost, logistics cost, environmental regulation, the currency exchange rate system , trade policy, etc. In Part Four, International experiences in the development of manufacturers from USA, Britain, Germany, Japan, France are discussed, and the vision of manufacturing in the future are briefly proposed.

The major findings of this book are as follows.

1. Although the share of manufactured goods in international trade is declining, its main composition of international trade did notfundamentally shaken. Manufacturers, in the international competition, whether in developed or developing countries, has played a decisive role . China is a big one of manufacturers export and the share of manufactured goods in the international market continues to promote and constantly improves the international competitiveness. But labor – intensive and resource – intensive manufactured goods, low – skill and technology – intensive goods still account for a large proportion of Chinese export. Considering the trend, China's manufactures has entered a new stage, at which the resources and labor – intensive products and low – skills and technology –

intensive products are gradually losing advantages, the advantages of medium-skill and technology-intensive and high-skill and technology-intensive manufactures are accumulated through climbing the mountain slope with structural adjustment period pains.

2. Financial services, logistics cost, weak of knowledge creative sector competitiveness and soft power are four major factors to restrict the development of Chinese manufacturers and improvement of the industrial competitiveness. Not only China's international competitiveness of the financial services has the disparity with the developed countries, but also even comparing with the BRICS countries, there is a big gap. Although competitiveness of China's knowledge creative sector has been rising over the past 30 years, but only reaches at the global average level. China's logistics cost is decreased, but still much higher than that of developed countries. Comparing with the hard power, soft power of China is relatively weak, this has been deeply reflected in export of the creative products of China. China hold a big share of creative product export, but the export share of movies, books and newspapers and other are as manifesting more a national soft power. considering the six categories of creative services exports, in addition to advertising, market research and public opinion survey services, the export of other creative services lag far behind United States, Britain and Germany, there is a gap, even comparing with India.

3. Developed countries in promoting the manufacturers focus on the how to deal with future globalization competition, meet the requirements of sustainable development, adapt to the change of population structure and quick changing market demand. The competitive advantage for future industry and enterprises sources will change, quick response ability, complex manufacturing capacity, customized production ability, sustainable ability and to be able to adapt to change and innovation will become the core competitiveness of the manufacturing industry. Photonics technology, biotechnology, nanotechnology, additive material increasing manufacturing technology and the traditional industrial base technology will together constitute the new manufacturing technology system in the future. Ecological industry, new energy industry, life science industry and electric vehicle industry will become one of the fastest growing emerging industries.

Contents

B I   General Report

B. 1   Competitiveness of Manufacturing Industry　　　Zhang Qizi / 001
  1. Introduction　　　/ 002
  2. The Role of Manufactures in International Competitiveness　　　/ 003
  3. The Advantage of Manufactures in China　　　/ 011
  4. Policy Recommendations　　　/ 018

  Abstract: After the international financial crisis, the developed economic group attaches unprecedented importance to the manufacturing, but it doesn't indicate the manufactured goods has been in second position in the international trade. It, whether in developed or developing countries, has been playing a decisive role. While the proportion of manufactured goods export to the whole global export has declined, it still hold a leading position. The export of manufactured goods account 52.5% for the whole developing export while 52.7% in developed economies in 2013. China is a big manufacturing country, continuously promoting increases market share in the international market, and constantly increasing international competitiveness. The issue China facing is how to improve export structure of manufactured goods because the labor-intensive and resource-intensive manufactures and low-skill and technology-intensive manufactures take a big share of export. Manufactures of China has entered a new stage, at which resources and labor-intensive manufacturing and low skills and technology-intensive manufacturing advantage is weakening, accumulating new competitive advantages in a difficult climbing. China is entered into the structural adjustment suffering period. In the course of moving towards a new stage, although China will face many challenges, as long as a reasonable using of dual track strategy, China will be able to smoothly realize the transition.

  Keywords: Manufacture; Labor-intensive and Resources-intensive Manufactures;

Low-skill and Technology-intensive Mannufactures Medium-skill and Technology-intensive Manufactures; High-skill and Technology-intensive Manufactures

B Ⅱ Industrial Issue

B.2 Competitiveness of New Energy Industry   *Bai Mei* / 023

Abstract: To analyze China's relative competitive advantages and disadvantages in new energies by its international market share, trade competitiveness index, and revealed comparative advantage, Conclusions are as follows: 1) China possesses an extremely competitive position in the new energy industries, shown mainly in its solar power plants, and the manufacturing of photovoltaic cells and power inverters. Although the relative competitiveness is getting weakened by the influence of the trade protection policies set up by the United States and the European Union. Wind power generation, liquid biomass fuels, and geothermal energy are among China's competitive disadvantages. 2) The U.S., China, Germany, Japan, South Korea and Denmark are the leading countries in new energy industries. In photovoltaics, China and South Korea are the Strongest. Americans shows strengths in liquid biomass fuels, geothermal energy, and solar power generation system. And Germany, along with Denmark, leads the world in wind power generation. 3) In the new energy industries, which are greatly impacted and influenced by policies, China should seek to gain competitive advantages globally through its strength in industrial agglomeration.

Keywords: New Energy Industries; Competitive Advantages; Revealed Trade Comparative Advantage

B.3 Competitiveness of Textile and Apparel Industry

Liang Yongmei / 045

Abstract: Manufacture of textile and wearing apparel is one of the most competitive industries in China. This paper estimated the international market share, trade competitiveness index (TCI), revealed comparative advantage index (RCA), relative trade advantage (RTA) of the textile and apparel made in China during 2000 to 2013 and found that: China is very competitive judging from the export situation. This competitiveness had been slightly weaken while judging from both export and import situation, but China was still among top 20 most competitive economies in the world. In recent years, China face fierce competition from India, Palestine and other developing countries who have cheaper labor costs and devour China's market share in developed economies. It can be predicted that in the next few years, the Chinese international competitiveness in textile and apparel will continue to be eaten away. In order to deal with the fierce competition, Chinese firms should further diversify export markets, reduce their dependence on low-cost labor force, and promote the value chain position.

Keywords: Manufacture of Textile and Wearing Apparel; Diversification; International Competitiviness

B.4 Competitiveness of Chemical Industry *Wei Yaping, Wen Ming* / 066

Abstract: From the perspective of time, the competitiveness of China's chemical industry is increasingly enhanced; compared with other international countries, there is still a certain gap between the chemical industry of our country and major developed countries, but the gap is shrinking. On one hand, government has some policies to promote the chemical industrial development and competitiveness, on the other hand, some system and policies impede innovation capability and competitiveness of the chemical industry. The future direction is further to reform and open up and innovation, the development of new chemical materials, reducing carbon emissions, to enhance the competitiveness of the chemical industry.

Keywords: Chemical Industry; Industrial Competitiveness; The Global Industrial Chain ; Energy-saving and Emission-reduction

B.5 Competitiveness of Automotive Industry

Jiang Feitao, Zhang Hangyan / 080

Abstract: China's auto competitiveness is improved generally, But compared with USA, German, French, Japan and South Korea, it is obviously at a competitive disadvantage. Even compared with the BRICS countries, China automobile industry's international competitiveness is in the middle level. China automobile industry's international competitiveness is slightly better than Brazil's and Russia's, but lower than India's and South Africa's. Under the policy promotion, new energy vehicles in China is in a stage of accelerated development, but the overall size of the market is still small. In our country, policies and regulations which have issued by government department played an important role to promote the healthy growth of the auto industry. But there are also some disadvantages, it is necessary to make further adjustments. In future, lightweight, electric and intelligent will be the trendence of development of the auto industry, it will be possible to mass customization production, auto industry's business model will continue innovation with internet utilizing.

Keywords: Auto Industry; International Competitiveness; New Energy Vehicles; Development Trend

B.6 Competitiveness of Electronic and Informational Industry

Liu Fang, Guo Chaoxian / 093

Abstract: In 2013, China's electronic information industry was gradually getting rid of the influence of economic crisis. Although the export quantity is keeping increasing, the industry wasn't competitive enough in international market. As the first-biggest exporter of electronic information products, the growth of the export volume was being accelerated, and the international market share increased. By comparison with the major industrial counties, China export still has some disadvantages in the trade competitiveness, revealed comparative advantage and quality competitiveness. Therefore, China's electronic and informational industry should take different measures to grasp the opportunity of industrial transformation and improve the international competition.

Keywords: Electronic and Informational Industry; Competitiveness; Industrial Transformation

B.7 Competitiveness of Machinery Industry *Wang Yanmei* / 106

Abstract: China has maintained the status of the largest export country of machinery products in the world in 2013, and its international market share has further increased. However, other indicators of competitiveness which reflect the balance of trade and the comparative advantage depicted that there is still a large gap compared with that of Germany and Japan. In the international production networks based on the industry chain, China has become the largest processing and assembly base, which causes that its assembly advantage in mechanical parts is significantly higher than its production advantage. It has stepped into a key stage from quantitative to qualitative changing in enhancing the competitiveness of China machinery industry. This transformation and upgrading is not only related to the status in international division of labor, but also influenced by its domestic institutions and government policies, and the rapid evolution of new technologies and new methods of production around the world will also considerably influence this process.

Keywords: China's Machinery Industry; Competitiveness; International Division of Labor; Transformation and Upgrading

B.8　Competitiveness of Shipbuilding Industry　　　　Hu Wenlong / 123

Abstract: At present, China is not only the big country but also one of the powerful nations on the perspective of the shipbuilding industrial competitiveness. Judging by the trend of industrial competitiveness, most of the indexes, such as the international market share, trade competition index, revealed comparative advantage index, revealed trade advantage index, labor productivity index and the intensity of R&D funding, all shows a gradually improved trend over the past 20 years, the exception is the index of the quality competitiveness of shipbuilding industry, which shows a declining trend. Judging by the international competitiveness comparison, South Korea, Japan and China are the top three competitiveness countries in the shipbuilding industry on the world. South Korea is the most powerful nation which is on the mature stage of international competitiveness of the shipbuilding industry, most competitiveness indexes are in a leading position in the world. Japan remains the shipbuilding competitive power, but it is very obvious that most indexes suggest its competitiveness has been a declining trend. The indexes of competitiveness of China's shipbuilding industry have been increasing rapidly. It is very possible to catch up with South Korea and Japan in a long time, although the short term is difficult. The fact of the China's shipbuilding industry have been to upgrade the international competitiveness in recent 20 years shows that the various policy measures and institutional mechanisms related to shipbuilding industry have a positive impact on enhancing industrial competitiveness, and has made the good actual effect in the practice. At the same time, there are still some ship industry system and mechanism of the problems to be solved: the first is the lack of systematic or normative top design of shipbuilding industry policy system and legal norms; the second is the industry policy is not conducive to innovation driven industry development; the third is the lag of micro reform on shipbuilding enterprise leading to the lack of vitality for enterprise group. Looking forward to the future, China's shipbuilding industry is likely to be comprehensive surpassing South Korea and Japan and to be the leading position on the international industry competition world.

Keywords: Shipbuilding Industry; Competitiveness; Future Trend

B. 9 Competitiveness of Creative Industry   *Deng Yonghong* / 142

Abstract: In 2012, the UK creative industry employment accounted for 5.6% of the UK total employment, compared with 2011, increased by 8.6%, while the UK overall employment growth rate only 0.7%. According to the National Bureau of Statistics of US released data, the United States of the creative industries accounted for more than 3.2% of the GDP. In the international trade, creative products trade has become one of the most active sectors and the new engine of international trade. all the creative products exports average annual growth rate of the creative products reachs 5.34% between 2008 and 2012. In 2012 Chinese creative products export takes about 32% of the global creative products export, higher than that of United States, Germany, Britain, France and India. Fashion, arts and crafts, toys, video games are very high competitiveness, but the competitiveness of visual art, publishing is very weak. In the six categories of creative services exports, except advertising, market research and public opinion survey services, other creative services of China lag far behind United States, Britain and Germany, even India. China creative industry faces that task to adjust structure.

Keywords: Creative Products; Creative Service ; International Competitiveness

B. 10　Competitiveness of Financial Services　　　　Wang Xiuli / 155

Abstract: With the expansion of the scale of China's merchandise trade, demand in financial services trade was higher. However, despite the scale of the Chinese financial service trade became larger, the trade deficit was expanded each year, which highlighted the competitiveness of China's financial services sector needs to be improved. International comparison shows that there were not only large gap between competitiveness of China's financial and the major developed countries, but also there is a big gap between China and other member in BRICS. This paper argues that problems hindering China's competitiveness were: low capacity of the corporate governance and low efficiency of business operations; uncoordinated financial operation mechanism, loopholes in the financial regulatory system, low capacity of foreign financial sector. This paper suggested: reducing barriers to entry, reducing administrative intervention to improve the operating efficiency of the financial sector; improve the financial system construction, straighten the financial operation mechanism; strengthen supervision and coordination, enhance the transparency of the financial sector; strengthen international coordination, encourage the financial sector to accelerate the pace of internationalization.

Keywords: China; Finacial Services; International Competitiviness

B. 11　Competitiveness of Knowledge Creative Industry　　Xu Juan / 166

Abstract: From views of paper publication number, citation rate, social influence and decision-making influence, this report analyzed the trends of knowledge creative industry between 1981 and 2013 and compared the research development with U. S. and "BRICS". It was found that in the past 30 years, China's paper quantity grew as an exponential function, the citation rate has significantly improved, social influence gradually closed to the world average level and decision-making influence improved steadily. However, compared with U. S., in terms of quantity, citation rate or the influence, there is still a big gap. In the future, China needs to continue to increase research investment, while concentrate the superior resources, strengthen research team and fund management, further improve the think tanks operating system and establish the innovation-and-quality-based research evaluation system. Finally, the analysis of trend showed that the competitiveness of the industry is most likely to be one of the most rapid increasing areas in the future.

Keywords: Knowledge Creative Industry; Publication Number; Citation Rate; Influence; Making-decision Influence

B Ⅲ Factors Issue

B. 12 International Comparsion of Labor Cost

Li XiaoHua, Yan Huan / 182

Abstract: Abundant and cheap labor forces have made a great contribution to the economic take-off of China, which are considered as comparative advantages over other foreign countries. In recent years, with the rapid economic development and rising wage levels, the phenomena such as the "Labor Shortage", collapse of small and medium-sized enterprises, and the outflow of the labor-intensive industries have attracted wide attention and discussion on the competitive advantages of Chinese manufacturing. This chapter uses labor remuneration, labor productivity and unit labor cost compared to unit output as three main indicators to analysize the present situation and development trend of competitive advantages of Chinese labor cost by comparing China with other main countries. Through the study finds that greatly increasing of unit labor cost could not be seen in China because the growth of labor productivity offset the quick increasing of the labor remuneration since 2003. However, the increasing of labor remuneration in China is a tendency, Chinese manufacturing must shift from rely heavily on the price advantage derived from low labor cost to a new competitiveness.

Keywords: Manufacturing Industry; Labor Cost, Labor Productivity; Cost Advantage; Competitiveness

B. 13 International Comparison of logistic Cost *Wu Yejun / 195*

Abstract: On the basis of international comparison on the logistics performance and analysis of the logistics cost of typical countries, the report on China's logistics cost are analyzed in detail. Among logistics industry powerful nations, Germany logistics overall level is the world's leading, Japan does better in the logistics cost controlling, the United States gets a rapid development of logistics industry; China's logistics cost falls during these years, but is still higher than advanced countries. Referring to the logistics development of the developed countries, corresponding measures in reducing China's logistics cost are put forward.

Keywords: Logistics Performance; Logistics Performance Index; Logistics Cost

B. 14 Environmental regulation and International Competitiveness: Case of Iron and Steel Industry of China and South Korea.

Chang Shao Guan, Li Gang / 208

Abstract: This chapter analyzes the changing international competitiveness of the Chinese, South Korean iron and steel industry based the export data from 1990 to 2013. As the magnitude of environmental regulations in the above countries have been dramatically increasing for the past several decades, we want to find out if the increased magnitude has an impact on the iron and steel industrial competitiveness. Based on the analysis, we could conclude that the magnitude of the environmental regulation is positively related to international competitiveness.

Keywords: Iron and Steel Industry; Industrial Competitiveness; WTO

B. 15 Currency Exchange Rate System and Industrial Competitiveness

Wang Xiuli / 220

Abstract: China's current exchange rate regime is a fixed exchange rate system. The choice of exchange rate regime depends on many domestic factors. China's exchange rate regime in line with the current needs of economic development, but in the future China's exchange rate regime would become the floating exchange rate regime. Despite, the current exchange rate regime had some adverse effects on

Chinese export competitiveness, the reform in the exchange rate regime depend on the reform of the domestic financial system, further deepenning the reform of the financial system is fundamental to overcome the adverse effects of current initiatives.

Keywords: Fixed Current Exchange Rate; Floating Current Exchange Rate; Industrial Competitiviness

B. 16 Trade Policy and Industrial Competitiveness

Yang Xiaoyan, Guo Chaoxian / 231

Abstract: With the continuing development of Chinese enterprises and the formation of the global competitive landscape, "go global strategy" becomes the inevitable choice for Chinese enterprises. Once entered into the global market, our various industries will face more competition. For that, it is the great concern by the government, industry and theorists that how to protect the country's industrial security and improve the industrial competitiveness through trade policy. In this chapter, it firstly describes the meanings of trade policy and industrial policy, and their collaborative relationships. Meanwhile, it analyzes the adjustment of China's trade policy policies on trade facilitation, export tax rebates, etc.. Then it gives a brief analysis and comparison about the policies on promoting exports of EU, U. S., Japan and other countries. At the end of this chapter, it analyzes the impact of trade policy on industrial competitiveness from the direct and indirect trade policy.

Keywords: Trade Policy; Industry Competitiveness; International Comparison

ℬ Ⅳ International Experience in Manufacturing

B. 17 Manufacturing in the Future   *Deng Zhou / 241*

Abstract: China is entering the later development stage of industrialization as the New Industrial Revolution remolding the global manufacturing industry. Under the new environment, future manufacturing enterprises need to possess a global vision, meet the sustainable development requirements, adapt to changes in population structure, cope with various uncertainties and suffice changeable market demands. For both industry and enterprises, sources of competitive edges will also change, with the following capabilities becoming new core competitiveness: quick response, complex manufacturing, customization production, sustainable development, and adaption to innovations. In the future, technologies such as photonics, biotechnology, nanotechnology and added manufacturing technology together with traditional basic technologies will constitute a new manufacturing technology system, under which ecological industry, new energy industry, life sciences industry and electric vehicles industry will become emerging industries with the most rapid growth.

Keywords: Manufacturing; Industrial Revolution; Emerging Industry

B.18 Manufactures of US   *Wu Yejun / 251*

Abstract: The United States is the world's most advanced manufacturing nation, however, US manufacturing's status in world market and position in national economy has been a downward trend in recent years. In order to improve the competitiveness of US manufacturing, the Obama administration has proposed national strategy of re-industrialization, trying to grab the commanding heights of world manufacturing industry competition. With the implementation of the new strategy and the adjustment of the global manufacturing industry competition pattern, US manufacturing is undergoing new changes.

Keywords: US Manufacturing; Re-industrialization; Manufacturing Insourcing; International Competitiveness

B.19 Manufactures of UK   *Wang lei / 271*

Abstract: UK manufacturing relatively stable status in the national economic and higher level of technological progress build firm foundation of Britain's manufacturing international competitiveness. In recent years, UK manufacturing has been retainning the stable status in the global manufacturing competition, but is facing a sign of decline. Now as UK governments implements "high value manufacturing" development strategies, UK manufacturing will be changed profoundly in future.

Keywords: UK Manufacturing; High Value Manufacturing; International Competitiveness

B. 20　Manufactures of Germany　　　　*Zhang Hangyan, Jiang Feitao / 289*

Abstract: Since 1980, the German manufacturing international market share has been shown a general trend of falling volatility, but the overall international competitiveness is up slightly. On the basis of the original industrial advantage, German manufacturing still presently maintain leading position in the world through the innovation of science and technology constantly to improve product design, product performance and quality. With the implementation of the German industrial 4.0, trend of high-end, intelligent and integration of German manufacturing is increasingly obvious. To promote the development of German manufacturing, German government is committed to improve the system of market framework for a long time, perfect the public service system of science and technology, support innovation alliance and cluster development, strengthen vocational and technical education, and pay attention to play the role of non-governmental organizations.

Keywords: Manufacturing; Germany; International Competitiveness; Industrial Policy

B. 21　Manufactures of Japan　　　　　　　　　　*Wang Yanmei / 300*

Abstract: Japan remains the status of a major manufacturing country in the world. However, the development of its domestic manufacturing industry has slowed down, while facing a pattern of production under a regional division of overseas and domestic production. From a trade point of view, the competitiveness of Japanese manufacturing industry and the international market share of its products have declined sharply, and some traditional export products have even gradually lost their competitive advantage. Its products which have competitive advantage have shifted to high value-added products with their materials and components. Accompanied by the development of overseas investment of the products of processing type, the investment income from overseas has increased rapidly. Faced with the issue of hollowing-out of industry, the production mode which has created the miracle of Japanese manufacturing industry is also facing severe pressure of transformation. Japanese government has promulgated a series of policies aimed at revitalizing Japanese manufacturing sector.

Keywords: Japanese Manufacturing Industry; Competitiveness; Hollowing-out of Industry

B. 22　Manufactures of France　　　　　　　　　*Liu Chang*, *Yuan lei* / 313

Abstract: This report analyzes the international competitiveness of France manufacturing industry. The international market share of France manufacturing industry has been declining year by year since 1995. The most competitive industrial product in France export is transport equipment other than road vehicles, whose international market share has been remainning steadily high during recent years, and even continues rising since 2008. The international competitiveness of essential oils, perfume and flavour materials (SITC551), which was France's largest export product several years ago, is falling fast in recent 20 years, and is the second largest export product at present. France manufacturing industry has deficit in international trade. The scale of trade deficit relative to the total amount of export and import is decreasing recently. The number of industries with strong trade competitiveness is much fewer than weak industries. France manufacturing industry has some revealed comparative advantage, which has been increasing in recent years. The high-skill and technology-intensive manufactures of France industry has international competitiveness, which keeps steadily stronger during financial crisis than low-skill and technology-intensive manufactures. The export market of France manufacturing industry, such as aircraft industry (SITC 792), is switching to developing countries from developed countries.

Keywords: Manufacturing Industry; Competitiveness; Comparative Advantage; International Comparison

社会科学文献出版社　　　　　　　　　　　　　　皮书系列

❀ 皮书起源 ❀

"皮书"起源于十七、十八世纪的英国,主要指官方或社会组织正式发表的重要文件或报告,多以"白皮书"命名。在中国,"皮书"这一概念被社会广泛接受,并被成功运作、发展成为一种全新的出版型态,则源于中国社会科学院社会科学文献出版社。

❀ 皮书定义 ❀

皮书是对中国与世界发展状况和热点问题进行年度监测,以专业的角度、专家的视野和实证研究方法,针对某一领域或区域现状与发展态势展开分析和预测,具备权威性、前沿性、原创性、实证性、时效性等特点的连续性公开出版物,由一系列权威研究报告组成。皮书系列是社会科学文献出版社编辑出版的蓝皮书、绿皮书、黄皮书等的统称。

❀ 皮书作者 ❀

皮书系列的作者以中国社会科学院、著名高校、地方社会科学院的研究人员为主,多为国内一流研究机构的权威专家学者,他们的看法和观点代表了学界对中国与世界的现实和未来最高水平的解读与分析。

❀ 皮书荣誉 ❀

皮书系列已成为社会科学文献出版社的著名图书品牌和中国社会科学院的知名学术品牌。2011年,皮书系列正式列入"十二五"国家重点图书出版规划项目;2012~2014年,重点皮书列入中国社会科学院承担的国家哲学社会科学创新工程项目;2015年,41种院外皮书使用"中国社会科学院创新工程学术出版项目"标识。

中国皮书网
www.pishu.cn

发布皮书研创资讯，传播皮书精彩内容
引领皮书出版潮流，打造皮书服务平台

栏目设置：

- ☐ 资讯：皮书动态、皮书观点、皮书数据、皮书报道、皮书发布、电子期刊
- ☐ 标准：皮书评价、皮书研究、皮书规范
- ☐ 服务：最新皮书、皮书书目、重点推荐、在线购书
- ☐ 链接：皮书数据库、皮书博客、皮书微博、在线书城
- ☐ 搜索：资讯、图书、研究动态、皮书专家、研创团队

中国皮书网依托皮书系列"权威、前沿、原创"的优质内容资源，通过文字、图片、音频、视频等多种元素，在皮书研创者、使用者之间搭建了一个成果展示、资源共享的互动平台。

自2005年12月正式上线以来，中国皮书网的IP访问量、PV浏览量与日俱增，受到海内外研究者、公务人员、商务人士以及专业读者的广泛关注。

2008年、2011年中国皮书网均在全国新闻出版业网站荣誉评选中获得"最具商业价值网站"称号；2012年，获得"出版业网站百强"称号。

2014年，中国皮书网与皮书数据库实现资源共享，端口合一，将提供更丰富的内容，更全面的服务。

法律声明

"皮书系列"（含蓝皮书、绿皮书、黄皮书）之品牌由社会科学文献出版社最早使用并持续至今，现已被中国图书市场所熟知。"皮书系列"的LOGO（ ）与"经济蓝皮书""社会蓝皮书"均已在中华人民共和国国家工商行政管理总局商标局登记注册。"皮书系列"图书的注册商标专用权及封面设计、版式设计的著作权均为社会科学文献出版社所有。未经社会科学文献出版社书面授权许可，任何使用与"皮书系列"图书注册商标、封面设计、版式设计相同或者近似的文字、图形或其组合的行为均系侵权行为。

经作者授权，本书的专有出版权及信息网络传播权为社会科学文献出版社享有。未经社会科学文献出版社书面授权许可，任何就本书内容的复制、发行或以数字形式进行网络传播的行为均系侵权行为。

社会科学文献出版社将通过法律途径追究上述侵权行为的法律责任，维护自身合法权益。

欢迎社会各界人士对侵犯社会科学文献出版社上述权利的侵权行为进行举报。电话：010-59367121，电子邮箱：fawubu@ssap.cn。

社会科学文献出版社

权威报告・热点资讯・特色资源

皮书数据库
ANNUAL REPORT(YEARBOOK) DATABASE

当代中国与世界发展高端智库平台

www.pishu.com.cn

皮书俱乐部会员服务指南

1. 谁能成为皮书俱乐部成员？
- 皮书作者自动成为俱乐部会员
- 购买了皮书产品（纸质书/电子书）的个人用户

2. 会员可以享受的增值服务
- 免费获赠皮书数据库100元充值卡
- 加入皮书俱乐部，免费获赠该纸质图书的电子书
- 免费定期获赠皮书电子期刊
- 优先参与各类皮书学术活动
- 优先享受皮书产品的最新优惠

3. 如何享受增值服务？

（1）免费获赠100元皮书数据库体验卡

第1步 刮开附赠充值的涂层（右下）；

第2步 登录皮书数据库网站（www.pishu.com.cn），注册账号；

第3步 登录并进入"会员中心"—"在线充值"—"充值卡充值"，充值成功后即可使用。

（2）加入皮书俱乐部，凭数据库体验卡获赠该书的电子书

第1步 登录社会科学文献出版社官网（www.ssap.com.cn），注册账号；

第2步 登录并进入"会员中心"—"皮书俱乐部"，提交加入皮书俱乐部申请；

第3步 审核通过后，再次进入皮书俱乐部，填写页面所需图书、体验卡信息即可自动兑换相应电子书。

4. 声明

解释权归社会科学文献出版社所有

皮书俱乐部会员可享受社会科学文献出版社其他相关免费增值服务，有任何疑问，均可与我们联系。

图书销售热线：010-59367070/7028
图书服务QQ：800045692
图书服务邮箱：duzhe@ssap.cn

数据库服务热线：400-008-6695
数据库服务QQ：2475522410
数据库服务邮箱：database@ssap.cn

欢迎登录社会科学文献出版社官网
（www.ssap.com.cn）
和中国皮书网（www.pishu.cn）
了解更多信息

社会科学文献出版社　皮书系列

卡号：925917432530
密码：

S 子库介绍
Sub-Database Introduction

中国经济发展数据库

涵盖宏观经济、农业经济、工业经济、产业经济、财政金融、交通旅游、商业贸易、劳动经济、企业经济、房地产经济、城市经济、区域经济等领域，为用户实时了解经济运行态势、把握经济发展规律、洞察经济形势、做出经济决策提供参考和依据。

中国社会发展数据库

全面整合国内外有关中国社会发展的统计数据、深度分析报告、专家解读和热点资讯构建而成的专业学术数据库。涉及宗教、社会、人口、政治、外交、法律、文化、教育、体育、文学艺术、医药卫生、资源环境等多个领域。

中国行业发展数据库

以中国国民经济行业分类为依据，跟踪分析国民经济各行业市场运行状况和政策导向，提供行业发展最前沿的资讯，为用户投资、从业及各种经济决策提供理论基础和实践指导。内容涵盖农业，能源与矿产业，交通运输业，制造业，金融业，房地产业，租赁和商务服务业，科学研究环境和公共设施管理，居民服务业，教育，卫生和社会保障，文化、体育和娱乐业等100余个行业。

中国区域发展数据库

以特定区域内的经济、社会、文化、法治、资源环境等领域的现状与发展情况进行分析和预测。涵盖中部、西部、东北、西北等地区，长三角、珠三角、黄三角、京津冀、环渤海、合肥经济圈、长株潭城市群、关中一天水经济区、海峡经济区等区域经济体和城市圈，北京、上海、浙江、河南、陕西等34个省份及中国台湾地区。

中国文化传媒数据库

包括文化事业、文化产业、宗教、群众文化、图书馆事业、博物馆事业、档案事业、语言文字、文学、历史地理、新闻传播、广播电视、出版事业、艺术、电影、娱乐等多个子库。

世界经济与国际政治数据库

以皮书系列中涉及世界经济与国际政治的研究成果为基础，全面整合国内外有关世界经济与国际政治的统计数据、深度分析报告、专家解读和热点资讯构建而成的专业学术数据库。包括世界经济、世界政治、世界文化、国际社会、国际关系、国际组织、区域发展、国别发展等多个子库。